Gert-Joachim Glaeßner

Sozialistische Systeme

D1719526

Studienbücher zur Sozialwissenschaft   Band 44

Gert-Joachim Glaeßner

Sozialistische Systeme

*Einführung in die Kommunismus-
und DDR-Forschung*

Westdeutscher Verlag

CIP-Kurztitelaufnahme der Deutschen Bibliothek

Glaessner, Gert-Joachim:
Sozialistische Systeme: Einf. in d. Kommunismus-
u. DDR-Forschung/Gert-Joachim Glaessner. —
Opladen: Westdeutscher Verlag, 1982.
    (Studienbücher zur Sozialwissenschaft; Bd. 44)
    ISBN 3-531-21546-9

NE: GT

© 1982 Westdeutscher Verlag GmbH, Opladen
Umschlaggestaltung: studio für visuelle kommunikation, Düsseldorf
Druck: E. Hunold, Braunschweig
Buchbinderische Verarbeitung: W. Langelüddecke, Braunschweig

ISBN 3-531-21546-9

Inhalt

Teil II
Überlegungen zu einer politischen Soziologie
des „realen Sozialismus"

Für Christel Fuchs

*Die Philosophen sind Gewalttäter, die keine
Armee zur Verfügung haben und sich deshalb die Welt in der Weise unterwerfen, daß
sie sie in ein System sperren.*
(Robert Musil)

Einleitung

Wann und wo immer Wissenschaftler, Publizisten, Lehrer oder Erwachsenenpädagogen zusammenkommen, um über die Behandlung und die Wahrnehmung des politischen und gesellschaftlichen Geschehens in der Sowjetunion, den Staaten Osteuropas und der DDR in Wissenschaft, Massenmedien und der politischen Bildung zu diskutieren, macht sich Unsicherheit breit. Selbstkritisch wird angemerkt, daß die eigenen Kenntnisse, trotz oft jahrelanger Beschäftigung mit diesen Ländern und ihren gesellschaftlichen Systemen, unzureichend sind. Freilich gibt es auch Zeitgenossen, die alles schon immer ganz genau gewußt haben und die sich die Wirklichkeit so „hinbiegen", daß sie in ihr tradiertes Interpretationsschema paßt. Aber oft überwiegt doch die Skepsis gegenüber den eigenen Erkenntnismöglichkeiten, vor allem aber der Fähigkeit, prognostische Aussagen zu machen. Wer hätte schon im Frühsommer des Jahres 1980 die Vorstellung für realistisch gehalten, daß es in Polen parteiunabhängige Gewerkschaften geben könnte , und wer würde im Dezember 1980 eine Prognose über den Ausgang dieses Experimens wagen können.

Dieses Beispiel verweist bereits auf drei zentrale Fragen jeder Analyse der sozialistischen Systeme:

1. Welche Merkmale sind typisch und unverzichtbar für die politischen Systeme, die sich am Vorbild der Sowjetunion orientieren und die sich als die einzig mögliche Form des Sozialismus verstehen?

2. Welche Bedeutung haben die unterschiedlichen historischen Erfahrungen, die nationalen Eigenheiten und die kulturellen Traditionen und wie prägen und modifizieren sie den allgemeinen systemspezifischen Entwicklungsprozeß?

3. Welchen Einfluß haben die Funktionszusammenhänge hochindustrialisierter und hochtechnisierter Gesellschaften auf einen Systemtyp, der — zumindest von seiner Herkunft — eher für die Entwicklung eines politisch, ökonomisch und kulturell zurückgebliebenen Landes als für eine komplexe industrielle Gesellschaft gedacht war?

Zu allen diesen Problemen gibt es eine Vielzahl von empirischen Untersuchungen, theoretischen Reflexionen und konzeptionellen Entwürfen, die hier unter dem Überbegriff „Kommunismusforschung" zusammengefaßt werden.

Der Begriff *Kommunismusforschung* wurde in Abgrenzung zur „Sozialismusforschung" gewählt, die im Verständnis des Autors alle politischen Bewegungen, Parteien und Staaten untersucht, die für sich den Begriff „sozialistisch" in Anspruch nehmen. *Sozialismusforschung* macht sich neben der empirischen Analyse dieser Bewegungen, Parteien, Staaten auch Gedanken über die Möglichkeiten und Perspektiven einer sozialistischen Gesellschaft, ohne sich auf die Sowjetunion und die Staaten Osteuropas oder andere bereits existierende Sozialismen zu beschränken. Kommunismusforschung hingegen wird als der Teil der Sozialismusforschung verstanden, der sich mit den kommunistischen Parteien und Organisationen und den Ländern befaßt, in denen kommunistische Parteien die Macht ausüben. In diesen Ländern wird der Sozialismus nur als Durchgangsstufe zur kommunistischen Endgesellschaft begriffen. Zur Kommunismusforschung zählen auch einige ihrer speziellen Zweige wie die „Osteuropaforschung" und die „DDR-Forschung".

Einer ähnlichen Erläuterung bedarf der Begriff *„sozialistische Systeme"*. Gemeint sind die Sowjetunion und die Gesellschaftssysteme und Staaten, die sich am sowjetischen Modell orientieren oder denen dieses Modell oktroyiert worden ist. Deswegen werden sie auch etwas pauschalisierend als „sowjetsozialistisch" bezeichnet (wobei die Unterschiede gegenüber nichtsowjetischen Sozialismuskonzeptionen in jedem Einzelfall zu überprüfen sind).

In Abgrenzung von anderen, vor allem demokratisch-sozialistischen Vorstellungen bezeichnen sich diese Systeme seit geraumer Zeit selbst als „real-sozialistische Gesellschaften", ein Begriff, der die Irrealität jeder anderen als der eigenen Position suggerieren soll.

Diese Definitions- und Abgrenzungsversuche zeigen bereits, daß eine Vielzahl von Faktoren in die Analyse der sozialistischen Systeme einfließt. Daher verwundert es nicht, daß Kommunismusforschung nahezu immer — zumindest intentional — *interdisziplinäre Forschung* ist; hier gehen politologische, soziologische, wirtschaftswissenschaftliche, juristische, historische, philosphische und psychologische Fragestellungen eine Synthese ein — was nicht ausschließt, daß es auch eine Vielzahl von Einzelstudien gibt, die sich im Kontext ihrer jeweiligen Disziplin bewegen und auf Interdisziplinarität bewußt verzichten.

Auf ein weiteres Problem gilt es hinzuweisen: warum wird der DDR in diesem Buch eine besondere Stellung eingeräumt?

In der bisherigen Erforschung der sozialistischen Systeme ist nicht immer deutlich genug unterschieden worden zwischen *systemspezifischen* Merkmalen und solchen, die den einzelnen Ländern je *unterschiedlich* eigen sind. So wird die DDR (positiv oder negativ) als Exponent eines anderen, dem unseren konträren Gesellschaftssystems begriffen. Sie wird aber zugleich auch als eine Gesellschaft gesehen, die, auf einer entwickelteren ökonomisch-technischen Basis als die anderen Länder, selbst als die Sowjetunion, deren politische Strukturen sie übernommen hat, gleichwohl nur aus den Besonderheiten der deutschen Geschichte und der in Deutschland entwickelten politischen Kultur zu verstehen ist. Ähnliche Einschränkungen gelten für Polen, die ČSSR, Ungarn usw. Die DDR — und in anderer Weise auch die übrigen Staaten Osteuropas — sind wohl in der Tat mehr als nur exemplarische Fälle einer allgemeinen Entwicklung. Wäre dies so, würde es genügen, sich allein mit der UdSSR als der dominanten Macht des „realsozialistischen" Systemverbundes zu befassen. Erst die Analyse der vielfältigen Formen und Ausprägungen des Sozialismus sowjetischen Typs ermöglicht aber ein differenziertes und wirklichkeitsnahes Urteil. Die DDR eignet sich dazu in besonderer Weise. Sie ist nicht nur — neben der ČSSR — der entwickeltste Staat des RGW, sondern sie ist, trotz aller Gemeinsamkeiten mit den anderen sozialistischen Staaten (in der Ideologie, in gemeinsamen Vorstellungen über die Struktur und Funktion des politischen Systems, der ökonomischen Prozesse usw.), so stark durch ihre besonderen nationalen und historischen Bedingungen geprägt, daß die Spannbreite möglicher Entwicklungen des „realen Sozialismus" als Sytemtypus, seine Anpassungs- und Wandlungsfähigkeit, bei einer Gegenüberstellung der DDR und der Sowjetunion besonders deutlich gemacht werden kann. Wenn im weiteren Verlauf von Kommunismus- und *DDR-Forschung* gesprochen wird, so geschieht dies in der Absicht, die allgemeinen Positionen der Kommunismusforschung daraufhin zu überprüfen, ob und inwieweit sie für die DDR-Analyse bereits genutzt werden bzw. für sie fruchtbar gemacht werden können. Umgekehrt ist zu fragen, inwieweit sich die Ergebnisse von „area studies" wie der DDR-Forschung für die allgemeine Analyse, vor allem für die vergleichende Kommunismusforschung anwenden lassen. Dazu ist es erforderlich, die bisherigen Ansätze und Konzepte in ihrer politisch-gesellschaftlichen und historischen Bedingtheit sowie ihrer Leistungsfähigkeit für die allgemeine Kommunismusanalyse einerseits, für das Verständnis der Entwicklung einzelner sozialistischer Staaten andererseits zu untersuchen. Dies ist Aufgabe des ersten Teils. Dabei gilt es, bisherige Defizite auszugleichen: nur das bis in die 60er Jahre hinein tragende Totalitarismuskonzept ist bislang in der Literatur ausführlich behandelt worden — und auch hier wurde manches versäumt. Die anglo-amerikanische Diskussion über Probleme der Modernisierung und sozialistischer Industriegesellschaften hat zwar einen entscheidenden Einfluß auf das Denken und die Fragestellungen der Kommunismus- und DDR-Forscher in der Bundesrepublik gehabt, sie ist jedoch kaum systematisch aufgearbeitet worden und wird daher ausführlicher — auch in ihren allgemeinen Dimensionen — vorgestellt. Ein ähnliches Defizit ist auch für die vielfältigen Theorieansätze nicht parteikonformer Marxisten festzustellen. Es liegt auf der Hand, daß die genannten Lücken in einer einführenden Darstellung nur zum Teil gefüllt werden können.

Alle bisherigen Ansätze und Konzepte zielten auf eine *Globalanalyse* des Systemtypus Sowjetsozialismus, sie schlossen sich gegenseitig aus und waren nur schwer operationalisierbar. Die vielfach beklagten Theoriedefizite der „area studies" haben hier ihre entscheidende Ursache. Die abstrakten und z.T. hochaggregierten Erklärungsmodelle sind für eine problemorientierte, empirisch fundierte Analyse kaum fruchtbar zu machen, es sei denn, man ist bereit, sich auf eine so weitgehende Reduktion der Vielfalt empirischer Erscheinungen einzulassen, daß sie mit den Modellannahmen je unterschiedlicher Konzepte in Übereinstimmung gebracht werden können. Der ideologische „Alleinvertretungsanspruch" dieser Konzepte bewirkt darüber hinaus, daß diese oft nur als Ganze akzeptiert oder aber verworfen werden können.

Trotzdem erscheint es möglich, die verschiedenen Ansätze und Konzepte für die Forschung fruchtbar zu machen. Es gilt, sich ihrer jeweiligen Vorteile zu versichern, ohne sich auf ihre Ganzheitsvorstellungen einzulassen und ihren implizierten ideologischen Prämissen aufzusitzen. Im zweiten Teil dieser Untersuchung wird der Versuch unternommen, hier einen Schritt weiter zu kommen. Quer zum Verlauf liebgewordener wissenschaftlicher, politischer und ideologischer Fronten werden die Ergebnisse bisheriger Forschung für die Entwicklung einer *politischen Soziologie* sowjetsozialistischer Systeme genutzt, wobei die DDR aus den bereits genannten Gründen als Beispiel dient. Dabei werden sowohl die besonderen historischen, politisch-sozialen und ideologischen Bedingungen, als auch allgemeine Strukturmerkmale, Konflikt- und Problemlagen zu erörtern sein, die alle hochindustrialisierten Gesellschaften sowjetischen Typs prägen.

Es wäre jedoch wissenschaftlich unredlich, der eigenen Analyse gegenüber nicht die gleichen *Einschränkungen* zu machen wie gegenüber den bisherigen Ansätzen und theoretischen Konzeptionen:

Wie nur wenige Teildisziplinen der Sozialwissenschaften ist die Analyse der Gesellschaften, die sich am Vorbild der Sowjetunion orientieren, von der politischen, ökonomischen, sozialen und kulturellen Systemkonkurrenz beeinflußt worden, in der sich die westlich-kapitalistischen und die sowjetsozialistischen Staaten gegenüberstehen. Der wissenschaftliche Erklärungswert sozialwissenschaftlicher Theoriebildung und empirischer Untersuchungen über die sozialistischen Systeme ist mit einer ausschließlich wissenschaftsimmanenten Sicht nicht zu erfassen; es bedarf auch und gerade einer Analyse ihrer unmittelbaren oder mittelbaren politischen Funktion.

Obwohl in verschiedene Fachdisziplinen eingebettet, hat die wissenschaftliche Beschäftigung mit den sozialistischen Systemen immer ein Eigengewicht gehabt, das wesentlich aus ihrer politischen Brisanz erwuchs, zugleich aber auch nicht zu unterschätzende Vorteile bot, soweit diese nicht verspielt wurden durch die kurzsichtige Indienstnahme der Kommunismusforschung für politisch-ideologische Zwecke — vor allem in der Zeit des „Kalten Krieges". Sie hat viele der Argumentationsmuster und Einschätzungen bereitgestellt — oft auch gegen die Intention ihrer Vertreter —, mit denen das politische Handeln „des Westens" gegenüber „dem Kommunismus" legitimiert werden konnte. Zugleich hat es aber immer auch Wissenschaftler gegeben, die die kritische Erforschung der sozialistischen Systeme als Möglichkeit ansahen, die Probleme und Defizite des eigenen, parlamentarisch-demokratischen Systems schärfer zu erkennen und der Gefahr vorschneller Urteile über vermeintlich systemspezifische Wesensmerkmale des eigenen wie des sowjetsozialistischen Systemtyps zu entgehen.

Die sozialistischen Systeme *Stalin*scher Prägung wurden jedoch zumeist als weitgehend statische, in ihrer totalitären Grundverfassung nicht veränderungsfähige Gesellschaften angesehen, deren einzig dynamisches Element der Terror sei. Die bereits vor Stalins Tod durch den Ausschluß Jugoslawiens aus dem Kominform, durch den 17. Juni 1953 in der DDR und dann 1956/57 in Polen und Ungarn erkennbaren, sich krisenhaft zuspitzenden Wandlungsprozesse in den einzelnen Staaten Osteuropas wurden entweder unterschätzt oder einseitig als Verfallserscheinungen interpretiert. Gleiches gilt für das sich andeutende „Abdriften" der VR China aus dem Verbund des sowjetisch dominierten „sozialistischen Lagers" und Erscheinungen des „Polyzentrismus" in der internationalen kommunistischen Bewegung. All dies war mit den bisherigen Vorstellungen über das Wesen des Kommunismus kaum zu erklären.

In dem Maße jedoch, wie es der Kommunismusforschung nicht mehr gelang, die in den sowjetsozialistischen Staaten vor sich gehenden gesellschaftlichen und politischen Prozesse wahrzunehmen und realistische Interpretationsangebote und Prognosen zu liefern, gerieten sie nicht nur in einen unauflöslichen Widerspruch zu ihrem wissenschaftlichen Anspruch, sondern auch ihr ideologischer Wert und ihre politisch-strategische Unterstützungsfunktion wurden zunehmend fraglicher. Trotzdem dauerte es fast ein Jahrzehnt, bis eine vorurteilslosere Sicht der sowjetsozialistischen Systeme allgemein akzeptiert wurde.

Erst im Zeichen der Politik der Entspannung setzten sich neuere Ansätze in der Kommunismus- und DDR-Forschung durch, die z. T. bereits in den 50-er Jahren entwickelt worden waren, damals aber nicht zum Tragen kamen. Erst jetzt konnten sie unter gewandelten politischen Bedingungen mit ihrer realistischeren Sicht des anderen Systemtyps und seiner einzelnen nationalen Ausprägungen zum Abbau der Konfrontation beitragen — und das heißt nicht zuletzt, zu einer innergesellschaftlichen Entlastung von vermeintlichem oder realem Außendruck, der einer offenen Diskussion politischer und gesellschaftlicher Alternativkonzeptionen im Wege gestanden hatte.

Der Paradigmenwechsel in der Kommunismus- und DDR-Forschung machte es möglich, die sowjetsozialistischen Systeme nicht mehr als das „Böse" schlechthin, als das absolute Gegenbild zur eigenen Gesellschaft mißzuverstehen, sondern als Ausprägung einer von mehreren Typen sich entwickelnder und/oder hochindustrialisierter Systeme zu begreifen, die vor ähnlichen oder vergleichbaren Problemen stehen wie das eigene System, diese jedoch anders zu lösen trachten. Auch marxistische Ansätze, die in der Zeit des „Kalten Krieges" weitgehend verschüttet waren, konnten sich neu entfalten. In der Umbruchsituation am Ende der 60er Jahre wurden die sozialistischen Systeme (in der Bundesrepublik vor allem die DDR) unter dem Aspekt interessant, ob und wenn ja, inwieweit sie als „Modell" für eine sozialistische Entwicklung in den westlichen Industriestaaten dienen könnten. Nach einer anfänglichen Berührungsangst, hervorgerufen durch die Furcht, von der „falschen Seite", d.h. für antikommunistische und in der Tendenz auch antisozialistische Zwecke vereinnahmt zu werden, besann sich die „Neue Linke" auch auf jene marxistischen Kritiker der sozialistischen Staaten, die bereits in den 20er und 30er Jahren und nach 1945 in diesen Staaten selbst die Entwicklung des Sozialismus sowjetischen Typs kritisch und zunehmend ablehnend begleitet hatten.

Diese wenigen Andeutungen über die Rahmenbedingungen der Kommunismus- und DDR-Forschung — auf die im ersten Teil dieses Buches noch ausführlicher eingegangen wird — sollen bereits einleitend die *Problemsicht* des Verfassers offenlegen: Die Analyse des „realen Sozialismus" ist nicht denkbar ohne einen expliziten oder impliziten Bezug zur eigenen Gesellschaft und ihren Problemen und Konflikten. Ob als Gegenbild, Modell oder System sui generis, an dem bestimmte Aspekte „moderner" Gesellschaftssysteme studiert und auf die eigenen Bedingungen zurückbezogen werden könne, stets ist die Kommunismusanalyse eine im höchsten Maße politische Angelegenheit, auch dann, wenn sie sich direkter Parteinahme enthält. Sie steht daher mehr als andere Disziplinen der Sozialwissenschaften in der Gefahr, sich von Opportunitäten bestimmen und für politische Zwecke instrumentalisieren zu lassen. Will sie mehr sein als ein Propagandainstrument, muß sie sich solcher Indienstnahme — von welcher Seite auch immer — ebenso widersetzen wie den Versuchungen zur Schwarz-Weiß-Malerei, die im Zuge der Systemauseinandersetzung immer wieder als wissenschaftliche Tugend und staatsbürgerliche Pflicht hingestellt wird.

Teil I: Ansätze der Kommunismus- und DDR-Forschung

1. Zum historisch-politischen Kontext der Kommunismus- und DDR-Forschung in der Bundesrepublik

Eine Auseinandersetzung mit der Entwicklung, den Ergebnissen und dem gegenwärtigen Stand der Kommunismus- und DDR-Forschung kann sich nicht darauf beschränken, ihre „wissenschaftsinternen" Probleme möglichst detailliert darzulegen. Als im höchsten Maße politische Wissenschaft ist sie nicht zu verstehen, ohne das politische und soziale Umfeld, in dem sie betrieben wird, in die Analyse einzubeziehen: Es gilt also, zumindest thesenhaft den historisch-politischen Kontext zu skizzieren, in dem die Kommunismus- und DDR-Forschung sich in der Bundesrepublik entwickelt hat.

1.1 Das antikommunistische Syndrom

Der globale Konflikt der Großmächte USA und UdSSR und die Konfrontation ihrer „Stellvertreter" Bundesrepublik und DDR hatte bis in die 60er Jahre hinein für die friedliche Entwicklung in Europa und der Welt bedrohliche Ausmaße. Darüber wurden im „Westen" die ersten „Risse im Monolith" (*Karl W. Deutsch*) des sowjetischen Imperiums ebenso übersehen, wie die Bedeutung der zunehmenden Differenzierung des internationalen Staatengefüges — zu erinnern ist an die Entstehung der jungen Nationalstaaten in der „Dritten Welt", aber auch an das Heranwachsen der VR China zu einer Macht, die das globale Kräfteverhältnis entscheidend verändert hat. Der eigentliche Grund für die Unfähigkeit, diese fundamentalen Veränderungs- und Wandlungstendenzen in ihrer vollen Tragweite wahrzunehmen, war ein Denken, das den Gegner in metaphysisch überhöhter Weise als totalitären Feind und die von ihm errichtete Gesellschaftsordnung als das absolute Gegenbild zur freiheitlichen, auf den Werten des Christentums und den kulturellen und sittlichen Prinzipien des Abendlandes beruhenden Demokratien begreift. Der Kommunismus erschien vielen als die Inkarnation der „Herrschaft der vollendeten Gottlosigkeit",[1] alle „Wege des Marxismus" — auch der demokratische Sozialismus — führten, glaubt man einer Wahlparole der CDU/CSU aus dem Jahre 1953, „nach Moskau".

Die bedrückenden Erfahrungen mit dem „Sozialismus" Stalinscher Prägung hatte aber auch in der Sozialdemokratie diejenigen Kräfte bestärkt, die, ähnlich wie bereits in der unmittelbaren Nachkriegszeit *Kurt Schumacher*, einen dezidiert antikommunistischen Kurs befürworteten. Je länger der „Kalte Krieg" dauerte und je stärker er die innergesellschaftliche Situation in der Bundesrepublik beeinflußte, um so mehr verblaßten die programmatischen Unterschiede vor der gemeinsamen Ablehnung der „totalitären Gefahr" aus dem Osten.

Bei den bürgerlichen Kräften war dieser „Antitotalitarismus" traditionell gegen „links" gerichtet und verlor, je mehr die restaurativen Züge der Regierungspolitik sich durchsetzten, seine antifaschistischen Elemente, die er in der unmittelbaren Nachkriegszeit durchaus hatte.

Die gesellschaftskritischen Ansätze der ersten Jahre nach 1945 traten in den Hintergrund und wurden als weltfremde Gedanken kleiner Intellektuellenkreise abgetan, wenn nicht für politisch gefährlich erklärt.

Die Auseinandersetzung mit dem „neuen" Gegner ließ Differenzierung und Selbstkritik vermeintlich nicht zu. *Wolfgang Abendroth* hat den inneren Zusammenhang zwischen der Restauration in den Westzonen und der Bundesrepublik und der Stalinisierung in der SBZ/DDR im Zeichen des Kalten Krieges folgendermaßen beschrieben:

„Seit der Stuttgarter Rede [des US-Außenministers *Byrnes* im September 1946, der Verf.] war auch das deutsche Volk in den Zweikampf zwischen den Vereinigten Staaten und ihren Bundesgenossen und der Sowjetunion in ständig steigendem Maße einbezogen worden. Die Stalinisierung der sowjetischen Besatzungszone mußte die demokratischen Kräfte weitgehend zum Bündnis mit den Gegnern der Sowjetunion verführen, weil es unvermeidlich ihr nächstes Ziel war, dem deutschen Volke Spielraum zu demokratischer Selbstgestaltung seines eigenen Schicksals zu erhalten. Zweifellos hat dies Bündnis dem deutschen Volke in mancher Beziehung eine Erweiterung seines eigenen Zuständigkeitsbereiches auch gegenüber den westlichen Besatzungsmächten und vor allem große materielle Vorteile eingebracht. Andererseits haben die Vereinigten Staaten in dieser Periode die Restauration jener ökonomisch-sozialen Kräfte ermöglicht, die der Demokratisierung von Wirtschaft und Gesellschaft entgegenstanden . . .

Schon in der Periode des bizonalen Wirtschaftsrates wurde immer deutlicher, daß die Tendenz zur Stalinisierung der sowjetischen Zone die Tendenz zur Restauration undemokratischer Machtpositionen in den westlichen Besatzungszonen entsprach."[2]

Viele Auswirkungen und Auswüchse des „Kalten Krieges" waren in Deutschland besonders deutlich und überspitzt registrierbar, da zwischen den beiden deutschen Staaten die Grenze der verfeindeten politischen und sozialen Systeme verlief, wobei West-Berlin als „Pfahl im Fleisch der DDR" noch eine besondere Bedeutung zukam. Es kann und soll hier nicht auf die vielfältigen Formen und Methoden der Austragung des „Kalten Krieges" eingegangen werden. Auf beiden Seiten wurden alle denkbaren Mittel angewandt. Obskure Institutionen, Vereine, Büros, vor allem aber die Geheimdienste hatten Hochkonjunktur.[3] Bedeutsamer für unseren Zusammenhang ist die Frage nach dem politischen und geistigen Klima, das in der Folge des „Kalten Krieges" in der Bundesrepublik entstanden ist und das erst die Ziele, Methoden und Ergebnisse der wissenschaftlichen und publizistischen Beschäftigung mit den sozialistischen Systemen in jenen Jahren verständlich macht, einer Beschäftigung, die jenseits aller innergesellschaftlichen Kontroversen und Gegensätze vom Totalitarismuskonzept bestimmt worden ist. Es bot die Möglichkeit, mit der Kontinuität des Kampfes gegen den Totalitarismus die eigene Vergangenheit zu „bewältigen". Der Kampf gegen die Linke konnte, nach kurzer Unterbrechung, unter dem Banner der freiheitlichen Demokratie wieder aufgenommen werden.

„So ist es leicht verständlich, daß die Totalitarismustheorie im Zeichen des Antikommunismus, der Integrationsideologie des neuen Staates, seit dem Beginn der fünfziger Jahre einen raschen Siegeszug antrat und von Historikern, Politologen und Publizisten in großem Maßstab übernommen wurde ...
Somit erwies sich die Totalitarismustheorie als ein ausgezeichnetes Mittel, den durch ihre Kooperation mit dem faschistischen Staat diskreditierten Sozialgruppen ihr gutes Gewissen und ihr soziales Ansehen wiederherzustellen, das wegen seiner engen Verflechtung mit dem Faschismus erschütterte kapitalistische System wieder zu festigen und außerdem für den Kalten Krieg gegen die sozialistischen Staaten die ideologische Rechtfertigung zu liefern ... Erst seit der Mitte der sechziger Jahre konnten die Argumente, die von kritischen Wissenschaftlern schon lange vorher vorgebracht worden waren, mindestens in der Wissenschaft und in einem Teil der Publizistik zum Zuge kommen."[4]

Diese kritischen Stimmen wurden in den 50er Jahren nicht gehört, z.B. im Zusammenhang mit dem Antrag der Bundesregierung aus dem Jahre 1952 und dem 1956 durch das Bundesverfassungsgericht ausgesprochenen Verbot der KPD, das einer Dichotomisierung der Gesellschaft in das breite demokratische Spektrum und einige, zahlenmäßig nicht allzu bedeutende Gegner der „freiheitlich-demokratischen Grundordnung" Vorschub leistete und einen Teil des politischen Spektrums, das in den meisten demokratischen Staaten vertreten war, das Existenzrecht absprach.[5]

Harry Pross hat in einem Rückblick auf dreißig Jahre Journalismus in der Bundesrepublik das ganze Dilemma einer Politik erfaßt, die den Beweis für die demokratische Zuverlässigkeit vor allem darin sah, daß das Feindbild deutlich genug hervorgekehrt wurde, was häufig — wie die immer erneuten Verdächtigungen der Sozialdemokratie beweisen — nicht einmal ausreichte;

„ganz frei war nur der Antikommunismus. Im Anschluß an die McCarthy-Verfolgungen in den USA hatte die Bundesregierung einen Verbotsantrag gegen die KPD just in dem Augenblick gestellt, als Stalins Tod Wandlungen im Weltkommunismus andeutete. Nach dem Verbot der neonazistischen SRP 1952 hat das KPD-Verbot von 1956 das politische Meinungsspektrum auf ein *Meinungskartell* mittlerer Position begrenzt. Das war der parlamentarischen Arbeit bekömmlich, der freien Entfaltung von Meinungen eher abträglich. Wir haben in der Bundesrepublik die Grundkonflikte des Jahrhunderts um Nationalsozialismus und Kommunismus nicht offen verarbeitet, sondern uns darum herumgemogelt."[6]

Diese Kritik an den vorherrschenden Formen des Antikommunismus darf jedoch nicht zu dem Fehlschluß verleiten, daß damit — gleichsam im Gegenzug — jede Form der Kritik des Sozialismus sowjetischer Prägung diskriminiert werden soll. Mit *Werner Hofmann* ist vielmehr zu fragen, ob eine Kritik, die sich nach außen richtet, um sich einer selbstkritischen Beschäftigung mit der eigenen Gesellschaft weitgehend zu entziehen, und eine politische Grundeinstellung, die nach dem Motto verfährt, daß, wer nicht kritiklos für die eigene Gesellschaft eintrete, sich gegen diese entscheide, nicht auf tieferliegende, mit den Kriterien einer politischen Soziologie allein nicht in ihrem vollen Umfang erfaßbare Motivationen und Dispositionen hindeutet.

„Muß eine Denkweise, die so tief verwurzelt und zugleich so allgemein verbreitet ist, daß sie dem Nachdenken und der Kontrolle des einzelnen weithin sich entrückt hat, nicht aus der Natur der Sache über ihre ursprünglichen Anlässe, ja vielleicht sogar über den Gegenstand, an dem sie sich entzündet hat, hinauswachsen; erlangt sie nicht Eigengewicht und Eigengesetzlichkeit? Hat, mit einem Wort, der Antikommunismus nicht mittlerweile für unser eigenes gesellschaftliches Denken und Handeln Bedeutung gewonnen?

Treten wir zunächst in den Befund ein und suchen wir das gängige Kommunismus-Bild, so wie es sich bei uns darbietet und täglich reproduziert, näher zu bestimmen.

Zunächst fällt auf: Dieses Bild ist gesellschaftlich ebenso einheitlich wie konturlos. Sobald man seine Einzelzüge zu fassen sucht, geht man eigentlich über das zeitgenössische Durchschnittsbewußtsein schon hinaus. ‚Irgendwie' verbindet sich die Vorstellung von Kommunismus mit ‚Totalitarismus', mit ‚Unfreiheit', mit Atheismus und hierauf zurückzuführender moralischer Unbedenklichkeit der Führer, mit zynischem Machiavellismus in der praktischen Politik, bei gleichzeitigem ‚Dogmatismus' einer im übrigen unveränderlichen Theorie."[7]

Hofmann bestreitet gar nicht, daß alle diese Erscheinungen im Stalinismus eine Grundlage hatten, doch erscheint es ihm interessant, daß das öffentliche Kommunismusbild trotz der Veränderungen, die in den sozialistischen Systemen nach *Stalins* Tod zu beobachten waren, zum Zeitpunkt der Entstehung des Aufsatzes, Anfang der 60-er Jahre, kaum eine Wandlung erfahren hatte — eine Bewertung, die mit einigen Modifikationen auch heute noch aufrechterhalten werden kann. Das Kommunismusbild hat weithin einen gesellschaftlichen Norm- und Appellcharakter, es ist affektiv besetzt und bei genauerem Hinsehen noch immer ziemlich gestaltlos. Auch heute fordert ein Teil der veröffentlichten und wahrscheinlich eine Mehrheit der öffentlichen Meinung zu der Frage heraus, ob die sich in ihnen zeigende Vorstellung von Sozialismus/Kommunismus auf einer annähernd exakten Kenntnis der jeweiligen sozialistischen Systeme beruht, oder ob sie nicht noch immer geprägt ist von tradierten, von der nationalsozialistischen Propaganda pervertierten, Vor-Urteilen über den „asiatischen" Charakter Rußlands, die vielfach ohne weiteres auf die anderen sozialistischen Staaten übertragen werden.[8] Eine Reihe rational nicht erklärbarer Effekte des Antikommunismus deutet darauf hin.

Auf der einen Seite war die Einschätzung vorhanden, daß das eigene System so überlegen, das andere aber so marode sei, daß es nur eine Frage der Zeit sei, bis das gesamte Sowjetsystem am Ende sei; dessen Untergang schien vorprogrammiert. Zugleich aber herrschte eine oft psychotische Furcht vor dem Überrollt-werden, die wohl nur durch tiefsitzende, historisch gewachsene Ängste vor Invasionen aus dem Osten und das unbewußt „schlechte Gewissen" angesichts der eigenen Invasionen zu erklären ist. Der Aufstieg der Sowjetunion zur Atommacht und der „Sputnik-Schock" taten ein übriges. Diese Entwicklungen, die man der angeblich in jeder Hinsicht rückständigen und unkultivierten Sowjetunion nicht zugetraut hatte, stellten deren Macht auf neue Grundlagen und zeigten, daß sie auch technisch gleichwertig, in einigen Gebieten sogar überlegen war. Beides wurde als Herausforderung verstanden: In der eigenen Gesellschaft müsse ein Umdenkungsprozeß eintreten, wollte man ihr in Zukunft gewachsen sein. Damit deutet sich das „Ende der Nachkriegszeit" an, die mit *Eugen Kogon* abschließend folgendermaßen charakterisiert werden soll:

„Die Folgeumstände des Krieges und die psychologische Wirkung, die sie in Deutschland hatten, haben es jedoch mit sich gebracht, daß in der Bundesrepublik, die aus dem Zusammenbruch des Dritten Reiches hauptsächlich mit Hilfe der US-Besatzungsmacht als westlich-demokratischer Staat hervorging, keinerlei bis auf den Grund reichende Revision des vormaligen Denkens und Empfindens stattfand. Revision,, das ist aber ganz im Gegenteil für die Mehrheit der Bundesbürger die Überwindung, Beseitigung, Aufhebung einer Reihe von Kriegsfolgen, die sich gegen das gesamte deutsche Volk gerichtet haben. Und die UdSSR ist es, das expansionsbesessene Diktatursystem der Sowjets, der kommunistische Terror, die die Wiederherstellung gerechter Verhältnisse zu Frieden und Freiheit beharrlich verhindern. Noch immer, schon wieder, werden die Tatsachen antikommunistisch verkannt, wird die vielfältige reale Bedeutung dessen, was eingetreten ist, nicht gesehen ...
Nicht leugnen, vielmehr nachweisen läßt sich jedoch, daß wie in der Weimarer Zeit (obschon abgeschwächt, aber ähnlich, zum Teil sogar weniger komplex, viel einheitlicher) die Verkennung der Wirklichkeiten, die von der Sowjetunion und vom kommunistischen Machtblock ausgehen, die mit ihnen im Zusammenhang stehen, eine Verkennung, die dem deutschen Antikommunismus von Anfang an zugrunde lag, die Bonner Politik nachhaltig beeinflußt hat. Er war nicht mehr imperialistisch wie unter Hitler, dieser Antikommunismus. Er wirkte in einer veränderten weltpolitischen Konstellation — weniger virulent als seinerzeit. Aber er versah insbesondere die außenpolitische Orientierung der Bundesrepublik von Anfang an mit dem gültigen Generalwegweiser.
Psychologisch ist die Art, wie sich der Übergang 1945 im „deutschen Gemüt" vollzogen hat, eine Merkwürdigkeit, ja paradox. Der sowjetische Sieg beeindruckte so sehr, daß viele die Macht des gegnerischen Systems in geradezu erschreckender Weise bestätigt fanden: Da hatte die nationalsozialistische Propaganda ja recht gehabt! Die andere Seite der vormaligen Behauptung (daß das kommunistische System in sich brüchig und der ganze Stalin-Staat voll von Fäulnis sei) erwies sich als falsch — wie so vieles am Nationalsozialismus ... Es bewährte sich die unbegreifliche Fähigkeit vieler Deutscher, himmelschreiendes Unrecht gegen andere zu verüben, geschehen zu lassen, es mitzuverschulden, dann aber, wenn sich die Dinge gegen sie selbst wenden, wenn ihnen Ähnliches oder Gleiches geschieht, keinen Zusammenhang zu sehen, geschweige denn ihn anzuerkennen, sondern volle Gerechtigkeit für sich selbst zu erwarten, sie zu fordern und es aller Welt zu verübeln, die Welt anzuklagen, daß gemeinstes Unrecht geschieht. Dieses Regime, das kommunistische, besetzte nun ganz Osteuropa, beinahe ganz Südosteuropa, dazu Mitteldeutschland bis an die Elbe und die Ausläufer

des Thüringer Waldes —, dabei durfte es doch nicht bleiben, unmöglich konnte es auf die Dauer hingenommen werden.

Dies war der Empfindungs- und Argumentationsnährboden des deutschen Nachkriegs-Antikommunismus — einigermaßen paradox, wie gesagt."[9]

Diese Einäugigkeit verhinderte nicht nur eine — diesen Namen verdienende — „Bewältigung" der eigenen nationalen Vergangenheit, sondern auch eine angemessene, realitätsbezogene Interpretation der Gegenwart. Moralisch verurteilte und dem Gegner als systemtypisch vorgeworfene Mittel der Politik wurden, wenn sie in der eigenen Hemisphäre angewandt wurden, für unbedenklich, ja für notwendig und richtig gehalten, wenn sie nur dem Ziel dienten, den „Feind" zu schwächen. Diese Sichtweise ließ es zu, die Interventionen der USA in Lateinamerika (Guatemala, Dominikanische Republik, Cuba usw.), die von ihnen initiierten und inszenierten Staatsstreiche dort und in anderen Teilen der Welt, mit anderen „moralischen" Maßstäben zu messen, als die vergleichbaren Handlungen der Sowjetunion: In der DDR 1953, in Ungarn 1956, in der ČSSR 1968. Die Verletzung der Menschenrechte in den sozialistischen Staaten zu beklagen und zugleich Diktaturen in der westlichen Hemisphäre zu hofieren, zeugt von einer politischen Doppelmoral, die eines festen, ideologisch begründeten Freund-Feind-Schemas bedarf, um sich legitimieren zu können.

Es geht hier aber nicht primär um die normativ-moralische Komponente solchen Verhaltens, das mit den machtpolitischen „Zwängen", die Weltmächte für sich geltend machen, allemal entschuldigt wird, sondern um die Auswirkungen auf die politische Kultur von Gesellschaften, die ihre eigene „Unmoral" damit begründen, daß sie, da Mittel im „Kreuzzug" der „freien Welt" gegen den „totalitären Kommunismus", gar keine Unmoral sei, sondern in höchstem Maße moralisch. Eine derartige Argumentation folgt jenem Muster, das *Kogon* im Zusammenhang mit der unterbliebenen Aufarbeitung der nationalsozialistischen Vergangenheit gekennzeichnet hat. Die ihm zugrunde liegende Selbstgerechtigkeit korrespondiert mit einer bemerkenswerten Unfähigkeit, sich in die Vorstellungswelt des Gegners einzufühlen, seine Handlungen zu verstehen und seine Motive zu begreifen. Die soziale und politische Verfaßtheit dieser Gesellschaften wird mit den Kriterien bürgerlich-liberaler Vorstellungen von Freiheit, die des Wirtschaftsmechanismus mit denen des Konkurrenzkapitalismus beurteilt.

Die personalisierende Sicht politischer Entscheidungsprozesse, die bereits bei der Analyse der eigenen Gesellschaft auf der Erscheinungsebene verbleibt und kaum zu den sozialen, ökonomischen und kulturellen Ursachen politischer Vorgänge vorzudringen vermag, und die Hypostatisierung normativ geladener Begriffe wie „soziale Marktwirtschaft", die als Gegenpol zur kollektivistischen und per se unfreien „Zentralverwaltungswirtschaft" begriffen und benutzt werden, führen in ihrer analytischen Verwendung auf Gesellschaften sowjetischen Typs zwangsläufig zu Fehleinschätzungen.

Der zweite Aspekt betrifft die Nutzung dieser Formeln zur Tabuisierung der eigenen Gesellschaft gegen jede Fundamentalkritik. Damit verfehlt der Antikommunismus, zur Grundlage der wissenschaftlichen Analyse gemacht (daß eine solche Vorgehensweise nicht völlig aus der Diskussion ist, zeigt erst jüngst wieder die Äußerung eines aus der DDR in die Bundesrepublik übergewechselten Ideologieproduzenten[10]), nicht nur die Realität in den sowjetsozialistischen Systemen, sondern auch die eigene Gesellschaft. *Werner Hofmann* hat dies folgendermaßen erklärt:

„In seiner Undifferenziertheit hat das geläufige Kommunismus-Bild auch eine relative Unabhängigkeit vom Gegenstand erlangt, auf den es sich bezieht. Das gilt für den wissenschaftlichen Anspruch, die fremde Welt zu begreifen, wie auch für jene massenwirksamen Holzschnitte, die aus den fertigen Druckstöcken der Propaganda kommen. — Dieser Umstand ist von einiger Bedeutung. Es lassen sich nämlich bestimmte wiederkehrende und daher in gewissem Maße typische Mißverständnisse aufweisen, die in die Vorstellung vom Kommunismus — als Bewegung wie als etablierte Machtordnung verstanden — eingegangen sind und dessen Wertung bestimmen."[11]

Neben dem bereits erwähnten Aspekt (der Übertragung der eigenen Vorstellungen) nennt *Hofmann* die Umdeutung eines inhaltlich bestimmten sozialen Gegensatzes der beiden rivalisierenden Gesellschaftskonzepte in einen Gegensatz der politischen Form und die Verwandlung des innergesellschaftlichen Konflikts in einen außenpolitischen.

Dieser enge Zusammenhang zwischen Fehldeutungen der „Außenwelt" mit der Tabuisierung binnengesellschaftlicher Problemlagen haben wesentlich dazu beigetragen, der Bundesrepublik für fast zwei Jahrzehnte ein gleichsam „natürliches" Selbstverständnis als des freiheitlichsten und demokratischsten „Staatswesens" in der deutschen Geschichte zu vermitteln. Es wurde nicht als ein mit Mängeln, Fehlern und Irrtümern behaftetes Gebilde begriffen, sondern als bereits realisiertes Ideal, das es allenfalls hier und da zu perfektionieren, nicht aber qualitativ zu verbessern galt. Die westdeutsche Nachkriegsdemokratie erschien vielen als die politische Ordnung, die sich, da ihre innergesellschaftlichen Probleme im wesentlichen gelöst erschienen, nur noch nach außen, dem Kommunismus gegenüber und nach innen, den Vertretern linkssozialistischer und kommunistischer Konzeptionen gegenüber zu verteidigen hatte. Die „Linke" im eigenen Land stand unter dieser Konstellation — nicht zuletzt wegen ihrer zahlenmäßigen Schwäche — ständig in der Gefahr, nicht als innergesellschaftliche Opposition, sondern als Vertreter „fremder" Interessen angesehen zu werden. Dieser Ausgrenzung entsprach eine „idyllisch-harmonistische Hypostasierung des Demokratiebegriffs", deren Ursachen *Bruno Seidel* und *Siegfried Jenker* zum einen in den Reedukationsversuchen nach 1945 und zum zweiten in der „Kompensation für offene und verborgene Schuldgefühle" sehen. Demokratie sei zudem zu einem Synonym für „Ruhe und Ordnung" geworden.[12]

Dieses Schutzbedürfnis eines demokratischen Systems, das seine uneingestandenen Schwierigkeiten mit der eigenen Herkunft und den eigenen Wurzeln hat und das daher geneigt ist, jeden Angriff auf sein Selbstverständnis repressiv und nicht argumentativ abzuwehren, wird spätestens in dem Augenblick problematisch, in dem sich international Entspannungstendenzen durchzusetzen beginnen. Es verführt dazu, „in der großen Auseinandersetzung zwischen Freiheit und Kommunismus" (*Salter*) neue weltpolitische Konstellationen entweder nur als kosmetische Veränderungen mißzuverstehen, oder Verrat zu wittern. Die von *Chruschtschow* eingeleitete Politik der friedlichen Koexistenz galt so für viele Beobachter nur als ein besonders geschickter und infamer Versuch, die Aufmerksamkeit der westlichen Demokratie einzuschläfern, um durch „Infiltration" endlich das zu erreichen, was der „Weltkommunismus" mit den Mitteln der Drohung und der Konfrontation nicht hatte erreichen können: den Umsturz in den demokratischen Systemen des Westens.

„Als die bolschewistischen Revolutionäre 1917 ihre Aufrufe in die Welt funkten, schufen sie damit die ersten Formen der politischen Kriegsführung im 20. Jahrhundert und kompensierten das schwache militärische Potential, über das sie verfügten.

Sein Fehlen wurde durch Propaganda und Agitation ausgeglichen, mit der — vor allem im Bürgerkrieg — jene Bastionen der antisowjetischen Kräfte zum Einsturz gebracht wurden, die durch militärische Mittel allein nie hätten überwunden werden können.

Mit der Wandlung des revolutionären Bolschewismus zum imperialen Stalinismus haben auch die Methoden der politischen Kriegsführung eine Änderung erfahren: sie sind zur Infiltration geworden. Die heutige Infiltrationstechnik ist ein Verfahren, das den eigentlichen Charakter und das Wesen des Sowjetkommunismus bewußt verharmlost, verhüllt, ja sogar direkt ableugnet. Sie ist eine Methode, um Schichten und Einzelpersönlichkeiten, die für den Kommunismus gewonnen werden sollen, obwohl sie ihn bewußt nicht bejahen, zu täuschen, sowie Politik und Ziele des Kommunismus anders darzustellen, als sie in Wirklichkeit sind ...

Da die revolutionäre Aktion in der Industriegesellschaft des Westens nicht mehr realisiert werden kann, war der Sowjetkommunismus gezwungen, Praktiken zu entwickeln, die den besonderen Bedingungen von heute adäquat sind. Die Infiltration ist also ein Symptom für die politische Methode des zum imperialistischen System degenerierten Sowjetkommunismus. Da die Infiltration sich vielfach im verborgenen vollzieht und ihre Initiatoren und Träger als Agenten agieren müssen, steht die Infiltration in engem Zusammenhang mit dem Spionage- und Nachrichtenwesen.

Die Infiltration erstreckt sich auf die gesamte nichtkommunistische Gesellschaft. Sie entfaltet sich gleichzeitig und planmäßig auf allen Gebieten von Politik, Wirtschaft und Gesellschaft ...

Die deutsche Sowjetzone ist die politische, propagandistische und organisatorische Basis des Sowjetkommunismus zur infiltrativen Aufweichung, Zersetzung und schließlichen Zerstörung der Bundesrepublik, wobei die Sowjets direkten Einfluß auf den ‚deutschen' Infiltrationsprozeß nahmen."[13]

Die Furcht vor Infiltration führte zu einer geistigen Berührungsangst, die nur schwer zu überwinden war. Der Verleger und frühere CDU-Bundestagsabgeordnete *Gerd Bucerius* hat von dieser Situation zu Recht als von einer „geistigen Maginot-Linie" gesprochen, die die Westdeutschen errichtet hätten.[14] Sie gründete in einer Haltung, nach der es keinen Grund gab, sich geistig mit einem Feind auseinanderzusetzen, der doch, um mit *Karl Jaspers* zu reden, dem „Totalitarismus verfallen" war und wo es „zwischen den Prinzipien der totalen Herrschaft und der Freiheit" sowieso keinen „ehrlichen Kompromiß" geben konnte. Was also sollen Verhandlungen mit dem Ziel des Interessenausgleichs einbringen, wenn sich hinter der Maske der Koexistenz nur die alte Politik verbarg?

„Nach außen führt die [UdSSR] den ‚Kalten Krieg' unter dem Schleier der Koexistenz. Sie erzeugt und lenkt Organisationen in der ganzen Welt, die die Gewalt vorbereiten, durch die sie das Bestehende umstürzen wollen. Sie macht die freien Staaten sorglos, sucht unter ihnen die Differenzen zu steigern, nutzt alle Schwächen, Unredlichkeiten, Ruhebedürfnisse, Eigeninteressen für ihren totalitären Zweck ... In der Anpassung an die Situation geschickt und bedenkenlos, wirkt sie (für den bloßen Betrachter großartig in der Konsequenz) mit Methoden folgenden Charakters:

Ein Mittel ist der Schein der Gemeinschaft. Man täuscht den Gegner — mit dem größten Erfolg —, indem man ihn glauben lehrt, man könne zusammenarbeiten. Es ist erstaunlich, wie die Offenbarkeit gröbster Gewaltakte diese Täuschung doch immer nur für einen kurzen Augenblick aufhebt.

Die freie Welt will meistens sich nicht die harte Tatsache eingestehen: Zwei Prinzipien der bis in die letzten Verzweigungen unseres Lebens dringenden politischen Herrschaftsformen sind da und schließen sich aus ... Zwischen Freiheit und Totalitarismus handelt es sich um Sein oder Nichtsein.

Was aus dem Prinzip der totalen Herrschaft getan wird, ist in jedem Fall schlecht. Es kann nur den Schein der Übereinstimmung mit dem Erwünschten haben. ‚Es ist doch auch Gutes daran‘, ‚Es wird doch auch Gutes geleistet‘, solche Auffassung ist Täuschung. Hier, wo es um das Prinzip des Lebens selbst geht, ist radikal, ohne Kompromiß Nein zu sagen, ist der luziferische Schein des Guten zu durchschauen – oder man ist dem bösen Prinzip schon verfallen."[15]

1.2 Entspannungspolitik und Koexistenz

Der 13. August 1961 stellte viele der bisher als unstrittig angesehenen „Gewißheiten" in Frage. Er wurde anfänglich in der Bundesrepublik nur als jenes Datum gesehen, an dem sich die Schwäche des kommunistischen Systems endgültig offenbart habe. Daß er aber vor allem das Scheitern der eigenen Bemühungen um eine Wiedervereinigung trotz Westintegration und NATO-Mitgliedschaft markierte, wurde nur von wenigen Beobachtern bereits zu jenem Zeitpunkt in aller Schärfe gesehen. *Gräfin Dönhoff* kritisierte in der „Zeit" vom 18. August 1961 massiv die geringe Bereitschaft der damaligen Bundesregierung, sich zu Verhandlungen „unter Druck" bereit zu erklären, obwohl sie doch auch dann, wenn kein Druck vorhanden war, offenbar nicht zu Verhandlungen mit der Sowjetunion bereit gewesen sei. Die Berlin-Krise und – wenig später – die Cuba-Krise machten jedoch allen Beteiligten deutlich, daß der status quo ohne Krieg nicht zu verändern sein würde. Beide Krisen konnten zwar auf dem Verhandlungswege kalmiert werden, sie blieben aber letztlich „ungelöst", da die ihnen zugrundeliegenden gegensätzlichen Interessen unverändert blieben. In ihnen bewährte sich aber erstmals das klassische Instrumentarium bilateraler und multilateraler Diplomatie, das in der Zeit des „Kalten Krieges" kaum genutzt worden war und allenfalls zur Lösung von Einzelfragen (wie z. B. die deutsch-sowjetischen Verhandlungen 1955) beigetragen hatte. Verhandlungen als Mittel, internationale Krisen überhaupt nicht erst entstehen zu lassen oder aber im Vorfeld behebbar zu machen, waren diese Praktiken noch nicht. Immerhin zeichnete sich die Notwendigkeit ab, gemeinsame, wenn auch begrenzte Interessen festzustellen und von ihnen ausgehend ein inhaltliches System stabilitätsfördernder Maßnahmen zu errichten und in Vertragsform zu gießen, das insgesamt geeignet war, die internationale Lage, sowohl zwischen den Supermächten als auch in Europa, „sicherer" zu machen. Für die Bundesrepublik wurde dabei deutlich, daß der andere deutsche Staat, die DDR, nicht mehr isoliert, einzig unter dem Gesichtspunkt „nationaler" Interessen und der Wiedervereinigung gesehen werden konnte, sondern innerhalb des von der UdSSR dominierten Systemzusammenhangs in Osteuropa. Erst dieser machte die eigentliche „Stabilität" der DDR aus.

Trotz aller internen Schwierigkeiten zeigte sie keine Anzeichen, aus innerer Schwäche zusammenzubrechen, sie schickte sich vielmehr, zaghaft zuerst, an, auf dem internationalen Parkett eine Rolle zu spielen, trotz der Versuche internationaler Isolierung und des mit Hilfe der „Hallstein-Doktrin" aufrechterhaltenen Alleinvertretungsanspruchs der Bundesregierung. Noch weniger als die DDR, die angesichts ihrer nationalen Sondersituation noch am ehesten von innen gefährdet war, zeigten die anderen sozialistischen Länder trotz massiver innerer Probleme Auflösungserscheinungen. Ganz im Gegenteil schien sich nach den Krisenjahren 1956/57 eine Konsolidierung dieser Staaten abzuzeichnen. Diese allgemeine Einschätzung der Situation lag wohl auch einem Jahresrückblick auf den Bau der Mauer zugrunde, in dem *Marion Gräfin Dönhoff* die de facto-Anerkennung der DDR forderte.

„Was aber ist mit unserer anderen großen Fiktion — der Behauptung, es gebe keinen zweiten deutschen Staat, obgleich er mit uns am Katzen-Verhandlungstisch in Genf saß, obgleich wir an seiner Grenze bereitwillig den Paß vorzeigen, ... obgleich wir Handelsabkommen mit ihm schließen? Gewiß, das Regime werden wir nie anerkennen können, aber das Faktum der Existenz eines zweiten deutschen Staates — das haben wir doch längst zur Kenntnis genommen. Der Staat, mit dem wir uns in Gedanken mehr beschäftigen als mit irgendeinem anderen, ist doch keine Fiktion. Er ist doch kein Phantom, an dem wir leiden.

Wenn es stimmt, daß auf lange Sicht wir und nicht die Kommunisten im Einklang mit der geschichtlichen Entwicklung stehen, dann brauchten wir doch eigentlich vor einer *de facto*-Anerkennung der DDR ... nicht mehr zurückschrecken. Die Sorge vor einer ‚Aufwertung der Zone' ist heute nicht mehr in gleichem Maße wie früher akut ...

Die Zeit ist gekommen, die Lebensfähigkeit und den Tauschwert jener langgehegten Fiktion zu überprüfen, ehe sie uns vielleicht unter den Händen in Nichts zerrinnt."[16]

Bis zur Verwirklichung einer solchen realistischeren Deutschlandpolitik vergingen noch einige Jahre, und es bedurfte erst einer Ablösung des „CDU-Staates" und seiner allzu fest gefügten politischen und ideologische Positionen auf dem Wege über die „große" zur „sozial-liberalen" Koalition, um sie möglich zu machen.

Zu diesen Voraussetzungen gehört es nicht zuletzt, die in den Jahren des „Kalten Krieges" gewachsene jeweilige Belagerungsmentalität allmählich abzubauen. Die Schwierigkeiten und Grenzen dieses Prozesses zeigen die vergleichbaren Reaktionen der konträren Systeme in den beiden deutschen Staaten auf innergesellschaftliche Konflikte und Probleme. Sie werden mit „Härte" und „Entschlossenheit" angegangen, wobei die politischen Instanzen sich gern des Arguments bedienen, diese Schwierigkeiten seien nicht Ausdruck einer bestimmten Verfassung des eigenen gesellschaftlichen Systems, sondern das Ergebnis der Handlungen systemfeindlicher Kräfte, denen entschlossen entgegengetreten werden müsse. Obwohl das dem antikommunistischen Syndrom entsprechende Imperialismus-Syndrom nicht in gleicher Weise von den Bürgern verinnerlicht und als Legitimationsbasis akzeptiert wurde, ist in der DDR und den anderen Ländern Osteuropas mit einer Vehemenz an ihm festgehalten worden, die nur aus der inneren Situation dieser Staaten und dem daraus resultierenden Rechtfertigungsbedürfnis der politischen Führungen erklärt werden kann. Seine innergesellschaftliche Funktion ist in den einzelnen Staaten und den jeweiligen aktuellen Situationen durchaus unterschiedlich. Es kann ebenso gegen die innere Opposition gerichtet werden wie die Behauptung stützen, die nationale Existenz sei von außen bedroht. Für die DDR trafen beide Aspekte aus der Sicht der politischen Führung zusammen, was die Hartnäckigkeit erklärt, mit der mit dem Imperialismus-Syndrom noch zu einer Zeit umgegangen wird, als Verhandlungen zwischen den beiden deutschen Staaten längst zum Alltag geworden sind. Angesichts der von der Bundesrepublik, bzw. ihrer Regierung, proklamierten „Offenheit" der deutschen Frage steht jedoch die innergesellschaftliche Opposition in der DDR stärker noch als in den anderen Staaten Osteuropas unter dem Verdacht, von außen gelenkt und beeinflußt zu sein — der Spionage-Vorwurf gegen *Rudolf Bahro* ist ein Beleg dafür.

Mangels demokratischer Legitimation der politischen Führung kann das Feindbild Imperialismus aber nicht mit gleicher Wirkungskraft die einheitsstiftende Wirkung erfüllen wie sein Pendant, der Antikommunismus in den westlichen Systemen. Die weltpolitischen Veränderungen Anfang der 60er Jahre und die Konsolidierung des sozialistischen Staatssystems stellte immerhin die ideologischen Denkmuster in den bürgerlich-parlamentarischen Systemen in ihrer

„selbstverständlichen" Geltung in Frage. Für die Bundesrepublik traf dies in besonderer Weise zu. Die scharfe Konturierung des Feindbildes konnte nicht länger darüber hinwegtäuschen, daß die eigene Gesellschaft von Antagonismen durchzogen war, die, in der Aufbauphase kaum sichtbar, sich nun deutlich abzuzeichnen begannen. Das „Wirtschaftswunder" hatte „im Bereich der Regelung sozialer Konflikte eher seine geringsten Wirkungen gehabt"[17] oder, schärfer formuliert, trotz gegenteiliger Behauptungen soziale Probleme produziert, die erst jetzt die Brüchigkeit der bisher für selbstverständlich gehaltenen Vorstellungen von einer Gesellschaft offenbarten, in der solche Konflikte nicht mehr „vorgesehen" waren. In der Bundesrepublik zeichnete sich vielmehr eine neue Entwicklungsphase ab: Erstmals werden in der Wirtschaftskrise der Jahre 1966/67 die Grenzen der auf ökonomisches Wachstum gerichteten Wirtschaftspolitik sichtbar, die meinte, Krisenfreiheit erreicht und strukturelle Veränderungen mit ihren sozialen Folgen in den Griff bekommen zu haben. Die Marktwirtschaft war nunmehr offenkundig nicht mehr in der Lage, Krisen zu verhindern. Die Suche nach neuen Instrumentarien und Methoden der Wirtschaftspolitik begann, auch wenn sie nicht in das ideologisierte Konzept der Theoretiker des Wirtschaftswunders hineinpaßten und eine Veränderung der politischen Verantwortlichkeiten voraussetzten. Als Folge bzw. im Verein mit der Ablösung der *Erhard*schen Konzeption der sozialen Marktwirtschaft durch die von keynesianischen Theoremen geleitete Wirtschaftspolitik der großen Koalition zeigten auch die gesellschaftspolitischen Antworten auf soziale Krisenerscheinungen, die Bereitschaft zu gesellschaftspolitischen Eingriffen, um der Polarisierung des politischen Spektrums in der Bundesrepublik entgegenzuwirken. Eine auf den „Erfolgen" dieser Wirtschaftspolitik basierende systemkonforme Reformpolitik schien darüberhinaus geeignet, die bestehenden politischen und sozialen Ungleichheiten und Ungerechtigkeiten allmählich zu beseitigen und den Verfassungsauftrag, einen demokratischen und sozialen Rechtsstaat, zu verwirklichen. Das Anerkennen der Reformbedürftigkeit und das Setzen auf die Reformfähigkeit des eigenen Systems machte nicht zuletzt den Weg frei für eine vorurteilslosere Betrachtung der sowjetsozialistischen Systeme, vor allem auch der DDR, soweit dies nicht durch die allmähliche Entspannung der internationalen Lage bereits geschehen war.

Ein politisches Konzept wie das der sozial-liberalen Koalition, das den in der Mitte der 60er Jahre entstandenen Sehnsüchten nach einer „autoritären Leistungsgesellschaft" (*Negt*)[18] ein offenes Demokratieverständnis gegenüberstellt, sieht die gesellschaftlichen Konflikte und die Artikulation von Unzufriedenheit nicht von vornherein als „außengesteuert", als Form sozialen und politischen Verhaltens an, das den Kommunisten in die Hände arbeitet, sondern als Folge einer Form der Marktwirtschaft, deren Attribut „sozial" in weiten Bereichen Postulat geblieben ist. Wie eng das Sich-Konzentrieren auf die innergesellschaftlichen Konflikte und Problemlagen mit der Notwendigkeit verquickt ist, auch dem politischen und ideologischen Gegner gegenüber vorurteilsfreier aufzutreten, zeigt die weitgehend irrationale Furcht des konservativen politischen Spektrums vor jener Politik des Ausgleichs, hinter der mehr vermutet wurde (und wird) als politischer Realismus: nämlich die alte unterstellte Wesensähnlichkeit sozialer und demokratischer Reformkräfte mit dem Kommunismus. Die polemische Formel „Freiheit oder/statt Sozialismus" drückt dies deutlich aus.

Der Zwang zur — partiellen — Kooperation, ob auf ökonomischem, wissenschaftlich-technischem oder politischem Gebiet, einer Kooperation, die in ihrer Konsequenz nicht zuletzt zur Abwehr der legitimen Interessen der Länder der „Dritten Welt" führte und führt, hat nicht nur zur Entdämonisierung des Gegners beigetragen, sondern westliche wie östliche Staaten von Außendruck befreit. Vor allem in den beiden deutschen Staaten, die davon besonders betroffen waren, hatte dies weitreichende innerpolitische Folgen. Die Bundesrepublik konnte — trotz aller erneuten Gefährdung liberaler und rechtsstaatlicher Grundsätze und erkennbaren autoritären Neigungen bei der Krisenbewältigung — verhältnismäßig unbeschadet die sich eher verschärfende weltwirtschaftliche Krisensituation überstehen, die bereits kurz nach ihrem Beginn der Reformbereitschaft und -fähigkeit der sozial-liberalen Koalition die ökonomische Grundlage entzog.

So eng wie der Zusammenhang von Stalinismus und Restauration, „Kaltem Krieg" und mangelnder innenpolitischer Liberalität, war auch der von Entspannung und Reformfähigkeit. Die Tatsache, daß die Sowjetunion nicht nur zur Entspannung bereit war, sondern über längere Zeiträume Interessenparallelitäten mit den USA erkannte, die ihre Prioritätensetzungen und Zielvorstellungen beeinflußten, hat zu einer — immer gefährdeten und in letzter Zeit beiderseitig in Frage gestellten — Politik des Interessenausgleichs geführt, die vielen der antikommunistischen Vor-Urteile die Basis entzog. Das Festhalten an eben diesen Vorstellungen durch die konservative Seite des politischen Spektrums in der Bundesrepublik hat zu einer Polarisierung geführt, in der die einen an einem „ökonomistischen" Verständnis der demokratischen Staatsform festhalten als derjenigen, die die besten Möglichkeiten für die Maximierung des individuellen und gesellschaftlichen Wohlstands bietet, die anderen sich der Ziele demokratischer Verkehrsformen erinnern: eine Gesellschaft zu errichten, die eine möglichst große Gleichheit in der Wahrnehmung gesellschaftlicher Chancen und die größtmögliche Partizipation der Mitglieder der Gesellschaft an den politischen, ökonomischen, sozialen und kulturellen Prozessen gewährleistet. Dazu bemerkt *Wolfgang Mommsen*:

„Allerdings war eine wesentliche äußere Voraussetzung dieser vielversprechenden Entwicklungen der Abbau der Konfrontation der großen Weltsysteme, der Anfang der 60-er Jahre eingeleitet worden war. Die Milderung der lange für unmittelbar gehaltenen Bedrohung der Bundesrepublik durch die UdSSR und ihrer Satelliten, unter der die wieder erstarkende Ordnung der Bundesrepublik bislang gestanden hatte, war ein wichtiges Datum, das eine reichere und differenziertere politische Kultur allererst ermöglichte. Der Legitimitätsdruck zugunsten der bestehenden gesellschaftlichen Ordnung, der durch den ‚Kalten Krieg' ausgelöst worden war, wurde durch die ‚Ostpolitik' Willy Brandts zumindest teilweise verringert. Damit wurden wichtige Voraussetzungen auch für eine innenpolitische Neuorientierung geschaffen. Allerdings geschah das um den Preis der vorläufig endgültigen Anerkennung der deutschen Spaltung und den teilweisen Verzicht auf die überkommene nationale Legitimierung des westlichen politischen Systems, wie sie bislang in der Fortschreibung der gesamtdeutschen Tradition seit der Reichsgründung u.a. in offiziellen Reichsgründungs- und Bismarckfeiern ihren Ausdruck gefunden hatte.
    Damit gingen Verschiebungen im politischen Bewußtsein von mehr subterraner Art einher. Das Verblassen der Konfrontationsmentalität des ‚Kalten Krieges' erlaubte eine differenziertere Sicht der sogenannten totalitären Systeme. Die Totalitarismustheorie, in ihrer Verflechtung mit neoliberalen Grundsätzen, verlor an Gewicht. Indirekt erwuchs damit die Chance einer Revitalisierung sozialistischer Ideen, unabhängig von und bisweilen im Gegensatz zum orthodoxen Marxismus-Leninismus jenseits des ‚Eisernen Vorhangs'. Vor allem aber bahnte dies Wege für die Entfaltung der Idee eines konsequent reformorientierten Interventionsstaates demokratischer Observanz, der sich nicht länger scheute, in die gesellschaftlichen Prozesse steuernd und, wo es sein mußte, maßgeblich einzugreifen."[19]

Die schleichende Weltwirtschaftskrise seit Mitte der 70er Jahre, die zunehmend auch die sozialistischen Länder wegen ihrer — als Folge der Koexistenzpolitik — erfolgten Einbindung in die Welthandelsverflechtungen betrifft, hat die Bedingungen für eine solche Reformpolitik bereits nach kurzer Zeit verschlechtert und bislang versteckte strukturelle Probleme der hochindustrialisierten

Wirtschafts- und Gesellschaftssysteme deutlich hervortreten lassen. Die Verschärfung der innergesellschaftlichen und zwischenstaatlichen Verteilungskämpfe (letztere vor allem um Rohstoffe) zeigen die Grenzen des bisher entwickelten politischen und rechtlichen Instrumentariums im außenpolitischen Feld. In diesem Zusammenhang sei noch einmal *Wolfgang Mommsen* zitiert:

„Die Folgen dieser Entwicklungen für die politische Kultur der Bundesrepublik und für das politische Selbstverständnis sind äußerst weitreichend. Die Veränderung der wirtschaftlichen und politischen Rahmenbedingungen, die in der strukturell bedingten Abflachung des Wirtschaftswachstums ihren sichtbaren Ausdruck fand, kam einer Krise des dezidiert progressiven politischen Kurses gleich. Es erwies sich, daß aller strukturverändernden Politik durch die realen ökonomischen Gegebenheiten drastische Grenzen gezogen und daß die Möglichkeiten, auf kurze Frist tiefgreifende Reformen der Gesellschaft durchzusetzen, ohne den Boden unter den Füßen zu verlieren, überschätzt worden waren. Was eben noch als Aufbruch in eine neue Periode fortschrittlicher Politik bejubelt worden war, stellt sich nun dem breiten Publikum als teilweise wirklichkeitsfremde Fehlrechnung dar. Politik erschien nun wieder mehr denn je zuvor als ,Kunst des Möglichen' innerhalb eines Rahmenwerks von zunehmend unbeeinflußbaren Randbedingungen. Der Euphorie folgte Ernüchterung, begleitet von einem deutlichen Umschwung zu konservativen Positionen. ,Tendenzwende' oder nicht, es ist charakteristisch, daß, während es in der Bundesrepublik bisher keine Partei gewagt hatte, sich eindeutig konservativ zu nennen, das Wort Konservativismus heute wieder respektabel geworden ist. Für eine offene konservative Politik, die auf die Wiederherstellung traditioneller Selektionsstrukturen in Wirtschaft und Gesellschaft gerichtet ist und allzuviel staatliche Intervention als Übel bekämpft, ist, zum ersten Mal seit vielen Jahren, wieder eine potentielle Massenbasis vorhanden." (S. 206)

Die zahlreicher werdenden Versuche, das für die Auseinandersetzung mit dem „Kommunismus" zentrale ideologische Modell aus den 40 er und 50 er Jahren, die Totalitarismustheorie, erneut zu beleben, zeigen, daß eine solche konservative Erneuerung sich im wesentlichen des gleichen Freund-Feind-Schemas zu bedienen gedenkt wie in der Nachkriegszeit. Das Selbstverständnis der Bundesrepublik wird als „antitotalitär" beschrieben, wobei es der jeweiligen Position und politischen Opportunitäten überlassen bleibt, welche politischen und gesellschaftlichen Anschauungen bereits als totalitär zu begreifen sind. Es findet erneut eine abgrenzende Selbstverständnisdefinition statt:

„Der Totalitarismus von rechts und links war die grundlegende Erfahrung, und daraus folgte, daß das Selbstverständnis der zweiten deutschen Republik auf einem offenen Demokratiebegriff beruht und sich Verfassungssituationen schuf, die gegen totalitäre Tendenzen schützen sollten."[20]

Die Demokratie muß, folgt man dieser Definition, „offen" nur solange sein, wie es sich um das demokratische Spektrum handelt,
„wehrhaft" aber gegenüber anderen politischen Positionen, wie sie
in den meisten westlichen Demokratien als zum politischen Leben
gehörend betrachtet werden. Sie fallen hier heraus, sind oder werden ein Fall für den Verfassungs„schutz". Es scheint, daß auch
die ehemaligen Reformkräfte sich diesem Trend zur erneuten „For-
mierung" der Gesellschaft nicht zu entziehen vermögen. Die politischen und ökonomischen Konflikte, die offenbar im Rahmen der
bestehenden Ordnung nicht gelöst werden können, verleiten dazu,
einer „ideologischen Selbstgleichschaltung" (*v. Beyme*[21]) Vorschub
zu leisten und sich erneut bewährter Feindbilder zu bedienen, bzw.
sich aus Furcht vor dem Verlust der politischen Macht als Folge
einer allgemeinen Verschiebung politischer Einstellungen nach
„rechts", dem Drängen der Konservativen nach einer schärferen
Konturierung des innergesellschaftlichen und äußeren Feindbildes nachzugeben. Die Reaktion auf die Terrorismusproblematik
oder die Frage der Berufsverbote stehen dafür ebenso wie einzelne
Versuche, eine „härtere" Haltung gegenüber den sozialistischen
Ländern und der DDR zu zeigen. Die erneute Hervorhebung des
Konzepts der „wehrhaften Demokratie", versehen mit der Beschwö-
rung der „Solidarität der Demokraten" hat auch die politischen
Kräfte zu „Mitträgern eines begrenzten Pluralismus" gemacht,
die, wie die SPD, aus ihrer eigenen Geschichte seit den Sozialisten-
gesetzen immer wieder politischen Verfolgungen und Diskrimi-
nierungen ausgesetzt waren.[22]
Das Setzen auf technisch-ökonomisch rationale Lösungen, das einen autoritären und potentiell anti-demokratischen Trend nicht verbergen kann, scheint — verbunden mit einer „Politik des kleineren
Übels" — die Gefahr in sich zu bergen, den bislang nicht ernsthaft in Frage gestellten Grundkonsens der Gesellschaft zu tangieren. Die Vision einer erneuten Polarisierung der Gesellschaft in eine
auffallend selbstzufriedene Mittel- und Unterschicht und eine
breiter werdende Gruppe „Unangepaßter", von „Aussteigern"
und Vertretern einer „zweiten Kultur", die sich diesem Konsens
verschließen und sich „alternativ" organisieren und orientieren,
erscheint nicht abwegig.

1.3 Die „deutsche Frage" und die DDR

Die bisherigen Ausführungen sollten deutlich machen, daß das „Kommunismusbild" in der Bundesrepublik nur zu erklären ist, wenn neben den allgemeinen Bedingungen der Systemauseinandersetzung auch und besonders die spezifischen historischen, nationalen und innergesellschaftlichen Bestimmungsfaktoren in die Analyse einbezogen werden. Auch auf die nachhaltige Diskreditierung der Idee des Sozialismus durch den „realen Sozialismus" in der DDR ist bereits hingewiesen worden. Der Versuch, die gesellschaftlichen und politischen Rahmenbedingungen der Kommunismusforschung in der Bundesrepublik zu skizzieren, wäre jedoch unvollständig, wenn nicht zumindest andeutungsweise auf die tiefgreifenden Restriktionen eingegangen würde, denen sich die SED bei der Verwirklichung ihres Gesellschaftsmodells immer wieder gegenübersieht und die für die mangelnde Attraktivität dieses Modells wesentlich mitverantwortlich sind: Gemeint ist der Einfluß der „deutschen Frage" auf das Selbstverständnis der DDR und der Umgang mit ihr in der Bundesrepublik. Gerade die erneuten „Abgrenzungsbemühungen" Ende des Jahres 1980 zeigen, wie eng der Zusammenhang von innersystemarer und innergesellschaftlicher Entwicklung, deutsch-deutschem Verhältnis und Kommunismus- bzw. DDR-Bild in der Bundesrepublik ist.

Die osteuropäischen Länder haben einen langen und widerspruchsvollen, im einzelnen sehr unterschiedlich verlaufenen Prozeß des Sich-Einrichtens im sowjetischen Machtbereich hinter sich. Nur die kommunistischen Parteien Jugoslawiens und Albaniens können darauf verweisen, daß sie durch eine nationale und soziale Umwälzung aus eigener Kraft zur Macht kamen, alle anderen osteuropäischen Parteien erreichten dies nur mit massiver Unterstützung der Sowjetunion, die zudem in der SBZ als einer der vier für Deutschland verantwortlichen Besatzungsmächte über besondere Eingriffs- und Gestaltungsmöglichkeiten verfügt. *Samuel Huntington* hat darauf aufmerksam gemacht, daß diese „Okkupationssysteme" über weniger Legitimation verfügen als die zuerst genannten „revolutionären Systeme" (zu denen er auch die Sowjetunion selbst, China, Nord-Vietnam und Cuba zählt) und deshalb auch weniger stabil und krisenanfälliger sind.

„Die ‚Okkupations'-Regime können dies Handikap aber durchaus dadurch überwinden, daß sie sich selbst mit den nationalen Gefühlen in ihren Ländern identifizieren und ihre nationale Unabhängigkeit gegen fremden Einfluß bewahren (wie Rumänien und Nordkorea dies in den 60er Jahren taten). Die Okkupations-Regime stehen aber unter stärkerem innerem Druck, sich so zu verhalten als die revolutionären Regime, die sich mit fremden Mächten verbünden und diesen sogar unterordnen können, ohne von vornherein die Unabhängigkeit ihres Landes und ihre Machtstellung als Vertreter nationaler Interessen zu gefährden."[23]

Als politisches und Gesellschaftssystem, das nicht aus einer revolutionären Bewegung entstanden ist, sondern von außen, durch die Besatzungsmacht, oktroyiert wurde, als Teil eines gespaltenen Landes, der, wie die Bundesrepublik auch, in wichtigen, Deutschland als Ganzes betreffenden Fragen nur über eine eingeschränkte Souveränität verfügt, hat die DDR wesentlich geringere Möglichkeiten und Chancen, sich innerhalb des „sozialistischen Lagers" einen Freiraum für eigenes politisches Handeln zu schaffen. Der Schweizer *Curt Gasteyger* hat in einer vielbeachteten Rede auf dem CDU-Parteitag in Düsseldorf 1977 (und sehr zum Unbehagen prominenter Christdemokraten) die besondere Situation der DDR als „Kernland des Ost-West-Konflikts" folgendermaßen gekennzeichnet:

„Die Stellung der DDR ist zunächst einmal bestimmt durch die Tatsache, daß sie ein deutscher Teilstaat ist. Als solcher ist sie gleichzeitig — wie die Bundesrepublik — Kernland und Ausdruck des viel umgreifenderen Gegensatzes zwischen demokratisch-pluralistisch-‚kapitalistischer' und diktatorisch-zentralistisch-‚kommunistischer' Welt. Das erhöht zweifellos ihren Stellenwert in ihrem Bündnissystem. Es erweist sich aber zugleich auch als Hypothek auf ihre Zukunft. Denn viel stärker als die anderen Länder Mittel-Osteuropas bildet die DDR das Symbol dafür, daß es dem sowjetisch geprägten Kommunismus gelungen ist, ins europäische Herz- und Ursprungsland vorzudringen, aus dem es theoretisch kein Zurück mehr geben darf und nur noch ein Vorwärts geben kann.

Von der DDR wird mit anderen Worten mehr erwartet als von den anderen kommunistisch gewordenen Ländern: Sie soll Sperriegel nach Osten ebenso wie Vorposten nach Westen sein. Das ist eine ungemein belastende und zugleich auch undankbare Aufgabe. Denn als Sperriegel wird der DDR die Aufgabe zugeordnet, ihren Nachbarn Polen und Tschechoslowakei ein Ausweichen und selbst eine Annäherung nach Westen hin zu verschließen. Als Vorposten und zugleich zweitem deutschem Staat wird ihr ein Wettbewerb mit der Bundesrepublik abverlangt, der zwar ständig Anreiz zu höheren Leistungen bildet, sie aber gleichzeitig als den schwächeren Rivalen deutlich überfordert.

Die Stellung der DDR ist somit in vielfachem Sinne zwiespältig. Sie trägt die doppelte Last des Teil- und zugleich schwächeren deutschen Staates. Sie soll Vorbild sein und sieht sich doch mehr beargwöhnt als ihre östlichen Nachbarn. Sie gewinnt dank ihrer wirtschaftlichen Leistungen und politischen Loyalität zusehends an Einfluß auch gegenüber Moskau und bleibt doch gerade dort ohne Aussicht auf echte Mitbestimmung. Sie ist der am stärksten integrierte Staat im Ostblock, ohne sich von dem ständigen Verdacht befreien zu können, mit ihrem Sonderverhältnis zur Bundesrepublik eine wenn auch entfernte Option nach Westen hin offenzuhalten.

Es ist diese verschiedene Zweideutigkeit, die manches als so widersprüchlich und schwer vereinbar in der Politik der DDR erscheinen läßt und eine genaue Ortsbestimmung ihrer Stellung im sozialistischen Lager erschwert. Daß dies nicht nur im Westen, sondern auch im Osten so empfunden wurde, haben Ulbrichts Nachfolger erkannt. Sie haben daraus die Konsequenz im Sinne einer betonten Abgrenzung nach Westen, der Bundesrepublik zumal, und einer unbedingten Zuordnung zum Osten gezogen. Nur auf diesem Hintergrund ist der Zusatz zur Verfassung von 1968 zu verstehen, mit dem sich die DDR 1974 feierlich als für ‚immer und unwiderruflich mit der UdSSR verbündet' und als ‚untrennbarer Bestandteil der sozialistischen Staatengemeinschaft' erklärte.

Hierin offenbart sich eine in ihrem Umfang und ihrer Intensität wohl einmalige Verpflichtung. Zu ihr wird sich wohl nur ein Staat oder genauer: sein herrschendes Regime durchringen, dem seit jeher — und vielleicht auch jetzt noch — der Verdacht anhaftet, sich nicht für immer auf eine derart einseitige Orientierung nach Osten festlegen zu wollen."[24]

Diese Beschreibung der besonderen nationalen Bedingungen, unter denen in der DDR der Sozialismus sowjetischer Prägung aufgebaut wird, liefert die notwendige Ergänzung und Spezifizierung zu den Klassifizierungen *Huntingtons*: Die DDR ist nicht nur ein Staat, dessen politische, ökonomische und soziale Verfassung von außen oktroyiert wurde, sondern sie ist zugleich Exempel und Experimentierfeld der Auseinandersetzung zwischen verschiedenen Gesellschaftssystemen, einer Auseinandersetzung, die auf deutschem Boden mit besonderer Schärfe ausgetragen wird.

Es kann hier nicht darum gehen, die Probleme, die sich für die DDR aus dieser Situation ergeben, im einzelnen zu analysieren.[25] Es sollen aber die aus meiner Sicht wesentlichen Aspekte der spezifisch nationalen Bedingungen skizziert werden, die Modifikationen in der Entwicklung der DDR gegenüber den anderen sozialistischen Ländern erforderlich machten und machen, ohne daß von einem „eigentlichen deutschen Weg zum Sozialismus"[26] gesprochen werden kann.

Über die Besonderheiten der DDR gegenüber den anderen sozialistischen Ländern zu reden, heißt also vor allem und zuerst über das spezifische Erbe des Nationalsozialismus und dessen Folgen, die Spaltung Deutschland in zwei sich zunehmend feindlich gegenüberstehende Teilstaaten zu sprechen. In der politischen aber auch in der wissenschaftlichen Debatte über diesen Problemkreis wird nur zu oft die Tatsache aus dem Auge verloren, daß in Deutschland anders als in Westeuropa keine historische Identität zwischen politisch-sozialem Wandel, Staat und Nation bestanden hat. Die Deutschen waren nicht nur eine „verspätete Nation"[27], sie haben sich als solche auch nur durch einen politisch-militanten Akt von oben und unter Ausschluß eines bedeutenden Teils des Volkes (Österreich) und einer ganzen sozialen Klasse, der Arbeiterschaft, konstituiert. Von Beginn ihrer organisatorischen Existenz an sah sich die Arbeiterbewegung mit der Unterstellung konfrontiert, eine Verbindung „vaterlandsloser Gesellen" zu sein, eine Behauptung die sich nach der russischen Oktoberrevolution, die für große Teile der inzwischen gespaltenen deutschen und internationalen Arbeiterbewegung als Vorreiter und Vorbild einer alle europäischen Länder ergreifenden revolutionären Entwicklung begriffen und begrüßt wurde, aber auch nach der sich sehr bald abzeichnenden Unterordnung des kommunistischen Teils der Arbeiterbewegung unter die Interessen des neuen Sowjetstaates zusätzliche Sprengkraft erhielt.

Diese historische Erfahrung und die Belastung, die sich aus dem durch die Spaltung der Arbeiterbewegung begünstigten Aufstieg des Nationalsozialismus für deren Selbstverständnis ergeben hatte, vor allem aber die bittere Einsicht, daß auch erhebliche Teile der Arbeiterklasse der Ideologie und den Versprechungen des Nationalsozialismus erlegen waren, stellte die 1945 neuentstandenen Arbeiterparteien SPD und KPD in unterschiedlicher Weise vor die Frage, wie nationale und soziale Frage in einem neuen Deutschland zu vereinen seien.

Zimmermann hat darauf hingewiesen, daß es angesichts dieser historischen Belastungen zu den „unbestreitbaren Verdiensten der SPD und insbesondere *Kurt Schumachers* sowie auch — bei aller Unterschiedlichkeit der Zielsetzungen — der KPD/SED (gehört), daß die durch Antifaschismus ausgewiesene ‚Linke' und nicht die ‚Rechte', zumindest nicht dominant, die ‚nationale' Thematik für sich besetzen konnte."[28] Doch wurde diese Chance zu einem selbstverständlicheren und nicht-aggressiven Selbstbewußtsein der Deutschen als Nation in der Mitte Europas zu finden, durch die Teilung verhindert. Die fortbestehende Spaltung der Arbeiterbewegung, die mit der oktroyierten Gründung der SED in der SBZ ja nicht beseitigt, sondern unter gesamtdeutscher Perspektive verschärft wurde, ließ sehr schnell die Hoffnung zerrinnen, zu einer Symbiose von Sozialismus und Nation zu gelangen.

Angesichts des Wiederaufkommens „nationaler" Strömungen in der Bundesrepublik hat *Helga Grebing* im Rückblick auf die unmittelbare Nachkriegszeit von der alten Sehnsucht nach der „schönen blauen sozialistischen deutschen Stunde Null" gesprochen, die es wohl nie gegeben hat, nicht geben wird und die, für den Fall, daß gleichwohl so gehandelt wird, als ob sie möglich sei, in der Gefahr stehe, einen linken oder aber autoritär-nationalen Populismus zu zeitigen.[29]

Trotz der gemeinsamen Erfahrung ihres Scheiterns 1933 und der Verfolgung bis 1945 waren die Hoffnungen in der Arbeiterbewegung, „von vorne" anfangen zu können nicht tragfähig genug, um die nach wie vor bestehenden Unterschiede zwischen den Arbeiter*parteien* bzw. ihrer Führung zumindest soweit abzubauen, daß eine einheitliche Arbeiterbewegung in allen Besatzungszonen hätte entstehen können. Die massive Unterstützung der KPD/SED in der SBZ durch die Sowjetische Militäradministration (SMAD) und die einer demokratisch-sozialistischen Entwicklung widersprechenden Methoden politischer Herrschaft in dieser Zone ließen auch in der Mitgliedschaft sehr bald die anfänglich breite Bereitschaft zu „Einheit" dahinschwinden.[30] Die „Frontlinie" zwischen den Arbeiterparteien verlief je weiter sich die Besatzungsgebiete auseinander entwickelten nicht innerhalb der Gesellschaft in der West- bzw. der Ostzone sondern an der Grenze beider sich herausbildenden Teilstaaten.

Ein demokratisch-sozialistisches Gesamtdeutschland – Ziel der Politik der SPD bis Ende der 50er Jahre – konnte nur zu leicht als tendenziell im Interesse der Sowjetunion denunziert werden. Der stets betonte Wille der DDR, die nationale Einheit unter „sozialistischen" Vorzeichen herbeizuführen, tat ein übriges, um einer bürgerlich-konservativen Politik der Bundesregierung in der nationalen Frage Unterstützung zu verschaffen. Die Westintegration und die Betonung der staatlichen Kontinuität zielten in die gleiche Richtung: Eine Wiedervereinigung war nur als Aufgabe der sozialen Ordnung und Anschluß der DDR an die Bundesrepublik vorgestellt. Es war der andere deutsche Staat (der als solcher nicht anerkannt wurde), der durch den in ihm eingeleiteten Transformationsprozeß aus der Kontinuität deutscher Geschichte und nationaler Identität ausgebrochen war und den es „zurückzuholen" galt. Dabei wurde völlig übersehen, daß auch die DDR sich – zum Teil durchaus mit Recht – auf nationale Traditionen berufen konnte. Sie sah und sieht sich in der Nachfolge eines spezifisch interpretierten politischen und sozialen Emanzipationskampfes des deutschen Volkes, der bis in die Zeit der

Bauernkriege zurückreicht und in den letzten hundert Jahren 1848, 1918 und im antifaschistischen Widerstand seine Höhen und Tiefen erlebt hatte.[31] Nur war dies nicht die Geschichte der Herrschenden. Von daher konnte die DDR sich durchaus als das „wahre" und „bessere" Deutschland verstehen und versuchen, daraus ihre Legitimation zu beziehen. Sie stand aber zugleich vor dem Problem, daß ihre politische und soziale Verfassung den freiheitlichen Idealen dieser Volksbewegungen zu fundamental entgegenstand als daß die führende gesellschaftliche Kraft, die SED, als legitimer Sachwalter und Vollender einer demokratischen und sozialistischen Bewegung hätte gelten können. Der westliche Teilstaat versprach zwar keine grundlegenden sozialen Reformen, vielmehr waren restaurative Tendenzen unverkennbar; er schien aber über zwei Jahrzehnte ein bisher in der deutschen Geschichte nicht gekanntes Maß an bürgerlichen Freiheiten und steigendem materiellen Wohlstand zu garantieren und konnte sich so für lange Zeit zum positiven Gegenbild zur eigenen als bedrückend empfundenen politisch-sozialen Wirklichkeit entwickeln. Sollte die Entwicklung in der SBZ/DDR nicht als die Einheit gefährdende Sonderentwicklung begriffen werden, mußte zum einen die „Schuld" für den Fortbestand der Spaltung dem Gegner Bundesrepublik zugeschoben, zum anderen aber die politischen und ökonomischen Maßnahmen in der DDR als vorbildlich für Gesamtdeutschland und damit zutiefst nationale Pflicht beschrieben werden. Die gesamtdeutsche Option, seit 1945 ein wichtiger Bestandteil der Legitimationsstrategie der SED nach außen und nach innen, gegenüber ihrer eigenen Gesellschaft, wurde angesichts der Probleme und Schwierigkeiten in der DDR und der Dauerisolierung gegenüber der internationalen Staatengemeinschaft für die DDR immer fragwürdiger. Je mehr sie sich in ihrer eigenen Bevölkerung isolierte, um so mehr war eine gesamtdeutsche Perspektive auch in den Augen der Mehrheit der DDR-Bürger nur als Angleichung an das politische und gesellschaftliche System in der Bundesrepublik vorstellbar und um so weniger fand der bis Anfang der 60er Jahre unternommene Versuch der SED Glauben, sich als politische Kraft darzustellen, die gegen den Widerstand der herrschenden Kreise in Westdeutschland an einer Lösung der nationalen Frage interessiert sei. Noch im Parteiprogramm von 1963 heißt es:„Die Sozialistische Einheitspartei Deutschland hält unveränderlich an ihrem Ziel, der Wiederherstellung der nationalen Einheit Deutschlands ... fest. Auch der Kampf für ein einheitliches, demokratisches und friedliebendes Deutschland gehört seit jeher ... zu den guten Traditionen der revolutionären deutschen Arbeiterbewegung."[32] Die Politik der SED in den ersten Nachkriegsjahren, die darauf abzielte, die DDR so attraktiv für alle Deutschen zu machen, daß sie schließlich auf der Grundlage dieses Modells die Wiedervereinigung Deutschlands anstreben würden, war bereits mit dem 17. Juni 1953 gescheitert. Die realen Lebensbedingungen entwickelten sich zu eindeutig zugunsten der Bundesrepublik, als daß die Aussagen der DDR-Führung, nicht nur für das „bessere" sondern auch „leistungsfähigere" Gesellschaftssystem zu stehen weder in der eigenen noch der Bevölkerung Westdeutschlands Glauben finden konnte. Was als offensive Strategie begonnen worden war, sich als Vorreiter und Vorbild für eine gesamtdeutsche Entwicklung zu empfehlen, schlug in eine defensive Haltung um. Der Bau der Mauer hat das Scheitern der auf Gesamtdeutschland gerichteten Politik endgültig offenbart.

Diese besondere deutsche Situation verhinderte, daß es der SED ähnlich wie ihren „Schwesterparteien" in Osteuropa gelang, sich mehr oder weniger erfolgreich darauf zu berufen, legitime Sachwalter der nationalen Interessen zu sein und ihre Länder aus der politischen und ökonomischen Abhängigkeit von den imperialistischen Ländern befreit zu haben. In ihrem Selbstverständnis ist es diesen Parteien zum ersten Mal in der Geschichte ihrer Völker gelungen, die nationale Frage zu „lösen", indem sie auch die soziale Frage „gelöst" haben. Einige von ihnen beziehen − in unterschiedlicher Weise − einen nicht unerheblichen Teil ihrer Legitimation aus dem Umstand, daß sie die nationalen Interessen im systemaren Verbund des Sowjetsozialismus zu wahren wissen. Sie sind dadurch in der Lage, Legitimationsdefizite aufzufangen, die aus ihrer Innen- und ökonomischen Politik erwachsen. Daß zugleich die nationale Problematik in Osteuropa angesichts der Hegemonie der Sowjetunion eine neue Dimension gewonnen hat, ist unbestreitbar. Nationale Bestrebungen sind nicht zuletzt in der Sowjetunion selbst virulent.[33]

Die Nichtanerkennung ihrer staatlichen Existenz durch die Bundesrepublik, die Westmächte und eine große Mehrheit der europäischen und außereuropäischen Staaten trug das ihre zu einer permanenten „Verunsicherung" der DDR bei. *Peter Bender* hat das Dilemma der DDR prägnant formuliert:

„Das Dilemma, dem sich die ostdeutschen Kommunisten gegenüber sehen
ist, daß sie, nicht nur aus rein taktischen Gründen, gute Deutsche sein wollen, aber dennoch unfähig sind, dies zu sein. In diesem Dilemma, dessen
Wurzeln in der fehlenden nationalen Identität ihres Landes zu suchen sind,
liegt der Grund für alles, was die SED von ihren Schwesterparteien und die
DDR vom übrigen Teil des östlichen Blocks separiert. Für alle diese Staaten
gibt es zwei mögliche Wege, eine nationale Version des Sozialismus zu entwickeln und damit eine partielle Harmonie von Führung, Partei und Bevölkerung herzustellen. Man kann entweder Liberalisieren oder sogar Demokra-
tisieren, wie es die Tschechoslowakei von Januar bis August 1968 tat; oder
man kann eine betont nationale Politik betreiben, das bemerkenswerteste
Beispiel eines solchen Verhaltens ist Rumänien. Ostdeutschland kann
weder den einen noch den anderen Weg beschreiten ... Die SED hat keine
andere Wahl, als eine selbstverständliche Präferenz des ‚Klassenstandpunkts‘
von der ‚nationalen Frage‘ zu formulieren.“[34]

Die Anerkennung der DDR als Staat, ihre Aufnahme in die Ver-
einten Nationen und die vertragliche Regelung des Verhältnisses
zur Bundesrepublik haben zwar nicht dazu geführt − und wohl
auch nicht dazu führen können −, die Probleme zu lösen, die sich
aus dem Fehlen einer nationalen Identität der DDR ergeben. (Sie
kommen in der Formulierung *Erich Honeckers* deutlich zum Ausdruck: Staatsangehörigkeit − DDR; Nationalität − deutsch.) Sie
haben die DDR aber von einem doppelten Außendruck befreit;
der steten Infragestellung ihrer staatlichen Existenz durch den
„Westen“ und der dadurch bedingten besonderen Stellung im „sozialistischen Lager“, als dessen „Vorposten“ sie innenpolitisch
weit mehr als andere von den Schwankungen des außenpolitischen
Klimas abhängig war.

Das Anerkennen ihrer Existenz und die Entlastung vom Außendruck bedeutete für die DDR zugleich, daß sie sich erstmals in
ihrer Geschichte relativ unabhängig von einem permanenten direkten Einfluß von außen entwickeln konnte, ohne daß jedoch
die Entwicklung in der Bundesrepublik fortan folgenlos für die
DDR geworden wäre. Dieses Nachlassen äußeren Drucks hat trotz
aller Rückschritte und Gefährdungen die innenpolitische Situation
in der DDR, vergleicht man sie mit den 50er, selbst den 60er Jahren, entspannt. Die Diskussion über kritische Intellektuelle und
„Dissidenten“ versperrt oft den Blick dafür, daß trotz aller Einschränkungen heute größere Möglichkeiten als etwa 1957 oder noch
in den 60er Jahren bestehen, sich kritisch mit den Verhältnissen
in der DDR auseinanderzusetzen. Die Entspannungspolitik hat
aber auch den wesentlichen Aspekt deutsch-deutscher Beziehungen
noch deutlicher werden lassen: es handelt sich in erster Linie um

eine Auseinandersetzung zwischen unterschiedlichen Gesellschafts- und politischen Systemen, die solange eine innergesellschaftliche Brisanz für die DDR hat, wie die konkreten Lebensbedingungen und die sinnlich erfahrbare Systemqualität hinter den (vermuteten, weil nicht direkt erfahrbaren) der Bundesrepublik zurückbleiben und solange es der SED nicht gelingt, sich legitime Geltung als führende gesellschaftliche Kraft zu verschaffen. Der DDR-Schriftsteller *Karl-Heinz Jakobs* hat auf die Brisanz hingewiesen, die sich daraus ergibt, daß die DDR in den Augen ihrer Bürger weniger an „Lebensqualität" und politischer Freiheit als die Bundesrepublik garantiert. Sollte sich hier auf absehbare Zeit nichts ändern, könnte „im Volke der Gedanke einer wiedervereinigten Nation mehr und mehr an Bedeutung gewinnen", die soziale Frage in der DDR also — erneut — eine nationale, das Gleichgewicht in Europa gefährdende Dimension gewinnen.[35] Wiedervereinigung unter westlich-demokratischen wie unter sowjetsozialistischen Vorzeichen war und ist auf absehbare Zeit nicht denkbar, soll nicht das labile Machtgleichgewicht zwischen den Blöcken gefährdet werden, (zumal es schlecht vorstellbar ist, etwas wiederzuvereinigen, „was es in dem Zustand, in dem es war, als es getrennt wurde, nicht mehr gibt. Selbst das gemeinsam Gebliebene steht in je unterschiedlichen sozialen und politischen Kontexten und müßte auf seine ‚Paßfähigkeit' erst geprüft werden."[36])

Daß die „deutsche Frage" als Systemfrage nach wie vor virulent ist, zeigt sich in Krisensituationen. Die aus der Angst zwischen den Fronten zerrieben zu werden, erneuerte Abgrenzungspolitik der SED bestärkt diejenigen in der Bundesrepublik, die de facto das Gleiche fordern: die eindeutigere ideologische Abgrenzung gegenüber der DDR und den anderen sozialistischen Staaten. Konvergente Interessenlagen hier und dort sind nicht zu übersehen.

Dies trifft auf eine innere Situation in der Bundesrepublik, die durch das Fehlen klarer Ziele und eine komplizierte politisch-soziale Situation gekennzeichnet ist, in der es schwerfällt, selbst über begrenzte Problemlösungen zu einem Konsens zu gelangen. Das begünstigt jene, die erneut auf die Wirkung dichotomischer Weltbilder setzen und alte Feindbilder reaktivieren. Da die sozialistischen Staaten sich selbst in einer krisenhaften Entwicklungsphase befinden, dürften ähnliche Versuchungen auch bei ihnen, bzw. bei ihren politischen Eliten virulent sein.

Was Mitte des vergangenen Jahrzehnts, als sich die Bundesrepublik in einer Stimmung des Aufbruchs befand, nicht absehbar war, daß die alten ideologischen Muster zwar überholt, gleichwohl aber erstaunlich zäh und überlebensfähig waren, ist aus der gegenwärtigen Sicht eher verständlich: ein erneuter „Kalter Krieg" ist nicht auszuschließen und die ideologischen Waffen werden aus den Arsenalen geholt und geschärft. Eine Situation ist wieder in den Bereich des Möglichen gerückt, in der sich erneut zeigen kann,

„daß das Feindbild, wie es der Kalte Krieg entwickelt hat und wie es bis heute weiter gepflegt wird, nicht zuletzt einen innerstaatlichen Zweck hat, die Erhaltung eben einer Herrschaft, die ohne Abschreckung nicht auskommt. Die schiere Unmenschlichkeit auf der anderen Seite (und etwas anderes ist im Kalten Krieg ja nicht zu vernehmen) als Dispens von jeder Selbsterforschung; das stupide Muster: Wer Kritik übt am eigenen Land, stehe im Sold des Feindes. Nicht daß die Mitbürger, die seit zwei Jahrzehnten dieses Muster gebrauchen, den wirklichen Krieg wollen, ... der Zweck des Kalten Krieges ist die Tabuisierung der vorhandenen Herrschaftsform ..."[37]

2. Das Konzept Totalitarismus

2.1 Entstehung

Die Aussagen über den Ursprung des Totalitarismusbegriffs sind widersprüchlich. *Martin Jänicke, Walter Schlangen* und *Leonard Schapiro* kennzeichnen ihn als genuin faschistische Wortschöpfung.[1] Demgegenüber haben *Hartmut Zimmermann* und jüngst *Jens Petersen* belegt, daß er zuerst von der liberalen und sozialistischen Opposition in Italien gebraucht wurde.[2] Zweifelsohne aber hat sich der italienische Faschismus diesen Begriff positiv angeeignet.

Die deutsche profaschistische Staatslehre (*Hans Freyer, Ernst Forsthoff* und *Carl Schmitt*)[3] , aber auch Schriftsteller wie *Ernst Jünger*[4] bedienten sich der Begriffe ,,total" und ,,totaler Staat" zur Beschreibung einer Situation, in der die Gesellschaft sich zunehmend politisiert, die staatlichen Aufgaben wachsen und der Staat in die Konflikte einbezogen wird, die in der Gesellschaft ausgetragen werden. Der Staat trete an die Stelle der Selbstorganisation der Gesellschaft, eine starke staatstragende politische Bewegung sei notwendig, um sich über die politischen Einzel- und Gruppeninteressen zu erheben und die politischen Konsequenzen aus einer objektiven Entwicklungstendenz, der Wendung zum totalen Staat, zu ziehen.[5]

Die kritische Position hat der führende italienische Liberale *Francesco Nitti* 1926 ausführlich dargelegt und zugleich eine erste Gesamtdeutung der antidemokratischen und antiliberalen Systeme des ,,Bolschewismus und Faschismus" unternommen.[6] Seine Kritik an diesen Systemen gründet nicht auf einer konservativen Ideologie, sondern auf den Ideen der französischen Revolution von 1789. Bolschewismus und Faschismus sind für ihn Ausdruck des Verrats an den Idealen von Freiheit, Gleichheit, Brüderlichkeit und der Tradition der Aufklärung.

Damit stehen sich Mitte der 30er Jahre zwei unterschiedliche Denkströmungen gegenüber: die Verteidiger und ideologischen Wegbereiter des ,,totalen Staates" und eine sozialistische und liberale Fundamentalkritik ,,totalitärer" Erscheinungen, wie sie vor allem der Faschismus und Nationalsozialismus, aber auch der „Bolschewismus" hervorgebracht haben. *Jänicke* hat darauf hingewiesen, daß auch in den angelsächsischen Ländern und Frankreich der Begriff totalitärer Herrschaft in der ersten Hälfte der 30er Jahre aufgenommen wurde, aber keineswegs immer in deutlicher Abgrenzung gegenüber auch in diesen Staaten verbreiteten philofaschistischen Neigungen, die erst durch das Fiasko von München endgültig diskreditiert worden seien. Den Wendepunkt sieht *Jänicke* etwa im Jahre 1936, als der Begriff durch „extremere Merkmale und einen zunehmend negativen Wertakzent" bestimmt worden sei, was angesichts der relativen Stabilisierung der Regime in Italien und Deutschland, der deutschen Judengesetzgebung und der Stalinschen Säuberungsprozesse nicht verwunderlich sei und dazu beigetragen habe, den Totalitarismusbegriff in engste Nähe zum Terrorismusbegriff zu rücken.

Der Übergang zu einer faschistischen Diktatur war für die meisten europäischen Staaten zur realen Gefahr geworden. Der Putsch *Francos* in Spanien, die expansionistischen Bestrebungen des durch extremen Militarismus geprägten Japan, die Veränderung der Nachkriegsordnung in Europa durch die Besetzung des Rheinlandes ließen eine Situation entstehen, in der der Selbstbehauptungswille der westlichen Demokratien herausgefordert war und Anlaß bestand, das eigene Selbstverständnis zu überprüfen. Der Kriegsausbruch und der Hitler-Stalin-Pakt von 1939 taten ein übriges. Er machte auch viele kommunistische Intellektuelle wie *Gustav Regler, George Orwell, Franz Borkenau* oder *James Burnham* zu massiven Gegnern des Kommunismus.

Der Totalitarismusbegriff, der bislang eher eine begrenzte analytische Funktion hatte, wurde zur „politischen Formel in einem ideologischen internationalen Konflikt" (*Jänicke*) und ist als solche bis Ende der 50er Jahre gebraucht worden. Bereits im November 1939 fand in den USA ein erstes wissenschaftliches Symposium über den Totalitarismus statt, auf dem, unter dem Eindruck des Hitler-Stalin-Paktes, der Totalitarismusbegriff, der bislang schwerpunktmäßig auf die faschistischen Regime angewandt worden war, als „brauchbares" Instrumentarium auch für die Analyse der Sowjetunion benutzt wurde. Sie hatte aus der Sicht der Teilnehmer ihre Verwandschaft zum Nationalsozialismus ja nicht zuletzt durch den deutsch-sowjetischen Vertrag unter Beweis gestellt.[7]

Den politischen Stellenwert einer Analyse des „Totalitarismus" hat am militantesten *Franz Borkenau* formuliert, dem es angesichts des deutsch-sowjetischen Vertrages darum ging, den „totalitären Feind", Deutschland und die Sowjetunion, in diesem „ideologischen Krieg" gegen die liberalen Mächte zu besiegen.[8] Das für den Kalten Krieg nach 1945 typische Raster: westliche Demokratie hier, totalitäre Macht dort, wird von *Borkenau* konsequent entwickelt. Das heißt nicht, daß nicht auch taktische Rücksichten genommen worden wären. Während der Zeit der Anti-Hitler-Koalition wurde die Sowjetunion weitgehend aus der Totalitarismusanalyse ausgespart.[9] Daß es sich hier in der Tat um eine weitgehende politische Rücksichtnahme handelte (nur *Carl J. Friedrich* machte eine Ausnahme[10]), zeigt die Renaissance des „identifizierenden Totalitarismusbegriffs" (*Jänicke*) nach 1945. *Max Gustav Lange* beschreibt die Situation folgendermaßen:

„Mit dem ‚Kalten Krieg' fielen dann die politischen Hemmnisse bei der Analyse des kommunistischen Staates. Oder: er begünstigte sogar seine Gleichsetzung mit dem ‚faschistischen' Regime ... Ob ohne oder mit Einbeziehung der sowjetischen Diktatur: die Totalitarismus-Forschung ist von Anfang an bis heute durch ihre enge Verbindung mit der politischen Propaganda ungünstig beeinflußt worden."[11]

Der Antifaschismus, Ausgangspunkt der frühen Analysen von *Ernst Fraenkel, Franz* und *Sigmund Neumann* u. a., trat immer mehr hinter eine sich primär antikommunistisch verstehende Auseinandersetzung mit der Sowjetunion und ihren „Satelliten" zurück. Die — nicht erwartete — Expansion des sowjetischen Systems in Osteuropa, die kommunistische Machtübernahme in der Tschechoslowakei 1948, der Sieg der chinesischen Kommunisten im Bürgerkrieg und schließlich der Korea-Krieg führten in den USA zu einem militanten Antikommunismus, der nicht nur auf eine Zurückdrängung des sowjetischen Einflußbereiches gerichtet, sondern auch durch eine oft an Hysterie grenzende Furcht vor einer Aufweichung von innen gekennzeichnet war und im McCarthyismus zu politischen und administrativen Formen griff, die oft eher dem politischen Gegner abgeschaut als einem demokratischen Gemeinwesen würdig erschienen.[12]

In dieses politische Klima trifft 1951 das Buch von *Hannah Arendt* „The Origins of Totalitarianism"[13], das sich in seiner Argumentation auf die extremsten Ausprägungen der nationalsozialistischen und stalinistischen Diktatur stützt.

Als globaler Deutungsversuch nicht nur aktueller Phänomene, sondern eines ganzen Zeitalters ragt das Buch von *Hannah Arendt* aus der breiten Totalitarismusdiskussion heraus, die in den USA nach einer von *Carl J. Friedrich* 1953 organisierten Totalitarismuskonferenz einen großen Aufschwung nahm. Bedeutende Wissenschaftler wie *Hannah Arendt, Karl W. Deutsch, Merle Fainsod, Carl J. Friedrich, Waldemar Gurian, Alex Inkeles, George F. Kennan, Harold D. Lasswell, Sigmund Neumann, David Riesman* u.a. nahmen an ihr teil.[14] Die Zwischenbilanz, die auf dieser Konferenz gezogen wurde, zeigt eine Uneinheitlichkeit in den Versuchen einer Systematisierung des Totalitarismuskonzepts. Zum einen wird eine Zuordnung des Begriffs Totalitarismus zu einer allgemeinen Typologie der Herrschaftsformen vorgenommen, zum anderen wird, wie bei *Carl J. Friedrich* in seinem auf der Konferenz erstmals ausformulierten ,,statischen" Modell, aber auch bei *Hannah Arendt* mit ihrer Vorstellung einer ,,dynamischen" Entwicklung totalitärer Regime der Totalitarismus als Erscheinung ,,sui generis" aufgefaßt, für die es in der Geschichte keine Beispiele gäbe. Die Konferenz zeigt – bei aller Unterschiedlichkeit der einzelnen Ansätze – eine deutliche Hinwendung zu einer Totalitarismusanalyse, die immer deutlicher den ,,Bolschewismus" als Untersuchungsgegenstand wählt und den Faschismus als ,,historisches" Phänomen behandelt. Die Ursachen hierfür sind sicher nicht allein in der Tatsache zu suchen, daß die beiden wichtigsten faschistischen Systeme nach der militärischen Niederlage Deutschlands und Italiens aufgehört hatten zu existieren. Der Begriff totalitärer Herrschaft ist weitgehend ,,zum bloßen Synonym für kommunistische Machtordnungen degeneriert"[15], weil es galt, diese als Hauptfeind auch wissenschaftlich-publizistisch zu bekämpfen.

Auf einen besonderen Aspekt der Entwicklung der Totalitarismuskonzeption soll noch aufmerksam gemacht werden. Die wichtigsten Vorreiter und Vertreter dieses Ansatzes waren deutsche Emigranten: *Hannah Arendt, Ernst Fraenkel, Carl J. Friedrich* (er war bereits vor 1933 in die USA gekommen), *Herbert Marcuse, Franz L. Neumann* und *Sigmund Neumann*. Für sie war ,,Totalitarismus" kein abgehobenes theoretisches Konzept, sondern lebensbedrohende Erfahrung, und ,,freiheitliche Demokratie" kein abstraktes Prinzip, sondern die Garantie für physisches und geistiges Überleben. Sie haben den Faschismus als *die* Herausforderung des Jahrhunderts und als alle Normen und Werte zerstörende Kraft erlitten. Antifaschistischer Kampf war für sie eine konkrete Aufgabe, und daher stellten sich viele von ihnen während des Krieges in den Dienst der Propagandaapparaturen in den USA.

Man macht es sich zu leicht, wenn man die zunehmende Gewichtsverlagerung der Totalitarismusanalysen auf den „Bolschewismus" ausschließlich mit dem Etikett „Antikommunismus" versieht und dies bereits für eine Erklärung hält, warum Positionen, die mit ihrer Erklärung des Faschismus auch ein erhebliches Maß von Kritik an den bürgerlich-demokratischen Gesellschaften transportierten, so leicht für apologetische Zwecke benutzt werden konnten. Die Erfahrungen der Stalinschen Schreckensherrschaft: die Ermordung der ganzen alten Führungsschicht der Bolschewiki und die Wiederaufnahme der Schauprozesse nach 1945 (nicht nur in der Sowjetunion, sondern auch in den „Volksdemokratien"), der Massenterror der 30er Jahre, der Millionen Tote forderte und ganze Volksgruppen in die Verbannung schickte, und nicht zuletzt die Formen und Methoden der Machtausübung in den von der Sowjetarmee befreiten Staaten Osteuropas scheinen die Grundaussagen des Totalitarismuskonzepts zu bestätigen. Den frühen Totalitarismusanalysen lag noch eine Vorstellung des Faschismus zugrunde, die diesen als rückwärtsgewandte, an vorkapitalistischen Idealen orientierte und den Bedingungen hochindustrialisierter Gesellschaften mit Unverständnis gegenüberstehende Bewegung erkannte, die allenfalls deklamatorisch „neue" Leitbilder und Ziele formulierte. Der kritische Vergleich von Zielen und Mitteln, der zwangsläufig zu Differenzierungen in der Einschätzung faschistischer und kommunistischer Bewegungen führte, die sich gleicher Mittel zur Erreichung fundamental verschiedener Ziele bedienten, wurde aber zunehmend vernachlässigt zugunsten einer Hypostasierung der Mittel. Damit ging ein Großteil des kritischen Impetus verloren, der die Totalitarismusanalyse auch als Medium für die Kritik an der eigenen bürgerlich-demokratischen Gesellschaft verstand. Dies war der wohl folgenreichste Fehlschluß des Totalitarismuskonzepts und machte es zu einem wirksamen Instrument in der ideologischen und politischen Auseinandersetzung der Systeme. Die wissenschaftliche Klärung, Präzisierung und Systematisierung des Totalitarismuskonzepts seit Mitte der 40er Jahre ist also nicht zu trennen von seiner verstärkten Politisierung und Nutzbarmachung für die ideologische Konfrontation mit dem „Bolschewismus".[16] Es ist kaum zu leugnen, daß das Totalitarismuskonzept ein nachgerade ideales Instrument in der ideologischen Auseinandersetzung während des Kalten Krieges war (und auch noch ist) und daß viele seiner Vertreter durchaus nicht bereit waren, aus der Behauptung, Faschismus und Kommunismus seien wesensgleich, auch die praktisch-politische Konsequenz eines dezidierten Antifaschismus zu ziehen. Eine pauschalisierende Bewertung, die den Aspekt Antikommunismus zum einzigen Kriterium macht, verkennt aber, daß die Vertreter dieser Theorie unterschiedlichen politischen Lagern und wissenschaftlichen Positionen zuzuordnen sind. Marxisten, die politisch mit den kommunistischen Parteien gebrochen hatten und die Entwicklung in den sozialistischen Ländern als Diskreditierung des Sozialismus begriffen, Sozialdemokraten (und nicht nur „rechte") bedienten sich ebenso des Begriffs Totalitarismus wie Liberale, Konservative und ehemalige Parteigänger und Ideologen des Nationalsozialismus und Faschismus, die unter gewandelten politischen Konstellationen das „Abendland" gegen den Bolschewismus verteidigen wollten. Diese Unterschiede der politischen Positionen gilt es, im Auge zu behalten, will man zu einer differenzierenden Bewertung der Motive, Ergebnisse und Auswirkungen des Totalitarismuskonzepts gelangen. Sie zeigen zugleich seine zentrale Problematik: In einer weltpolitischen Konstellation, die durch Kalten Krieg und die Zuordnung der beiden deutschen Staaten zu sich feindlich gegenüberstehenden Blöcken gekennzeichnet war, waren diese Unterschiede oft nur noch schwer auszumachen. Der Totalitarismusbegriff war zu sehr Waffe im politischen Tageskampf, als daß methodische Differenzen und politisch kontroverse Einstellungen mit seiner Hilfe erkennbar gemacht werden konnten, ja er wirkte nur zu oft als Alibi für ein Frageverbot, das sich normativ rechtfertigte. Es ging nicht um die möglichst genaue und gewissenhafte wissenschaftliche Analyse, sondern um das Bestätigen vorgefaßter politisch-weltanschaulicher Vor-Urteile.

Die „Attraktivität" des Totalitarismuskonzepts bis in die 60er Jahre hinein und seine erneute Aufnahme durch einige, dem konservativen politischen Spektrum in der Bundesrepublik zuzuordnende Wissenschaftler (in der politischen Bildung war es nie ganz suspendiert) erklärt sich aber nicht nur aus seiner politischen Handhabbarkeit, sondern wohl auch aus der Tatsache, daß es Gesamtdeutungen der sowjetsozialistischen Systeme anbietet, die sonst von keinem anderen Ansatz, außer dem marxistischen, in dieser Form geliefert werden. Politische Funktion und der Wunsch nach sinnhaften Deutungen des Gesamtphänomens fallen zusammen und geben dem Konzept Totalitarismus eine Lebenskraft, die angesichts seiner Schwierigkeiten, die Veränderungen und den Wandel in den sozialistischen Systemen auf den Begriff zu bringen, mit seinen methodischen Vorzügen oder Nachteilen nicht zu erklären ist.

2.2 Totalitarismusmodelle

Da zum Verlauf der Totalitarismusdiskussion und zu den verschiedenen Positionen, die in dieser Debatte vertreten wurden, inzwischen eine umfangreiche Literatur vorliegt,[17] soll sich die weitere Darstellung auf drei Aspekte konzentrieren, die m. E. in der bisherigen Aufarbeitung vernachlässigt worden sind: den Einfluß des Totalitarismuskonzepts auf empirische Forschungen (hier werden vor allem die Studien zur DDR herangezogen), die wesentlichen Kritikelemente in der Debatte um die Ablösung des Totalitarismuskonzepts und die aktuellen Tendenzen einer Reaktivierung des Totalitarismusansatzes.

Hannah Arendt und *Carl Joachim Friedrich* haben mit ihren Konzepten den Verlauf der Totalitarismusdebatte wesentlich bestimmt. Ihre Positionen sollen in ihren Grundstrukturen dargestellt werden. Zuvor aber werden mit *Franz Leopold Neumann* und *Sigmund Neumann* zwei emigrierte deutsche Gelehrte vorgestellt, die, von der Faschismusanalyse herkommend, einen bedeutenden Beitrag zur Analyse sozialistischer Systeme geleistet haben, die in den vielfältigen Veröffentlichungen zu diesem Thema aber nicht gebührend gewürdigt werden, obwohl sie einen großen Einfluß auf die Entwicklung der politikwissenschaftlichen Beschäftigung mit den sozialistischen Ländern hatten. Schließlich soll am Beispiel von *Raymond Aron* und *Karl W. Deutsch* auf Versuche einer Ausweitung und Modifikation des Totalitarismuskonzepts eingegangen werden.

Franz Leopold Neumann

Neben *Ernst Fraenkels* „Doppelstaat"[18] hat *Franz Leopold Neumann* die wohl bedeutendste Analyse des deutschen Faschismus im Exil geschrieben. Sein Buch „Behemot", 1942 entstanden, kann auch als ein wesentlicher Beitrag zur Totalitarismusdebatte bezeichnet werden.[19] Die nationalsozialistische Herrschaft wird hier als Auflösung der bisherigen, an eine allgemeine Rechtsordnung und einen souverän agierenden Staat gebundene politische und gesellschaftliche Ordnung begriffen, als eine in Gruppen gespaltene Gesellschaft, die, in Ermangelung einer funktionierenden staatlichen Organisation, nur durch den Willen eines charismatischen Führers zusammengehalten werden kann. Ihm unterwirft sich die neue „herrschende" Klasse ebenso wie die Ministerialbürokratie, die

Parteiführung, die Armeeführung, die industriellen Führer. Das Führerprinzip als gesellschaftskonstituierendes Prinzip macht nach Auffassung *F. Neumanns* die große Mehrheit der Bevölkerung zur „Gefolgschaft", die den Willen der jeweiligen Führer zu exekutieren hat. Die politische Struktur des totalitären Systems des Nationalsozialismus beruhe auf fünf konstituierenden Prinzipien:

1. dem Mißtrauen gegenüber der Gesellschaft,
2. der Atomisierung des Individuums,
3. der Rekrutierung neuer Eliten,
4. der Propaganda und
5. dem Terror. (S. 464 ff.)

Eine Gegenüberstellung von „Behemot" mit *Franz Neumanns* Typologie „totalitärer Diktatur" aus dem Jahre 1954 zeigt, daß letztere aus der Faschismusanalyse entwickelt und erst im Nachhinein zu einem allgemeinen Modell des Totalitarismus ausgebaut wurde, das auch auf sowjetsozialistische Systeme Anwendung fand.

F. Neumann geht davon aus, daß die totalitäre Diktatur nicht mit älteren Formen der Diktatur, z.B. dem Caesarismus, zu verwechseln sei, da diese nicht notwendig zu einem „totalitären System" geführt hätte. Der Totalitarismus bilde vielmehr ein Problem für sich. Er nennt fünf wesentliche Komponenten, die (stärker als in „Behemot") auf die politischen Strukturen zielen. Totalitäre Systeme zeichnen sich aus durch

1. die Umwandlung des Rechtsstaates in einen Polizeistaat,
2. die Konzentration der Macht,
3. eine monopolistische Staatspartei,
4. durch totalitäre Kontrolle und
5. durch den Terror als krönendes Konstituens.[20]

Für *F. Neumann* gibt es eine Entsprechung von Totalitarismus und industrieller Gesellschaft; insofern ist Totalitarismus auch als besondere politische Ordnung vorgestellt, die nicht einfach mit älteren Diktaturen gleichgesetzt werden kann. Die ungelösten Probleme dieser Gesellschaften seien es, die zu autoritären Lösungen führten, Lösungen, die sich in industriell entwickelten Staaten offenbar zu totalitären Konzepten ausweiteten, da die traditionellen Mittel autoritärer Machtausübung nicht mehr geeignet seien, die anstehenden Probleme auch nur scheinbar zu lösen. Die als notwendig erachtete Vereinheitlichung der Gesellschaft könne, da sie nicht das Ergebnis eines autonomen gesellschaftlichen Prozesses sei, nur mit Hilfe vereinheitlichender Organisationsformen und -prinzipien, vor allem der totalitären Partei, und durch die Drohung mit Sanktionen bei abweichendem Verhalten bewirkt werden. Gleichwohl macht *F. Neumann* darauf aufmerksam, daß durch Terror allein nichts erreicht werden kann — zumindest nicht auf Dauer. Es bedürfe auch in totalitären Gesellschaften der Herstellung eines minimalen gesellschaftlichen Konsenses. Terror ist für ihn zwar „krönendes Konstituens" totalitärer Herrschaft, es bleibt aber offen, in welchem Umfang eine Verminderung des Terrors das totalitäre System selbst berührt oder ob auch eine Entwicklung vorstellbar wäre, in deren Verlauf Terror durch Konsens — zumindest partiell — ersetzt wird. Entscheidende Voraussetzung dafür wäre sicher, daß die Techniken totalitärer Herrschaft sich als geeignet erweisen, die geplante Vereinheitlichung der Gesellschaft zu verwirklichen.

F. Neumann sieht — anders als die Mehrzahl der Totalitarismustheoretiker — die „totalitären" Systeme nicht als ausschließlich herrschaftsorientierte Gebilde an, er weist vielmehr mit Nachdruck darauf hin, daß sie unterschiedliche soziale Funktionen erfüllen, was, um zu einer Gesamtwertung zu gelangen, eine umfassende Analyse des Wirtschaftssystems, der Klassenverhältnisse und der Persönlichkeitsstrukturen in diesen Systemen erforderlich mache. Es reiche also nicht aus, die Zerschlagung der alten Klassenstrukturen als typischen Ausdruck „totalitärer" Herrschaft zu verstehen, wenn die gleiche Herrschaftsform auch dazu dienen könne, die bestehende Klassenstruktur im Prinzip zu erhalten, den gesellschaftlichen Status quo zu bewahren oder, wie die faschistischen Bewegungen in Deutschland und Italien, den Versuch zu unternehmen, „die ökonomisch-soziale Situation radikal zu ändern, den historischen Prozeß umzukehren und ein politisches System zu errichten," das die alten Rechte der privilegierten Klassen restauriert. (S. 241).

F. Neumann hält auch nicht viel von der üblichen „Konfrontation von liberaler Demokratie und Diktatur als Antithese von Gut und Böse", da diese Unterscheidung unter dem Gesichtspunkt der historischen Bedeutung verschiedener Diktaturen nicht aufrechtzuerhalten sei.

„Moralische Urteile über politische Systeme erschweren das Verständnis ihrer Funktionen. Die Beziehung zwischen Demokratie und Diktatur ist nicht so einfach, wie es gelegentlich scheinen mag.
1. Diktaturen können Mittel zur Erhaltung der Demokratie sein. Das gilt allerdings nur für Notstandsdiktaturen mit Funktionen von der Art des klassischen römischen Typs. Besser wäre es, sie als Form obrigkeitlicher Herrschaft zu bezeichnen.

2. Diktaturen können die Demokratie vorbereiten. In diesem Fall können wir von einer Erziehungs-Diktatur sprechen.
3. Diktaturen treten auf als völlige Negation der Demokratie und damit als total repressive Systeme ...

Wichtig ist, sich klarzumachen, daß die marxistisch-leninistische Konzeption einer Diktatur des Proletariats nach diesem Begriff einer Vorbereitungs-diktatur demokratisch war. Die Konzentration der Macht in den Händen des Proletariats sollte der Beseitigung aller Klassenherrschaft dienen und die neue Epoche der Freiheit in einer klassenlosen Gesellschaft einleiten." (S. 238 f.)

Ihre verschiedene Zielorientierung macht es unmöglich, National-sozialismus und „Bolschewismus" als wesensgleiche Systeme zu be-schreiben, es sei denn unter dem von *F. Neumann* als nicht sonder-lich hilfreich angesehenen moralischen Aspekt. Gemeinsam ist ihnen aber ohne Zweifel eine Ähnlichkeit der Mittelwahl und die allen Diktaturen, die sich „unter modernen Bedingungen" konstituieren, zugeschriebene Tendenz, „totalitärer zu werden und die Demokratie zu zerstören". (S. 239) *F. Neumann* plädiert also für eine differen-zierte Sicht der Problematik, wendet sich gegen statische Vergleiche und eine unhistorische Vorgehensweise. Er leugnet durchaus nicht, daß der Stalinismus in vielen seiner Erscheinungsformen, vor allem in der Nutzung des Terrors, Ähnlichkeiten mit faschistischen Dik-taturen aufweist. Doch sind die Ursprünge und die Ziele der faschi-stischen und der kommunistischen Bewegung zu verschieden, als daß man sie einzig unter dem Rubrum „totalitär" gleichsetzen könnte.

Sigmund Neumann

In seinem 1942 erschienenen Buch „Permanent Revolution" faßt *Sigmund Neumann* drei „case studies" über die Sowjetunion, das faschistische Italien und das nationalsozialistische Deutschland zu einer ersten umfassenden Analyse moderner Diktaturen zusammen, die sich seiner Auffassung nach grundsätzlich von traditionellen Diktaturen unterscheiden. Die „Autokratien" seien keine bloßen Abweichungen von der „demokratischen Norm", sie beanspruchten vielmehr, ein Regierungssystem zu installieren, das seinen diktato-rischen Schöpfer überleben werde und auf unabsehbare Zeit (wie das „Tausendjährige Reich") seine totalitären Regeln auf nahezu alle Bereiche menschlicher Interessen und menschlichen Handelns ausdehne. Ihr Allmachtsanspruch und ihre Maßlosigkeit in bezug auf die Zeit und den Wirkungsgrad ihrer Herrschaft mache totalitäre Bewegungen zu einer Herausforderung für die Demokratie.[21]

Dieser totale Anspruch sei auch mit den traditionellen Analyse-methoden und Kategorien nicht in den Griff zu bekommen. *S. Neu-mann* fordert daher eine neue Herangehensweise, die es erlaubt, totalitäre Bewegungen und Systeme angemessen zu untersuchen.

„Da die moderne Diktatur als eine totale Revolution alle Bereiche und Hand-lungen des politischen Organismus durchdringt, kann ihre Natur nicht offen-gelegt werden, wenn man sich nur auf eine einzige Sichtweise, eine ökono-mische, soziale, psychologische oder historische, ideologische oder andere beschränkt. ... Historische Umstände und persönliche Verhaltensweisen, ökonomische und soziale Kräfte, psychologische Motivationen und insti-tutionelle Strukturen müssen gleichgewichtig behandelt und zu einem um-fassenden Bild des modernen Totalitarismus zusammengefaßt werden." (S. XV).

Bei allen Unterschieden zwischen den einzelnen totalitären Syste-men, die auf besondere historische Umstände, nationale Besonder-heiten, ideologische Wurzeln, soziale Bedingungen und nicht zu-letzt personelle Faktoren zurückzuführen sind, überwiegen nach Meinung *S. Neumanns* die Gemeinsamkeiten. Er nennt fünf Grund-muster („basic patterns"):
1. Das Versprechen von Sicherheit und Stabilität,
2. den Vorrang der Aktion vor dem Programm,
3. die quasidemokratische Legitimierung,
4. die Militarisierung des politischen Lebens durch die Anwendung einer „Kriegspsychologie" und
5. das Führerprinzip. (S. 37 ff.)
Eine besondere Bedeutung mißt *S. Neumann* dem Selbstverständnis der herrschenden Eliten, ihrer Vorstellung von der Organisation der Gesellschaft und von der psychologischen Verfassung der ihrer Herrschaft unterworfenen Bürger zu. Er betont, daß die modernen Diktaturen darauf angewiesen seien, die Gesellschaft als im Kriegs-zustand befindlich zu verstehen, da sie nur so in der Lage seien, einen „Kampfgeist" aufrechtzuerhalten, der Voraussetzung zur Festigung und Sicherung ihrer Herrschaft sei. Diese „militante Komponente" (S. 85 f.) ist für *S. Neumann* so dominant, daß sie selbst vor der Führerschicht nicht haltmacht. Dies zeige sich im Streit um das Für und Wider seiner Fortführung und Vollendung der Revolution und in ständigen Machtkämpfen und Säuberungen. Totalitäre Herrschaft sei nur als „permanente Revolution", als permanenter Ausnahmezustand vorstellbar.

S. Neumanns Modell des Totalitarismus enthält sowohl sta-tische als auch dynamische Elemente. Viele seiner Überlegungen finden sich in späteren Arbeiten – oft in einem neuen Kontext –

wieder. So spielen in dem „dynamischen Modell" *Hannah Arendts* die permanente Aktivierung der Massen und das stete In-Bewegung-Halten der Gesellschaft eine entscheidende Rolle, während Aspekte der Militarisierung z. B. im „statischen Modell" *Carl Joachim Friedrichs* wiederzufinden sind (Geheimpolizei, Waffenmonopol).

S. Neumanns Konzept der permanenten Revolution ist angesichts je spezifischer historischer und nationaler Bedingungen nicht ohne weiteres anwendbar; sein Wert als universales Erklärungsmuster ist begrenzt. Dies um so mehr, als die Analyse wesentlich durch die weltpolitischen Umstände ihrer Entstehungszeit geprägt ist: die Sowjetunion bleibt weitgehend ausgespart. Diese „Zurückhaltung" ist eine direkte Folge von *S. Neumanns* politischem Engagement, dem es zu dieser Zeit nicht opportun erschien, den Verbündeten als totalitär zu bezeichnen und mit dem gemeinsamen Feind gleichzusetzen. Er liefert hierfür eine politische Argumentation: Die „faschistischen Autokratien" stellen „die größte Herausforderung für die westlichen Demokratien" dar (S. XIV), ihnen müsse daher die volle Aufmerksamkeit gelten. Eine solche Einschätzung verlor nach dem Sieg über den Faschismus schnell an Boden, und die Analyse des kommunistischen „Totalitarismus" trat in den Vordergrund.

Hannah Arendt

Totalitarismus ist im Konzept von *Hannah Arendt* als eine Herrschaftsform vorgestellt, die auf eine permanente Bewegung mittels permanenten Terrors angewiesen ist, einer Form der Gewaltanwendung, die nicht, wie in bisherigen Tyranneien, Mittel zu einem Zweck ist, sondern in sich selbst Genüge findet. Der Terror dient ausschließlich der Herrschaftssicherung und entzieht sich allen rationalisierbaren sozialen und ökonomischen Kriterien.

„Das Wesen totalitärer Herrschaft ... ist der Terror, der aber nicht willkürlich und nicht nach den Regeln des Machthungers eines einzelnen (wie in der Tyrannis), sondern in Übereinstimmung mit außermenschlichen Prozessen und ihren natürlichen oder geschichtlichen Gesetzen vollzogen wird. Als solcher ersetzt er den Zaun des Gesetzes, in dessen Umhegung Menschen in Freiheit sich bewegen können, durch ein eisernes Band, das die Menschen so stabilisiert, daß jede freie, unvorhersehbare Handlung ausgeschlossen wird. Terror in diesem Sinne ist gleichsam das ‚Gesetz', das nicht mehr übertreten werden kann. ... Der Terror ist nicht ein Mittel zu einem Zweck, sondern die ständig benötigte Exekution der Gesetze natürlicher oder geschichtlicher Prozesse."[22]

Terror als Wesensmerkmal totalitärer Herrschaft sei das Ergebnis eines Selbstverständnisses der Machthaber, die von sich behaupten, das „Gesetz der Geschichte" oder das „Recht durch Natur" zu exekutieren, und die deshalb auf das positive Recht, das ja „immer nur konkrete Ausgestaltung einer höheren Autorität zu sein behauptet", glauben verzichten zu können. (S. 727)

Die wesensmäßigen Gemeinsamkeiten von Nationalsozialismus/ Faschismus und Kommunismus liegen also tiefer. Terror statt Geltung des positiven Rechts ist bei *Arendt* mehr als eine „Zweckmäßigkeit", die unter gewandelten Bedingungen auch abgeschafft werden kann, er ist der notwendige Ausdruck einer Natur- oder Geschichtsphilosophie, die, wenn sie sich politisch formieren, zwangsläufig zu totalitären Formen Zuflucht nehmen müssen.

Solange totalitäre Bewegungen nicht an der Macht sind, seien sie nicht genötigt, den „Beweis" für die Richtigkeit ihrer als gesichert ausgegebenen Voraussagen anzutreten. Sie könnten und müßten sich damit begnügen, mit Hilfe der Propaganda jene „Emanzipation des Denkens von erfahrener und erfahrbarer Wirklichkeit" (S. 741) zustande zu bringen, die sie, einmal an der Macht, mit Hilfe des Terrors durchsetzen. Die geistige Manipulation der Menschen besorge die Ideologie, die ein geschlossenes System der Erklärung jener „objektiven" Gesetzmäßigkeiten sei, der Herrscher und Beherrschte, Vollstrecker und Opfer unterworfen sind. Obwohl nur diejenigen Ideologien als totalitär erscheinen, die wie der „Rassismus" und „Kommunismus" von totalitären Bewegungen voll entwickelt worden seien, meint *Hannah Arendt*, daß alle Ideologien „totalitäre Elemente" enthalten und daß dieses „eigentliche Wesen aller Ideologien", das in ihrem Anspruch wurzele, Gesamtdeutungen von Natur- und Gesellschaftprozessen vorzunehmen, in dem Augenblick sichtbar werde, wenn sie vom totalen Herrschaftsapparat genutzt werden. (S. 740 ff.)

Hannah Arendt praktiziert wohl am konsequentesten die für die Nachkriegszeit kennzeichnende bruchlose Übertragung der Wesensmerkmale des Nationalsozialismus auf den Stalinismus, der als notwendige und einzig vorstellbare Form kommunistischer Herrschaft begriffen wird. Ihre düstere Sicht des Totalitarismus als einer neuen, noch nie dagewesenen Staatsform, als einer fundamentalen Bedrohung aller menschlicher Kultur ist entstanden aus der Erfahrung des Nationalsozialismus, dessen Brutalität und Menschenverachtung letzlich nicht mehr „rational" erklärt werden können, sondern als Ausdruck des Bösen mythologisch überhöht und bruchlos mit dem

Stalinismus gleichgesetzt werden. Sie hat in ihrem Buch den Totalitarismus mit bis dahin nicht dagewesener Deutlichkeit als politisches Phänomen des 20. Jahrhunderts gekennzeichnet, das sich nicht nur durch einige mehr oder weniger wichtige Einzelmerkmale, sondern in seinem gesamten Wesen so fundamental von allen bisherigen Regierungsformen unterscheide, daß ein Vergleich mit ihnen gar nicht möglich sei. Die in der Totalitarismusdiskussion von verschiedenen Autoren vertretene Meinung, daß die totalitäre Diktatur von der Antike bis in die Gegenwart ein in seinen Grundstrukturen gleicher, sich immer wieder reproduzierender Typ einer Tyrannei sei,[23] ist im Rahmen ihrer Argumentation ebenso unzutreffend wie die konservativer Autoren wie *Hans Freyer* oder *Arnold Gehlen*, die die Erscheinungen des Totalitarismus auf den Umstand zurückführen, daß sich die Institutionen und Apparate soweit verselbständigen, daß sie sich dem gestaltenden Willen ihrer Schöpfer entziehen und sich zunehmend als sekundäres System etablieren.[24]

Die Tragfähigkeit ihres Modells ist aber nicht mit Einwänden dieser Art, sondern nur mit der Frage nach dem Stellenwert der zentralen Kategorie des Terrors zu kritisieren. Die Entwicklung seit Mitte der 50er Jahre hat die Vorstellung eines sich permanent steigernden „ziellosen" Terrors als konstituierendes Prinzip kommunistischer Systeme widerlegt. Aber selbst für die Stalinzeit ist eine Betrachtungsweise, die ausschließlich den Aspekt der Herrschaftssicherung im Auge hat, nicht unproblematisch. Sie verkennt, daß die Ziele des Herrschafts- und Gesellschaftssystems durchaus auch Aspekte ökonomischer Rationalität, eines Ausbaus des Wohlfahrtssystems, ja sogar eines partiellen politischen Konsenses zwischen Führung und Geführten enthielt. Terror allein konnte allenfalls vorübergehend die Aktivität und Loyalität erzeugen, die zur Realisierung der politischen, ökonomischen und sozialen Ziele benötigt wurden.

Carl Joachim Friedrich

Den wohl nachhaltigsten Einfluß auf die Totalitarismusdebatte hatten die Arbeiten von *Carl Joachim Friedrich*. Auf der Totalitarismuskonferenz von 1953 stellte er eine Typologie des Totalitarismus vor,[25] die er (zusammen mit *Zbigniew K. Brzezinski*) in „Totalitarian Dictatorship and Autocracy" weiterentwickelte, das *Friedrich* 1957 in einer veränderten deutschen Fassung vorlegte.[26] Das Buch will eine allgemeine, beschreibende Theorie einer neuen Staatsform und ein verallgemeinertes Modell totalitärer Systeme vorstellen.

Die totalitäre Diktatur wird von *Friedrich* als offensichtlich mit „gewissen Zügen der heutigen Industriegesellschaft verknüpfte Erscheinungsform der politischen Ordnung" (S. 13) verstanden: einen Vergleich mit traditionellen Autokratien lehnt er ab, da die wesensmäßigen Unterschiede einen solchen Vergleich nicht zuließen. Ähnlich wie *Hannah Arendt* ist für ihn die wohl wichtigste Unterscheidung zwischen „traditionellem" Autoritarismus und Totalitarismus ihre differierende Haltung gegenüber Recht und Gesetz. Die älteren autoritären Staatsformen hätten sich eines „autokratischen Legalismus" bedient, der zwar mit den Normen der Rechtsstaatlichkeit wenig zu tun hatte, aber nicht, wie der Gesetzesbegriff des Totalitarismus, den Anspruch erhob, „die Gesetze des natürlichen Geschichtsablauf vollzieht", erkannt zu haben. Aus dieser vermeintlichen Erkenntnis aber entspringt nach Meinung *Friedrichs* die grundsätzliche „Gesetzlosigkeit" totalitärer Systeme. (S. 15)

Obwohl diese Auffassung gewisse Parallelen zu älteren Formen der Autokratie — etwa der Lehre von der Staatsraison im Zeitalter des Absolutismus — zuläßt, betont *Friedrich* die Einzigartigkeit totalitärer Systeme. Sie sind auch für ihn völlig neuartige politische Ordnungen.

„Wir vertreten ... die Auffassung, daß die totalitäre Diktatur historisch einzigartig und sui generis ist und daß aufgrund der uns jetzt vorliegenden Tatbestände behauptet werden kann, daß die faschistischen und kommunistischen totalitären Diktaturen in ihren wesentlichen Zügen gleich sind, d.h. daß sie sich untereinander mehr ähneln als anderen Systemen staatlicher Ordnung, einschließlich älterer Formen der Autokratie." (S. 15).

Seine Aussagen über die Vergleichbarkeit faschistischer und kommunistischer politischer Systeme sind nicht eindeutig; sie seien zwar vergleichbar, aber nicht „vollkommen gleich", sie unterscheiden sich in ihren „Absichten und Zielsetzungen".[27] In späteren Veröffentlichungen hat *Friedrich* die These von der wesentlichen Gleichartigkeit faschistischer und kommunistischer Systeme nicht unerheblich modifiziert. In der Neufassung des Buches von 1957 heißt es nur noch, daß sie „sich im Grunde ähnlich sind",[28] an anderer Stelle spricht er davon, daß sie sich „im Grunde gleich", aber nicht „völlig gleich" seien.[29]

War es bei *Arendt* die Bewegung um der Bewegung willen, die totalitäre Systeme auszeichnete, so sieht *Friedrich* die Gemeinsamkeit totalitärer Systeme durch sechs entscheidende strukturelle Wesenszüge gekennzeichnet:

1. Sie verfügen über eine offizielle Ideologie,
2. eine Massenpartei,
3. eine terroristische Geheimpolizei,
4. ein Nachrichtenmonopol,
5. ein Waffenmonopol und
6. eine zentral gelenkte Wirtschaft.[30]

Friedrich hat immer wieder darauf hingewiesen, daß vier der sechs Merkmale (Waffentechnik, Kommunikationsmittel, Terrormethoden, zentral gelenkte Wirtschaft) technologisch bedingt sind und daß es diese Aspekte seien, die totalitäre von älteren autokratischen Regimen unterscheiden. Seine Aufzählung wird nicht als mehr oder weniger willkürliche und beliebige Zusammenstellung von Einzelphänomenen, sondern als geschlossene Typologie vorgestellt. Nicht das Vorhandensein einzelner Elemente kennzeichne ein totalitäres System (auch Verfassungsstaaten haben z. B. ein Waffenmonopol, z. T. auch geplante Wirtschaften), ihr Zusammentreffen und ihre enge Verkoppelung bestimmten den Charakter totalitärer Diktaturen. *Friedrich* schließt auch nicht aus, daß es noch andere Elemente geben mag, die nur bislang noch nicht hinreichend erkannt sind, und daß es „im Rahmen dieser allen Diktaturen gemeinsamen Gestaltung viele bedeutsame Abweichungen" gibt. (S. 20). Eine nähere Darlegung der einzelnen Grundmerkmale totalitärer Systeme würde zeigen, daß *Friedrich* an einem relativ festen und statischen Strukturmodell festhält, bei der Analyse der einzelnen Faktoren dieses Modells aber ohne allzugroße Rücksichtnahme auf die logische Stringenz einer solchen Modellbildung Veränderungen in der Bewertung oder Erweiterungen und Umdeutungen der einzelnen Merkmale vornimmt (z. B. bei der Rolle der Geheimpolizei[31]), diese aber nicht auf die Modellannahmen zurückbezieht. So ändert sich vor allem die Einschätzung des terroristischen Elements totalitärer Herrschaft. Während *Friedrich*, ähnlich wie *Arendt*, ursprünglich von einer permanenten Verschärfung des Terrors ausging, sieht er in späteren Veröffentlichungen nicht nur eine Relativierung des Terrors, sondern sogar Ansätze einer Konsensbildung in „totalitären" Gesellschaften.

„Ein derartiger Konsensus schafft eine Basis, auf der andersartige Verfahren möglich werden, als sie gegenüber einer in breitem Ausmaß feindselig eingestellten Bevölkerung angewandt werden müssen. Solche Verfahren waren der Kern dessen, was man Chruschtschows Popularismus genannt hat, durch den er vor allem die niederen Kader und die breite Masse der Parteimitglieder aktiviert und die Beteiligung der Bevölkerung angesprochen hat."[32]

Daß gerade durch den Abbau von Terror die sozialistischen Systeme den faschistischen ähnlicher geworden sein sollen, die sich in Italien und Deutschland auf einen „breiten nationalen Konsens" (S. 54) gestützt hätten, mutet genauso merkwürdig an wie die Aussage, der Stalinismus sei eine untypische Abirrung des Totalitarismus gewesen und die nachstalinistischen Systeme seien ein typisches Modell totalitärer Herrschaft.[33] Völlig unvereinbare Tatsachenaussagen und Prognosen finden in einer Typologie Platz, die sich in ihrer Grundstruktur seit 1953 nicht geändert hat. Wie hoch ist aber ihr analytischer Wert anzusetzen, wenn mit ihr eine zwangsläufige Ausweitung des Terrors ebenso „bewiesen" werden kann wie die Herausbildung eines Konsensus zwischen Regierenden und Regierten, der Terror in der tradierten Form überflüssig macht?

Raymond Aron

Die Modifikationen, die *Carl J. Friedrich* im Lauf der Jahre an seinem „statischen" Modell des Totalitarismus vorgenommen hat, zeigen, vor welche Schwierigkeiten der Versuch gestellt ist, eine allgemeine Typologie des Totalitarismus zu entwickeln, die sowohl die verschiedenen Ausprägungen „totalitärer" Systeme als auch die Veränderungen im historischen Prozeß zu erfassen vermag. *Raymond Aron* hat in einer Vorlesungsreihe 1957/58 den Versuch unternommen, auf der Grundlage des Totalitarismuskonzepts die Wandlungen des sowjetischen Systems zu analysieren.[34] *Aron* behält durch seine Gegenüberstellung von Demokratie und Totalitarismus zwar die traditionelle Entgegensetzung bei, präzisiert diesen Gegenstand aber, indem er „konstitutionell-pluralistische Regimes" und „Einparteien-Regimes" gegenüberstellt, die trotz ihrer fundamentalen Unterschiede vergleichbaren Prinzipien unterworfen seien.

„Worauf es in einer Epoche ankommt, in der die demokratische Souveränität als selbstverständlich akzeptiert wird, ist vor allem die Art und Weise der institutionellen Übertragung des demokratischen Prinzips. Einheitspartei und Parteienpluralismus symbolisieren zwei charakteristische Modalitäten der institutionellen Übertragung der Idee der Volkssouveränität." (S. 69 f.)

In diesen beiden Typen sieht *Aron* die entscheidenden Wesenszüge der modernen politischen Herrschaftsformen verkörpert, das sowjetische System ist für ihn das „Muster des reinsten und vollendetsten Einparteien-Regimes". (S. 57)

Bei *Aron* sind Einparteienregimes nicht per se totalitär; erst wenn sie sich einer allgemeinverbindlichen Ideologie bedienen, der Staat sowohl die Mittel der Gewalt als auch die der Propaganda monopolisiert, die meisten beruflichen und wirtschaftlichen Tätigkeiten kontrolliert und darüber auch eine soziale Kontrolle ausübt, die „in letzter Konsequenz ein sowohl polizeilicher als auch ideologischer Terror" ist,[35] könne von einem totalitären System gesprochen werden. *Aron* setzt sich von der Auffassung *Arendts* ab, daß der Terror das entscheidende Wesensmerkmal des Totalitarismus sei. Er hält die Entwicklung von Einparteien-Regimen oder von „Regimen totaler Planung" zum Totalitarismus nicht für zwingend. Was den meisten Totalitarismustheoretikern — zumindest für die Zeit von Stalins Herrschaft — als realtypische Ausprägung des Totalitarismus erscheint, ist bei *Aron* ein Entwicklungsprozeß, in dem es, in seiner Terminologie gesprochen, Schwankungen und Entwicklungen vom Einparteien-Regime zum totalitären Regime und vice versa gegeben hat. Für ihn steht fest, daß eindimensionale Erklärungsmodelle wenig hilfreich sind. *Aron* vermeidet daher eindeutige Festlegungen. Das Totalitarismuskonzept kann, folgt man seiner Argumentation, als brauchbares analytisches Instrumentarium für die Untersuchung bestimmter Entwicklungsphasen monopolistischer Einparteien-Regimes dienen, nicht aber als alleiniges Interpretationsmuster, das alle Phasen der Entwicklung und alle Formen und Ausprägungen dieser Regimes zu erfassen vermag. Seit 1953 könne von Totalitarismus in bezug auf die Sowjetunion (und ihre Verbündeten) gleichwohl noch gesprochen werden, da die Partei an ihrer Alleinherrschaft und ihrer „ideologischen Orthodoxie" festhalte, deren Interpret sie selber sei, das System einer zentral geplanten Wirtschaft nicht aufgegeben worden sei, „deren Durchführung einer Bürokratie obliegt", und die Existenz einer „bürokratischen Hierarchie" nicht in Frage gestellt werde, „an der sich der gesellschaftliche Status jedes Einzelnen mißt". (S. 234 f.)

Läßt man sich auf diese Argumentation ein, ist eine Veränderung *des* Systems gar nicht möglich, es sei denn im Sinne der Selbstaufgabe, als Überwindung durch die Gesellschaft (in einer Revolution) oder durch Liquidierung von außen. Die Scheidelinie zwischen konstitutionell-pluralistischen Regimen und dem Sowjetsozialismus als Beispiel eines Einparteienregimes ist unverrückbar.

„Eine westliche Gesellschaft ist ihrem Wesen nach eine Gesellschaft sich unterscheidender, bekämpfender und miteinander rivalisierender Klassen oder Gruppen. Die verschiedenen Gruppen der sowjetischen Gesellschaft sind sämtlich Teil einer bürokratischen Hierarchie, einer Staatshierarchie." (S. 235)

Die Frage stellt sich, welche Vorteile die Typologie *Arons* bringt, hält sie doch letztlich an der — den meisten Totalitarismuskonzepten eigenen — Dichotomie von westlichen, demokratischen oder konstitutionell-pluralistischen und totalitären oder Einparteien-Regimen fest. Ohne Zweifel ermöglicht die Unterscheidung von Einparteien- und totalitären Systemen eine genauere Analyse der einzelnen Entwicklungsphasen dieser politischen Ordnungen; die mangelnde Trennschärfe der vorgeschlagenen Kriterien, vor allem aber die nicht beantwortete Frage nach den unabdingbaren Elementen, die erst Totalitarismus konstituieren, entwertet jedoch dieses auf den ersten Blick offene Konzept.[36] Es ist einer gewissen Beliebigkeit anheimgestellt, wann von totalitären und wann „nur" von monopolistischen Erscheinungen gesprochen werden kann. Zu fragen ist schließlich, ob die normative Setzung, daß von qualitativen Veränderungen des Systems nur gesprochen werden könne, wenn es alle seine konstituierenden Prinzipien über Bord wirft, geeignet ist, den Stellenwert und die Tragweite der Prozesse zu erfassen, die alle sozialistischen Systeme prägen. Wie bei den meisten anderen Totalitarismuskonzepten liegt auch hier die Problematik dieser Lehre von den politischen Herrschaftsformen in ihrer Beschränkung der Analyse auf den Aspekt der Formen und Methoden des Machterwerbs, der Machtausübung und des Machterhalts unter Vernachlässigung der sozialen Prozesse, die, von diesen Regimen in Gang gesetzt, eine Eigendynamik entfalten, die auch das politische System selbst zu einer permanenten Anpassung an die neuen Gegebenheiten zwingt.

Karl W. Deutsch

Die bereits früh erkennbaren Probleme „geschlossener", aber auch offener Totalitarismusmodelle haben *Karl W. Deutsch* bereits auf der Totalitarismuskonferenz von 1953 veranlaßt, auf zwei seiner Meinung nach wichtige Aspekte hinzuweisen. Der Titel seines Referats,

„Risse im Monolith: Möglichkeiten und Arten der Desintegration in totalitären Systemen"[37] verweist auf Veränderungen und auf Differenzierungen innerhalb und zwischen den einzelnen Systemen. *Deutsch* bietet drei Merkmale an, die allen totalitären Systemen eigen seien und die ihr Handeln von dem der übrigen sozialen und politischen Systeme unterscheide: „die extreme Mobilisierung der Leistung, die Einheit der Befehlsgewalt und die wirksame Macht der Durchsetzung." (S. 198) Er wendet sich aber gegen ein allgemeines Modell des Totalitarismus.

,Gibt es einen ,Totalitarismus' als Abstraktum oder als Idealtyp, etwa im Sinne Max Webers, oder gibt es nur einzelne totalitäre Systeme? In diesem Beitrage wird versuchsweise eine Antwort dahin gegeben, daß es einzelne totalitäre Systeme gibt, die miteinander in dem Ausmaße, in welchem sie bestimmte begrenzte Handlungsmerkmale gemein haben, verglichen werden können." (S. 198)

Welche Probleme die Unklarheit darüber, ob es sich bei den vorgestellten Totalitarismusmodellen um idealtypische Konstrukte oder um realtypische Darstellungen handelt, mit sich bringt, ist bereits im Zusammenhang mit *C. J. Friedrich* angedeutet worden. Daß die Skepsis von *K. W. Deutsch* gegen ein allgemeines Totalitarismusmodell nur zu berechtigt war, zeigte sich schon bei den ersten Versuchen, die neuen Systeme in Osteuropa, vor allem das der DDR, einer empirischen Analyse zu unterziehen.

2.3 Totalitarismus als Grundlage einer politischen Soziologie sozialistischer Systeme

Die Feststellung, der Totalitarismusbegriff sei ein politisch-ideologisches Kampfinstrument des Kalten Krieges gewesen, darf nicht dazu verführen, seine allgemeine Verbreitung in den 50er Jahren als Beleg für eine faktische „Gleichschaltung" der wissenschaftlichen und politischen Positionen gelten zu lassen. Der Einfluß des vorherrschenden Antikommunismus auch auf diejenigen Wissenschaftler, die aus der Arbeiterbewegung kamen, wie *F.* und *S. Neumann, Gurland, Lange, Stammer, Stern* u.a., oder ihr nahestanden, ist nicht zu verkennen; nur wäre es ein fataler Irrtum zu meinen, ihre Ablehnung des stalinistischen Kommunismus, dessen reale Auswirkungen auf den einzelnen sie oft selbst leidvoll erfahren hatten, hätte sie dazu verführt, sich für eine antisozialistische Politik instrumentalisieren zu lassen.

Für sie gilt in unterschiedlicher Weise das, was *F. Neumann* in deutlicher Abgrenzung von konservativen Positionen betont hat: Die normativ motivierte Einteilung der Welt in Gut und Böse, in freiheitlich-demokratische und totalitäre System ist einer Einsicht in das Wesen als totalitär begriffener Diktaturen ebenso abträglich wie die ausschließliche Betrachtung der politischen Formen der Machtausübung. Der kommunistische „Totalitarismus" ist nicht nur eine politische, sondern auch — wenn nicht gar zuallererst — eine neue *soziale Ordnung*. Trotzdem ist nicht zu verkennen, daß es die ähnlichen Formen der Machtsausübung, vor allem der Massenterror der Nationalsozialisten und Stalinschen Säuberungen, waren, die auch sozialistische Wissenschaftler zum Konzept des Totalitarismus greifen ließ, da sie in diesen Erscheinungen — mit Recht — eine Verneinung all der humanistischen Ideale sahen, für die sie eintraten.

Der antifaschistische Impetus, der vielen früheren Totalitarismusüberlegungen eigen war, blieb hier zumeist noch spürbar, auch wenn der Einfluß der Sprachgewohnheiten des „Kalten Krieges" nicht zu übersehen ist. Antitotalitarismus hieß bei ihnen Antifaschismus und Antistalinismus, nicht Antisozialismus. Im politischen Klima der Nachkriegszeit ist dies nicht immer deutlich geworden. Von daher ist es nicht verwunderlich, daß aus heutiger Sicht oft das Konzept Totalitarismus undifferenziert mit Antikommunismus und einer Denunziation sozialistischer Positionen gleichgesetzt wird.[38] Die offenkundigen Veränderungstendenzen in den sozialistischen Systemen haben aber bereits zu einer Zeit, als das Totalitarismuskonzept noch unangefochten galt, die Unterschiede in den politischen und wissenschaftstheoretischen Positionen der mit diesem Konzept operierenden Autoren hervortreten lassen.

Am deutlichsten werden die Differenzierungen, die ein „kritischer" Totalitarismusansatz vorgenommen hat, der sich nicht auf die Apologie der bürgerlich-demokratischen Systeme einließ, bei den Versuchen, diesen Ansatz empirisch zu verifizieren. Angesichts der Breite des Materials muß bei der Darstellung dieser Positionen eine doppelte Eingrenzung vorgenommen werden: es sollen vorrangig politisch-soziologische Untersuchungen herangezogen werden und hier vor allem diejenigen, die sich mit der DDR befassen. Die bedeutendsten Beiträge zur Debatte über die bestehenden staatlichen Sozialismen sind nicht von denjenigen geliefert worden, die die verschiedenen Totalitarismusmodelle unter Hinzufügung oder Weglassung des einen oder anderen Aspekts immer erneut aufgegriffen haben, ohne sich immer die Mühe einer empirischen Verifikation ihrer Aussagen zu machen, sondern von der Schule um *Otto Stammer*, die eine kontinuierliche empirische Beobachtung „totalitärer" Systeme, vor allem der DDR, unternahm.

Die Einleitung von *Arcadius R. L. Gurland* zu *Max Gustav Langes* Untersuchung über „Totalitäre Erziehung"[39] zeigt die Zielrichtung eine Adaptation des Totalitarismusbegriffs, der nach den methodischen Möglichkeiten einer empirisch sich ausweisenden Konzeption des Totalitarismus sucht, um die Beschränkungen des Strukturmodells von *Friedrich* ebenso zu vermeiden wie die normativen Hypostasierungen *Hannah Arendts. Gurland* verzichtete bewußt auf eine allgemeine Begriffsdefinition des Totalitarismus und auf eine Modellbildung, da seiner Auffassung nach beides zu Verallgemeinerungen führt, die der besonderen Situation der „volksdemokratischen" Systeme in Osteuropa und der DDR nicht gerecht werden. Diese Systeme seien noch nicht endgültig konsolidiert, gerade deswegen aber ein besonders interessantes und ergiebiges Forschungsobjekt.

„Unter dem Gesichtspunkt der Strukturanalyse der totalitären Herrschaft stellt ein noch nicht endgültig konsolidiertes totalitäres System deswegen ein besonderes ergiebiges Forschungsobjekt dar, weil es die Prozesse der totalitären Massengewinnung und Massenlenkung in einer Situation zeigt, in der noch nicht alles ‚gestellt' sein kann, in der demzufolge auch die Elemente der Freiwilligkeit und des bewußten ‚Mitmachens' der Beherrschten insofern klarer hervortreten, als noch kein allumfassendes und allgegenwärtiges Terrorsystem dafür sorgt, daß jeder mitmachen muß." (S. XI)

Da einige Staaten Osteuropas und die DDR zugleich auf einem höheren wissenschaftlich-technischen, ökonomischen und kulturellen Entwicklungsstand seien als die UdSSR, biete ihre durch Modellannahmen nicht eingegrenzte Analyse auch die Chance, Rückschlüsse auf mögliche Tendenzen der sowjetischen Entwicklung zu ziehen. So sei es vor allem die Struktur gesellschaftlicher Konflikte, die sich in den entwickelten Staaten anders darstelle als in der Sowjetunion und zu einer größeren Selbständigkeit und Handlungsfähigkeit einzelner Bereiche der Gesellschaft „repräsentierender" Bürokratien und Apparate führe. Diese Konflikte ließen es fraglich erscheinen, ob die Einheitlichkeit des Systems überhaupt in der Weise hergestellt und erhalten werden kann, wie dies die meisten Totalitarismusmodelle unterstellen. (Vgl. S. XXVI).

Gurland hat in seinem Beitrag zur Totalitarismusdebatte die wesentlichen Stichworte für die weitere Diskussion geliefert — eine

Diskussion, die schließlich zur Aufgabe des Totalitarismuskonzepts führte. Er stellt implizit den Wert eines allgemeinen Totalitarismusmodells in Frage, betont den Aspekt der Massenbeeinflussung als entscheidendes Kriterium für die Durchsetzung und Etablierung einer sozialen und politischen Bewegung, die sich anderen Werten als denen der demokratisch-kapitalistischen Systeme verpflichtet fühlt, und leitet daraus die Notwendigkeit einer monopolistischen Herrschaftsstruktur und der Umwälzung der sozialen Struktur der Gesellschaft, vor allem der Herausbildung einer neuen „Elite" ab.

Gurland geht — ebenso wie *Otto Stammer*[40] — von einer Vorstellung des Totalitarismus aus, die nicht statisch ist; diese Systeme haben eine — unterschiedliche — Vergangenheit, kennen Entwicklungen und Veränderungstendenzen, was ihnen eine Zukunft ermöglicht, die nicht — wie bei der Mehrzahl der Modelle des Totalitarismus — eindeutig vorhersehbar ist; vor allem aber betont er die Besonderheiten der einzelnen Systeme. Dies widerlegt die Einschätzung von *Schlangen*, daß hier Totalitarismus als „Modell des Stalinismus" benützt würde.[41] Weder wird ein geschlossenes Modell konstruiert noch der Stalinismus als eigentliche Erscheinungsform des kommunistischen Totalitarismus dargestellt. Vielmehr werden die Wandlungen berücksichtigt, die bereits in den letzten Jahren der Herrschaft *Stalins* erkennbar wurden.

Im Umkreis dieser Diskussion gab es 1958 noch einmal einen Versuch, das Totalitarismuskonzept zu erneuern. *Martin Draht*[42] versteht Totalitarismus als einen idealtypischen Begriff im Sinne *Max Webers*; er hebe bestimmte Merkmale hervor und lasse andere, die ebenfalls von Belang sein mögen, außer acht, da die Hervorhebung gerade der wesentlichen Kennzeichen nicht eine einseitige Sicht bedeutet, sondern eine Konzentration auf den Kern der Sache. Ziel einer solchen Vorgehensweise müsse es sein, schließlich ein Modell des Totalitarismus zu konstruieren, das heißt, genau das anzustreben, was die bisherigen Totalitarismustheoretiker in der Regel — wenngleich auch unvollkommen — versucht hatten. *Drath* verzichtet darauf und versteht seinen Beitrag als Korrektur bislang vorliegender Modellbildungen.

Er will das „zentrale Prinzip", das „Primärphänomen" des Totalitarismus herausarbeiten, „das seine einzelnen Charakteristika nicht nur zusammenhält, sondern maßgeblich bestimmt." (S. XVIII)

Zur Erläuterung dessen, was er als zentrales Prinzip des Totalitarismus versteht, unterscheidet er zwischen Autoritarismus und Totalitarismus. Beide bezeichnet er als idealtypische Formen einer politischen Herrschaft, die aus der Krise der Demokratien entstanden sind und das Machtvakuum ausgefüllt haben, das diese durch ihr Versagen haben entstehen lassen. Im Unterschied zum Totalitarismus baue der Autoritarismus auf den in einer Gesellschaft vorhandenen Werten auf, Werten, die als reale Faktoren „das Verhalten der Menschen bestimmen und mit der Struktur der Gesellschaft selbst in Zusammenhang stehen." (S. XXV)

„Daß er gegenüber den in der Gesellschaft herrschenden Wertungen ein ganz anderes Wertungssystem durchsetzen will, unterscheidet den Totalitarismus vom Autoritarismus. Er beruft sich hierauf nicht nur nebenher, sondern er tut es, um sich gerade dadurch Anhänger zu verschaffen und zu legitimieren. Die Verwirklichung einer auf diesem neuen Wertungssystem beruhenden und deshalb von den herrschenden gesellschaftlichen Werthaltungen radikal abweichenden Ordnung ist das Ziel des Totalitarismus." (S. XXVI)

Drath sieht diesen Prozeß der Etablierung neuer Werthaltungen mittels moderner Methoden der Massenbeeinflussung (Agitation und Propaganda) als langwierigen Vorgang, der Generationen umfassen kann. Dieses „Primärphänomen des Totalitarismus" präge die Gesellschaft so fundamental, daß er es für nicht gerechtfertigt hält, den Totalitarismus nur als „eine Spielart des Autoritarismus zu sehen, sozusagen eine Art gesteigerten Autoritarismus gegenüber dem ‚gewöhnlichen' ". (S. XXVII)
Der Aspekt der Massenbeeinflussung spielt auch in den Analysen *Brzezinskis, Tuckers* und anderer eine Rolle (*Tucker* spricht sogar von „Massen-Bewegungs-Regimes"[43]), allerdings als einem Kriterium neben anderen. Bei *Drath* sind andere Wesenszüge des Totalitarismus wie die Eingrenzung individueller und kollektiver Freiheitsspielräume „Sekundärphänomene". Erst die Kenntnis des Primärphänomens macht es nach seiner Auffassung möglich, die Vielzahl der Einzelphänomene und die Struktur der Gesellschaft in ihrer Wirkungsweise und ihren Folgen zu bestimmen.[44]
Diese Konstruktion eines Primärphänomens läßt offen, ob und, wenn ja, wie eine Modifikation der Sekundärphänomene eine Qualität gewinnen kann, die in ihrer Konsequenz auch das Primärphänomen und damit den Charakter der Gesellschaft als totalitärer berührt. Hier ist in erster Linie an eine Festigung und Internalisierung des neuen Wertesystems zu denken, das zum herrschenden und allgemein akzeptierten Wertesystem wird. Totalitäre Systeme befänden sich dann in einer vergleichbaren Situation wie autoritäre, sie müßten sich „konservativ" verhalten, das bestehende, ehemals neue Wertungssystem erhalten und stützen, auch gegen mögliche neue totalitäre

Anfechtungen. Ihr Ziel wäre erreicht und die Frage nach ihrer Fortexistenz als totalitäre Systeme gestellt. Ob ein solcher Übergang wahrscheinlich oder nur vorstellbar ist, bleibt bei *Drath* offen; in einem „Nachtrag" zum Wiederabdruck seines Aufsatzes bezeichnet er es aber als Fehlinterpretation seiner Intentionen, wenn ihm unterstellt werde, er habe einen Wandel der totalitären Systeme nicht für möglich gehalten. Seine Hauptthese habe „stets impliziert, daß der Zustand der Unfreiheit in dem Grade abgebaut werden kann", in dem sich die Spannung zwischen den Machthabenden und der Bevölkerung verringere.[45] Eine „Liberalisierung" sei durchaus möglich. *Drath* bestreitet aber implizit eine grundsätzliche Wandelbarkeit des Systems.

Ein weiterer wichtiger Einwand gegen die *Drath*sche Konzeption ist auch in dieser Ergänzung und Präzisierung seiner Aussagen von 1958 nicht angesprochen: der Idealtypus Totalitarismus ist auch bei *Draths*, gründet aber primär in der Vorstellung, politische und gesellschaftliche Systeme so unterschiedlichen Charakters auf einige meinsames Kennzeichen der beiden Totalitarismen, Faschismus und Kommunismus, angesehen. Damit fällt er hinter eine Problemsicht zurück, die *Gurland* und *Stammer* dazu geführt hatte, ein besonderes Gewicht auf die unterschiedlichen historischen und ideologischen Voraussetzungen und Ziele der einzelnen Systemtypen zu legen. Dieser Mangel ist auch das Ergebnis der Idealtypisierung *Draths*, gründet aber primär in der Vorstellung, politische und gesellschaftliche Systeme so unterschiedlichen Charakters auf einige wenige zentrale Aspekte eingrenzen zu können. Der Totalitarismusverdacht ist hier hinderlicher als in der offeneren Konzeption von *Gurland*, der sich nicht auf unveränderliche Grundphänomene „des" Totalitarismus festlegt und so in der Lage ist, neue Aspekte ohne große Schwierigkeiten einzubauen – freilich mit der Tendenz voluntaristischen Vorgehens. Die Gesellschaften, die als totalitär bezeichnet werden, sind aber trotz aller Einwände mit einer solchen offenen Konzeption eher analytisch in den Griff zu bekommen, läßt sie doch zu, „nichtmodellgemäße" Erscheinungen ernst zu nehmen und in der Untersuchung zu berücksichtigen. Eine „Enttotalitarisierung" dieser Gesellschaftssysteme wird vorstellbar und als hypothetische Entwicklung in die Analyse einbezogen.

Max Gustav Lange, *Ernst Richert* und *Otto Stammer* haben bereits 1954 auf die wichtigsten Aspekte einer solchen Entwicklung aufmerksam gemacht. Die Gesellschaftssysteme, die sich am Vorbild der Sowjetunion orientieren, waren in einem Umbruch begriffen, der offenbar den entscheidenden Aspekt aller Totalitarismusvorstellungen obsolet werden ließ — zumindest aber relativierte —, daß diese Systeme ohne Terror nicht auskommen könnten und daß die Prinzipien totalitärer Herrschaftsausübung einen Verzicht auf den Terror gar nicht zuließen. Statt dessen diagnostizierten diese Autoren eine erkennbare „Verfeinerung der herrschaftstechnischen Kenntnisse und Leistungen", die, Folge eines gezielten und geplanten Prozesses, mit den modellhaften Vorstellungen von totalitärer Herrschaftsausübung nicht in Übereinstimmung zu bringen war.[46] Damit ist nur ein, wenn auch wesentlicher Aspekt eines Totalitarismusverständnisses benannt, das sich der sozialen Wirklichkeit nicht verschließt, sondern „die Vieldimensionalität des modernen Totalitarismus" beachtet. Obwohl die Beschränkungen, die der Totalitarismusbegriff für die Analyse sozialistischer Systeme mit sich bringt, durch eine solche Vorgehensweise nicht aufzuheben sind, zeigen die mit diesem „kritischen" Totalitarismuskonzept durchgeführten Analysen doch, daß Entwicklungen, Widersprüche und Konflikte in der Entstehung, Ausformung und Behauptung „totalitärer" Bewegungen analysiert werden konnten, die mit den gängigen Modellvorstellungen des Totalitarismuskonzepts nicht ohne weiteres vereinbar waren.

Ein entscheidender Grund für diese vorurteilsfreiere Sichtweise dürfte in der Tatsache begründet sein, daß die Ideologie des Marxismus-Leninismus und die durch sie und mit ihr vermittelten gesellschaftlichen Ziele nicht von vornherein diskreditiert, sondern in ihrer Substanz ernst genommen und auf ihre gesellschaftlichen Konsequenzen hin untersucht werden. Ideologie hat bei *Stammer* nicht nur mythisch-eschatologische Elemente, sondern sie ist zugleich „mit dem Optimismus einer rational-wissenschaftlichen Orientierung des Handelns" verbunden, der sich im Einklang mit „der Gesetzmäßigkeit und Vorausbestimmbarkeit des gesellschaftlichen Geschehens" weiß.[47] Damit wird der Mythologisierung und Dämonisierung des „Totalitarismus", vor allem des sowjetischen, eine Vorstellung entgegengehalten, die sich der Herkunft dieser Ideologie aus der westlich-rationalen Tradition bewußt ist. Die Ursachen für den Verlust der humanistischen Gehalte des Marxismus im Marxismus-Leninismus werden bei *Max Gustav Lange* in der „Verschränkung von Philosophie und Politik" gesehen, wie sie der Leninismus (vor allem der *Stalin*scher Prägung) implizierte.[48] Die Verknüpfung des Marximus mit einer Bewegung an der Macht, die alle Bereiche der Gesellschaft und alle gesellschaftlichen Verhaltensweisen für die Zwecke einer kleinen Elite funktionalisiert, ist für *Lange* die eigentliche Ursache für seine Degeneration zu einer Herrschaftswissenschaft.

Totalitätsanspruch und totalitäre Ausprägung des Systems sind — so lassen sich die Aussagen *Gurlands, Langes* und *Stammers* resümieren — nicht identisch, der Totalitarismus ist aber die Folge eines sich politisch formierenden umfassenden Anspruchs auf „Wahrheit", der sich mit den objektiven gesellschaftlichen Gesetzmäßigkeiten in Übereinstimmung wähnt. Die empirische Analyse des Erziehungssystems, der „totalen Politisierung von Schule und Erziehung", der Manipulierung der Erziehungsinhalte, der Neuorganisation des Bildungswesens und der „Gleichschaltung" der pädagogischen Theorie, die Darstellung der Rolle der „Wissenschaft im totalitären Staat", ihrer Funktionalisierung für die politischen Absichten der regierenden kommunistischen Parteien, die Untersuchung der Mechanismen von Agitation und Propaganda, nicht zuletzt aber die Studien über die Rolle der Partei und des Staatsapparates und der Kaderpolitik spiegeln die Breite der Problemsicht wider, die ein solches offenes Totalitarismuskonzept ermöglichte.[49]

Deutet sich in diesen Studien wie in den allgemeinen Äußerungen zum Problem Totalitarismus ein gewisser Pragmatismus an, so ist doch nicht zu übersehen, daß die Zurückhaltung gegenüber allgemeinen Modellannahmen auch Probleme mit sich brachte. Der Vorwurf des Empirismus, wie er von Vertretern einer normativen politischen Wissenschaft wie *Arnold Bergsträsser, Wilhelm Hennis,* aber auch von *Ernst Fraenkel* und *Otto Heinrich von der Gablentz* erhoben wurde, ist auch dann nicht ganz von der Hand zu weisen, wenn man den Ansatz dieser Kritiker nicht teilt. Dieser Nachteil wird aber aufgewogen durch eine Offenheit der Fragestellung, wie sie die verschiedenen Totalitarismusmodelle nicht zulassen, es sei denn auf Kosten ihrer logischen Stringenz.

2.4 Revision des Totalitarismuskonzepts

Auf den ersten Blick erscheint es verwunderlich, daß die entscheidenden Anstöße zur Überwindung des Totalitarismuskonzepts in der Bundesrepublik nicht von den Vertretern der „Sowjetologie" oder aus dem Bereich der „Osteuropaforschung", sondern von einer Spezialdisziplin, der „DDR-Forschung", ausgingen. Angesichts der gegen das Totalitarismuskonzept vorgebrachten Haupteinwände, die die Übertragbarkeit der sowjetischen Entwicklung in Frage stellen, die Problematik allgemeiner Modellannahmen betonen und den unterschiedlichen Verlauf des Wandels in den sozialistischen Systemen hervorheben, wird die innovative Funktion der DDR-Forschung verständlicher. Die DDR stellt ein sowjetsozialistisches System dar, in dem die unterschiedlichen historischen, ökonomischen, politischen und nationalen Ausgangsbedingungen sowie die daraus resultierenden Entwicklungen sich besonders deutlich analysieren lassen. Allgemeine Modellannahmen, die nur am Beispiel der Sowjetunion entwickelt und dann ohne Modifikationen auf die anderen sozialistischen Staaten übertragen werden, müssen sich vor allem an diesen Sonderbedingungen bewähren, sollen sie als hinreichend brauchbar für eine allgemeine Analyse des „realen Sozialismus" angesehen werden.

Die empirischen Analysen über das Gesellschaftssystem der DDR hatten Ende der 50er Jahre dazu geführt, die Brauchbarkeit allgemeiner Modellkonstruktionen, wie sie der Totalitarismusansatz zur Verfügung stellte, zu bezweifeln. *Stammer* plädierte 1961 dafür, sich auf Theorien mittlerer Reichweite einzulassen, die geeignet seien, bestimmte Sach- und Problemzusammenhänge besser zu analysieren, da

„mit allgemeinen idealtypischen Begriffen wie mit statisch-klassifizierenden Methoden auf dem Feld der historisch-empirischen Analyse der einzelnen totalitären Machtgebilde wenig zu erreichen ist."[50]

Stammer vollzieht jedoch nicht den naheliegenden Schritt, vom Totalitarismusbegriff Abschied zu nehmen, der ja — wenn auch nicht in dem von ihm selbst verwendeten Sinn — solchen Modellen zugrunde liegt. Eine ausführliche inhaltliche Auseinandersetzung mit diesem Begriff und seinen Implikationen wird nicht von ihm, sondern von zwei seiner damaligen Mitarbeiter, *Peter Christian Ludz* und *Hartmut Zimmermann*, geleistet.

Bevor näher auf diese Positionen eingegangen wird, ist es notwendig hervorzuheben, daß das Totalitarismuskonzept auch in der Faschismusforschung zunehmend als fragwürdig angesehen wurde. Der Totalitarismusbegriff täuscht eine Geschlossenheit faschistischer Systeme und eine Herrschaftsrationalität vor, die diese — wie genauere Analysen des Nationalsozialismus zeigten — gar nicht hatten.[51] Dies ist ein Aspekt, der im übrigen bereits in *Franz Neumanns* „Behemoth" eine zentrale Rolle gespielt hatte, im Zuge der auf den Kommunismus orientierten Totalitarismus-debatte der Nachkriegszeit aber in den Hintergrund geraten war.

Das Faschismusproblem spielte nicht nur wegen der Notwendigkeit der Angleichung des Totalitarismuskonzepts an neue historische Erscheinungsformen „totalitärer" Systeme, die das methodische Dilemma der Vergleichbarkeit von Faschismus und Kommunismus verschärfte, eine Rolle.[52] Mochte es noch so einsichtige Gründe für eine politische Gleichsetzung von Faschismus/Nationalsozialismus und Stalinismus geben, die Entwicklung der sozialistischen Systeme in der Phase der „Entstalinisierung" ließ diese schon immer problematische Identifikation vollends in Schwierigkeiten geraten. Die offenbare Fähigkeit des Sowjetsystems zur Evolution und „Liberalisierung" widersprach der Grundannahme des identifizierenden Totalitarismusbegriffs.

Hartmut Zimmermann widerspricht deutlich der Vorstellung, Faschismus/Nationalsozialismus und „Bolschewismus" seien wesensmäßig gleich. Vergleichbare Methoden der Herrschaftssicherung, wie der Terror, unterschieden sich nicht unbedingt in ihrer Form, wohl aber in ihrer Funktion; sie könnten „Mittel zur gesellschaftlichen Revolutionierung" oder aber bloße „Mittel der Oppression, der Herrschaftssicherung" sein.[53] Das mache ihn nicht erträglicher oder „humaner", offenbare aber seinen gesellschaftlichen Stellenwert und lasse die politischen Ziele deutlich werden, denen dieses — und andere — politische Mittel dienten. Die Ziele politischen Handelns sind aber in den verschiedenen Systemen fundamental verschieden.

„,Im Gegensatz zum Nationalsozialismus ist der Bolschewismus eine revolutionäre Bewegung, die die Vernichtung der kapitalistischen Gesellschaft will, und zwar nicht, um einer reaktionären, vorkapitalistischen Ordnung Raum zu geben und den technisch-zivilisatorischen Fortschritt gleichsam künstlich hintanzuhalten, sondern im Gegenteil behauptet sie, erst durch eine Sprengung der alten gesellschaftlichen Ordnung den Platz zu schaffen, den der Fortschritt braucht, um sich voll entfalten zu können. Man kann durchaus bezweifeln, ob das bolschewistische System der richtige, der effektivste Weg zu diesem Ziel ist. Die Wirksamkeit dieses Impulses, sowohl bei den Herrschenden wie auch bei den dieser Herrschaft unterworfenen, kann kaum bestritten werden. Der ... fundamentale Widerspruch zwischen Herrschaftssystem und gesellschaftlicher Grundstruktur, wie er das nazistische System kennzeichnet, entfällt also hier."[54]

Die undifferenzierte Gleichsetzung von Faschismus und „Bolschewismus" verhindert nach Auffassung der Kritiker des Totalitarismuskonzepts eine vorurteilslose Bewertung der politischen und sozialen

Veränderungen, die in den kommunistischen Systemen vor sich gehen; eine „Versachlichung" der Analyse hat damit auch eine politische Dimension. Vor allem für *Ludz* spielt der praktisch-politische Aspekt der Kommunismusforschung eine zentrale Rolle. Sein Plädoyer für eine entideologisierte Diskussion ist wesentlich durch die Absicht bestimmt, mit möglichst „objektiven" Analysen Entscheidungsgrundlagen für politisches Handeln zu liefern.[55]

Als positives Vorbild führt er ein Projekt an, das von *Raymond A. Bauer, Alex Inkeles, Clyde Kluckhohn, Nathan Leites* u. a. getragen, in Kooperation zwischen der Harvard University, anderen Universitäten und Instituten sowie der US-Luftwaffe (!) durchgeführt wurde. Das Projekt diente vor allem der Erforschung des Verhaltens der Individuen im Alltag der Sowjetunion, eine Frage, die auch von eminent politisch-strategischer und militärisch-psychologischer Relevanz für die Regierenden ist. Dies zeigt, daß *Ludz'* Haupteinwand gegen das Totalitarismuskonzept nicht gegen seine politische Funktionalisierbarkeit zielt, sondern auf seinen mangelnden analytischen Wert, der zu „falschen" politischen Schlußfolgerungen führen muß.

Die Wissenschaftsdisziplinen, die sich mit den sozialistischen Ländern befassen, haben nach seiner Meinung ein „möglichst zutreffendes Bild" der gesellschaftlichen Zusammenhänge in der Sowjetunion, den anderen sozialistischen Staaten und China zu liefern.

„Erst solche Arbeiten sind u. E. imstande, eine sinnvolle Deutung der ideologischen und politisch-sozialen Umstrukturierungprozesse und der qualitativ neuen Ordnung der bolschewistischen Systeme zu geben, nicht nur historische Zustände zu beschreiben, sondern auch die gegenwärtigen Situationen und die in ihnen angelegten Entwicklungstrends aus der jeweilig historischpolitischen Eigendynamik bolschewistischer Systeme abzuleiten." (S. 474)

Der Haupteinwand gegen das Totalitarismuskonzept zielt auf dessen Unfähigkeit, den Wandel im ideologischen Gebäude des Kommunismus und die neue soziale Dynamik, die die sozialistischen Systeme prägt, zu registrieren und adäquat zu bewerten, eine Unfähigkeit, die nicht zuletzt durch eine nur sozialphilosophische Sicht der Dinge gefördert wird. *Ludz* wirft den Totalitarismustheoretikern darüber hinaus vor, sich vorschnell auf einen Totalitätsbegriff eingelassen zu haben, der seine Ähnlichkeit mit dem des Marxismus-Leninismus nicht verbergen könne. Dessen hervorstechendstes Merkmal sei die Vorstellung „einer gleichsam nur in Totalitäre verlängerten Komplexität aller Lebenszusammenhänge von Staat und Gesellschaft". Es handle sich um ein Integrationsmodell,

„wie es das ideologische Dogma des Marximus-Leninismus selbst zwar für die Sowjetunion und die Volksdemokraten in Anspruch nimmt, das jedoch die Realität von deren eigenen sich wandelnden Sozialstrukturen eher verhüllt als erschließt. Die von der marxistisch-leninistischen Ideologie für die Sowjetunion und die Volksdemokratien behauptete ‚Totalität' der sozialen Zusammenhänge wird somit von westlichen Theoretikern, die wesentlich an Herrschaftsaufbau und Herrschaftstechnik des totalitären Staates interessiert sind, unkritisch übernommen. Die behauptete Integration der Gesellschaft wird einerseits von solchen Analysen in gleichsam nur negativer Form als Faktizität totalitär verfaßter Gesellschaft reproduziert und damit — andererseits — das Integrations-Modell, als anzustrebende Norm, wie sie westlich-pluralistischen Gesellschaftsordnungen unterlegt wird, auf ein anderes System ungeprüft übertragen."[56]

Ludz wendet sich auch dagegen, daß „unkritisch-wertende und analytische Elemente" im Totalitarismuskonzept nicht auseinander gehalten werden, er kritisiert die „Unklarheit der verwendeten Begriffe" und die in der Konzeption angelegte „Unsicherheit auch der methodischen Grundlagen im engeren Sinne." (S. 11 f.)

So massiv die Kritik von *Ludz* auch ausfällt, sein Einwand gegen den Totalitarismusbegriff ist nicht so fundamental wie es scheint. Er hält ihn für historisch überholt, generell aber, vor allem für die Beschreibung des Stalinismus, für brauchbar. Daher rührt auch seine Unentschlossenheit. Obwohl er diesen Forschungsansatz in den entscheidenden Punkten in Frage stellt, hält er faktisch an ihm fest. 1961 setzt er den Begriff Totalitarismus gelegentlich in Anführungszeichen, 1964 spricht er von „totalitär verfaßten Gesellschaften". Erst in seiner 1968 erschienenen „Parteielite", in der er ein starkes Gewicht auf industriegesellschaftliche Ansätze und eine „immanente" Analysenmethode legt, gebraucht er den Totalitarismusbegriff nur noch historisch. Seine dort formulierte Grundthese lautet, daß sich die DDR zu einem autoritären System mit gewissen konsultativen Zügen entwickelt habe.[57] Diese Einschätzung hindert ihn aber nicht daran, nach wie vor von der „totalitären Partei" zu sprechen, deren Herrschaftsinteressen „die Grenzen des sozialen Wandels" und „manifester Konflikte zwischen sozialen Gruppen" bestimmten. *Ludz* begründet dies mit dem von der Partei formulierten Anspruch „nach bis ins letzte gehender Gestaltung sozialer Tatbestände durch den ideologisch-politischen Willen einer Zentralinstanz", nämlich ihr selbst.[58] Die Einschränkung des Begriffs totalitär auf einen Teil der Herrschaftsorganisation unterscheidet *Ludz* zwar von den Totalitarismustheoretikern, die ihn auf die gesamte Gesellschaft bezogen wissen möchten, seine Begründung ist von der ihren aber nicht allzuweit entfernt: auch *Ludz* benutzt ihn als politischen Formbegriff.

Nimmt man seine Argumentation beim Wort, so ist die SED heute nur deswegen nicht mehr totalitär, weil sie es nicht schafft, der gesamten Gesellschaft ihren Willen aufzuzwingen, und sich deshalb gezwungen sieht, sich auf eine Relativierung ihres umfassenden Gestaltungsanspruchs einzulassen. Das Verschwinden totalitärer Elemente wäre ein Indiz für eine fundamentale Krise des tradierten politischen Systems, zugleich aber auch eine historische Chance. Auf eine solche Sichtweise deutet auch die Behandlung sozialer Konflikte hin, die *Ludz* als Folge der Wandlungsprozesse begreift, wie sie in allen industriellen Systemen vor sich gehen, und in denen er die Ursache für Schwankungen des Sanktionsvollzuges vermutet. *Ludz* benutzt den Konfliktbegriff nicht im Sinne des Struktur-Funktionalismus als „Dysfunktion", die gesellschaftliche Strukturen zu zerstören droht, sondern in Anlehnung an *Raymond W. Mack*, *Richard C. Snyder* und *Lewis A. Coser* als „positiven" Faktor, der eine Desintegration der Gesellschaft verhindert. Alle Formen sozialen Wandels führen seiner Meinung nach zu Rollen- und Normenkonflikten; in den sozialistischen Systemen gewinnen sie aber eine andere Dimension als in bürgerlich-demokratischen, da durch die politischen Setzungen der Partei eine gesellschaftliche Dynamik initiiert worden sei, die den allgemeinen Konflikt zwischen den tradierten ideologisierten und den durch den sozialen Wandel hervorgebrachten Normen noch verschärfe: Das alte Normensystem werde in seinem politischen Kern in Frage gestellt.

Dieser „Grund-Konflikt" der DDR-Gesellschaft (und anderer sozialistischer Systeme) führt, folgt man *Ludz*, zu vielfältigen „Sekundär-Konflikten", z.B. bei der Gestaltung von Rechts- und Sozialnormen, in der Entwicklung der Sozialstruktur, aber auch im politisch-ideologischen Bereich. Auf diese Konflikte geht *Ludz* im einzelnen ausführlich ein, ohne jedoch ein klares Fazit aus diesen Einsichten zu ziehen. Man kann ihm Widersprüchlichkeit in der Argumentation und Inkonsequenz im Weiterdenken seiner eigenen Hypothesen vorwerfen, ihm vorzuhalten, daß bei ihm die „Perpetuierung der totalitarismustheoretischen Grundkategorien … der unveränderten politisch-strategischen Feindhaltung gegenüber dem Sozialismus" entspringt, zeugt von einer Borniertheit, die nicht wahrnehmen will, daß „bürgerliche Sozialismusforschung" nicht unbedingt „Antikommunismus"-Forschung sein muß. Die Wirkung der Schriften von *Ludz*, insbesondere die seiner „Parteielite", auf eine realistischere, vorurteilsfreie politische Auseinandersetzung mit der DDR ist, bei aller wissenschaftlichen und politischen Kritik an seinen Positionen nur dann zu übersehen, wenn man von vornherein eine fundamentale Kritik am „realen Sozialismus" für illegitim hält.

Wesentlich deutlicher stellen sich neben der vermutlich nicht zuletzt politisch-taktisch motivierten — Abstinenz von *Ludz* die Aussagen *Zimmermanns* dar. Er zielt nicht darauf ab, an die Stelle des Totalitarismusbegriffs einen neuen, in der Perspektive vermutlich nicht minder starren Begriff, etwa „Autoritarismus" zu setzen, ihm geht es vielmehr um eine „neue Perspektive" in der Kommunismusforschung, darum, „das starre, im Grunde unhistorische Systemdenken durch ein *dynamisches*, auf den politischen und sozialen Prozeß" abgestelltes analytisches Vorgehen zu ersetzen.[60] *Zimmermanns* Haupteinwand richtet sich gegen die Maßstäbe, mit denen die Totalitarismusforscher die sozialistischen Systeme bewerten. Es seien die Wert- und Ordnungsvorstellungen der — zudem noch idealisierten — bürgerlich-kapitalistischen Staats- und Gesellschaftsverfassung, die den Totalitarismus von vornherein als Gegenbild der „westlichen" Gesellschaften erscheinen ließen. So werde eine falsche Alternative aufgebaut: entweder sei man für das „westliche" System in seiner gegenwärtigen Verfaßtheit oder aber für den Totalitarismus; es gebe kein Drittes.

„Im Hintergrund eines solchen Verfahrens steht die Annahme, daß es sich bei den in den westlichen Industriegesellschaften entwickelten sozialen und politischen Formen menschlichen Zusammenlebens gleichsam um die ‚natürliche' Ordnung handelt, auf die jeder gesellschaftliche Prozeß hinsteuert, ließe man den Individuen nur die Freiheit der Wahl.

Eine solche Betrachtungsweise sieht in den Friktionen und Engpässen einer bolschewistischen Gesellschaft immer nur den ‚ungebrochenen Freiheitswillen' der Bevölkerung und die Unmöglichkeit einer dauernden Existenz eines solchen Systems." (S. 195)

Zimmermann weist darauf hin, daß durch eine solche Vorgehensweise Verzerrungen enstehen, die selbst dann nicht zu beseitigen sind, wenn im Rahmen differenzierter Totalitarismusmodelle eine noch so detaillierte Deskription von Einzelphänomenen erfolgt; die Entscheidung für den Totalitarismusbegriff enthalte so viele normative Prämissen, daß eine vorurteilslose Sicht kaum möglich sei. Da

zudem ein Wandel dieser Systeme für unmöglich erklärt werde, es
sei denn im Sinne eines Untergangs, sei er darüber hinaus auch nicht
geeignet, die gesellschaftliche Dynamik zu erfassen, die diese Systeme auszeichne. *Zimmermann* setzt daher auf eine andere Sichtweise:

„Es wird im folgenden davon ausgegangen, daß es sich bei den ‚bolschewistischen Gesellschaftssystemen um eine neue Form der Organisation menschlichen Zusammenlebens handelt, die aus der planmäßigen Vernichtung der
vorangegangenen Gesellschaft hervorgegangen ist. Diese neue gesellschaftliche Ordnung gehorcht eigenen Gesetzmäßigkeiten und produziert neue Antagonismen, die mit dem Werkzeug einer von außen kommenden, im Grunde nur
systematisierenden, aber nicht verstehenden Totalitarismusforschung nur
unzureichend beschrieben werden können." (S. 198 f.)

Als sinnvolle Analysemethode, die der Eigengesetzlichkeit und
Dynamik der sozialistischen Systeme gerecht wird, schlägt *Zimmer-*
mann in Anlehnung an *Ludz* ein „deutendes Verstehen" dieser
Systeme von innen heraus vor. (*Ludz* hat diese Vorgehensweise
später zu einem „kritisch-immanenten" Ansatz weiterentwickelt.[61]
Zimmermann wendet sich aber zugleich gegen Versuche, sozusagen
„unter der Hand" erneut normativ wirkende Vorentscheidungen
zu fällen. Von daher widerspricht er *Ludz*, der

‚den Begriff der Totalität dahingehend präzisiert, daß diese Gesellschaften
tendenziell auf eine Angleichung der Wirtschaftssysteme des Ostens an die des
Westens hinzielen ... Eine solche Vorfixierung des Zielpunkts der innergesellschaftlichen Dynamik birgt zumindest die Gefahr in sich, die Interpretation
der in einer solchen Gesellschaft vorfindbaren Fakten in diese Richtung
nahezulegen."[62]

Fruchtbarer erscheint ihm der Versuch, „Verlaufanalysen"
anzustellen, die die grundlegenden Gesetzmäßigkeiten des „Bol-
schewisierungsprozesses" aufzuspüren suchen.

Als Grundkriterium für eine solche Untersuchung dient *Zimmer-*
mann die Frage, ob die auftretenden politischen und damit gesellschaftlichen Widersprüche ihre Ursachen in der Auseinandersetzung
mit den „Restformationen der vorbolschewistischen Gesellschaft"
haben oder aber „Ergebnis des neuen sozialen und politischen
Strukturzusammenhangs" sind. Diese Unterscheidung ist von Bedeutung, weil, das hebt *Zimmermann* mit Recht hervor, die neuen
sozialen Funktionszusammenhänge einen Wandel des sozialen Verhaltens mit sich bringen, der nicht, wie in der Totalitarismuskonzeption angenommen, ausschließliches Produkt der Unterwerfung
unter ein terroristisches Regime ist, sondern als ein „Prozeß des

sich Einrichtens, später des Ausrichtens der individuellen Existenzen an den neuen sozialen Gegebenheiten" gewertet werden kann. (S. 200).

Zimmermann unterscheidet dann drei Phasen der Entwicklung bolschewistischer Systeme, denen er jeweils bestimmte Charakteristika zuordnet. Während es in der ersten Phase wesentlich um die Eroberung der Macht und die Umgestaltung der gesellschaftlichen Großstrukturen gehe, sei die zweite durch eine Veränderung in den Feinstrukturen, die Etablierung neuer sozialer Schichten im Gefüge der neuen gesellschaftlichen Hierarchie, vor allem aber die teilweise Überwindung des Terrors gekennzeichnet, da sich neue Formen der Gesetzlichkeit herausbilden, die ihn nicht überflüssig, aber in vielen Fällen unnötig machten. Als dritte Phase kennzeichnet er schließlich einen Zustand, in dem „die Antagonismen und ihre Dynamik ... sich ausschließlich aus den neuen ökonomischen, sozialen und politischen Strukturen" ergeben. (S. 202) So problematisch diese Phaseneinteilung im einzelnen sein mag, ihr Wert liegt in dem Versuch, die Folgewirkungen politischer und sozialer Veränderungen in einem historischen Längsschnitt zu beschreiben und damit die weitgehend ungeprüft kolportierte Behauptung, sozialistische Systeme seien nicht entwicklungsfähig, zu widerlegen. Wichtig erscheint vor allem der Hinweis, daß die Entwicklung dieser Systeme zu einem Punkt führt, an dem die alten, aus dem Kapitalismus überkommenen Gesetzmäßigkeiten ihre prägende Kraft verloren haben und eigene, aus diesen Gesellschaftssystemen selbst erwachsene Regeln und Verfahrensweisen an ihre Stelle getreten sind, die durchaus mit den Bedingungen einer sich dynamisch entwickelnden hochindustrialisierten Gesellschaft vereinbar sind. Für die Analyse von außen bedeutet dies, die sozialistischen Systeme als Gesellschaftssysteme zu betrachten, die andere, aber nicht von vornherein „falsche" Antworten auf die Probleme industrialisierter Gesellschaften gefunden haben.

2.5 Neototalitarismus

So eindeutig die wissenschaftlichen Mängel des Totalitarismuskonzepts auch sind, seine politische Brauchbarkeit in der Systemauseinandersetzung ist erhalten geblieben. Die sich abzeichnende Renaissance des Totalitarismusbegriffs hat ihre Ursachen nicht im Wissenschaftsprozeß, sondern in der politischen und geistigen

Entwicklung in der Bundesrepublik seit Mitte der 70er Jahre. Er wird erneut als politischer Kampfbegriff benutzt. So wehrt sich *Karl Dietrich Bracher* gegen

> „die modisch gewordene Ablehnung der westlich-liberalen Totalitarismustheorie, sofern diese auf die Vergleichbarkeit rechter und linker, ideologisch verschiedener Diktatursysteme gegründet ist; ihr Schema der Konfrontation von Demokratie und Diktatur wird — sehr vereinfachend — als Erfindung des Kalten Krieges bezeichnet und soll nun durch die freilich nicht minder lapidare Frontstellung Sozialismus-Faschismus ersetzt werden."[63]

Die Kritik am Totalitarismuskonzept wird von *Bracher* als Angriff gegen ein politisches Verständnis gewertet, das sich „liberaldemokratischen Traditionen" verpflichtet weiß. (S. 33) Daß der Totalitarismusbegriff als „polemischer Kampfbegriff" benutzt worden ist, räumt *Bracher* durchaus ein, er hält ihn gleichwohl für mehr als eine „bloße Ausgeburt des Antikommunismus". (S. 34) Von den politisch-polemischen Kontroversen sei eine wissenschaftliche Debatte zu unterscheiden, die vor allem von der Frage ausgehe, „ob und an welchen Punkten Struktur und Funktionieren ‚totalitärer' Regime wesentlich verschieden sind" von klassischen Diktaturen. Er greift auf die *Arendt*sche und *Friedrich*sche Argumentation zurück, daß der Totalitarismus eine Erscheinung des „Massenzeitalters" sei, die durch die moderne Technik erst ermöglicht werde. Der wesentliche Unterschied zu älteren Diktaturen und absoluten Regierungsformen ergibt sich für *Bracher* aus dem ambivalenten Verhältnis zur modernen Demokratie, die — bei aller vehement betonten Gegenerschaft — ein wichtiges Bezugssystem für jede totalitäre Bewegung bilde und sie dazu zwinge, sich scheindemokratischer Verfahren zu bedienen.

> „Ohne die demokratische Idee der Volkssouveränität und ihre konkrete Verwirklichung im modernen Staat ist der Totalitarismus mithin weder denkbar noch durchsetzbar. Denn wesentlich bleibt der Anspruch des Totalitarismus auf seine Legitimierung durch plebiszitäre Akklamationsakte, die freilich pseudodemokratisch ist, weil im Unterschied zur realen Demokratie lediglich die Zustimmung zu Herrschaftsakten eines ‚Führers' oder einer Monopolpartei manipuliert wird, die ihrerseits behaupten, den Gemeinwillen in Staat und Gesellschaft total zu verkörpern." (S. 37)

Das Hauptcharakteristikum und der gemeinsame Nenner aller totalitären Regime ist nach *Bracher* der „ausschließliche Führungsanspruch einer Partei und Ideologie" (S. 37) oder, wie es an anderer Stelle zugespitzter formuliert wird, „die außergewöhnliche Stellung des Führers". (S. 53) Das erste impliziert auf den ersten Blick nicht notwendig das zweite, *Bracher* macht jedoch klar, daß der Ausschluß rivalisierender Parteien und Gruppen mit einer gewissen Logik zur Führerschaft einer Einzelperson tendiere. Der Übergang zu Formen „kollektiver Führung" nach *Stalins* Tod ist für ihn kein Gegenbeweis; es gebe hier eine Abfolge verschiedener Stufen und Entwicklungsphasen, die jedoch nichts an der grundsätzlichen Verfassung dieser Regime änderten.

„In der Tat bleiben die Beziehungen im Dreieck Partei-Führer-Volk auch dann von Bedeutung im System des Totalitarismus, wenn vorübergehend der Führerkult zugunsten einer oligarchischen ‚kollektiven Führung' zurücktritt. Die zentrale Rolle des charismatischen, plebiszitär und pseudoreligiös stilisierten Führers ist für den Aufstieg aller totalitären Systeme, die bislang aufgetreten sind, nicht zu bestreiten. Das zeitweilige Zurücktreten dieser Komponente beseitigt aber so wenig den Totalitarismus selbst wie den strikten antiliberalen und ausschließlichen Charakter der Diktatur." (S. 41)

Während hier erneut der Aspekt des antiliberalen Charakters dieser Systeme in den Vordergrund tritt, aus dem das spezifische, in den einzelnen Phasen durchaus Veränderungen unterworfene, in seinen Grundsätzen aber gleichbleibende Verhältnis von Partei, Führer und Volk erwachse, wird an anderer Stelle betont, daß individuelle Führerschaft nicht nur als Phänomen des Aufstiegs totalitärer Systeme, sondern als ihr „Hauptcharakteristikum" zu betrachten sei, das „in allen Fällen" nachweisbar sei. Als durchgängige Eigenart totalitärer Systeme sieht *Bracher* offenbar die Konflikte an, die aus einem „Nebeneinander von Machtträgern, die als omnipotent definiert sind", nämlich der Partei und dem charismatischen Führer, erwachsen. Sie führen, folgt man seiner Argumentation, zu permanenten Säuberungen, Schauprozessen oder Kulturrevolutionen, die schließlich zugunsten individueller Führer entschieden werden. (S. 54) *Bracher* kommt zu dem Schluß:

„So unentbehrlich und grundlegend das Einparteiensystem für jedes totalitäre Regime sein mag, so ist es mithin doch eine Form des Führerstaates, welche die reale Machtstruktur solcher Diktatursysteme bestimmt — und dies weitgehend unabhängig von der Frage, welche Qualitäten man den Zielen und Doktrinen der jeweiligen Systeme zuschreiben mag. Deutlicher als in irgendeinem anderen Zusammenhang erweist sich die gemeinsame oder vergleichbare totalitäre Komponente als vorrangig gegenüber allen Unterscheidungen zwischen linken und rechten, progressiven und reaktionären Regimen. Man kann den Schluß ziehen, daß der totalitäre Charakter, der den Vergleich ermöglicht, auf einer Machtkonstellation beruht, in welcher der Führer Partei und Ideologie nicht nur weitgehend kontrolliert, sondern geradezu ersetzt oder überhöht." (S. 55)

Solche pauschalisierenden Aussagen fallen nicht nur hinter den Stand der Totalitarismusdiskussion der 50er und 60er Jahre, sondern auch hinter seine eigenen früheren Analysen zu diesem Problem zurück.[64] *Bracher* hatte damals den Versuch unternommen, politische, ökonomische, kulturelle und soziale Aspekte in die Analyse „totalitärer" Systeme einzubeziehen, Herrschaftsformen und Ideologien nicht nur als von außen und oben aufgezwungene Erscheinungen zu begreifen, sondern sie aus dem „Zusammentreffen lange gewachsener Bewußtseinsströmungen mit einer spezifischen politischen und sozialen Realsituation" zu erklären, „das erst die geschichtlich wirksame Steigerung solcher Tendenzen herbeigeführt hat". (S. 15) Dies bedeutet aber, daß man die politisch-ideologischen Ziele dieser Systeme und Bewegungen nicht als bloße „totalitäre Apologetik", als Mittel der Rechtfertigung der Diktatur, begreift,[65] sondern als Ausdruck einer politischen und gesellschaftlichen Situation, die aus ihrer Frontstellung gegenüber den bürgerlich-parlamentarischen Systemen allein nicht zu erklären ist, sondern in erheblichem Maße auch in vordemokratischen und vorkapitalistischen Traditionen wurzelt. Eine „Wiederentdeckung" des Totalitarismusansatzes hat nur dann einen heuristischen Wert, wenn damit mehr erreicht wird als eine verkürzte Wiederauflage alter Argumentationslinien; es käme gerade darauf an, mit Hilfe des Totalitarismuskonzepts den Wandel von der stalinistischen zur nachstalinistischen Herrschaft, ihre Gemeinsamkeiten und Unterschiede aufzuzeigen und zu erklären. Hierzu kann die Untersuchung von *Bracher* nicht viel beitragen, da sie sich auf die „klassischen" Totalitarismen konzentriert und diesen Wandlungsprozeß höchst unvollkommen berücksichtigt.

Handelt es sich hier noch um einen Versuch, das Konzept Totalitarismus für die wissenschaftliche Analyse neu zu beleben[66], so zeigen Ausführungen desselben Autors auf einer von der CDU im November 1977 veranstalteten „wissenschaftlichen Fachtagung", welche politischen Intentionen mit diesem Versuch verbunden sind.

,Die Ersetzung oder Verdrängung des antitotalitären durch das antifaschistische Verständnis der Demokratie ermöglichte es auch liberalen Meinungsträgern, auf marxistisch-kommunistische Denkformen einzuschwenken."[67]

Das Totalitarismuskonzept ist hier nicht mehr ein mehr oder weniger brauchbarer Ansatz für die Analyse kommunistischer und faschistischer Systeme, sondern Maßstab für die demokratische Zuverlässigkeit, werden doch die Folgen eines Verzichts auf den Totalitarismusbegriff als wahrhaft existenzbedrohend für die parlamentarische Demokratie geschildert:

„Die geistigen Folgen sind unübersehbar. Denn hier geschah zugleich ein allmählicher Abbau jener Hemmungen und Schutzvorkehrungen der ‚wehrhaften Demokratie‘, die Staat und Gesellschaft vor neuen Polarisierungen und extremen Ideologisierungen bewahren und verhindern sollten, daß die pluralistische Demokratie wieder in den Bann jener undemokratischen Alternativen geriet, von der sie einst betört und zerstört wurde: jener vorgeblich einzigen Alternative, ,,Kommunismus oder Faschismus‘, also links- oder rechtsradikaler Lösung, auf die so viele Zeitgenossen der dreißiger Jahre hereinfielen. ... Das Entscheidende an der Verfemung oder Tabuisierung des Totalitarismusbegriffs und der Renaissance des Faschismusslogans in der ernsthaften Literatur scheint mir nun, daß die demokratiekritischen Bewegungen der sechziger und siebziger Jahre sich ihrer in doppelter Weise zu bedienen vermochten: zur hyperkritischen (!) Verdächtigung des parlamentarischen Repräsentationsprinzips durch antikapitalistische Verschwörungstheorien und zur Etablierung einliniger, neototalitärer Denk- und Handlungsweisen, wie sie in das Umfeld speziell deutscher Gewalttheorien oder jedenfalls in den sie tragenden Hintergrund gehören ... Sie wenden sich im Sinne einer totalen Feindideologie gegen die bestehenden freiheitlichen Demokratien.“ (S. 202 f.)

Bracher betreibt mit diesen Aussagen etwas, was *Roman Herzog* auf der gleichen Konferenz — wenngleich „positiv“ gewendet — als „geistige Befestigung“ bezeichnet hat[68]. Der freiheitliche Rechtsstaat igelt sich ein, baut ideologische Festungen und formuliert ein Feindbild, das sich in gleicher Weise nach außen und innen richtet, oder genauer, das diejenigen, die sich auf die vorgegebenen Ideologeme nicht einlassen und zu „hyperkritischen“ Fragen an die eigene Gesellschaft neigen, unterstellt, sie betrieben das Geschäft des politischen Gegners. Hier wird in einer Rigorosität an überwunden geglaubte Denkmuster des „Kalten Krieges“ angeknüpft, die mit der innenpolitischen Hysterie nach der Entführung und Ermordung Schleyers im Herbst 1977 allein nicht zu erklären ist, sondern auf eine politische Grundstimmung hindeutet, in der selbst solch absurde Gleichungen wie „Nationalsozialismus gleich Sozialismus“ noch auf fruchtbaren Boden fallen.[69]

Mit dem Versuch, den Totalitarismusbegriff neu zu beleben, steht *Bracher* nicht allein.[70] Während seine Ausführungen — trotz des Anspruchs zu einer wissenschaftlichen Analyse des „Totalitarismus“ beizutragen — eher dem Bereich politisch-publizistischer Auseinandersetzungen zuzuordnen sind, unternimmt *Peter Graf Kielmansegg*, dessen politische Motivationen, den Totalitarismusbegriff zu reaktivieren, denen *Brachers* wohl ähnlich sind, den

Versuch, aus einer Kritik der Totalitarismuskritik heraus seine These zu stützen, daß das Totalitarismuskonzept „unverzichtbar für eine entwickelte Typologie der Herrschaftsformen" sei.[71] Er wirft den Kritikern dieses Konzepts vor, keine plausiblen Argumente *gegen* dessen Brauchbarkeit entwickelt zu haben, „so vielfältige Nachweise für die Einwirkung politischer Konstellationen auf die Entwicklung des Konzepts auch geführt sein mögen." (S. 131) Vielmehr unterstellt er, daß viele Totalitarismuskritiker, vor allem diejenigen, die sozialistische und/oder marxistische Positionen vertreten, sich nur deshalb gegen das Totalitarismuskonzept stellten, weil es unangenehme Wahrheiten an den Tag fördere, vor allem aber eine Verwandtschaft von Sozialisten und Kommunisten aufdecke. (S. 313 f.) *Kielmansegg* hält die bisherige Kritik am Totalitarismuskonzept für weitgehend verfehlt, wissenschaftlich belanglos und ausschließlich politisch motiviert. Da er selbst aber die Kriterien nicht bestimmt, nach denen er eine Kritik am Totalitarismuskonzept für nicht verfehlt, wissenschaftlich belangvoll und nicht ausschließlich politisch motiviert erklärt, fällt der Vorwurf auf ihn selbst zurück. Dieser polemische Rundschlag verführt ihn jedoch nicht dazu, jede inhaltliche Stellungnahme zu den wesentlichen Argumenten der Totalitarismuskritiker abzulehnen; auch wenn er dies vielfach nur verkürzt tut. (S. 314 f.)

Die Verkürzungen in der Auseinandersetzung mit den Kritikern der Totalitarismustheorie werden besonders deutlich bei der Frage der Vergleichbarkeit von Faschismus/Nationalsozialismus und Kommunismus. *Kielmansegg* reduziert hier die Auseinandersetzung auf das vermeintlich von den Kritikern gebrauchte Begriffspaar Herrschaftstechniken-Herrschaftsziele. Seine These, daß die „für das System konstitutiven Herrschaftsziele" uns „in den Konstanten der Herrschaftspraxis" begegnen, ist ebenso richtig wie unumstritten. Das gleiche gilt für seine Forderung, nicht abgehoben-abstrakte Zielformulierungen, sondern konkrete Herrschaftsziele zu bestimmen. Der Vorwurf, dies nicht zu tun, für den *Kielmansegg* bezeichnenderweise keinen Adressaten nennt, geht aber am Kern der Kritik des Totalitarismuskonzepts vorbei. *Hartmut Zimmermann* z.B., der am eindeutigsten gegen die Gleichsetzung von Faschismus/Nationalsozialismus und Kommunismus als Totalitarismus argumentiert hat, spricht gerade nicht von allgemeinen, zudem noch ideologisch befrachteten und legitimatorisch benutzten Zielprojektionen, sondern von einer Gesellschaft, die — anders als der Faschismus — das bestehende kapitalistische System überwunden hat und versucht, ihre Vorstellung von technisch-zivilisatorischem Fortschritt durchzusetzen. Wie immer man dies Ziel — und die zu seiner Realisierung gewählten Mittel — bewerten mag, mit den vorkapitalistisch-antirationalen Zielprojektionen des Faschismus ist es nicht zu vergleichen. Auch in der Auseinandersetzung mit der unter anderem von *Ludz* vertretenen These, daß das Totalitarismuskonzept sozialen Wandel nicht erklären könne, weicht *Kielmansegg* aus, was nicht verwundert, wenn man sich vergegenwärtigt, daß sein Plädoyer für den Totalitarismusansatz auf eine Analyse der Herrschaftsformen beschränkt ist, während *Ludz* besonderes Gewicht auf die sozialen Aspekte und die sozioökonomischen Prozesse in den sozialistischen Systemen legt. *Kielmansegg* gesteht zu, daß die vorliegenden Totalitarismusmodelle die Identität des Phänomens in einer Weise bestimmt hätten, die es schwierig gemacht habe, eine Theorie zu entwickeln, die den genannten Einwänden Rechnung trage. Das hieße aber nicht, daß „diese Einwände das Konzept totalitärer Herrschaft prinzipiell zu treffen vermögen." Da die Verwendung des Totalitarismusbegriffs nicht mit dem Anspruch gekoppelt ist, eine ausgearbeitete Theorie totalitärer Systeme von „universaler Erklärungskraft" zu liefern, treffe dieser Vorwurf nicht zu. (S. 318)

Schließlich wendet *Kielmansegg* sich gegen die Auffassung *Jänickes*[72], daß nur ein konflikttheoretisches Konzept von Totalitarismus sinnvoll sei, und setzt dieser Position eine *strukturtheoretische* Variante entgegen. Als Bestandteil einer vergleichenden Lehre der Herrschaftsformen habe die Totalitarismusanalyse von drei Leitfragen auszugehen:

„Die Frage nach der Verteilung der Chancen der Einflußnahme auf die Entscheidungsprozesse, die Frage nach der Reichweite der Entscheidungen und die Frage nach dem Sanktionsinstrumentarium, mit dessen Hilfe die Geltung der Entscheidungen gesichert wird."[73]

Zur totalitarismustheoretischen Fragestellung wird dieses in gleicher Weise partizipations- wie entscheidungstheoretische Vorgehen erst, wenn *Kielmansegg* eine Kombination von drei Merkmalen vornimmt, auf die dieses Frageschema angewendet werden soll:

„Monopolistische Konzentration der Chancen der Einflußnahme in einem Führungszentrum; prinzipiell unbegrenzte Reichweite der Entscheidungen des politischen Systems und prinzipiell unbeschränkte Intensität der Sanktionen (genauer: prinzipiell unbeschränkte Freiheit, Sanktionen zu verhängen). Die Kennzeichnung dieser Merkmalekombination mit dem Begriff „totalitäre Herrschaft" erscheint als nicht unangemessen." (S. 324)

Kielmansegg will diese einzelnen Elemente als ein „System von Bedingungen der Möglichkeit monopolistischer Steuerung allen sozialen Verhaltens in einer Gesellschaft begreifen." Diese Elemente beschreiben seiner Auffassung nach eine Struktur, die auf die „Gesamtheit sozialen Geschehens" hinweist und die dadurch gekennzeichnet ist, daß der einzelne „in seinem ganzen sozialen Verhalten einer zentralen und monopolistischen Steuerung" unterworfen ist. (S. 326) Daß diese monopolistische Steuerung in der Praxis gar nicht funktionieren kann, weil gesellschaftliche Konflikte und Widersprüche nicht allein auf solche Weise zu beseitigen sind, sieht *Kielmansegg* durchaus. Er argumentiert aber, daß „totalitäre Strukturen ... auf das Ziel vollkommener monopolistischer Steuerung sozialen Verhaltens ausgerichtet" sind, in ihren Leistungen „notwendig hinter ihrer Bestimmung" zurückbleiben. (S. 327) Die Analyse wird mit dieser Argumentation letztlich empirischer Überprüfung entzogen. Auch wenn solche Untersuchungen keinen schlüssigen Beleg für die Behauptungen *Kielmanseggs* erbringen, kann er immer argumentieren, daß die Leistungsfähigkeit des Regimes hinter den selbst proklamierten Zielen herhinke, daß dadurch aber der Charakter des „totalitären" Systems sich nicht ändere.

Kielmansegg läßt nur ein mögliches Argument für die Aufgabe des Totalitarismusbegriffs gelten: „wenn gezeigt werden könnte, daß das vorgefundene Konzept ‚totalitäre Herrschaft‘ in der Tat bis zur Unbrauchbarkeit korrumpiert ist." (S. 321) Selbst wenn man sich auf diese Verengung der Perspektive einläßt und die wissenschaftliche Widerlegung der konstitutiven Aussagen der vorliegenden Totalitarismusmodelle beiseite läßt, kann man sich m. E. der Auffassung von *Gerd Meyer* anschließen, daß genau dies der Fall ist. So steht denn auch die Verwendung dieses Begriffs durch kritische Marxisten wie *Jean Elleinstein*[74] in der Gefahr, mißverstanden zu werden — im Sinne des alten, identifizierenden Totalitarismusbegriffs.

„Insgesamt scheint mir der Totalitarismusbegriff als ideologischer Kampfbegriff aus der Zeit des Kalten Krieges vor allem politisch so diskreditiert und so fragwürdig in seinem Antikommunismus bzw. in seiner unkritischen Verteidigung ‚westlicher Freiheit‘, daß man ihn schon aus diesen Gründen aufgeben sollte. Aber auch wissenschaftlich gibt es vor allem gegen die traditionellen und das heißt: in der Publizistik, im öffentlichen Denken gängigen Auffassungen so viele Einwände, daß weniger problematische Konzepte gewählt werden sollten. Gewiß: die Entwürfe aus jüngster Zeit ... sind gut durchdacht und diskutierenswert. Da es aber unmöglich sein dürfte, von der allgemein antisozialistischen Stoßrichtung des Begriffs und seinen historisch-politischen Funktionen loszukommen, sollte man lieber auf ihn verzichten. Das Konzept erscheint im ganzen politisch und theoretisch, methodisch und empirisch überholt."[75]

Diese von *Gerd Meyer* kritisierte politisch-ideologische Funktion des Totalitarismusbegriffs wird wohl nur selten so deutlich wie in den nicht aufgehobenen „Richtlinien für die Behandlung des Totalitarismus im Unterricht", die die Konferenz der Kultusminister am 5. Juli 1962 verabschiedete:

„Die Auseinandersetzung mit dem Totalitarismus gehört zu den wesentlichen Aufgaben der politischen Bildung unserer Jugend...

Merkmale des Totalitarismus

Der Totalitarismus gründet sich auf eine Ideologie, die den Charakter einer Ersatzreligion und Heilslehre hat; beansprucht uneingeschränkte Beherrschung und völlige Durchdringung des gesamten öffentlichen und privaten Lebens; setzt die Alleinherrschaft einer Partei durch und schaltet jegliche Opposition aus; benutzt demokratische Formen zur Scheinlegitimierung der Diktatur einer Minderheit; herrscht mit systematischem, politischem, geistigem und seelischem Terror, der grundsätzlich jeden, selbst die eigenen Anhänger, bedroht, sich aber vor allem gegen bestimmte, zu Feinden erklärte Gruppen richtet; mißachtet die Würde des Menschen; verfälscht und mißbraucht werthaltige Begriffe (Frieden, Freiheit, Demokratie, Sozialismus, Ehre, Vaterland u. a.) und pervertiert sittliche und rechtliche Werte im Dienste der Parteiziele (,Die Partei hat immer Recht'); erstrebt die Weltherrschaft ...

Methodische Hinweise

Bei der Darstellung des kommunistischen und des nationalsozialistischen Totalitarismus sind ihre verwerfliche Zielsetzung und ihre verbrecherischen Methoden deutlich zu machen. Die Tatsache, daß die beiden Systeme einander bekämpft haben, darf nicht über ihre enge Verwandtschaft hinwegtäuschen. Im Unterricht über den Nationalsozialismus müssen dem Schüler die Maßlosigkeit Hitlers und die innere Notwendigkeit der Katastrophe gezeigt werden; im Unterricht über den Bolschewismus ist dem Schüler der weltweite Anspruch und die damit verbundene Gefahr für die Menschheit zu zeigen. Ausgewählte Beispiele sollen das menschliche Leid, das von den totalitären Systemen verursacht wird, zum erschütternden Erlebnis werden lassen. Die Haltung, die Männer und Frauen des Widerstandes und Verfolgte des Totalitarismus bewiesen haben, ist im Unterricht, auch in Schulfeiern, als vorbildlich zu würdigen."[76]

Dieser Beschluß zeigt, daß die Differenzierungen, die in der wissenschaftliche Debatte erkennbar geworden sind, vor allem aber, daß die zu dieser Zeit bereits massiv vorgetragene Kritik am Totalitarismusansatz keinerlei Einfluß auf seine politische Handhabung und Verwendung in der Bildungsarbeit hatte. Auch wenn man in Rechnung stellt, daß die Ergebnisse wissenschaftlicher Debatten erst mit einem gewissen Verzögerungseffekt im Bildungsbereich zum Tragen kommen, ist nicht erklärlich, warum der Totalitarismusansatz noch immer, zumal so undifferenziert, zur offiziellen Grundlage der Beschäftigung mit den sozialistischen Systemen im Schulunterricht erklärt wird. Offenbar ist die Tabuisierung dieses Begriffs so weit fortgeschritten, daß auch diejenigen parlamentarischen Kräfte, die in ihrer praktischen Politik den Totalitarismusbegriff für wenig fruchtbar halten, es nicht wagen, seine Ablösung auch im Bereich der politischen Bildung offen zu fordern.

3. Entwicklung zur „Modernität":
Das Konzept sozialistische Industriegesellschaft

3.1 Entstehung

Nach den schweren Erschütterungen der Jahre 1956/57 zeichnete sich am Ende der 50er und Beginn der 60er Jahre in den meisten sozialistischen Staaten nicht nur eine gewisse Konsolidierung, sondern sogar eine partielle Reformfähigkeit ab, die mit dem Totalitarismusansatz und den ihm zugrunde liegenden Vorurteilen nicht zu erklären war. Diese wissenschaftliche Verunsicherung ist nicht zuletzt auch die Folge einer politischen Situation, die durch erste Anzeichen eines Abbaus des „Kalten Krieges", die partielle Verlagerung der internationalen Konfliktlinien auf den Nord-Süd-Gegensatz, eine wachsende, in beiderseitigem Interesse liegende Zusammenarbeit zwischen Ost und West auf technologischem, wissenschaftlich-technischem und ökonomischem Gebiet und einen wirtschaftlichen Aufschwung in den kapitalistischen wie in den sozialistischen Systemen gekennzeichnet war. Die Kommunismus- und DDR-Forschung hat auf diese Entwicklung nicht einheitlich geantwortet.

Nach der von der Mehrzahl der Kommunismusforscher vollzogenen Aufgabe oder doch zumindest Relativierung des Totalitarismuskonzepts ist sie in der Bundesrepublik und den angelsächsischen Ländern verschiedene Wege gegangen; das betrifft sowohl die Bestimmung des Forschungsgegenstandes als auch die angewandten Methoden.

In der Bundesrepublik haben eigentlich nur die Vertreter marxistischer Ansätze den eigenständigen Versuch unternommen, allgemeine theoretische Aussagen über das „Wesen" der „realsozialistischen" Systeme zu erarbeiten. Einige ihrer Erkenntnisse und Hypothesen sind auch in die „bürgerliche" Kommunismus- und DDR-Forschung eingeflossen. Die Darstellung der Kritik des Totalitarismuskonzepts hat bereits gezeigt, in welchem Maße die Theorieeinflüsse aus den USA die Konzeptbildung der Kommunismus- und DDR-Forschung in der Bundesrepublik bestimmt haben. Es bleibt aber bereits jetzt festzuhalten, daß die dort entwickelten Ansätze nicht systematisch aufgearbeitet worden sind.

Es besteht ein weiterer gravierender Unterschied: Während der Schwerpunkt in der Bundesrepublik weiter auf dem Feld der „area studies", d.h. von Untersuchungen über einzelne gesellschaftliche Systeme, z.B. der Sowjetunion oder der DDR, lag und eine oft beklagte Isolierung von Spezialdisziplinen wie der „Osteuropa-Forschung" oder der „DDR-Forschung"[1] von den jeweiligen „Mutterwissenschaften" zu verzeichnen ist, liegt in den angelsächsischen Ländern das Schwergewicht auf dem Vergleich sozialistischer Systeme („comparative communism")[2], da nach verbreiteter Ansicht nur so der Weg zu einer allgemeinen Theorie sozialistischer Systeme offengehalten werde.[3] Gleichwohl gibt es auch in den USA und Großbritannien Forscher, die sich auf die Analyse einzelner Länder, z.B. der DDR, konzentrieren.[4]

Daß es in den USA keine DDR-Forschung gibt, liegt nach Auffassung von *Melvin Croan* daran, daß sie ein kleines Land und „ein unbedeutender Akteur in der Arena der internationalen Politik"(?) sei, und daß sie nur über eine außerordentlich begrenzte Manövrierfähigkeit verfüge.[5]

Dieses Desinteresse dürfte sich eher noch verschärfen, sollte sich in der US-amerikanischen Politikwissenschaft ein Trend durchsetzen, „comparative communism" nicht mehr als Spezialdisziplin zu betreiben, sondern sie, wie dies von *John H. Kautsky* vertreten wird, in den allgemeinen Zusammenhang vergleichender Politikforschung einzubetten.[6]

Dazu bedürfte es aber zuerst einer wirklichen Konzeptualisierung der vergleichenden Kommunismusstudien, die − zumindest bislang − kaum einen *integrierten Vergleich* zugelassen haben.

Es ist kein Zufall, daß viele unter dem Etikett „Vergleichender Kommunismus" firmierende Sammelwerke sich bei näherem Hinsehen als Zusammenstellungen von einzelnen Länderbeiträgen erweisen, verfaßt von Autoren, die über besonders intensive Kenntnisse einer einzelnen Region verfügen.[7] Einen weiteren Unterschied in der Entwicklung gilt es festzuhalten: Die Theoriebildung, insbesondere der die nordamerikanische Sozialwissenschaft prägende Hang zur Modellbildung, ist in der Forschung über die sozialistischen Systeme im wesentlichen nachvollzogen, zum Teil von ihr mitbestimmt worden, während sie in der Kommunismus- und DDR-Forschung der Bundesrepublik nicht diese große Rolle spielt. In diesem Zusammenhang lassen sich vier verschiedene, sich überlappende Phasen der Modellbildung ausmachen.

1. Seit den späten 30er Jahren herrschte der Totalitarismusansatz vor, der von Anfang an ein ideologisches und analytisches Konzept zugleich gewesen ist.

2. Mitte der 50er Jahre, vor allem beeinflußt durch die Arbeiten von *Barrington Moore*[8], hat die Vorstellung an Bedeutung gewonnen, daß traditionelle und technokratische Impulse, die aus der Gesellschaft kommen bzw. ihre Ursache in der Entwicklung der Produktivkräfte haben, mit der revolutionären Ideologie kommunistischer Parteien in Konflikt geraten und zu einer relativ offenen Entwicklung dieser Gesellschaftssysteme führen können.

3. Die Entdeckung nationaler „Kommunismen" und später der Versuch, kommunistische Systeme miteinander zu vergleichen, hat mit der Vorstellung gebrochen, diese Systeme seien uniform, die Analyse der Sowjetunion könne die der einzelnen sozialistischen Staaten ersetzen. Beide Sichtweisen zielen auf die Unterschiede und Spezifika der Entwicklung einzelner Systeme.[9]

   Mit dieser „komparativen Perspektive" ging der Versuch einher, die sozialistischen Systeme im allgemeinen Kontext der „comparative politics" zu behandeln. Die Formel von *Robert Tucker*, es handele sich bei den sozialistischen Systemen um „movement regimes" und der Begriff „mobilization regimes", von *David Apter*[10] haben die Sozialismusanalysen wesentlich beeinflußt und geprägt.

4. Seit Mitte der 60er Jahre setzte sich dieser Trend durch. Sozialwissenschaftliche Ansätze und Theorien wurden in der Kommunismusforschung aufgegriffen und spezifiziert:
   - der Interessengruppenansatz von *Gordon Skilling*,
   - der partizipationstheoretische Ansatz von *Jan Triska* oder jüngst von *Theodore H. Friedgut*,
   - organisations- und bürokratietheoretische Ansätze u.a. von *Alfred G. Meyer*,
   - Theorien des sozialen Wandels, der Modernisierung und politischen Entwicklung u.a. von *Samuel P. Huntington, John, H. Kautsky, Chalmers Johnson*,
   - der Industriegesellschaftsansatz und konvergenztheoretische Überlegungen u.a. von *David Lane, Daniel Bell, Herbert Marcuse, Zbigniew Brzezinski* und *Samuel P. Huntington*.

Die Frage nach Interessengruppen, Partizipationsmöglichkeiten und -chancen, nach den Funktionsbedingungen von Bürokratien usw.

sind weitgehend von der These bestimmt worden, die sozialistischen Systeme seien Modernisierungssysteme oder bereits entwickelte Industriegesellschaften. Industriegesellschaft zu sein heißt, den Prozeß der „Modernisierung" weitgehend hinter sich gebracht zu haben. Da sich jedoch beide Ansätze im wesentlichen der gleichen Kriterien bedienen und ihre unterschiedlichen Bewertungen sich aus der Einschätzung des bereits erreichten Standes der Entwicklung ergeben, erscheint es gerechtfertigt, sie unter dem Oberbegriff „Sozialistische Industriegesellschaften" zu subsumieren. (Die Diskussion um eine mögliche Konvergenz der Systeme nimmt hier eine Sonderstellung ein.)

Dieser grobe Überblick darf nicht dazu verführen, die „traditionellen" Ansätze für obsolet zu halten. Eine Reihe von Autoren halten am Totalitarismuskonzept fest (z. B. *Leonard Schapiro*). Es ist auch der Versuch unternommen worden, mehrere Ansätze miteinander zu verbinden. So hat *Alex Inkeles* 1965 ein „Dreier-Kombinationsmodell" vorgeschlagen, das erstens aus dem „Modell des totalitären Terrors", zweitens aus dem Entwicklungs- und drittens aus dem Modell der Sowjetunion als „ausgereifter Industriegesellschaft" bestehen sollte. Das Totalitarismuskonzept hat nach Auffassung von *Inkeles* die Schwäche gehabt, daß es den „Aspekt der sowjetischen Fortschritte ernsthaft vernachlässigte". Er plädiert gleichwohl dafür, dieses Modell nicht ganz aufzugeben. Das Entwicklungskonzept sei insofern sinnvoll auf die Sowjetunion anwendbar, als die als „erste Nation jene Art von Interessenausrichtung gleichsam vorweggenommen [habe], die heute für die Entwicklungsländer charakteristisch" sei. Da die Sowjetunion „im Laufe der Zeit immer mehr Züge einer westlichen Industriegesellschaft" annehme, sei es sinnvoll, auch das Industriegesellschaftskonzept anzuwenden.[11]

Einen ähnlichen Versuch unternimmt *Daniel Tarschys*; er unterscheidet drei Modelle, die die Sowjetunion 1. als ein totalitäres, 2. als ein pluralistisches oder 3. als ein bürokratisches System analysieren; jedes dieser Modelle hat nach seiner Auffassung durchaus erkenntnisaufschließende Funktionen. Das Totalitarismusmodell sehe die sozialistischen Gesellschaften als „kontrollierte Systeme" und untersuche daher schwerpunktmäßig Fragen der Machtausübung durch die oberste politische Führerschaft, die Instrumente der Lenkung und Kontrolle der Gesellschaft von oben usw. Das Pluralismusmodell sehe die Gesellschaft vor allem in verschiedene berufliche, ökonomische, nationale, religiöse und ideologische

Interessen differenziert und beziehe von daher seine Fragestellungen. Das Bürokratiemodell schließlich ähnele dem pluralistischen darin, daß es ebenfalls auf Dezentralisierungstendenzen und gesellschaftliche Differenzierungen Wert lege, sehe aber die Akteure primär als Träger bestimmter, durch die Einbindung in verschiedene Organisationen determinierter sozialer Rollen, als „organization men", und wende sich daher vor allem den formalen Strukturen einzelner Bürokratien und ihrer Mitglieder als Vertreter bestimmter bürokratischer Teilinteressen zu[12]. Diese verkürzte Wiedergabe der Argumentationen zeigt, daß verschiedene Modellannahmen nicht nur unterschiedliche Fragen implizieren, sondern auch die Festlegung der *Untersuchungsfelder* fundamental beeinflussen.

Dem Argument, eine Kombination verschiedener Modelle, die es auf der Basis „relativer Plausibilität" zu prüfen gelte, sei sinnvoller als ein Modellplatonismus, ist so ohne weiteres nicht zu widersprechen. Problematisch erscheint aber, daß totalitarismustheoretische Aussagen, die Analyse von Modernisierungs- und Wandlungsprozessen und die Vorstellung der sozialistischen Gesellschaften als Industriegesellschaften oft kaum voneinander getrennt sind. Legt man *Samuel Huntingtons* Kriterien für sozialen und politischen Wandel zugrunde, so zeigt sich sehr deutlich, daß die vorgeschlagene Verquickung außerordentlich unterschiedlicher Ansätze nicht ohne weiteres tragfähig sein dürfte.

1. Kultur: die Werthaltungen, Orientierungen, Mythen und Einstellungen gegenüber der Politik, die in einer Gesellschaft dominant sind;
2. Struktur: die formalen Organisationen, durch die autoritätshaltige Entscheidungen erfolgen, wie politische Parteien, die Legislative, die Exekutive und die Bürokratien;
3. Gruppen: die formalen und informellen sozialen und ökonomischen Formationen, die an politischen Prozessen beteiligt sind und die Aufforderungen an die politische Struktur richten;
4. Führerschaft: die Individuen in politischen Institutionen und Gruppen, die in der Formulierung und Durchsetzung von Zielen größere Möglichkeiten als andere haben;
5. Einzelpolitiken: die Handlungsmuster der Regierungen, die bewußt geschaffen wurden, um auf die Verteilung von Belohnungen und Strafen in einer Gesellschaft einzuwirken.[13]

Auf diese einzelnen Aspekte kann im folgenden nicht näher eingegangen werden, ihre weitgehende Unvereinbarkeit mit totalitarismustheoretischen Annahmen dürfte aber auf der Hand liegen. Bei der Darstellung der Hauptargumentationslinien der Modernisierungs- und Entwicklungsansätze werden sie immer wieder berührt werden.

Die inzwischen kaum noch zu überschauende Literatur und die Kohärenz verschiedener Sichtweisen unter dem Oberbegriff Modernisierung machen eine klare Abgrenzung ebenso unmöglich wie eine eindeutige, allgemein akzeptierte Definition der in dieser Debatte verwandten Begrifflichkeit. Sozialer und politischer Wandel, Modernisierung, Industrialisierung, politische Entwicklung sind Begriffe, die nur schwer voneinander abzugrenzen sind und die oft synonym gebraucht werden. Daß die mit diesen Begriffen verbundenen Ansätze trotzdem getrennt abgehandelt werden, hat also vorwiegend einen die Darstellung strukturierenden Sinn; gewisse Überschneidungen lassen sich dabei nicht vermeiden.

3.2 Modernisierung und politische Entwicklung

3.2.1 Sozialer Wandel

Der Ursprung der Konzeption des sozialen Wandels ist in den Theorien von *Auguste Comte* (er unterschied drei Stadien des Zivilisationsprozesses, das theologische, das metaphysische, das positivistische) und den Evolutionstheorien von *Lewis Henry Morgan, Edward B. Tyler* und *Herbert Spencer* zu suchen, die − bei aller theoretischen Gegnerschaft − mit dem Marxismus die Vorstellung gemeinsam hatten, daß es eine Abfolge von Entwicklungsstadien der Gesellschaft gebe. Die strukturell-funktionale Schule der Soziologie hat diese Vorstellung modifiziert, vor allem ihrer historischen Orientierung beraubt und durch ein Gleichgewichtsmodell ergänzt, in dem die bestehenden und widersprüchlichen gesellschaftlichen Kräfte sich so ergänzen, daß die Stabilität der bestehenden Strukturen gewahrt bleibt. Die „behavioristische Revolte"[14] gegen diese theoretischen Ansätze führte zu einer Sichtweise, die das verkürzte Gleichgewichtsmodell durch eine konfliktorientierte Vorstellung von gesellschaftlichen Prozessen ersetzte, deren Zielrichtung anders als bei den früheren Evolutionstheorien (und in neueren Phasenmodellen, wie etwa bei *Walt W. Rostow*[15]) unbestimmt ist und sowohl zu Veränderungen innerhalb des Gesellschaftssystems als auch zum Wandel des Systems führen kann.[16]

Es ist verschiedentlich darauf hingewiesen worden, daß das, was gewöhnlich sozialer Wandel genannt wird, ein Konglomerat von

Einzelerscheinungen darstellt, die bislang kaum systematisch einander zugeordnet worden sind. Sozialer Wandel kann als revolutionärer Prozeß erfolgen, Begleiterscheinung und Ergebnis von Krisen und Konflikten sein oder aber Folge einer revolutionären Umwälzung der Gesellschaft, die, wie die russische vor 1917, zu den für den Fortbestand des politischen und gesellschaftlichen Systems notwendigen Veränderungen nicht in der Lage war.

Der Begriff sozialer Wandel wird verschieden definiert.[17] Eine — unvollständige — Zusammenstellung einiger Definitionen mag dies belegen:

„Sozialer Wandel bezieht sich auf die Formation und Auflösung zwischenmenschlicher Beziehungen" (Don Martindale).

„Unter sozialem Wandel versteht man die Gesamtheit der in einem Zeitabschnitt erfolgenden Veränderungen in der Struktur einer Gesellschaft" (Heintz).

„Der Begriff ‚sozialer Wandel' wird benutzt, um den Wandel in der institutionellen Struktur eines sozialen Systems zu bezeichnen; spezieller eine Veränderung der zentralen institutionellen Ordnung einer Gesellschaft, so daß man von Typenwandel im Typus der Gesellschaft sprechen kann" (Lockwood).

„Wir definieren einen Wandel in der Struktur eines sozialen Systems als Wandel seiner normativen Kultur. Wenn wir die oberste Ebene sozialer Systeme betrachten, handelt es sich um einen Wandel des gesamtgesellschaftlichen Wertsystems" (Parsons).[18]

Alle Definitionsversuche zielen auf die Veränderung in der Struktur des sozialen Systems. Einig sind sich die Autoren lange Zeit darin gewesen, daß die in den westlichen Industriegesellschaften vorfindbaren Formen sozialen Wandels typisch für hochentwickelte Gesellschaften seien und daß die moderne Technik der Schrittmacher sozio-kultureller Veränderungen sei, ihr Fortschreiten zwinge die Gesellschaft zu konfliktreichen und oft langwierigen Anpassungsprozessen. Während die lange vorherrschende strukturell-funktionale Sicht nach einem „Gleichgewichtsmodell" suchte, „das für jeden Zeitpunkt durch den jeweiligen Stand der Technik bestimmt wird und das den jeweiligen Zeitpunkt der durch den technischen Wandel ausgelösten Anpassungsprozesse angibt",[19] wird in neueren Arbeiten zu Problemen des sozialen Wandels vom strengen Gleichgewichtsmodell abgegangen. Die diesem Prozeß unterworfenen Gesellschaften werden statt dessen als soziale Systeme begriffen, die einer permanenten Spannung unterworfen sind. Spannungen, Konflikte, ja sogar Krisen sind nach dieser Vorstellung nicht dysfunktional und einem raschen sozialen Wandel abträglich, sondern können die Voraussetzungen für eine bessere Bewältigung der sozialen und politischen Probleme schaffen.[20] Auch die zeitliche Reihenfolge von ökonomisch-technischer Entwicklung und sozialem Wandel wurde in Frage gestellt: Sozialer Wandel wird heute vielfach als Voraussetzung für ökonomische Entwicklung (vor allem in den Ländern der Dritten Welt) betrachtet, nicht mehr nur als Folgeerscheinung von ökonomischen und technischen Entwicklungen.[21]

Das Konzept „sozialer Wandel" untersucht also die Struktur sozialer Systeme, wendet sich zunehmend aber auch der Prozeßanalyse zu.[22] Sein Schwergewicht liegt jedoch nach wie vor auf der strukturellen Ebene, wohingegen sich die Modernisierungs- und Entwicklungstheorien vor allem dem prozessualen Aspekt von Wandel verschrieben haben.[23]

Es lassen sich demnach zwei, in der Praxis oft nicht eindeutig unterscheidbare Sichtweisen benennen:

1. Sozialer Wandel ist das Ergebnis des Industrialisierungs- und Modernisierungsprozesses.
2. Sozialer Wandel ist die Voraussetzung und/oder Bedingung für die ökonomische Entwicklung unterindustrialisierter und nicht entwickelter Gesellschaften.

Beiden Ansätzen ist gemeinsam, daß sie keine expliziten Aussagen über die *Zielrichtung* sozialen Wandels machen, daß diese aber implizit in den Kriterien enthalten sind, die für Wandlungs-, Industrialisierungs- und Modernisierungsprozesse herangezogen werden. Die Ergebnisse einer Konferenz über „Technology and Communist Culture", die 1975 in Bellagio stattfand, zeigen die implizite Werthaltigkeit solcher scheinbar wertneutraler Begriffe wie sozialer Wandel, Industrialisierung, Modernisierung, Entwicklung. Das Ergebnis dieser Konferenz war, daß bestimmte Aspekte der von den sozialistischen Systemen importierten „modernen" Maschinentechnologie und der technischen Rationalität mehr oder weniger unvereinbar seien mit den Zielen der kommunistischen Gesellschaft und deren Handlungsmöglichkeiten. Es sei unmöglich, so wurde argumentiert, die Maschinentechnologie effizient zu nutzen, ohne sich zugleich die kapitalistischen Formen technologischer Rationalität und kultureller Infrastruktur zunutze zu machen. Die anfängliche instrumentelle Vorstellung, daß man sich dieser Technologie und Organisation bedienen könne, ohne sich auf ihre sozialen Folgen einzulassen, sei von den kommunistischen Parteien aufgegeben worden.[24] Für unseren Zusammenhang ist nicht so wichtig, ob oder inwieweit diese Einschätzung zutreffend ist; die Vorstellungen von den Ursachen, Wirkungen und Folgen des wissenschaftlich-technischen Fortschritts oder der wissenschaftlich-technischen Revolution, sei es bei (ehemaligen) „Reformern" wie der Gruppe um *Radovan Richta*, sei es bei den Führungen der kommunistischen Parteien, sprechen eher dagegen.[25] Wichtiger ist die diesen Einschätzungen zugrundeliegende Vorstellung, daß offenbar nur eine in einer bestimmten Weise politisch und ökonomisch verfaßte Gesellschaft in der Lage sei, den wissenschaftlichen und technischen Fortschritt erstens zu produzieren (und nicht nur zu importieren) und zweitens in sozialen (und politischen) Wandel umzusetzen. Die Ziele der kommunistischen Bewegung, zumindest in ihrer tradierten Form, erscheinen in dieser Konzeption unvereinbar mit den globalen Wandlungs- und Modernisierungsprozessen.

Alex Inkeles hat bereits für die 30er Jahre in der Sowjetunion einen Bruch zwischen den fundamentalen sozialen und politischen Veränderungen und den ursprünglichen Idealen der Revolution konstatiert, der von vielen als Verrat an der Revolution verstanden werden konnte (und wurde). Diese Zurücknahme ursprünglicher Vorstellungen von der Entwicklung der nachrevolutionären Gesellschaft habe aber

> „die Bemühungen des Regimes verdeutlicht, die sozialen Beziehungen auf eine solide Basis zu stellen, die den Anforderungen einer umfassend industrialisierten hierarchischen und autoritären Gesellschaft entsprechen. Letzten Endes wurde versucht, disziplinierte, willfährige und folgsame Individuen zu produzieren, die Respekt vor der Autorität und ein starkes Gefühl für individuelle Verantwortlichkeit haben, die aktiv, zielorientiert, optimistisch und verläßlich sind."[26]

Das Ergebnis war nach *Inkeles* eine relativ stabile soziale Struktur, die sich — zumal nach dem Zweiten Weltkrieg — als Mischung aus der „alten sozialen Ordnung und neuen institutionellen Elementen, die aus den Zielvorstellungen der revolutionären Ideologie" hervorgegangen sind, kennzeichnen lasse. (S. 16) Folgt man *Inkeles*, so waren es nicht primär die neue soziale Struktur der Gesellschaft oder die alten Attitüden und Einstellungen der Individuen, die sich hinderlich für einen weiteren sozialen Wandel auswirkten, sondern die politischen Bedingungen. Der soziale Wandel habe die Voraussetzungen für die weitere Entwicklung, in Form der Überwindung der alten Strukturen, geschaffen, ohne daß dem eine entsprechende staatliche und organisatorische Infrastruktur entsprochen habe, die diesen Wandlungsprozeß in allen seinen Phasen und Verästelungen habe befördern und vorantreiben können.

> „Es ist deshalb sicher angemessener, die Formen sozialen Wandels in der Sowjetunion als solche zu beschreiben, in denen die *Kräfte*, die den Wandel hervorgerufen haben, zentral geplant wurden − oder, besser, in Bewegung gesetzt wurden − , statt davon zu sprechen, daß die in dessen Verlauf entstandenen jeweiligen *Institutionen* selbst das Ergebnis einer bewußten Planung waren." (S. 23 f.)

Zugespitzt läßt sich aus *Inkeles'* Aussagen die Vorstellung herauskristallisieren, daß sozialer Wandel in der Sowjetunion ein offenbar „gesetzmäßiger" Prozeß war, für dessen Vollzug lediglich mehr oder weniger adäquate politische Bedingungen bereitgestellt werden konnten, und daß der Anspruch der KPdSU, die heutige gesellschaftliche Verfassung der Sowjetunion sei das Ergebnis eines bis in seine Einzelheiten bewußt geplanten und politisch gewollten Prozesses, nicht den Tatsachen entspricht. Aber es war, um mit *Rudolf L. Tökés* zu sprechen, die „marxistisch-leninistisch-stalinistische Ideologie als eine Doktrin der Modernisierung"[27], die diesen Prozeß initiierte, forcierte und ihn als Chance verstand, sich aus der Unterentwicklung zu befreien und aus Rußland eine „moderne" Gesellschaft zu machen. Gleiches gilt für die anderen, vorwiegend agrarischen Gesellschaften Osteuropas wie auch für die sozialistischen Entwicklungsländer.[28]

Im Gegensatz zu der − vor allem von Totalitarismustheoretikern − vielfach vertretenen Behauptung, ein tiefgreifender sozialer Wandel sei in sowjetsozialistischen (zumal stalinistischen) Systemen nicht möglich, ist er für *Inkeles* aus der Entwicklung der Sowjetunion nicht wegzudenken, auch wenn dieser die politische Verfassung der Sowjetunion nach wie vor als „totalitär" bezeichnet (S. 65 f.).

Sozialer Wandel in der Sowjetunion und den anderen sozialistischen Ländern heißt für die Mehrzahl der Autoren, daß diese Gesellschaften sich der Notwendigkeit beugen, bestimmte Modifikationen ihrer tradierten, ideologisch normierten Vorstellungen von der Struktur, Funktionsweise und den Zielen der sozialistischen/kommunistischen Gesellschaft vorzunehmen.

> „Die Ausdrucksformen sozialen Wandels, der die Partei und die Massenorganisationen, wenn auch in unterschiedlicher Intensität, ebenso wie die neuen und tradierten Elemente der Sozialstruktur erfaßt, und die etwa in der DDR besonders hohe vertikale und horizontale soziale Mobilität, sind in diesem Zusammenhang ebenso zu erwähnen, wie der Wandel des ideologi-

schen Dogmas selbst, der Verhaltensweisen der von der Partei geförderten und der behinderten sozialen Gruppen – schließlich der potentielle Konflikt sehr verschiedener sozialer Rollen, Normen und Leitbilder, wie sie auch in einem hochtechnisierten, totalitär regierten Gesellschaftssystem gegeben sind. Neben dem Zwang zur Funktionstüchtigkeit des Systems steht also seine Veränderung, die von verschiedenen sozialen Kräften, allgemein: von der Partei und den von ihr initiierten sozialen Prozessen wie vom Eigengewicht dieser Dynamik, abhängig ist."[29]

Bei *Ludz* ist die Frage, ob sozialer (und politischer) Wandel in sozialistischen Systemen möglich ist, eindeutig beantwortet: Die Analyse von organisatorischen, sozialstrukturellen und ideologischen Wandlungstendenzen im Bereich der Parteielite der SED soll seine These belegen, daß auch sozialistische Gesellschaften nicht um eine Anpassung an die Anforderungen der modernen Industriegesellschaft herumkommen, eine Anpassung, die Normenkonflikte innerhalb der Gesellschaft (und ihrer Führungsgruppen) und Konflikte zwischen der ,,Geheimbundtradition" der Kommunistischen Partei und den Organisationsanforderungen hochtechnisierter ökonomischer Systeme aufweist.

Alle Aussagen von *Ludz* zu Problemen des sozialen Wandels in den sozialistischen Ländern sind implizit von der Behauptung bestimmt, daß dieser nur möglich ist, wenn die regierenden kommunistischen Parteien durch die ,,Sachzwänge" der modernen Gesellschaft genötigt, wichtige Teile ihrer tradierten Gesellschaftsvorstellungen aufgeben, ja sogar das ,,ideologische Kerndogma" modifizieren.[30]

Auf eine ähnliche Einschätzung der Unvereinbarkeit von traditionellen Zielen der kommunistischen Revolution und den Wandlungsprozessen hochindustrialisierter Systeme läuft auch die Argumentation von *Gerhard Lenski* hinaus, der aber deutlicher als *Inkeles* oder *Ludz* zwischen ,,Erfolgen" und ,,Mißerfolgen" des ,,massiven sozio-politischen Experiments" unterscheidet, das ,,marxistische Eliten" in Europa, Asien, Lateinamerika und Afrika unternommen haben. Er erteilt der weitverbreiteten Vorstellung eine Absage, ökonomisches Wachstum sei nur in kapitalistischen Gesellschaften langfristig gesichert und die Reduktion sozialer Unterschiede behindere die Ökonomie und damit die gesellschaftliche Entwicklung. Politische-ökonomische Erfolge seien unverkennbar. Er stellt ihnen aber auch eine Reihe von Mißerfolgen gegenüber, die offenbar auch sozialistische Regime der zweiten und dritten Generation wie China und Kuba nicht vermeiden könnten: 1. den Fortbestand eines sehr hohen Maßes an politischer Ungleichheit, 2. das Fortbestehen der Entfremdung der Arbeit, 3. das Weiterexistieren der Ungleichheit der Geschlechter, 4. das Weiterbestehen der Unterschiede zwischen Stadt und Land, und, sicher am schwerwiegendsten von allen, 5. das Versagen der neuen Gesellschaften, den neuen sozialistischen Menschen hervorzubringen.[31]

Auch hier also, bei aller Differenzierung und Kritik an pauschalisierenden Positionen der Vergangenheit die These, daß die Ziele des Kommunismus mit den Bedingungen des Wandels in hochindustrialisierten oder sich dorthin entwickelnden Gesellschaften nicht vereinbar seien.

3.2.2 Modernisierung

Ebenso unscharf wie die Aussagen zum sozialen Wandel ist der Modernisierungsbegriff. Die inzwischen unübersehbare theoretische Literatur zu diesem Problem hat im wesentlichen drei zum Teil miteinander verknüpfte Sichtweisen der Modernisierung deutlich werden lassen:

1. Modernisierung wird als einzigartiger historischer Prozeß angesehen, der in westlichen Systemen seinen Ausgang nahm und auf Japan, Rußland und andere — inzwischen industrialisierte — Nationen übergegriffen hat. Als eine besondere Variante dieser Sichtweise kann die Vorstellung von der zweiten industriellen oder wissenschaftlich-technischen Revolution, aber auch die einer sich global anbahnenden postindustriellen Gesellschaft angesehen werden.

2. Damit eng zusammen hängt die Vorstellung, daß ein Wandel in den Werthaltungen in sozialen und politischen Systemen charakteristischerweise die ökonomische Entwicklung begleite, wann und wo immer sie auftritt; Modernisierung avanciert hier zum Gegenbegriff von traditionaler Gesellschaft.

3. Schließlich wird Modernisierung instrumentell benutzt. Hier bezeichnet der Begriff die Veränderungen in den individuellen Werthaltungen und in den Strukturmerkmalen, die als notwendig erachtet werden, um bestimmte Ziele wie ökonomische Entwicklung oder nationale Souveränität zu erreichen.[32]

Dieser Versuch einer schematischen Zuordnung unterschiedlicher, wenngleich interdependenter Sichtweisen des Modernisierungsaspekts zeigt bereits, daß auch ein auf den ersten Blick so eindeutiger Begriff wie „Industrialisierung" bzw. „Unterindustrialisierung" mehrere Dimensionen hat. Was unter diesen beiden Begriffen verstanden wird, hängt in erheblichem Maße von der Verfassung des jeweiligen politischen Systems und seiner Stellung im internationalen Kontext ab. Für volkreiche Quasi-Großmächte wie China stellt sich das Problem anders als für kleine Staaten wie z.B. Albanien.[33]

Der enge Zusammenhang zwischen Industrialisierung und einer Überwindung traditionaler Strukturen nach erfolgter politischer Revolution wird nirgendwo deutlicher als in der jungen Sowjetunion, wo dieser Prozeß als bewußt geplante und gesteuerte politische Strategie des Nachholens der ursprünglichen Akkumulation mit allen ihren sozialen Folgen (z.B. der Schaffung einer industriellen Reservearmee aus der Bauernschaft) verstanden und betrieben wurde und den Grundstein für den Aufschwung der Sowjetunion zur zweiten Industriemacht der Welt und zur politisch-militärischen Großmacht legte. Die Industrialisierung war integraler Bestandteil der Revolution von oben. Sie ist − im Selbstverständnis der kommunistischen Partei − nicht allein ein „historisch notwendiger" Schritt zur Sicherung einer sozialistischen Entwicklung Rußlands, sondern materielle Voraussetzung für die mehr oder weniger schnelle Veränderung der „politischen, juristischen, philosophischen, ethischen und anderen gesellschaftlichen Ideen, Theorien, Anschauungen und ihnen entsprechenden Institutionen".[34] Die enge Verknüpfung von Industrialisierung und je unterschiedlich verstandener Modernisierung ist demnach kein Spezifikum „westlicher" Sozialwissenschaften, sondern in gleicher Weise Bestandteil eines orthodoxen Marxismus, der die *Marx*sche Vorstellung von einer notwendigen, weil segensreichen Entwicklung der Produktivkräfte verabsolutiert.[35]

Die hier nur skizzenhaft dargestellten Bestimmungen der Begriffe Modernisierung und Industrialisierung verweisen auf ein Abgrenzungsproblem. Die im Zusammenhang mit Wandlungs- und Modernisierungsprozessen tragenden Begriffe sozialer Wandel (oder Entwicklung), Modernisierung, Industrialisierung werden im wesentlichen nach drei Aspekten unterschieden:

1. Sozialer Wandel gilt als *Bedingung* für die Industrialisierung und Modernisierung.
2. Sozialer Wandel kann als das *Ergebnis* von Industrialisierungs- und Modernisierungsprozessen angesehen werden.
3. In bestimmten Systemen (vor allem sozialistischen) gibt es eine *Inkompatibilität* von Modernisierungstendenzen und gesell-

schaftlichen Zielen, die weder durch die erste noch die zweite Variante aufzulösen ist.

Diese unterschiedlichen Vorgehensweisen und Bewertungen lassen es notwendig erscheinen, Kriterien und Indikatoren für Modernisierungsprozesse zu entwickeln, die es erlauben, den jeweils erreichten Modernisierungs- und Entwicklungsgrad zu bestimmen, und die nicht zuletzt den Vergleich von entwickelten mit weniger entwickelten Gesellschaften ermöglichen. Nicht nur die wenig eindeutige Verwendung der genannten Begriffe, sondern auch die angewandten Methoden zeigen, daß jeweils sehr unterschiedliche, nicht zuletzt subjektiv für relevant gehaltene Faktoren in die Analyse eingehen. Versuche, Indikatoren für Modernisierung zu entwickeln, sind durch eine erstaunliche Beliebigkeit der Auswahl und Allgemeinheit der gewählten Indikatoren gekennzeichnet, sie deuten darüber hinaus auf eine „ethnozentrische" Sicht hin, die die Normen und Verfahrensweisen der entwickelten bürgerlich-kapitalistischen Systeme zur Grundlage für die Indikatorenbildung macht.

So nennt z. B. *Karl W. Deutsch* bestimmte Schwellenwerte der Modernisierung: schulische Elementarbildung bei 90 % der Bevölkerung, einen Urbanisierungs- und Industrialisierungsgrad von über 50 % der Bevölkerung, ein Pro-Kopf-Produkt von 500 $, das Wahlrecht für alle Männer (!) über 25 Jahre.[36] Dies Beispiel, das um viele andere ergänzt werden könnte, zeigt zweierlei. Die für Modernisierung angeführten Faktoren sind so abstrakt, daß sie die Spezifika der einzelnen Systeme und Staaten kaum zu erfassen vermögen. Sie sind statisch, berücksichtigen also nicht die eminent wichtige Zeitdimension und die sozialen Folgen und Kosten z. B. von Industrialisierungsprozessen (man vergleiche nur die Dauer der „ursprünglichen Akkumulation" in Westeuropa mit der politisch forcierten, nachgeholten Industrialisierung in der Sowjetunion). Die einzelnen Indikatoren weisen — zumal in einem politisch und ökonomisch zentral geplanten System — durchaus keine Parallelität auf; politische Dezision kann zur beschleunigten Verminderung des Gegensatzes von Stadt und Land führen (z. B. das Experiment mit den Agrostädten), ohne daß dem ein entsprechender Industrialisierungsgrad zugrunde läge. Wie problematisch ein "Indikator" wie das Wahlrecht ist (zumal noch, wenn es auf die männliche Bevölkerung eingeschränkt wird) ist angesichts der Bedeutungslosigkeit von Wahlen für die politische Willensbildung in den sowjetsozialistischen Systemen offenkundig. Für diese wie andere Indikatorenbildungen gilt, daß sie durch Interessen präformiert werden, daß nur allzu oft eine „eigennützige Reduktion der statistischen Komplexität von Indikatoren" vorgenommen wird und daß durch die immanente Bevorzugung für das eigene Gesellschaftssystem „positiver" Indikatoren wie z. B. von Demokratisierungs- und Liberalisierungsindikatoren, andere politische und gesellschaftliche Systeme nicht aus sich selbst heraus, sondern mit von außen an sie herangetragenen, zumeist politisch-normativen Kriterien beurteilt werden.[37]

Dieser normative approach wird besonders bei den verschiedenen Versuchen deutlich, Modernisierungsmodelle zu entwickeln. Wegen der Bedeutung, die seine Arbeiten auf die verschiedenen Modernisierungs- und Entwicklungskonzepte hatten, soll hier etwas näher auf *David Apter* eingegangen werden. In seinem grundlegenden, 1965 erschienenen Buch „The Politics of Modernization" nimmt er eine hierarchisierende Bestimmung der Begriffe Entwicklung, Industrialisierung und Modernisierung vor: Er kennzeichnet „Entwicklung" als allgemeinen Begriff, der die Entstehung und Integration funktionaler Rollen in einer Gesellschaft bezeichnet, während Modernisierung als spezieller Fall eines Entwicklungsprozesses verstanden wird. Sie erfordere ein konstant innovatives soziales System, einen sozialen Rahmen, der das Wissen und die spezifischen Fertigkeiten zur Verfügung stellt, die notwendig sind, um in einer technologisch entwickelten Welt zu leben. „Modernisierung" ist ein Prozeß der anwachsenden Komplexität sozialer Beziehungen, die das politische Handeln bestimmt. Unter „Industrialisierung" versteht *Apter* einen besonderen Aspekt der Modernisierung. Er definiert sie als Periode in der Entwicklung einer Gesellschaft, in der die im Modernisierungsprozeß entstandenen neuen sozialen Verhaltensweisen im Produktionsprozeß genutzt werden. Die Modernisierung einer Gesellschaft ist nach dieser Vorstellung auch in wenig entwickelten Staaten möglich, Industrialisierung ohne vorherige Modernisierung nicht vorstellbar. Auf der Grundlage dieser Definition entwickelt *Apter* vier Modernisierungstypen:[38]

1. die autonome oder endogene Modernisierung (sie kennzeichnet die Entwicklung der westlichen Industriestaaten);
2. induzierte oder exogene Modernisierung (typisch für ehemalige Kolonialstaaten);
3. Modernisierung in Enklaven (der industrielle Sektor bildet „Inseln" der Modernität, ohne in der Lage zu sein, das ganze Land zu modernisieren (Lateinamerika oder das vorrevolutionäre Rußland);
4. defensive Modernisierung als Versuch, durch eine Transformation des sozio-politischen Systems der Abhängigkeit von Großmächten zu ent-

gehen. Dieser Versuch wird gewöhnlich von militärischen Eliten unternommen.[39]

Apter liefert mit dieser Unterscheidung eine idealtypische Klassifikation, die nicht erkennen läßt, wie sie empirisch verifizierbar ist. Deutlich ist allerdings der *Wertmaßstab*, der seinen Aussagen zugrunde liegt. Er konstruiert zwei Grundtypen von Gesellschaft, die traditionale („hierarchisch-sakrale") und die moderne („pyramidalsäkulare"), und zwei Nebentypen (die „hierarchisch-säkulare" und die „pyramidal-sakrale" Gesellschaft). Die beiden Grundtypen sind bei *Apter* Ableitungen aus rein normativen Modellen: der „sakral-kollektivistischen" und der „säkular-libertären" Gesellschaft, die sich gegenüberstehen und die Pole eines generellen Konflikts verschiedener Gesellschaftssysteme darstellen. (S. 24) Diese beiden Grundmodelle von Gesellschaft untersucht *Apter* auf der Verhaltensebene der strukturellen und der normativen Ebene, wobei er die sakral-kollektivistische Gesellschaft als System kennzeichnet, in dem das Individuum den Anforderungen der Gesellschaft untergeordnet ist, während das säkular-libertäre Modell einer — idealisierten — Vorstellung von „westlicher" Demokratie entspricht. (S. 28 f.) Da auch *Apter* diese Definitionsversuche zu abstrakt für eine empirische Nutzung erscheinen, führt er zwei zusätzliche Begriffe ein: er unterscheidet Mobilisierungs- und Ausgleichssysteme.

„Eine empirisch brauchbare Abweichung vom reinen säkular-libertären Modell nenne ich Ausgleichssystem; und eine ähnliche Abweichung vom reinen sakral-kollektivistischen Modell nenne ich Mobilisierungssystem. In Ausgleichssystemen erzeugen vorhandene Werte und Ziele eine legitimierte Autorität. Konflikte zwischen Individuum und Gruppen, die diese akzeptierten Werte realisieren wollen, verstärken die Politik der Regierung. Politik bekräftigt auf diese Weise die vorhandenen Werte. In Mobilisierungssystemen werden neue Werte geschaffen. D.h., daß politische Führer versuchen, ein neues Wertesystem auszuarbeiten und kraft ihrer Autorität durchzusetzen." (S. 36)

Den säkular-libertären Typus von Gesellschaft sieht *Apter* — obwohl nicht in reiner Form vorkommend — am ehesten durch die USA repräsentiert, während die sozialistischen Staaten sich erst im Verlauf einer weiteren Industrialisierung und Modernisierung auf dieses Ziel zubewegen werden. (S. 426 f.)

Dieses inzwischen vielfach kritisierte, das bürgerlich-demokratische System der USA zum eigentlichen Bewertungsmaßstab für Modernität, Fortschritt, Entwicklung ergebende Modell *Apters* findet sich in vielen Varianten der Modernisierungs- und Entwicklungstheorien wieder. *Reinhard Bendix* sieht eine solche Vorgehensweise so lange nicht als problematisch an, wie der nominale Charakter der ihr zugrundeliegenden Definitionen erhalten bleibt. Schwierigkeiten entstünden erst dann, wenn so getan werde, als handle es sich um „reale" Definitionen, die unterstellen, Entwicklung könne nur das bedeuten, was sie im Westen bedeutet habe. Für *Bendix* ist die Vorstellung, alle Systeme müßten eine einheitliche Entwicklung durchmachen, wie sie nicht zuletzt auch von einer orthodoxen marxistischen Vorstellung des notwendigen Aufeinanderfolgens von Gesellschaftsformationen vertreten wird, problematisch, eine Beschränkung auf den technisch-ökonomischen Aspekt unzulässig. Die konkreten Bedingungen führen zu verschiedenen Entwicklungswegen, die es nach Auffassung von *Bendix* mit einem neuen Kategoriensystem zu überdenken gilt.[40]

Ob dies genügt, ist fraglich angesichts der allgemeinen Implikationen des Modernisierungskonzepts, die *Dieter Nohlen* und *Franz Nuscheler* folgendermaßen gekennzeichnet haben:

„Das modernisierungstheoretische Leitbild ist die ‚moderne' Gesellschaft mit dem ökonomischen (kapitalistischen) und politischen (pluralistischen) Konkurrenzsystem, häufig mit einem unverkennbar amerikanischen Gesicht. Alles, was von der so verstandenen und lokalisierten ‚Modernität' abweicht, wird als Entwicklungsdefizit oder gar Fehlentwicklung ausgemacht − also auch der Sozialismus. Entwicklung wird von der idealisierten Version der ‚Modernität' und nicht von den je unterschiedlichen historischen Entwicklungsbedingungen her definiert: Modernisierung wird also mit ‚Westernisierung' gleichgesetzt. Politische Systeme gelten als um so entwickelter, je mehr sie sich den politischen Strukturen, Organisationsformen, Prozeduren und Wertsystemen dieser ‚modernen' Gesellschaften annähern und Funktionen zu erfüllen imstande sind, die eben nicht den spezifischen Problemen von Entwicklungsgesellschaften angemessen sind."[41]

3.2.3 Politische Entwicklung

Modernisierung impliziert nicht nur ökonomische und soziale, sondern auch politische Entwicklungen. *David Apters* Konzept der Mobilisierungs-Regime[42] (Jugoslawien, Algerien, Mali, Guinea, Ghana u.a.), die er den Demokratien (USA, Großbritannien, Italien, Japan u.a.), den Schlichtungs-(reconciliation) Systemen (Indien, Philippinen, Frankreich, Nigeria, Mexiko, Tunesien u.a.), den Modernisierungs-Autokratien, Militär-Oligarchien und neomerkantilistischen Gesellschaften (Afghanistan, Thailand, Äthiopien,

Marokko, Iran u. a.) und schließlich dem Totalitarismus (China, Sowjetunion, ČSSR, Rumänien, Polen u. a.) gegenüberstellt, zeigt, daß von den Modernisierungstheoretikern ein vergleichbarer wissenschaftlich-technischer und ökonomischer Entwicklungsstand nicht als alleiniges Kriterium für die Bewertung von gesellschaftlichen und politischen Systemen herangezogen wird. Vielmehr steht hinter solchen Typisierungen eine Vorstellung von politischer Entwicklung, die nicht immer ganz deutlich ausgesprochen wird und die sich − angesichts der Vielfalt der politischen und ideologischen Positionen der an der Diskussion beteiligten Wissenschaftler − durchaus unterschiedlich darstellt.[43]

Nach Auffassung von *Lucian W. Pye* hat der Begriff politische Entwicklung sechs unterschiedliche Bedeutungsinhalte:

1. Er kennzeichnet die Rahmenbedingungen für die notwendige politische und ökonomische Entwicklung;
2. er kennzeichnet das Wachsen des Verwaltungshandelns und der Problemlösungskapazitäten der Regierung und Verwaltung;
3. er unterscheidet zwischen „modernen" und „traditionalen" Verhaltensweisen;
4. er benennt die Fähigkeit der Regierung und der Politik, wachsenden Anforderungen und Wünschen gerecht zu werden (eine kohärente, integrierte Gesellschaft ist „moderner" als eine mit fragmentarischen Einzelpolitiken);
5. er meint die Fähigkeit, einen Nationalstaat zu bilden;
6. damit zusammenhängend kennzeichnet er die Fähigkeit, eine demokratische Entwicklung einzuleiten (je höher der Entwicklungsstand, desto gefestigter die Demokratie).

Besonders einer der genannten Aspekte verdient Beachtung: Politische Entwicklung wird in der amerikanischen politischen Theorie vielfach vor allem als Prozeß der Nationenbildung verstanden (ein Aspekt, den *Ludz* angesichts der „ungelösten" deutschen Frage als besonders wichtig für die DDR-Forschung erachtet[44]).

Die Begriffssysteme und Einsichten der älteren politischen Theorie sind nach Auffassung der Vertreter des Modernisierungsansatzes nicht geeignet, die neuen Phänomene angemessen zu beschreiben. Ihr Anspruch ist es, *alle* Formen politischen Wandels, nicht nur die in den „westlichen" Staaten, zu erfassen und sich zweitens von den Vorstellungen einer „unaufhaltsamen und einlinigen Entwicklung" zu trennen. Einer der führenden Vertreter dieser Konzeption, *Gabriel A. Almond*, betont aber zugleich den normativen Charakter einer solchen Vorgehensweise:

„Wenn die westlichen Politikwissenschaftler die Vielfalt und Instabilität der heutigen politischen Systeme betrachten, mögen sie — getreu der Tradition der Aufklärung — ihre Hoffnung auf den allgemeinen Sieg der Demokratie bewahren; wir können aber wohl kaum annehmen, daß dieses Ziel in absehbarer Zukunft erreicht sein wird."[45]

Damit warnt er vor der verbreiteten Annahme, das Ergebnis von Modernisierungsprozessen sei in jedem Fall eine Angleichung an das westliche Modell.[46] *Almond* verwendet den Begriff politischer Wandel nicht als Bezeichnung für das allgemeine Phänomen, daß sich Gesellschaften verändern, wandeln, vielmehr wird darunter die Fähigkeit eines Systems verstanden, Kapazitäten zu entwickeln, die es vorher nicht besaß. Dies können Integrations- und Mobilisierungs-, Beteiligungs-, Wohlfahrts- und Umverteilungskapazitäten und nicht zuletzt internationale Anpassungskapazitäten sein.

Jeder dieser Aspekte führt seiner Meinung nach zu einem Systemwandel, „weil mit der Erlangung neuer Kapazitäten fundamentale Veränderungen der politischen Kultur und Struktur zusammenhängen".[47]

Eine ähnliche, allerdings deutlicher auf einzelne Aspekte des politischen Handelns ausgerichtete Unterscheidung liefert *Lucian W. Pye*, ebenfalls einer der führenden Vertreter dieses Ansatzes:

1. In bezug auf die Bevölkerung als Ganzes bedeutet politische Entwicklung: Wechsel von einem weitverbreiteten „subject status" zu einem zahlenmäßigen Ansteigen der Bürgerbeteiligung und Massenpartizipation, ein besseres Verständnis für die Prinzipien der Gleichheit und die allgemeine Geltung von Gesetzen.
2. In bezug auf die Regierungstätigkeit und generell die Systemregulierung involviert politische Entwicklung eine wachsende Fähigkeit des politischen Systems, öffentliche Aufgaben zu bewältigen, Konflikte zu regeln und mit Forderungen aus der Gesellschaft fertig zu werden.
3. In bezug auf die politischen Organisationsstrukturen bedingt politische Entwicklung eine größere strukturelle Differenzierung, eine deutlichere funktionale Zuordnung und ein größeres Maß an Integration aller beteiligten Institutionen und Organisationen.[48]

Zwar räumt *Pye*, wie andere Autoren auch, ein, daß diese Prinzipien erheblich vom jeweiligen „Charakter der politischen Kultur einer Gesellschaft" beeinflußt und modifiziert werden, gleichwohl sieht er in seinem systematischen Schema ein adäquates Instrument, ganz unterschiedliche politische und gesellschaftliche Systeme zu analysieren.

Almond hält die von ihm klassifizierten Aspekte des Systemwandels für so universal, daß sie in allen vergangenen und vorfindbaren Gesellschaftssystemen in der einen oder anderen Form und in verschiedenen Kombinationen anzutreffen sind. Seine Unterscheidung verschiedener Systemtypen orientiert sich daran, ob, in welcher Anzahl, Kombination und konkreten Ausformung diese Kapazitäten vorhanden sind. Sein ursprüngliches Schema politischer Systeme war äußerst simpel. Er unterschied 1. den vor-industriellen, 2. den totalitären, 3. den westeuropäischen und 4. den anglo-amerikanischen Typus.[49] Diese Unterscheidung reproduziert, faßt man die beiden letzten „westlichen" Typen zusammen, nicht nur eine Weltsicht, die in drei großen Blöcken (der „Westen", die sozialistischen Staaten, die „Dritte Welt") denkt, sondern bedient sich im Rahmen einer neuen, „modernen" sozialwissenschaftlichen Terminologie des alten, problematischen Totalitarismusbegriffs. Dem ersten Vorwurf versucht *Almond* in seinen späteren Typologisierungen zu entgehen, der zweite bleibt gleichwohl bestehen. Jetzt unterscheidet er sieben „Klassen politischer Systeme" die in ähnlicher Form auch bei anderen Autoren zu finden sind.[50]

1. Traditionale Systeme (*Coleman* hat diesen Typus in vier weitere Kategorien untergliedert: 1. große Flächenstaaten, 2. zentralisierte Stammesherrschaften, 3. verstreute Standesgesellschaften und 4. kleine autonome Lokalgemeinden);

2. sich modernisierende autoritäre Systeme (z.B. Ghana, Ägypten, Pakistan);

3. Vormundschaftsdemokratien (z.B. Mexiko, Indien). Sie konnten im Gegensatz zu den sich modernisierenden autoritären Systemen „im Rahmen formaler Freiheit die Integrations- und Beteiligungskapazitäten erfolgreich koordinieren" (S. 223);

4. immobilistische Demokratien (z.B. Deutschland und Italien vor dem Zweiten Weltkrieg);

5. konservative autoritäre Systeme (z.B. Spanien, Portugal);

6. totalitäre Systeme.

„Totalitäre Systeme werden von revolutionären Eliten beherrscht, die in desintegrierten, zersplitterten und immobilistischen politischen Systemen an die Macht gekommen sind. Gemeinsam ist ihnen, daß sie die Beteiligungskapazität voll und die internationale Anpassungskapazität zu einem guten Teil in die Integrationskapazität assimiliert haben. Das heißt, ihre Außenpolitik ist in der Regel expansionistisch und dient eher der inneren Integration als der internationalen Anpassung. Die kommunistische Spielart des Totalitarismus unterscheidet sich vom faschistischen Typus darin, daß sie sich noch stärker auf die Integration konzentriert. Es ist ein erregendes Problem der gegenwärtigen sowjetischen Politik, die schrittweise und zögernde Ausbildung von Beteiligungs- und Umverteilungskapazitäten in autonome (!) Strukturen und Kulturmuster zu überführen. Rußlands Erfolge bei der wirtschaftlichen und sozialen Modernisierung haben eine gut ausgebildete Bevölkerung und hochspezialisierte Gruppen von Universitätsabsolventen und Technikern hervorgebracht. Studenten, Manager und Techniker, Künstler und Schriftsteller, und selbst Arbeiter und Bauern sind im Begriff, einen Verhandlungsspielraum zu erlangen; das hat Implikationen für mögliche zukünftige Entwicklungen relativ autonomer Beteiligungs- und Umverteilungskapazitäten in der Sowjetunion" (S. 225).

7. Stabile Demokratien (z. B. Großbritannien, USA, Länder des alten Commonwealth, Skandinavien, Holland, Schweiz);

> „die stabilen demokratischen Systeme [sind] in ihren Handlungskapazitäten flexibler ... als andere politische Systeme. Die strukturelle und kulturelle Autonomie dieser Kapazitäten ermöglicht es ihnen, mit der ganzen Vielfalt politischer Systemprobleme fertig zu werden, und zwar ohne zerstörerische Systemumwandlungen." (S. 225 f.)

Diese Aufzählung macht zweierlei deutlich: Der Bewertungsmaßstab all dieser Systemtypen ist Stabilität, die nur bei einem ausgewogenen Verhältnis der genannten Kapazitätspotentiale als gegeben angenommen wird und vermeintlich nur von den stabilen Demokratien erreicht werden kann. Bezogen auf die sozialistischen Systeme, werden die alten identifizierenden Totalitarismusvorstellungen mit einer neuen Terminologie versehen, erneut in die Diskussion gebracht, wobei allerdings, im Gegensatz zu statischen Totalitarismuskonzepten, Entwicklung möglich erscheint, eine Entwicklung freilich, die mit einer Vorstellung von „autonomistischen" Trends gesellschaftlicher Beteiligung und Umverteilung verknüpft ist, die im Widerspruch zum Selbstverständnis des „totalitären" Systems stehen und die, um letztlich wirksam werden zu können, seine Transformation in einen anderen Systemtypus voraussetzen würden. Politischer Wandel heißt in letzter Konsequenz Zerstörung des „totalitären Systems". *Lucian W. Pye* sieht die daraus erwachsenden Identitäts- und Legitimationskrisen in sich modernisierenden Gesellschaften offenbar nur dann als lösbar an, wenn sich die jeweiligen politischen Eliten der Vorbilder bedienen, die ihnen die westliche Industriegesellschaften liefern. Eine Vorbildfunktion sollen nicht nur die technisch-organisatorischen Instrumente, sondern auch das spezifische Verständnis des Verhältnisses der politischen Elite zu den Massen haben; nur wenn die Eliten erkennen, daß alle Mitglieder der Gesellschaft einen bedeutsamen Platz im gesellschaftlichen System einnehmen, sind sie seiner Meinung nach auch in der Lage, unvermeidliche Krisen zu bewältigen, die sonst das System schwächen würden, die aber so eher zur Verstärkung und Erneuerung der Gesellschaft beitragen.[51]

Eine ähnliche, wenngleich differenziertere Auffassung vertritt *Samuel P. Huntington*, dessen evolutionäres Modell des Übergangs von einer traditionalen Gesellschaft zu modernen politischen Organisationsmustern (mit einer für die Entwicklungsländer typischen Übergangsphase praetorianischer Militärherrschaft) ebenfalls keine dem westlichen Vorbild alternierende Entwicklung hin zur Modernität erkennen läßt. Im Gegenteil, bezogen auf die sozialistischen Länder, weist er — nicht ganz zu Unrecht — auf die im Leninismus enthaltene Vorstellung der Modernisierung und politischen Entwicklung hin, die sich durchaus in sein Modell einbeziehen lasse.

Der revolutionäre Charakter des Kommunismus ist nach seiner Auffassung von seinen Vertretern ebenso wie von seinen Gegnern überbewertet worden.[52] Nicht die spezifischen sozio-ökonomischen Bedingungen sind für *Huntington* die entscheidenden Kriterien, sondern die politische Aktion. Die Stärke des Kommunismus sei weder in seiner Ökomomie begründet, die er für völlig überlebt hält, noch in seinem Charakter als „säkulare Religion", da er dort ohne Schwierigkeit durch Appelle an den Nationalismus geschlagen werden könne. Sein wichtigstes Charakteristikum in der politischen Theorie wie in der Praxis sei auch nicht der Marxismus, sondern der Leninismus. Der Marxismus als eine Theorie der sozialen Revolution sei durch die Ereignisse widerlegt worden. Der Leninismus aber als eine Theorie der politischen Aktion habe sich als richtig erwiesen.[53] Sein Charakter als politisches Aktionsprogramm macht nach Auffassung *Huntingtons* nicht nur seine Fähigkeit aus, sich in industriellen Gesellschaften zu behaupten, da er bewußt gestaltete, strukturierte und organisierte politische Institutionen für eine amorphe soziale Klasse, das Proletariat, zur Verfügung stelle, es mache ihn auch interessant für die politische Entwicklung in den sich modernisierenden Staaten Asiens, Afrikas und Lateinamerikas, da er diesen, das Vorbild der Sowjetunion, Chinas oder Kubas vor Augen, geeignet erscheine, ihre Probleme zu bewältigen. (S. 342) Daß er dies für einen Trugschluß hält und die Anlehnung an das westliche Entwicklungsmodell für das einzig Sinnvolle, weil Modernisierung und Entwicklung allein ermöglichend, macht *Huntington* am Beispiel von Nord- und Südkorea und Nord- und Südvietnam deutlich:

„Die Unterschiede der politischen Erfahrung zwischen den nördlichen und den südlichen Hälften der beiden Länder können nicht verschiedenen Kulturen oder signifikanten Unterschieden in der ökonomischen Entwicklung angelastet werden. Sie werden auch nicht dadurch gegenstandslos, daß man erklärt, die politische Stabilität sei die Kehrseite der politischen Diktatur.

Diem hat eine Diktatur in Südvietnam errichtet; Rhee versuchte das gleiche in Südkorea. Der Unterschied zwischen Nord und Süd in beiden Ländern war nicht der zwischen Diktatur und Demokratie, sondern eher der zwischen gutorganisierten, sozial fest verankerten und komplexen politischen Systemen auf der einen und instabilen, fraktionierten, nur über eine schmale soziale Basis verfügenden personalistischen Regimen auf der anderen Seite. Es war der Unterschied in der politischen Institutionalisierung." (S. 343)

Demokratische Regime sind offenbar nicht automatisch in der Lage, Entwicklungen zu garantieren, die praetorianische Phase scheint notwendig und unabwendbar auf dem Wege zur Modernisierung, an deren Ende freilich, daran läßt *Huntington* keinen Zweifel aufkommen, ein „entwickeltes" System nach westlichem Vorbild stehen muß, da alle anderen Systemtypen die anstehenden Probleme nicht adäquat lösen könnten. Die von ihm angebotenen Kriterien für die Bestimmung von „Institutionalsierung", die ihrerseits Ausweis der Modernität einer Gesellschaft sei, zeigen dies deutlich:

Anpassungsfähigkeit – Rigidität;
Komplexität – Simplizität;
Autonomie – Subordination;
Kohärenz – Uneinigkeit.[54]

Bezogen auf sozialistische Systeme, bedeutet Anpassungsfähigkeit eine im zeitlichen Verlauf erkennbar werdende Modifikation ursprünglicher Entwicklungsvorstellungen (z. B. des Verhältnisses von Produktivkraftentwicklung und Umweltveränderung), meint Komplexität sowohl „Multiplikation von Unterorganisationen, hierarchischer und funktionaler Art, als auch die Differenzierung verschiedener Typen von Unterorganisationen". (S. 270) Der im Prinzip des „demokratischen Zentralismus" kodifizierte umfassende Organisationsanspruch der leninistischen Avantgarde-Parteien erscheint mit „Modernität" unvereinbar, weil er, legt man die Kriterien *Huntingtons* an, weder das in hochindustrialisierten Gesellschaften für erforderlich erachtete Mindestmaß an Autonomie sozialer Gruppen und Organisationen zuläßt noch das labile Gleichgewicht von Autonomie und Kohärenz gewährleisten kann.

Huntington unterscheidet sich von anderen Modernisierungstheoretikern vor allem durch seine Bewertung von Mobilisierung und Massenpartizipation. Diese haben für ihn keinen von vornherein positiven Stellenwert, er befaßt sich vielmehr ausführlich mit

110

den möglichen negativen Folgen, die „soziale Mobilisierung und politische Partizipation" haben können, die — zumindest in den Entwicklungsländern — direkt „mit einem Niedergang politischer Institutionen in diesen Regionen" verbunden sein könne. (S. 275) Die von anderen Autoren als positive Modernisierungskriterien herangezogenen Aspekte wie Verstädterung, Alphabetisierung, Ausweitung der Massenmedien, politisches Verhalten, gewerkschaftliche Organisation usw. können nach Meinung *Huntingtons* ambivalenten Charakter haben. Er konstruiert vier politische Idealtypen, die die Unterschiede in der Mobilisierung und Institutionalisierung von Staaten kennzeichnen;

Soziale Mobilisierung	Politische Institutionalisierung	
	hoch	niedrig
hoch	civic	corrupt
niedrig	contained	primitive

Moderne, entwickelte „bürgerschaftliche" (civic) Systeme (USA, SU) haben ein hohes Mobilisierungs- und Institutionalisierungsniveau. Primitive politische Systeme ... haben von beiden nur wenig. „Moderierte" (contained) Systeme sind zwar stark institutionalisiert, haben aber ein niedriges Mobilisierungs- und Partizipationsniveau.

Die dominierenden politischen Institutionen moderierter Systeme können traditionell (z. B. Monarchien) oder modern (z. B. politische Parteien) sein. In letzterem Fall kann das politische System sich sehr großen Schwierigkeiten bei der notwendigen Anpassung an höhere Stufen sozialer Mobilisierung gegenüber sehen. Die traditionellen Institutionen können zusammenbrechen oder langsam verfallen, und am Ende steht ein korruptes System mit einem hohen Partizipations-, aber niedrigem Institutionalisierungsniveau." (S. 278.)

Beispiele für die zuletzt genannte Variante sind populistische Systeme verschiedener — auch sozialistischer — Provenienz. Diese Kategorien suggerieren eine Ähnlichkeit von — bestimmten Systemtypen zugeordneten — konkreten politischen Systemen (z. B. der Sowjetunion und der USA als „civic"), die kaum geeignet erscheint, die gravierenden Unterschiede angemessen zu analysieren. So erweist sich auf dieses Modell, das weitgehend auf normativ geladene Kategorien verzichtet, letztlich als nicht minder einseitig als etwa die Konzeption von *Pye*. *Huntington* präsentiert freilich eine „technokratische", keine demokratie- und/oder partizipationstheoretische Variante der Entwicklungstheorien.[55]

Deutlicher und extremer noch als bei *Huntington* wird die Vorstellung eines allgemeinen Modernisierungsprozesses, der mit wenigen, systemübergreifenden Begriffen zu fassen sei, von *John H. Kautsky* formuliert. Kommunistische und nichtkommunistische Bewegungen in noch nicht entwickelten Systemen sind bei ihm kaum voneinander unterschieden; ob „kommunistisch" oder „nationalistisch", sie seien primär „antiwestlich" orientiert, und aus dieser Gegnerschaft erwachse ihre Gemeinsamkeit; in „einem vagen Sinne" hält *Kautsky* sie für sowohl nationalistisch als auch sozialistisch. Es sei daher sinnvoll, sie in ein gemeinsames Interpretationsschema einzubeziehen, indem man sie als auf dem Wege der Modernisierung befindlich und nicht als nationalistisch oder kommunistisch bezeichnet.

„Die Revolutionen, die kommunistische Partien an die Macht gebracht haben, fanden in traditionalen Gesellschaften statt, die durch die Folgen einer im Anfangsstadium befindlichen Industrialisierung gespalten waren. Die wurden von Intellektuellen geführt, Leuten mit einer westlichen Erziehung, deren hauptsächliches Ziel es war, ... die Industrialisierung voranzutreiben. Es ist augenfällig, daß dieser Tatbestand es kaum zuläßt, kommunistische Revolutionen als einzigartig zu kennzeichnen. Sie teilen diese Charakteristika und viele andere, die sie begleiten, mit der generellen Erhebung in der unterentwickelten Welt, wie sie sich gegenwärtig darstellt.
Ich schlage daher vor, kommunistische Revolutionen, einschließlich der russischen, für analytische Zwecke im Kontext der Revolutionen in unterentwickelten Ländern zu betrachten."[56]

Nationalistische und kommunistische Bewegungen haben nach Meinung *Kautskys* konvergierende Tendenzen und sind in einigen Fällen, am deutlichsten in Kuba, zu einer Einheit verschmolzen.[57] Dies und die Tatsache, daß die Sowjetunion, die anderen sozialistischen Staaten, aber auch die nicht regierenden kommunistischen Parteien die nationalen Befreiungsbewegungen unterstützen, rechtfertigt es nach Auffassung *Kautskys* zusätzlich, kommunistische und nichtkommunistische Bewegungen unter dem Konzept „Modernisierungsbewegung" zusammenzufassen.[58]

Die Identitätsthese führt *Kautsky* zu einer Kritik an Autoren wie *A. G. Meyer*,[59] der zwar mit Recht darauf verwiesen habe, daß es *das* kommunistische politische System nicht gebe und man statt dessen von verschiedenen ausgeprägten Systemtypen auszugehen habe, der aber die Unterschiede zwischen ihnen überbetone. Das Konzept Modernisierung sei auch hier anwendbar. Es sei ohne Zweifel richtig, daß die Revolution in Rußland auf einem höheren Industrialisierungsstand erfolgte als in bestimmten Entwicklungsländern (Ghana, Indonesien). Es sei aber zweifelhaft, ob dies noch für China zutreffe, wenn man es z. B. mit Mexiko vergleiche. Zwi-

schen den sozialistischen und nichtsozialistischen Entwicklungs-
regimes bestehen nach Auffassung *Kautskys* Unterschiede, nur
seien sie nicht auf differierende ideologische Positionen, sondern
vielmehr auf die Verschiedenheit des jeweiligen sozio-ökonomischen Entwicklungsstandes zurückzuführen. Er lehnt zwar die von
der strukturell-funktionalistischen Schule vertretene These ab,
daß Modernisierungssysteme die gleichen „Stadien der Entwicklung"
zu durchlaufen hätten wie die Industriestaaten, die „notwendigerweise von einer zur nächsten Stufe" fortgeschritten seien, er kommt
deren evolutionistischer Auffassung aber sehr nahe, wenn er als
Zielpunkt der Entwicklung die „entwickelte industrielle Gesellschaft mit ihren unumgänglichen Begleiterscheinungen" nennt
und die heutige Sowjetunion diesem Entwicklungsstadium zuordnet. (S. 203) Hinter dem Begriff der entwickelten industriellen Gesellschaft verschwinden aber die Spezifika der ökonomischen
und politischen Systeme.

Die systemspezifischen Bedingungen und Folgen des Modernisierungsprozesses werden, anders als bei *Kautsky* (und den übrigen, eher disparaten Einzelanalysen in dem von *Fleron* herausgegebenen Sammelband) in den Beiträgen einer 1967 gegründeten
Planungsgruppe für vergleichende Kommunismusforschung herausgearbeitet, die sie 1970 unter dem Titel „Change in Communist
Systems" (Hrsg. *Chalmers Johnson*) publizierte.[60] Dort werden
die verschiedenen Aspekte des politischen und sozialen Geschehens unter dem Gesichtspunkt „Modernisierung mit Hilfe eines
Mobilisierungssystems" analysiert. *Johnson* hat die gemeinsamen
Auffassungen der Planungsgruppe in einem ausführlichen Vorwort dargestellt; vier Dimensionen des sozialen Wandels seien es,
die einer Erklärung bedürften:

1. „Veränderungen in der Struktur des politischen Systems von einem Ein-
   Parteien-System mit einem autonomen Diktator an der Spitze zu einer
   kollektiven Führung und einer parteibeherrschenden nationalen Front.
2. Veränderungen im Vertrauen auf die Wirksamkeit des Terrors als soziales
   Disziplinierungsinstrument, in der Regel von einer hohen zu einer mittleren
   und schließlich geringen Bedeutung des Terrors;
3. der Wandel in der Struktur des ökonomischen Systems von einer zentrali-
   sierten Befehlswirtschaft zu einem halb-zentralisierten Managersystem
   und schließlich zu einem Markt-Sozialismus und
4. im Falle der von außen aufgezwungenen kommunistischen Regime, die
   Entwicklung vom Status des Satelliten zu einem Partnerstaat und schließlich hin zu einem unabhängigen kommunistischen Nationalstaat."[61]

113

Im Gegensatz zum Totalitarismuskonzept, das eine Antwort auf die meisten dieser Probleme schuldig blieb, begreifen die Autoren die sozialistischen Systeme als „mobilization regimes", eine spezifische Form der Entwicklungsdiktatur, in der der Staat als Entwicklungs- und Modernisierungsagentur die in anderen Systemen spontan und ungeplant ablaufenden Veränderungen initiiert und lenkt. Der Staat hat die möglichst schnelle Entwicklung zu gewährleisten und zugleich, da diese ohne ihre Überwindung nicht denkbar ist, die tradierten politischen und ökonomischen Institutionen, kulturellen Normen und gesellschaftlichen Verhaltensweisen zu überwinden. In offenbarer Absetzung von der Position *Kautskys* ist *Johnson* der Auffassung, daß „die kommunistische Ideologie den revolutionären Prozeß auf ihre eigene spezifische Weise geformt und beeinflußt hat". (S. 6) Im Anschluß an *Anthony Wallace* unterscheidet *Johnson* zwischen Zielkultur („goal-culture") und einer ihr zuzuordnenden Transferkultur. Mißt man die Ergebnisse der erzielten Fortschritte im Industrialisierungs- und Modernisierungsprozeß an den Fernzielen der kommunistischen Parteien, so sind sie nach Auffassung *Johnsons* vielfach nur eine Zwischenstufe oder gar nur das unbeabsichtigte Nebenprodukt einer Politik, die sich der letzten Ziele nicht mehr voll bewußt ist. Die Zielkultur stelle einen „idealisierten Kontrast zur Gegenwart" dar und enthalte eine utopische Vorstellung von zukünftiger Gesellschaft, für deren Realisierung die Partei eintrete und ihre speziellen Mittel einsetze und der die Transferkultur diene: Sie stelle die Normen zur Verfügung, die die politischen Wege bestimmen, auf denen die letzten Ziele der Gesellschaft erreicht werden sollen.

„Ohne eine Zielkultur gäbe es keine Transferkultur, im Falle daß die Zielkultur nur noch symbolische Funktionen erfüllt (z.B. nur noch ein Endziel kennzeichnet, ohne Einfluß auf Routineentscheidungen zu haben), ist es nicht länger gerechtfertigt, von einer Transferkultur zu sprechen. Wenn die Politik eines Regimes diese Zielkultur aufgibt, läuft dies darauf hinaus, daß sie nur noch funktionales Requisit des sozialen Systems ist." (S. 7)

Da die kommunistischen Regime nicht „das Ergebnis von Rebellionen, sondern von revolutionären Bewegungen" seien, da sie nicht die Korrektur bestimmter Fehler oder die Wiederherstellung einer Gesellschaft anstrebten, deren Grundsätze zuvor von den Herrschenden verraten wurden, sondern eine „neue Gesellschaft" bauen wollten, erfordert dies nach Auffassung *Johnsons* eine Zielkultur, mit der die notwendigen massiven sozialen Erneuerungen legitimiert werden können. Dies konstituiere zugleich den Grundkonflikt aller sozialistischen Gesellschaften, der aus der Unvereinbarkeit dieser Ziele und den jeweiligen Vorstellungen der Masse der Bevölkerung erwachse. Dieser unterschiedliche „Zeithorizont" der Elite und der Massen allerdings — so argumentiert *Johnson* im Anschluß an *Alec Nove*[62] — sei überall dort unvermeidlich, wo der Staat für eine rasche Industrialisierung verantwortlich ist, also nicht nur in sozialistischen Systemen. (Man denke z. B. an die sogenannte „weiße Revolution" in Persien). Bei *Johnson* bleibt unklar, ob die Sowjetunion eigentlich noch über eine goal-culture verfügt. Zwar wird von Anzeichen für einen „zunehmenden Prozeß der Transformation der revolutionären Ideologie in eine Wertstruktur" gesprochen (S. 19), die Frage freilich, ob der „instrumentelle approach" und die Verkürzung der Reichweite ideologischer Setzungen auch eine tendenzielle Aufgabe der utopischen Ziele bedeutet, wird nicht beantwortet. *Peter H. Juviler* und *Henry W. Morton* haben darauf hingewiesen, daß für die Stalin-Zeit eine „Priorität der Endziele" vor den Mitteln, des Politischen vor dem Ökonomischen und dem Streben nach Effizienz zu beobachten gewesen sei. Das Modernisierungsprogramm habe dieses Endziel in möglichst kurzer Zeit zu realisieren getrachtet. Inzwischen sei aber eine signifikante Veränderung eingetreten. Die meisten Entscheidungen, die getroffen würden, seien das Ergebnis aktueller Forderungen und sozialer Bedürfnisse.

„Sie sind im Grunde mittel- und kurzfristige Entscheidungen und ihrer Natur nach nicht von der Art, daß sie die soziale und ökonomische Struktur einer Nation radikal transformieren könnten."[63]

Eine solche Transformation ist — im Selbstverständnis der sozialistischen Systeme — auch gar nicht mehr nötig, da die wesentlichen politischen und sozialen Bedingungen für den Aufbau des Sozialismus und den Übergang zum Kommunismus bereits geschaffen sind. Zu fragen ist daher um so mehr, wie tragfähig das Konzept „goal-culture" ist, vor allem, ob eine Korrelation von Zielorientierung und revolutionärer Entwicklung bzw. von evolutionärer Entwicklung nach vollzogener politischer und sozialer Umwälzung und Verlust der Zielorientierung besteht. Der Verlust einer (utopischen) Zielorientierung, wie sie mit dem Begriff Zielkultur zu fassen versucht wird, ist dann im wesentlichen mit dem identisch, was linke Kritiker der Sowjetunion und Osteuropa als Verlust der revolutionären Perspektive, Verrat an den Idealen der Revolution oder als Degeneration kennzeichnen. Die von *Alec Nove* konstatierte Lücke zwischen Zielorientierung des Modernisierungsprozesses und einem eher konservativen, bewahrenden Bewußtsein der Bevölkerung wäre damit zwar aufgehoben oder doch zumindest aufhebbar, nicht aber der zwischen einer „Elite", die ihre Macht mit allen Mitteln bewahren will, und der Mehrheit der Bevölkerung.

Von daher ist *Johnson* zu widersprechen, der Bürokratisierungserscheinungen ausschließlich als strukturellen Ausdruck der Nichtübereinstimmung von Zielkultur und aktuellen Bedürfnis- und Bewußtseinlagen der Bevölkerung begreift; der erkennbare Verlust der revolutionären Perspektive, dürfte diesen Widerspruch eher verschärfen, wenn mit ihm keine grundsätzlichen Wandlungen der politischen und sozialen Strukturen einhergehen. Die Bürokratie sowjetischer Prägung ist das Ergebnis der spezifischen historisch-politischen Bedingungen und ideologischen Vorstellungen vom Aufbau des Sozialismus, sie ist mehr als die „logische Organisationform des Mobilisierungsregimes", das im Extremfall totalitäre Formen annimmt.[64] *Johnson* ist jedoch in seiner Auffassung über die Leistungsfähigkeit dieser Bürokratie zuzustimmen.

„Obwohl ein Großmaß an totalitärer Mobilisierung einen Beitrag zur Modernisierung leisten kann, kann sie doch niemals den Modernisierungsprozeß vollenden." (S. 12)[65]

„Totalitäre" Mobilisierung ist durch extreme Unausgewogenheit gekennzeichnet; sie strapaziert ein transferkulturelles Ziel, Machtsicherung, über Gebühr und ist daher nicht in der Lage, die von *Johnson* benannten Ziele des Modernisierungsprozesses zu erreichen, ohne sich selbst zu wandeln. *Johnson* nennt drei Dimensionen der Modernisierung, in denen diese Wandlungstendenzen deutlich zu erkennen seien und deren Analyse es erlaube, die Unterschiede zwischen den einzelnen kommunistischen Mobilisierungsregimen deutlicher als mit dem bisher entwickelten Instrumentarium herauszuarbeiten:

1. die ökonomische Entwicklung;
2. die nationale politische Kultur und
3. die Formen der Beteiligung am politischen Prozeß (S. 28 f.).

Veränderungen sind seiner Auffassung nach im historischen Längsschnitt zu verzeichnen; z.B. in der durch ihre sozialen Folgen erzwungenen Modifikation einer ursprünglich vor allem auf das Ziel maximalen Wirtschaftswachstums gerichteten ökonomischen Politik, die ungleichgewichtiges Wachstum in der Modernisierungsphase in Kauf genommen hat, im Stadium industrieller Reife aber darauf angewiesen ist, diese Ungleichgewichtigkeit zugunsten der bislang vernachlässigten Zielbereiche zu beseitigen. Mobilisierung wird in weiten Bereichen durch eine Demobilisierung ersetzt, die die Frage nach dem Verhältnis von Zielen und Mitteln aufwirft. *Johnson* weist schließlich auf Erscheinungen hin, die *Richard Löwenthal* als „Desintegration eines säkularen Versprechens"[66] bezeichnet hat, die Diversifikation der einzelnen sozialistischen Systeme und kommunistischen Bewegungen. In einer Welt, die durch das Ungleichgewicht von Großmächten, mittleren und kleinen Nationalstaaten gekennzeichnet ist, erscheint ihm offenbar die Vorstellung eines einheitlichen kommunistischen Weltsystems als „Mythos"[67].

Der wiederholte Hinweis auf die Differenzierungen innerhalb „des" Kommunismus, der nach Auffassung der Autoren (mit Ausnahme von *Kautsky*) gleichwohl bestimmte charakteristische Eigenschaften besitzt, die ihn gegenüber allen anderen (auch nationalrevolutionären Systemen) auszeichnet, ist wohl der wichtigste Beitrag den der von *Johnson* herausgegebene Band für die anglo-amerikanische Analyse sozialistischer Systeme geleistet hat. Beispiele für eine von einer bestimmten, übergreifenden Fragestellung ausgehende differenzierte Darstellung der einzelnen Länder (Sowjetunion, China, Osteuropa) sind bei aller Unterschiedlichkeit in der Bewertung einzelner Entwicklungen und Erscheinungen die Beiträge von *Gordon Skilling* über die Wirkung von Gruppenkonflikten im Prozeß des politischen Wandels, von *John Michael Montias* über die Typen ökonomischer Systeme oder auch von *R. V. Burks* über den technischen und politischen Wandel in Osteuropa, in dem stärker die Gemeinsamkeit aller sozialistischen Systeme („Alle anderen kommunistischen Regime sind Varianten des sowjetischen Modells")[68] hervorgehoben werden.

Dieser Vorteil des Bandes wird jedoch aufgehoben durch eine fatale Unentschlossenheit, ob das Konzept Totalitarismus noch eine Berechtigung hat oder nicht. Mehrere Autoren kritisieren massiv diesen Ansatz, der keinen Raum für die Analyse von Wandlungsprozessen lasse, da die Wandlungsfähigkeit kommunistischer Herrschaftssysteme geleugnet werde. Das hält sie aber nicht immer davon ab, selbst den Terminus Totalitarismus oder totalitär zu verwenden.[69] *Montias, Burks* oder *Rustow* benutzen ihn eher beiläufig, in dem einführenden Beitrag von *Johnson* aber nimmt der Totalitarismusbegriff einen zentralen Platz ein, ohne daß er definiert wird und das Verhältnis von „Totalitarismus" und „Wandel", vor allem aber die Frage, ob „totalitärer Wandel" vorstellbar oder ob Wandel nur bei Minimierung „totalitärer" Erscheinungen denkbar ist, beantwortet würde. Nur *Richard Löwenthal* bezieht sich eindeutig auf das Totalitarismuskonzept und macht es zur Grundlage seiner Analyse. Er sieht zwar Tendenzen einer „posttotalitären" Entwicklung, gleichwohl bleibe das „totalitäre Institutionensystem im wesentlichen erhalten".[70] Es ändere aber sein Verhältnis zur Gesellschaft, weil es — gezwungenermaßen — auf die Anforderungen reagieren müsse, die eine zunehmend entwickelte Gesellschaft stelle. Das Ergebnis dieser Veränderungen sei der Wandel des totalitären zu einem autoritären Ein-Parteien-Regime. Um diese Feststellung zu treffen, hätte es eines „neuen" Begriffs, dem des Mobilisierungsregimes, nicht bedurft. Die Kritik des Totalitarismuskonzept seit Beginn der 60er Jahre war — mit einem „traditionellen" methodischen Instrumentarium und Kategorien der politischen Soziologie — bereits bei diesem Ergebnis angelangt.

Als „kategorischer Imperativ" für die Untersuchung mögen Begriffe wie politischer und sozialer Wandel oder politische Entwicklung ihre positive Funktion haben, bieten sie doch die Chance, die *sozialen und politischen Prozesse* in den sozialistischen Ländern zur Kenntnis zu nehmen, wozu das Totalitarismuskonzept sich als ungeeignet erwiesen hat. Daß hinter einer „modernen" Terminologie noch lange keine veränderte Grundhaltung gegenüber dem „realen Sozialismus" steht, zeigt der Umstand, daß eine Reihe von Autoren — bei weitem jedoch nicht alle — den Totalitarismusbegriff im Rahmen der Modernisierungs- und Entwicklungstheorien weiter verwenden. Die ohnehin erheblichen Probleme, die dieser Ansatz mit sich bringt, werden hierdurch eher größer.

Den Modernisierungs- und Entwicklungstheorien gegenüber, die sowohl Länder der „Dritten Welt" als auch sozialistische Systeme (oder doch zumindest einige von ihnen) zu analysieren trachten, ist vielfach widersprochen worden. Die Validität der unterstellten Modernisierungstendenzen wird ebenso in Frage gestellt wie die vermutete Linearität eines globalen und säkularen Prozesses der Entwicklung.[71] Die Länder des „realen Sozialismus" sind, so argumentiert u.a. *Kenneth Jowitt*, mit diesen Kategorien nicht hinreichend zu analysieren.[72]

Die Problematik der im Modernisierungs- und Entwicklungsansatz enthaltenen idealtypischen Sicht „moderner" Gesellschaften, die, wie bei *Almond* oder *Verba*, mit der westlichen „civic culture" gleichgesetzt werden, wird von einigen Vertretern dieses Ansatzes nicht verkannt. *Frederic J. Fleron Jr.* plädiert für eine

Rekonzeptualisierung des Begriffs „political change" in der Kommunismusforschung, die den Fehler vermeidet, eine Gesellschaft als „nicht erfolgreich — und das heißt, als auf die Dauer nicht überlebensfähig" zu bezeichnen, wenn sie keine Annäherung an einen vorgegebenen Idealtyp gesellschaftlicher Entwicklung zeigt.[73] Er wendet sich gegen die allzu enge Verknüpfung von Industrialisierung (oder ökonomischer Entwicklung) und politischem Wandel in den sich entwickelnden Gesellschaften, bietet aber seinerseits Kategorien an, die nicht minder problematisch sind. Es sei sinnvoller, den Zusammenhang von Konzepten wie Demokratie, Pluralismus, Arbeitsteilung, Differenzierung und der Prozesse, die mit ihnen gekennzeichnet werden, zu untersuchen und dabei nicht von abstrakten Definitionen, sondern von empirisch ermittelbaren Fakten auszugehen.

„Wir lassen dann die Möglichkeit offen, daß eine Gesellschaft modern sein kann (in dem Sinne, daß sie industrialisiert ist und sich an ihre Umwelt anpassen kann), ohne zugleich demokratisch oder pluralistisch zu sein. Bevor dieser Schritt nicht getan ist, werden wir nicht in der Lage sein, über die gegenwärtige Modernisierungs- und Entwicklungstheorie hinauszukommen, die völlig ungeeignet erscheint, die Sowjetunion zu analysieren, die industrialisiert ist und die, zumindest zum gegenwärtigen Zeitpunkt, durchaus in der Lage zu sein scheint, sich ihrer Umwelt anzupassen." (S. 229 f.)

Trotz seiner Ablehnung idealtypischer Konstrukte und des Plädoyers für eine empirische Konzeptualisierung der Sozialismusanalyse bedient auch *Fleron* sich einer abstrakten Typologie, die (im Anschluß an *Skilling* und *Griffith*) vor allem den Aspekt der politischen Partizipation sozialer Gruppen und Nutzung von Sach- und Fachverstand zugrunde legt. Er ergänzt die dichotomische Gegenüberstellung von monokratischen und pluralistischen Systemen, wie sie vor allem für das Totalitarismuskonzept kennzeichnend ist, und unterscheidet erstens monokratische Systeme, zweitens pluralistische Systeme, drittens adaptiv-monokratische Systeme und viertens Kooptationssysteme.[74] Nicht weniger formal in ihrer Tendenz, aber eindeutiger an westlich-pluralistischen Vorstellungen orientiert, fällt die Modellkonstruktion von *Jerry Hough* aus. Er bietet drei Modelle an:

1. Die „directed society". Ähnlich wie in *Kassofs* „administered society" und *Rigbys* „organizational society" gestaltet hier die Partei das System noch im Sinne der etablierten Ideologie um.
2. In Anlehnung an *Brzezinski* nennt er als zweiten Typus die oligarchisch versteinerte Gesellschaft („oligarchic petrification"),

die durch „Immobilismus" als neue politische Verhaltensform gekennzeichnet sei. (*Brzezinski* betont demgegenüber die Kontinuität der Parteiherrschaft).

3. Den institutionellen Pluralismus, der sowohl das Ergebnis der Ideologie selbst ist (die z.b. die Einbeziehung der Bevölkerung in öffentliche Angelegenheiten fordert) als auch aus der Natur der Menschen erwachse, ihren individuellen Unterschieden und Einstellungen.[75]

Ebenso wie eine sozialistische Gesellschaft nicht ausschließlich einer dieser Systemtpyen zugeordnet werden könne (dies geschieht bei den angeführten Autoren), ist es nach Auffassung von *Hough* unzulässig, die Richtung der Entwicklung dieser Systeme dichotomisch zu bestimmen: entweder Wandel oder Immobilismus und Beharrung. In diesen Gesellschaften sei beides vorhanden. Ebenso träfen Aspekte aller drei Systemtypen zusammen. Das Dilemma sei, daß es keine wissenschaftlich zuverlässigen Kriterien dafür gebe, was signifikante Veränderungen und Wandlungstendenzen seien und welche Erscheinung es gerechtfertigt erscheinen lassen, von Immobilismus zu reden. Jeder Versuch in dieser Richtung beruhe auf einer subjektiven Mittelwahl und „unüberprüfbaren Annahmen" darüber was für einen bestimmten Entwicklungsstand konstitutiv sei. In der Praxis bedeute dies, daß die Einschätzung sich an der je individuellen Bewertung des Status quo orientiere: werde dieser als ungerecht empfunden (wie dies für die Mehrzahl der „westlichen" Sozialismusanalytiker unterstellt werden kann), gelte keine außer einer sehr drastischen Veränderung des Systems als signifikant. Wenn andererseits der Status quo als mehr oder weniger tolerierbar erscheine, werde der zu beobachtende Wandel als sehr viel wichtiger und auch erwünscht dargestellt. „Bewertungen dieses Typs können ihre nichtwissenschaftliche Natur nicht ablegen."[76]

Man kann sich der Antwort von *William Taubmann* auf diesen, die vermeintlich ideologiefreien Modernisierungskonzepte frontal attackierenden Vorwurf anschließen; er meint, daß diesem Dilemma letztlich nicht zu entgehen sei und daß es darauf ankomme, die eigenen ideologischen Prämissen und vorwissenschaftlichen Einstellungen offenzulegen.[77] Damit wäre zumindest ein Teil der zumeist versteckten normativen Deduktionen intersubjektiv nachvollziehbar. Eine solche Vorgehensweise hebt freilich das Grunddilemma der modernisierungstheoretischen Ansätze nicht auf.

„Angesichts des unentwirrbaren Zusammenhangs des Modernisierungskonzepts mit dem der Verwestlichung („Westernization"), erscheint der Begriff Modernisierung als normativer Imperativ, der bestehende Paradigmen erhöht, und nicht einfach als empirisches Konzept."[78]

3.2.4 Politische Kultur

Die verschiedenen Modernisierungs- und Entwicklungstheorien gehen von einer — je unterschiedlich bestimmten — Vorstellung von Modernität aus, die nur zu leicht die besonderen historischen, nationalen und kulturellen Voraussetzungen und Bedingungen der Modernisierungs- und Wandlungsprozesse vernachlässigt. Vor allem aus der Sicht einer normativen politischen Wissenschaft haftet ihnen zudem der Makel an, sich vor Wertentscheidungen zu drücken, obwohl sie diese doch mit ihrer Festlegung auf das westliche Entwicklungsmodell zumindest implizit vorgenommen haben. Als ein Versuch, diesen normativen Anspruch an eine sozialwissenschaftliche Analyse von Modernisierungsprozessen methodisch zu verankern, kann das Konzept „political culture" verstanden werden. Es ist zugleich ein Reflex auf die Tatsache, daß sich die Entwicklung in den Ländern der „Dritten Welt" und in den sozialistischen Staaten anders vollzog, als dies die Modelle einer linear-kontinuierlichen Modernisierung hatten erwarten lassen. Die Begriffe Modernisierung, Industrialisierung und sozialer Wandel reichten offenbar nicht aus, um diese Erscheinungen zu erklären.[79]

Der Begriff „political culture" geht auf einen Aufsatz von *Gabriel A. Almond* aus dem Jahre 1956 zurück, in dem er feststellte, daß jedes politische System in einen bestimmten Orientierungsrahmen für politisches Handeln eingebettet sei, d.h. daß es in jedem politischen System einen geordneten *subjektiven* Bereich gibt, der die Haltung der Bürger gegenüber der Politik, individuelles Verhalten und das der Institutionen prägt und der mit den Methoden der strukturell-funktionalen Theorie nicht zu erfassen sei. Den kulturell-zivilisatorischen Aspekt kommunistischer Herrschaft hatten bereits 1935 *Sidney* und *Beatrice Webb* hervorgehoben.[80] Der Ansatz wurde vor allem von *Lucian W. Pye* und *Sidney Verba* entwickelt und hat inzwischen eine Vielzahl von Nachfolgern gefunden.[81] Die Vertreter dieses Ansatzes gehen davon aus, daß eine Analyse, die sich auf das Phänomen Kultur konzentriert, geeignet ist, politische Systeme mit Begriffen zu analysieren und zu vergleichen, die den Charakter der politischen Entwicklung und des beobachtbaren Wandels erklären. Diesem Konzept wird die Fähigkeit unterstellt,

> „den Reichtum der die eigenen Traditionen eines Landes erforschenden ‚area studies' zu bewahren und zugleich das Interesse auf allgemeine und universelle Probleme und Prozesse des menschlichen Zusammenlebens zu konzentrieren."[82]

Politische Kultur wird von *Pye* als Summe der Einstellungen, Gefühle und Einsichten gekennzeichnet, die das politische Verhalten in einer Gesellschaft beeinflussen und lenken. Sie ist keine Randbedingung gesellschaftlichen Lebens, sondern stellt die Verbindung kohärenter Verhaltensmuster her, die diese Verhaltensweisen zusammenhalten und verstärken. Angesichts der Vielfalt politischer Orientierungen geht *Pye* davon aus, daß in jeder einzelnen Gesellschaft eine gegenüber anderen ein- und abgrenzbare politische Kultur besteht. (S. 7) *Klaus von Beyme* hat den Begriff politischer Kultur folgendermaßen vorgestellt:

> „Das Konzept der politischen Kultur hat im Gegensatz zum Begriff politischer Stil seinen direkten Zusammenhang mit dem allgemeinen Kulturbegriff nicht verloren. Während der Begriff politischer Stil mehr den Charakter einer analogen Bildung in einem anderen Gebiet hat, ist die politische Kultur nach unter den Behavioristen herrschender Lehre nur im Zusammenhang mit der allgemeinen Kultur zu erforschen. Politische Kultur verhält sich zur Kultur wie das politische System zum sozialen System als Ganzem. Aus Bequemlichkeit spricht man nicht von ‚politischer Subkultur' — es wäre sprachlich korrekter. Kultur und politische Kultur hängen eng zusammen, sind jedoch keineswegs identisch, sondern nicht selten durch Gegensätze gekennzeichnet. Relativ egalitäre Kulturen können hierarchische politische Kulturen als Subsysteme in sich bergen."[83]

Das zentrale Problem politischer Kultur ist die Verbindung zwischen mikropolitischen und makropolitischen Phänomenen in einer Gesellschaft. Das Konzept will den Kontext zwischen den Ursachen und Effekten individueller Motivationen und dem breiteren sozio-kulturellen und historischen Kontext, in dem individuelles und Gruppenverhalten sich abspielt, offenlegen.

Walter A. Rosenbaum unterscheidet innerhalb dieses Bezugsrahmens zwei Ebenen; zum einen die Orientierung des Individuums an politischen Zusammenhängen (Mikroebene), zum zweiten die kollektiven Verhaltensmuster, die aus solchen individuellen Orientierungen erwachsen.[84] Der Political-culture-Ansatz hebt einen besonderen Aspekt allgemeiner Modernisierungs- und Entwicklungsvorstellungen hervor, einen Aspekt, der erklären soll, wieso „globale" Entwicklungstendenzen in einzelnen Systemen in unterschiedlicher Weise zum Tragen kommen oder behindert werden.

„Politische Kulturen haben eine Tendenz, sich fest und widerstandsfähig zu verhalten. Das bedeutet nicht, daß sie statisch sind, aber die ihnen innewohnenden Tendenzen der Beharrung sind sehr stark."[85]

Der Versuch, dem Modernisierungs- und Wandlungsprozeß mit einem Konzept politischer Kultur auf die Spur zu kommen, kann grundsätzlich von zwei Positionen aus erfolgen. Der Begriff politische Kultur kann zur Erklärung der politischen Phänomene herangezogen werden, die mit der Analyse von Strukturen, Prozessen, Entscheidungen und Ähnlichem weitgehend erfaßt sind, aber einen „sozialpsychologischen Rest" haben erkennen lassen, der es erfordert, „durch die Annahme einer qualitativ darüber hinausgehenden Ebene", nämlich der politischen Kultur, der Lösung näherzukommen.[86]

Dieser Einschränkung des Konzepts politische Kultur steht ein Ansatz gegenüber, der diesen Begriff als allgemeine analytische Kategorie benutzt, mit der der Zusammenhang aller politischen, ökonomischen und sozialen Gegebenheiten in einer sich wandelnden und/oder modernisierenden Gesellschaft beschrieben werden könne. So geht *A. G. Meyer* davon aus, daß jede Kultur eine Erscheinung sui generis sei, einmalig, nicht transferierbar, nicht wiederholbar. Er versteht unter Kultur

„Ein Bündel subjektiver Setzungen, die zusammengenommen es dem Menschen ermöglichen, Situationen zu definieren und sich in der Welt kognitiv und moralisch zu orientieren."[87]

Kultur, genauer politische Kultur, ist für *Meyer* ein Orientierungsrahmen für Aktionen, Reaktionen und Interaktionen in einer Gesellschaft, der sowohl für die Individuen als auch für soziale Gruppen und die ganze Gesellschaft verbindliche informelle Verhaltensweisen und/oder formale Regeln, Verfahrensweisen und Institutionen bereitstellt, in denen und mit denen soziales Handeln ermöglicht wird. Sie beinhaltet also subjektive und objektive Faktoren.

Die Problematik eines solch allgemeinen, alle politischen, ökonomischen und sozialen Prozesse umfassenden Begriffs wird deutlich, wenn *Meyer* resümierend Kultur als „alles außer den biologischen Gegebenheiten" bezeichnet (S. 349). *Francis Castles* hat gegen eine solche Begriffsbestimmung eingewandt, daß sie, da sie alles zusammenzufassen suche, was in Gesellschaft vorgehe, nichts erkläre.[88] *A. G. Meyer* hofft, dieser Gefahr zu entgehen, indem er sich nicht auf simplifizierende Modellbildungen einläßt und dem Versuch widersteht, die Multidimensionalität der verschiedenen Gesellschaftssysteme in eindimensionale Modellannahmen zu zwingen.

Die bisher vorgestelllten Überlegungen sprechen von ,,der'' politischen Kultur eines Systems. *Pye* hat wohl mit Recht darauf hingewiesen, daß damit eine Einheitllichkeit vorgetäuscht wird, die in der Realität nicht wiederfindbar ist. Er unterscheidet eine Kultur der Eliten (,,elite-culture'') und eine politische Kultur der Massen (,,masspolitical-culture''). Keine Gesellschaft habe eine einzige politische Kultur. Vor allem sei ein fundamentaler Unterschied zwischen der Kultur derjenigen, die die Regeln aufstellen und im Besitz der Macht sind, und den ,,Massen'' festzustellen, gleichgültig, ob diese lediglich Objekte oder partizipierende Bürger seien.[89]

So unterschiedlich die einzelnen Ansätze sich auch darstellen, sie stimmen im wesentlichen darin überein, daß politische Kultur als das eher retardierende und bewahrende Element gegenüber den allgemeinen Modernisierung- und Wandlungstendezen aufzufassen ist. Dies hat die Vertreter dieses Ansatzes dazu geführt, ihr Konzept in die allgemeinen Modernisierungs- und Entwicklungsmodelle einzubetten. Der Political-culture-Ansatz kann als Versuch gedeutet werden, die Besonderheiten *einzelner* Systeme in einem *generellen* Entwicklungsprozeß zu bestimmen.

An diesem Konzept ist — auch von Vertretern dieses Ansatzes selbst — vielfach Kritik geübt worden. Ebenso problematisch wie die Vorstellung, die westeuropäische bzw. amerikanische Form der Industrialisierung und Modernisierung habe eine allgemein gültige Vorbildfunktion, erscheint *A. G. Meyer* die z.B. bei *Gabriel A. Almond* vertretene Meinung, die Welt ließe sich in einige wenige Systemtypen oder politische Kulturen einteilen.[90] Er verweist auf die von *Almond* nach seiner Auffassung unzureichend begründete Vorstellung, es bestehe ein ,,angloamerikanischer'' Typus politischer Kultur, der sich durch eine Pluralität der Werte, Rationalität der Mittel, Interessenausgleich und Offenheit für Experimente auszeichne.[91]

A. G. Meyer bezweifelt, daß Gesellschaften mit solchen abstrakten Kategorien wirklichkeitsnah zu analysieren seien. Vielmehr sei die normative Frage nach den individuellen und sozialen Folgen von Modernisierungs- und Wandlungsprozessen notwendig, weil auch die als einheitliche Systemtypen dargestellten Gesellschaften des Westens von ungelösten ideologischen und psychologischen Konflikten durchzogen seien: denen zwischen individualistischen und konformistischen Tendenzen, dem immerwährenden Konflikt zwischen rationalen und romantischen Stimmungen, dem Zwiespalt zwischen einer hedonistischen und einer puritanischen Ethik und anderen. Ein weiterer Aspekt sei die Komplexität der modernen Gesellschaften, die oft, wie die Sowjetunion, multinationale Gesellschaften sind, aber auch da, wo dies nicht der Fall ist, aus mehreren sozialen Gruppen und Klassen bestehen, die jede ihre eigene Kultur besitzen. Ohne die Beachtung dieser Zusammenhänge erscheint ihm eine sinnvolle Analyse nicht möglich. Für ihn ist es eine Tatsache, daß Kultur in jeder modernen Gesellschaft aus einem vieldimensionalen und komplizierten Wandlungsprozeß entsteht, ohne daß — wie es z.B. die linearen, auf die institutionellen Aspekte von Wirtschaft und Politik beschränkten Modernisierungskonzepte (z.B. von *Eisenstadt*[92]) unterstellen — die überkommenen Grundlagen der Gesellschaft zerstört werden.

„Der kulturelle Wandel ist wahrscheinlich eine Antwort auf die gewandelten technologischen, ökonomischen, politischen und sozialen Bedingungen; das bedeutet nicht, daß die alten Kulturen verschwinden, zumindest nicht ganz. Sie werden bis zu einem gewissen Grade zerstört, aber sie werden auch absorbiert. Das bedeutet, daß sich einigermaßen erhalten können, besonders innerhalb bestimmter Zwischengruppen, vor allem solcher, die einmal in der Gesellschaft führend waren und jetzt in eine marginale Position gedrängt worden sind."[93]

Um so interessanter ist die Frage nach dem spezifischen Charakter einer neuen politischen Kultur kommunistischer Bewegungen vor und nach ihrer Machtübernahme, zumal sich auch einige sowjetische Sozialwissenschaftler dieses Terminus bedienen.[94] Dazu erscheint es sinnvoll, auf einige Versuche der Konzeptualisierung einzugehen. In dem bereits zitierten Aufsatz über „Communist Revolutions and Cultural Change" hat *A. G. Meyer* die spezifischen Aspekte der sowjetsozialistischen politischen Kultur herausgearbeitet.[95] Ihn interessiert das Verhältnis von Kultur und Politik, besonders das von Kultur und Revolution. Politische Systeme sind für ihn, in Anlehnung an *Robert C. Tucker*[96], eingebettet in die Komplexität des sozialen und gesellschaftlichen Lebens, eine Komplexität, die seit Aristoteles mit „primitiven" Modellannahmen verfehlt worden sei. Diesen Vorwurf richtet er nicht zuletzt auch gegen die Kommunismusforschung, der er „political culture" als „offeneres, umfassenderes, angemesseneres, weniger ideologisches und ... für wirklich vergleichende Studien brauchbares" Konzept empfiehlt.[97] Wenn er es jedoch als das wesentliche Ziel von Revolutionen bezeichnet, eine Kultur durch eine andere zu ersetzen, und eine „Identifikation von Revolution und kulturellem Wandel" (S. 360) vornimmt, innerhalb dessen auch die engere Definition von Kultur als des „subjektiven Elements" sinnvoll angewandt werden könne, beinhaltet dieser Begriff nicht mehr als das, was *Martin Draht* im Rahmen seines Konzepts totalitärer Herrschaft als Durchsetzung eines neuen Wertesystems bezeichnet hat. Diese Vorstellung war ja auch bei *Draht* nicht auf die „Veränderungen des Bewußtseins – der Attitüden, Mythen, Meinungen, Werte, Prädispositionen und anderen subjektiven Faktoren" (S. 360) beschränkt, sondern hatte eine gesamtgesellschaftliche Dimension. Revolutionen sind für *A. G. Meyer* (wie für *Draht*) Konflikte zwischen den bestehenden Kulturen und einer revolutionären Elite, „die danach strebt, die bestehende Kultur zu zerschlagen und durch eine neue zu ersetzen." (S. 360) Die neue Kultur, die die kommunistischen Bewegungen bislang verwirklicht haben, ist nach Auffassung *Meyers* nicht eindeutig als „Zielkultur der kommunistischen Eliten" zu definieren; erst wenn die Widerstände, die aus der (alten) Gesellschaft diesen kulturellen Zielen entgegengebracht werden, in der Analyse berücksichtigt seien, könne eine angemessene Bewertung vorgenommen werden. Diese Widerstände führten nach Auffassung *Meyers* dazu, daß in der Sowjetunion eine „Sowjetkultur" entstanden ist, die er als „Synthese von marxistisch-leninistischer Kultur und russischer Kultur" kennzeichnet.[98] Unter Hinweis auf die Arbeit von *Frank Casale*[99] über die italienische kommunistische Partei weist *Meyer* jedoch darauf hin – und dies scheint wohl der einzige, aber entscheidende Unterschied zu verwandten totalitarismustheoretischen Aussagen – , daß die „Gegenkultur" der kommunistischen Eliten in keinem absoluten Gegensatz zur bestehenden Kultur stehe. Er betont, daß kommunistische Parteien, ob an der Macht oder nicht, sich „den Zwängen der Kultur, innerhalb derer sie operieren", stellen müßten.[100] Kommunistische Bewegungen scheinen *Meyer* jedoch Meister im Aufbau einer neuen Kultur zu sein.

„Kommunismus kann als ein wohlerwogener und systematischer Versuch angesehen werden, eine neue Kultur aufzubauen. Jede Revolution zerstört ein altes System und baut ein neues auf. Was den Kommunismus von anderen gegenwärtig existierenden Systemen oder Bewegungen zu unterscheiden scheint, ist seine Fähigkeit, ein dauerhaftes neues System zu etablieren, mit neuen Institutionen, mit anderen Verbindungen zur Bevölkerung, neuen Formen der Partizipation, mit einer neuen Autorität und anderen Methoden der Legitimation – kurzum, einer neuen Kultur." (S. 365).

Anders als in seiner früheren, historisch fundierten und begrifflich präzisen Analyse des sowjetischen politischen Systems[101] führt ihn die Verwendung des Political-culture-Ansatzes zu ekklektizistischen und quasisozialpsychologischen Aussagen.

Auch der von *Archie Brown* und *Jack Gray* herausgegebene Sammelband über „Political Culture and Political Change in Communist Systems" zeigt recht deutlich das Dilemma dieses Ansatzes. Die Autoren dieses Bandes hatten sich gemeinsam folgende Fragen vorgelegt:
1. Welche vorhergehenden politischen Erfahrungen liegen vor?
2. Welche Werte und fundamentalen politischen Vorstellungen bestehen?
3. Welche Brennpunkte der Identifikation und Loyalität existieren?
4. Wie ist das politische Wissen entwickelt und welche Erwartungen bestehen?

Neben diesen Hauptfragen versuchen sie, das Verhältnis zwischen dem Prozeß der politischen Sozialisation und der politischen Kultur, von politischer Kultur und politischen Subkulturen, der Auswirkungen des Standes der sozialökonomischen Entwicklung auf die politische Kultur und schließlich das Verhältnis von politischer Kultur und politischem Wandel zu ergründen.[102] Die Bedeutung jeder einzelnen Frage ist nicht zu übersehen, ihre Beantwortung ist aber enttäuschend. So wertet z. B. *Stephen White* die Beteiligung an Wahlen als Beleg für die wachsende Fähigkeit des Regimes, „die Bevölkerung zu mobilisieren und in das politische System zu integrieren"[103], stützt sich im übrigen aber bei der Beantwortung dieser Frage nach Werten und politischen Meinungen auf die Emigrantenbefragung von *Alex Inkeles* und *Raymond A. Bauer* aus dem Jahre 1959 (und plädiert für die Weiterführung dieser Untersuchungen).[104] Ähnliches gilt für das Problem politischen Verhaltens und politischer Aktivität. Die Teilnahme an Meetings, Demonstrationen oder Studentenzirkeln, formale Mitgliedschaften und ähnliche Aspekte, die bei *White* herangezogen werden, sagen kaum etwas über das konkrete Verhalten, noch weniger über die zugrundeliegenden Motivationen aus. Problematisch sind auch die Aussagen über den Zusammenhang von politischer Kultur und politisch-sozialem Wandel. Als Indikatoren werden angeführt: Urbanisierungsgrad, industrielle Produktion, Anteil der Industriearbeiter an der Bevölkerung, höhere Bildung, Anzahl der Autos (!)

der Waschmaschinen und die Auflagenstärke der Zeitungen etc.[105]
Die mit diesen Indikatoren ermittelten „Daten" werden dann als
Beleg für die Behauptung herangezogen, daß sich die Sowjetunion
von einer vorwiegend agrarischen zu einer industriellen Gesellschaft entwickelt habe. Auch wenn sich die Datenlage bei anderen
Staaten (z. B. Jugoslawien, Ungarn oder Polen) als etwas besser
erweist, sind die Aussagen nicht wesentlich ergiebiger. Diese wenigen
Hinweise sollen zeigen, daß der Political-culture-Ansatz als geschlossenes methodisches Konzept für die Analyse sozialistischer Systeme
nicht tragfähig genug ist, auch dann nicht, wenn man seine analytischen Schwächen für geringer als seinen heuristischen Wert hält.[106]
Der wesentliche Grund dafür ist, daß die für eine solche Untersuchung notwendigen empirischen Daten nicht zu ermitteln sind.
Prozesse der politischen Sozialisation, der Partizipation, der Entscheidungsfindung und -durchführung lassen sich nicht zuverlässig
nachzeichnen. Die Situation ist in den einzelnen sozialistischen
Systemen, darauf weist *Archie Brown*[107] mit Recht hin, unterschiedlich, doch lassen die vorhandenen Daten, z. B. über die Beteiligung
an sozialen und/oder politischen Vorhaben oder den Grad der
Organisation in den Massenorganisationen, zwar Rückschlüsse auf die
Formen der Partizipation zu,[108] über die Motive der Partizipanten
kann aber kaum etwas ausgesagt werden. Emigrantenbefragungen,
wie sie z. B. den früheren Schriften des Berliner Instituts für politische Wissenschaft oder der Harvard-Studie zugrunde lagen, erscheinen denkbar ungeeignet, ein realistisches Bild *allgemeinen*
politischen Denkens und Verhaltens zu vermitteln. Auch hier wird
die Möglichkeit, sich an die realen Bedingungen anzunähern, wesentlich davon abhängen, wie weit diese Emigranten die Stimmung in
ihren jeweiligen Ländern adäquat beschreiben können bzw. reprä-
sentieren. Da dies in keiner verläßlichen Weise überprüfbar ist, ist
auch dies methodische Instrument mehr als problematisch. Alle
anderen Methoden wie die Analyse der Schönen Literatur, der
Memoirenliteratur, von Erzeugnissen des Samizdat oder der Er-
fahrungsberichte von Beobachtern, die lange in diesen Ländern
gelebt haben,[109] verschaffen nur einen indirekten Zugang. Sie
können wertvolle Informationen liefern, lassen es aber zweifelhaft erscheinen, ob mit ihnen die politische Kultur dieser Systeme
adäquat zu beschreiben ist.

Grundsätzlich ist gegen das Konzept „political culture" m. E.
mit Recht eingewandt worden, daß es in einem engen Kontext
mit den „dubiosen Theorien" des „political development" ent-

wickelt und mit diesem ebenso verflochten ist wie mit der „Systemanalyse";[110] beides sind aber Ansätze, die den konkreten Gegebenheiten der untersuchten Systeme schon deshalb nicht gerecht werden
können, weil sie eine Vorstellung von politischen Systemen zugrunde
legen, die aus den oft noch idealisierten Erfahrungen der USA entstanden sind und bei genauerem Hinsehen eine Tendenz aufweisen,
„politische und moralische Ansichten in quasitheoretische Aussagen
zu verkleiden". (S. 3) Die normative Überfrachtung dieses Ansatzes
ist nicht zuletzt an der Unbefangenheit zu erkennen, mit der der
amerikanische Partizipationstyp der „civic culture", der, anders
als der „nationalistisch-aktivistische" Typus politischer Kultur,
eine gewisse Passivität, politische Indifferenz und einen Traditiona-
lismus kennt, der sich direkter politischer Partizipation weitgehend
enthält, aber auf die Einhaltung der Spielregeln und Grenzen der
Handlungskompetenz der politischen Eliten achtet, zum bestimmenden Maßstab bei der Beurteilung des Entwicklungsstandes unter
anderem der politischen Kultur in den beiden deutschen Staaten
gemacht wird.[111] Gegenüber dieser Vorstellung von civic culture
erscheinen alle anderen Formen politischen Verhaltens in demokratischen Systemen, wie das auf der Auslegung des Rechtsstaats-
gedankens basierende stark legalistisch geprägte in Deutschland,
defizitär.[112]

Die Probleme dieses Ansatzes potenzieren sich, wenn man ihn
zur Grundlage einer Analyse sozialistischer Systeme macht, ohne
daß die Voraussetzungen für eine methodisch saubere Erhebung
der Daten gegeben sind. Der heuristische Vorteil einer Benutzung
einzelner seiner Kategorien ist jedoch kaum zu leugnen. Die in
allen sozialistischen Staate eher zunehmende Diskussion über sozialistische Moral, das Wesen und die Entwicklung sozialistischer Persönlichkeiten, sozialistische Einstellungen und Verhaltensformen
deutet darauf hin, daß der zentrale Aspekt des Political-culture-
Ansatzes, die relative Resistenz und Dauerhaftigkeit von „traditionellen" Einstellungen, Attitüden und Verhaltensweisen ein nicht zu
unterschätzendes Konfliktpotential in diesen Gesellschaften bilden.
Auf die Frage nach den Ursachen dieser Erscheinungen zu verzichten
hieße, sich einer *zusätzlichen* Möglichkeit des Einblicks in den Zusammenhang und die Funktionsweise der sozialistischen Systeme
zu begeben.

3.3 Sozialistische Industriegesellschaft

Die Problematik einer Überblicksdarstellung des Industriegesellschaftskonzepts liegt, wie bei den Modernisierungs- und Entwicklungstheorien, vor allem darin, ein Konglomerat von außerordentlich ambivalenten, aus den verschiedenen ideologischen und wissenschaftstheoretischen Quellen gespeisten Ansätzen zu strukturieren. Ihm liegt kein dem Totalitarismuskonzept vergleichbarer, mehr oder weniger geschlossener Theorienansatz zugrunde.

Endpunkt aller modernisierungs- und entwicklungstheoretischen Konzepte ist die entwickelte Industriegesellschaft; für einige Autoren sogar bereits die „postindustrielle Gesellschaft".[113] Die Mehrzahl der Autoren, die sich dieses Konzepts bedienen, sieht die sozialistischen Systeme erst auf dem Weg zu diesem Ziel; für die Vertreter des Industriegesellschaftsansatzes sind sie bereits dort angekommen.

Die Attraktivität industriegesellschaftlicher Ansätze gründete sich auf die in den 60er Jahren weitverbreitete Vorstellung, die technologischen Neuerungen, vor allem in der chemischen Industrie und der Energieerzeugung (Atomkraft), die Entwicklung der EDV mit ihren noch gar nicht absehbaren Folgen für die Informationsgewinnung, -speicherung und -wiedergabe, die zunehmende Automatisierung ganzer Produktionsprozesse, die den Menschen von schwerer körperlicher und geistig anspruchsloser Arbeit entlasten würde, und nicht zuletzt die Entwicklung der ökonomischen und Sozialwissenschaften würden eine krisenfreie Zukunft der hochentwickelten kapitalistischen Staaten sichern. Die Krisenprognosen des Marxismus schienen „endgültig" widerlegt. Gesellschaftliche Verteilungskämpfe — sowohl auf innergesellschaftlicher und zunehmend auch auf internationaler Ebene — wurden für obsolet erklärt, das gesicherte Wachstum würde für wachsenden Wohlstand sorgen; alte ideologische Formeln seien brüchig geworden. Für manche Beobachter deutete sich bereits das „Ende des ideologischen Zeitalters" an.[114] Diese Überlegungen konnten nicht ohne Einfluß auf die Bewertung der industrialisierten sozialistischen Systeme bleiben, denen man früher die Fähigkeit abgesprochen hatte, „modern" zu werden. Die ökonomischen und wissenschaftlich-technischen Erfolge der UdSSR waren — vor allem nach dem „Sputnik-Schock" von 1957 — kaum noch zu übersehen. Sie den Wirkungskräften des wissenschaftlich-technischen Fortschritts (oder der „Zweiten technischen Revolution") zuzuschreiben lag nahe, war doch das politische und ökonomische System bislang als zu wenig flexibel und anpassungsfähig erachtet worden, um den Vorsprung der Entwicklung im „Westen" aufzuholen. Den allgemeinen Gesetzmäßigkeiten hochindustrialisierter Gesellschaften — so lautet eine gängige Argumentation — könne aber auch der kommunistische Totalitarismus auf Dauer nicht widerstehen.[115] Damit wurde nicht nur der Tatsache Rechnung getragen, daß die sowjetsozialistischen Systeme durchaus zu wissenschaftlich-technischen und ökonomischen Höchstleistungen fähig sind, sondern auch ein Erklärungsmodell für die Ursachen der zugleich beobachtbaren politischen und sozialen Veränderungen angeboten. Auf dem Wege zu einer entwickelten Industriegesellschaft müßten die UdSSR und die anderen sozialistischen Staaten sich den Bedingungen des systemübergreifenden Entwicklungsprozesses *anpassen*.

Diese Argumentation steht in einer wissenschaftlichen Tradition, die die Begriffe „industrielle Gesellschaft" und „Industriegesellschaft" bereits im 19. Jahrhundert zur Erklärung der Entwicklung des Kapitalismus herangezogen hatte (*Herbert Spencer, Auguste Comte, Lorenz von Stein* u. a.).

Erst in den 40er und 50er Jahren dieses Jahrhunderts aber wurden diese Begriffe zu Schlüsselworten eines Erklärungsmodells der „modernen" Gesellschaft. Einen hervorragenden Einfluß auf die Entwicklung industriegesellschaftlicher Ansätze hatte die Kapitalismusdeutung *Max Webers*, der dem globalen Prozeß der „Rationalisierung" eine alle gesellschaftlichen Systeme prägende Kraft zumaß.[116] Dies legt die Vermutung einer Vereinheitlichung der Welt unter den Bedingungen der technischen Zivilisation nahe. Bei *Max Weber* ist es die Bürokratisierung, die diesen Rationalisierungsprozeß begleitet. Die Bürokratie wird zur „unentfliehbaren Macht" und prägt alle sozialen und gesellschaftlichen Beziehungen.

„Im Verein mit der toten Maschine ist sie an der Arbeit, das Gehäuse jener Hörigkeit der Zukunft herzustellen, in welche vielleicht dereinst die Menschen sich, wie die Fellachen im altägyptischen Staat, ohnmächtig zu fügen gezwungen sein werden."[117]

Bei konservativen Autoren wie *Hans Freyer* oder *Arnold Gehlen* herrscht noch stärker eine kulturpessimistische Sicht vor. In den Schriften dieser Autoren sind vor allem die „negativen" Bestimmungsfaktoren der „modernen Industriegesellschaft" entfaltet: die Entfremdung der Menschen, seine Anpassung an die bürokratischen Apparate und seine Unterordnung unter das „industriewirtschaftliche System."[118]

131

Eine stärker an ökonomischen und soziologischen Problemen orientierte Interpretation moderner Industriegesellschaften hat *Raymond Aron* in einer Vorlesungsreihe 1955/56 entwickelt; er konzentriert sich vor allem auf Aspekte wie die Entwicklung der Produktionskapazitäten, des Konsumtionsniveaus, des Einflusses der Massenkommunikationsmittel usw. *Aron* läßt sich jedoch nicht auf eine direkte Anwendung dieses Konzepts auf die sozialistischen Staaten ein, sondern handelt sie unter dem Oberbegriff „Totalitarismus" ab.[119]

Auf die entwicklungstheoretischen Implikationen einer Vorstellung, die globale Entwicklung tendiere in Richtung der modernen Industriegesellschaft, ist im Zusammenhang mit den Modernisierungstheorien bereits hingewiesen worden. Vor allem das evolutionistische Entwicklungsmodell von *Walt Whitman Rostow*, der seine Schrift als „antimarxistisches Manifest" verstanden wissen wollte (er unterscheidet fünf Phasen: die traditionelle Gesellschaft, die Anlaufperiode, die Periode des wirtschaftlichen Aufstiegs, die Entwicklung zur Reife und das Zeitalter des Massenkonsums), hat einen entscheidenden Einfluß auf die Entwicklung des Konzepts Industriegesellschaft und der Konvergenztheorie gehabt.[120] Die formalen Ähnlichkeiten einer solchen Einteilung der Menschheitsentwicklung mit der marxistischen Formationsvorstellung ist nicht zu übersehen, doch sind auch die Unterschiede deutlich. Beide sehen den Übergang zum Kapitalismus als entscheidende Schwelle an; der Industriegesellschaftsansatz greift aber über diese „Formation" hinaus und bezieht auch die entwickelten sozialistischen Systeme ein, eine Vorgehensweise, die nicht nur einer marxistisch-leninistischen Geschichtsinterpretation problematisch erscheinen muß, die in ihrer Kritik an diesem Ansatz die Eigentumsfrage in den Mittelpunkt stellt;[121] auch wenn es eine Reihe von „Ähnlichkeiten" gebe, könne doch aufgrund der verschiedenen Eigentumsverhältnisse von einer einheitlichen Industriegesellschaft keine Rede sein. Die sozialen Folgen des wissenschaftlichen, technischen und ökonomischen Fortschritts seien nicht zu vergleichen, ähnliche Erscheinungen hätten eine andere gesellschaftliche Funktion und Qualität.[122]

Der unilinearen Argumentation orthodox marxistisch-leninistischer Vorstellungen von der Entwicklung der Produktivkräfte und des monokausalen Erklärungsmodells des Industriegesellschaftskonzepts haben die Verfasser des sogenannten „*Richta-Reports*" eine reflektierte Analyse der wissenschaftlich-technischen Revolution und ihrer sozialen und politischen Auswirkungen entgegengesetzt, die trotz ihrer — zeitbedingten — außerordentlich positiven Beurteilung der mit diesem Prozeß einhergehenden Entwicklungschancen für die sozialistischen Systeme aktuell bleibt. Diese Akualität ist vor allem der Tatsache geschuldet, daß hier eine Analyse der wissenschaftlichen, technischen und ökonomischen Bedingungen mit der Frage nach einer Demokratisierung der sozialistischen Systeme (nicht ihrer Rückkehr zum Kapitalismus) verbunden worden ist. Die wichtigsten Überlegungen dieses Kollektivs fanden 1968 Eingang in eine Konzeption für ein neues Parteiprogramm der KPČ.[123]

Die Industriegesellschaftskonzeption geht demgegenüber davon aus, daß die Technologie und ihre Organisation als das dominierende Element gegenüber der Eigentumsstruktur anzusehen sei, so daß letztere weitgehend negiert werden könne, um so mehr, als die traditionellen Formen privatkapitalistischer Verfügung über das Eigentum absolet seien. Die Hypostasierung der Rolle der Technik in der Mehrzahl der industriegesellschaftlichen Ansätze führt zu einer umgekehrten

„Reduktion des gesellschaftlichen Bedürfniszusammenhangs auf technologische Prozesse, die in grob mechanistischer Manier mit Wandlungen des politischen Systems kurzgeschlossen werden… Eigentumsverhältnisse und die durch sie gesetzten unterschiedlichen Formen privater und gesellschaftlicher Aneignung [werden] als für die Analyse bedeutungslos eliminiert."[124]

Daß eine ausschließlich mit technisch-technologischen und ökonomischen Kategorien argumentierende Industriegesellschaftstheorie zu kurz greift, ist auch von nichtmarxistischen Sozialwissenschaftlern bemängelt worden. *Daniel Bell* schlägt einen auf den ersten Blick bestechenden Ausweg aus der Sackgasse eindimensionaler und monokausaler Erklärungsmodelle vor:

„dieselben Produktivkräfte — menschliche Arbeitskraft und Technologie — existieren innerhalb höchst unterschiedlicher Formen gesellschaftlicher Beziehungen … ‚koppeln' wir *Marx'* Idee ‚auseinander', so zeigt sich, daß es logisch gesehen zwei verschiedene Schemata sozialer Entwicklung gibt: das Schema der vorindustriellen, industriellen und nachindustriellen Gesellschaft längs der einen Achse, und das Schema des Feudalismus, Kapitalismus und der staatskollektivistischen Gesellschaften entlang einer anderen … Längs der Achse der Technologie nämlich sind die Vereinigten Staaten wie die Sowjetunion auf einem gemeinsamen Fundus von technologischem Wissen aufbauende *Industrie*gesellschaften; längs der Achse der Besitzverhältnisse hingegen unterscheiden sich beide … Im einen Fall handelt es sich um eine weitgehend privatkapitalistische Ordnung, im andern eine staatlich (oder bürokratisch) kollektivistische."[125]

Zwischen der Eigentumsverfassung und dem wissenschaftlich-technischen und industriellen Entwicklungsstand einer Gesellschaft ist damit eine — sehr schematische — Beziehung hergestellt, die *Bell* zu folgenden Zuordnungen führt:

USA — industriell-kapitalistisch
UdSSR — industriell-staatskollektivistisch
China — vorindustriell-staatskollektivistisch
Indonesien — vorindustriell-kapitalistisch (S. 11).

Alle Industriegesellschaften, darin faßt *Bell* die Haltung der Vertreter der Industriegesellschaftenansatzes zusammen, haben einige *gemeinsame Merkmale*.

„Gleich ist überall die Technologie; die Art des erforderlichen technischen Fachwissens (sowie die Methoden, sich dieses Wissen anzueignen); und in etwa auch die Einstufung von Arbeitsplatz und Leistung. Außerdem nimmt der Anteil der technischen Berufe im Vergleich zu den übrigen zu; entsprechen sich in etwa Lohnverteilung (und Prestigehierarchie); beruht das Management in erster Linie auf technischem Können.
Und schließlich sind Industriegesellschaften *wirtschaftlich denkende* Gesellschaften, die sich nach dem Prinzip funktioneller Effizienz ausrichten, d.h. nach dem Motto ‚mehr für weniger' verfahren und sich stets für die ‚rationellere' Möglichkeit zu entscheiden suchen."[126]

Die wichtigsten *Differenzen* zwischen den verschiedenen Vertretern dieses Ansatzes bestehen in der Frage, ob die technisch-technologischen Bedingungen Sachzwangcharakter annehmen. *Bell* meint, daß

„alle Industriegesellschaften unter gewissen allgemeinen Zwängen [stehen], die überall ähnliche Aktionen auslösen und die Anwendung bestimmter Techniken erzwingen. So sehen sämtliche Theoretiker der Industriegesellschaft (einschließlich Marx) im Industrieunternehmen den entscheidenden Ort (bzw. die primäre Institution) und in der sozialen Hierarchie, wie sie sich aus der durch die maschinelle Produktion bedingten Arbeitsorganisation ergibt, die Achse der Gesellschaft."[127]

Von „technologischen Sachzwängen" zu sprechen, hält er für „allzu rigoros und deterministisch". (S. 79) Andere Theoretiker vertreten demgegenüber die Auffassung, daß sich politisch und gesellschaftlich folgenreiche Entscheidungen tendenziell in den Vollzug des immanenten Sachzwangs verfügbarer Techniken auflösen; dies bedeutet eine Ausweitung der „Rationalisierung" auf den Prozeß politischer Entscheidung, hinter der die bestimmenden gesellschaftlichen Interessen vermeintlich zurückstehen. Hatte *Max Weber* noch einen deutlichen Unterschied zwischen der wissenschaftlichen Rationalität der Mittelwahl und der mit Hilfe dieser Mittel durchzusetzenden prinzipiell irrationalen politischen Entscheidungen gemacht, so argumentiert *Helmut Schelsky*, daß aufgrund der neu entstandenen Technologien deren Rationalität prinzipiell über den Bereich der Mittel hinaus in den der Entscheidung selbst eindringe, eine solche Trennung nicht mehr aufrechtzuerhalten sei. Das „technokratische Modell" *Schelskys* will diesen Umständen Rechnung tragen und subjektive Wertentscheidungen überhaupt ausschalten. *Schelsky* konstruiert idealtypisch einen „technischen Staat", dessen Ziel der möglichst effiziente Einsatz der ihm zur Verfügung stehenden technischen Mittel ist und der in seiner Hand alle technischen Mittel konzentriert.[128]

Der Vorstellung des technischen Staates als genuiner Form des politischen Überbaus in einer hochindustrialisierten Gesellschaft korrespondiert die eines Regimes der Manager oder Technokraten (das *James Burnham* bereits 1944 vorhergesagt hat) oder die Herrschaft der „neuen Intellektuellen", die *Frederic Bon* und *Michel-Antoine Burnier* für die bürgerlich-kapitalistischen, *György Konrád* und *Iván Szelényi* für die „real-sozialistischen" Systeme konstatieren,[129] ohne daß letztere diese Entwicklung wie *Schelsky* als positives Leitbild für die komplexen Gesellschaften der Gegenwart hinstellen. *Herbert Marcuse* geht noch weiter, er interpretiert diese Tendenzen als globale Bedrohung des menschlichen Zusammenlebens in den industrialisierten kapitalistischen und sozialistischen Systemen, die angesichts der Entwicklung hochtechnisierter Kontroll- und Überwachungssysteme nicht mehr ganz so abwegig erscheinen, wie sie sich 1964 darstellen mochten, als Marcuse die Entwicklung der „fortgeschrittenen Industriegesellschaft" als System beschrieb, in dem

„der technische Produktions- und Verteilungsapparat (bei einem zunehmenden automatisierten Sektor) nicht als eine Gesamtsumme bloßer Instrumente funktioniert, die von ihren gesellschaftlichen und politischen Wirkungen isoliert werden können, sondern vielmehr als ein System, von dem das Produkt des Apparats wie die Operationen, ihn zu bedienen und zu erweitern, *a priori* bestimmt werden. In dieser Gesellschaft tendiert der Produktionsapparat dazu, in dem Maße totalitär zu werden, wie er nicht nur die gesellschaftlich notwendigen Bestätigungen, Fertigkeiten und Haltungen bestimmt, sondern auch die individuellen Bedürfnisse und Wünsche. Er ebnet so den Gegensatz zwischen privater und öffentlicher Existenz, zwischen individuellen und gesellschaftlichen Bedürfnissen ein. Die Technik dient dazu, neue, wirksamere und angenehmere Formen sozialer Kontrolle und sozialen Zusammenhalts einzuführen ... Als ein technologisches Universum ist die fortgeschrittene Industriegesellschaft ein *politisches* Universum — die späteste Stufe der Verwirklichung eines spezifischen geschichtlichen *Entwurfs* — nämlich die Erfahrung, Umgestaltung und Organisation der Natur als des bloßen Stoffs von Herrschaft ... Technologische Rationalität ist zu politischer Rationalität geworden."[130]

Mit dieser düsteren Prognose steht *Marcuse* weitgehend allein. Eine gewisse Nähe zu konservativen Autoren wie *Freyer* oder *Gehlen* ist jedoch nicht zu übersehen – bei allen grundsätzlichen Unterschieden der politischen Anschauungen. *Marcuses* Verdacht eines technokratischen Totalitarismus steht einer eher zuversichtlichen Einschätzung der denkbaren Entwicklung der sozialistischen Systeme durch die Vertreter des Industriegesellschaftsansatzes gegenüber.[131] Sie sehen Veränderungstendenzen nicht nur im wissenschaftlich-technischen und ökonomischen Bereich, sondern auch in der Politik und Verwaltung. Diese Systeme seien, so lautet die Vermutung, gezwungen, sich den Bedingungen der modernen industriellen Gesellschaft zu stellen, wollten sie als System überleben. Begriffe wie „Anpassung" und „Einpassung" in diese Anforderungen bestimmen die Diskussion.[132] Ihre Verwendung kennzeichnet eine vereinfachte Sicht des Verhältnisses von sozialen Wandlungstendenzen in hochindustrialisierten Gesellschaften sowjetsozialistischen Typs, gegen die sich nicht nur marxistische Autoren, sondern auch Vertreter des Modernisierungskonzepts wie *Dankwart Rustow* wenden. Die These, daß der Verlauf und die Formen der „ökonomischen Evolution" unilinear seien und daß die „politische Evolution" eine unmittelbare Folge der zugrundeliegenden ökonomischen und sozialen Wandlungstendenzen sei, wird von ihm als unzulässige Simplifizierung abgelehnt.[133]

Diese Kritik trifft einen analytischen Ansatz, wie er in der Bundesrepublik vor allem von *Peter Christian Ludz* vertreten worden ist. Es sei die Industriegesellschaft, so argumentiert er, die die Strukturen und die Handlungsmuster der politischen und ökonomischen Eliten bestimme und die sozialistischen Systeme zwinge, entscheidende Modifikationen ihres ideologischen Selbstverständnisses und praktischen Handelns vorzunehmen.

Obwohl *Ludz* nicht den Anspruch erhebt, eine „umfassende Theorie bolschewistischer Herrschafts- und Gesellschaftssysteme zu entwerfen"[134], sind seine Prämissen doch wesentlich vom Konzept Industriegesellschaft geprägt. Seine Untersuchung über die Parteielite in der DDR, die organisationstheoretische und ideologie-kritische Fragestellung miteinander verbindet, gewinnt damit – über den engeren empirischen Gegenstand, den Funktionsaufbau, die Sozialstruktur und Ideologie der SED-Parteiführung hinaus – eine allgemeine Bedeutung für die Analyse sowjetsozialistischer Systeme. Die DDR als hochindustrialisierte Gesellschaft, die, im Gegensatz zur Sowjetunion, den Industrialisierungsprozeß lange hinter sich hat, eignet sich (neben der ČSSR) ohne Zweifel am besten dazu, die zentralen These des Industriegesellschaftsansatzes zu überprüfen. Die Wandlung des politischen Systems von einer — von außen oktroyierten — „totalitären" zur „autoritären" Herrschaft ist nach Auffassung von *Ludz* als typisches Zeichen eines Anpassungsprozesses an die Bedingungen der industriellen Gesellschaft anzusehen.

Eine „totalitäre Industriegesellschaft" sozialistischen Typs, wie sie etwa die Ausführungen *Marcuses* denkbar erscheinen lassen, ist offenbar für *Ludz* nur schwer vorstellbar. „Wenn konstitutive Merkmale der industriellen Gesellschaft, in erster Linie der in ihr vorherrschende Organisationstyp", so argumentiert er, erst einmal von den regierenden kommunistischen Parteien (hier der SED) anerkannt sind, dann sei ein Wandel des Herrschaftssystems vom totalitären zum autoritären Typus unvermeidlich und umgekehrt: die regierenden Parteien kämen um die Anerkennung der grundlegenden Funktionsbedingungen hochindustrialisierter Gesellschaft nicht herum. Dieser Prozeß gehe nicht ohne Probleme und Konflikte ab:

„Der wissenschaftlich-technische Fortschritt setzt eine Reihe von Kräften frei, die funktionale und disfunktionale Konflikte für das Herrschaftssystem in der DDR mit sich bringen. Er begünstigt die Differenzierung der politischen Führungsgruppe und führt neue, konkurrierende Eliten herauf, so daß die totale Durchdringung der Gesellschaft durch das ideologische Wollen einer Partei gegenwärtig in weit schwächerem Maße gegeben ist und Schwankungen im Sanktionenvollzug der herrschenden Gruppen fast unvermeidlich werden." (S. 4 f.)

Dem Argument, eine zureichende Beurteilung der Gesamtgesellschaft sei mit der Reduktion der empirischen Untersuchung auf Konflikte innerhalb der Eliten nicht in den Griff zu bekommen, hält *Ludz* zwar mit *Harold D. Lasswell* und *Daniel Lerner* entgegen, daß

„Analysen von Eliten in totalitär beziehungsweise totalitär/autoritär verfaßten Gesellschaftssystemen ... ein wesentlicher Indikator [sind], um den sozialen, geistigen und politischen Wandel in diesen Systemen adäquat zu erfassen und zu beurteilen." (S. 5)

Er relativiert dieses Urteil aber durch seine eigene Vorgehensweise, die den Rahmen traditioneller Elitestudien sprengt und auch organisationssoziologische und ideologiekritische Aspekte einbezieht. Gleichwohl kann man sich der Kritik *Gerd Meyers* anschließen, der *Ludz* (wie auch der Mehrzahl der Modernisierungs- und Industriegesellschaftstheoretiker) vorwirft, daß seine Unternehmungen nur an Steuerungsproblemen orientiert seien und die

„Lebenswelt und Interessenlagen der Beherrschten keine zentrale Rolle [spielen]. Situations- und Problemdefinitionen gehen nicht vom Engagement für bestimmte politische oder soziale Großgruppen aus ... Deshalb ist dieser Ansatz nur beschränkt leistungsfähig, wenn es um die *Beschreibung und Erklärung von Konflikt- und Krisenpotentialen* in den Systemen des bürokratischen Sozialismus geht ...
Widersprüche und Konflikte, die aus der Gesellschafts- und Herrschaftsstruktur oder aus systemspezifischen Entwicklungs- und Verteilungsgleichheiten resultieren, werden häufig auf Steuerungs- und Elitenprobleme beschränkt. Die Erklärung gesamtgesellschaftlicher Widersprüche setzt aber notwendig die Analyse sozio-ökonomisch, positional und kulturell verankerter Interessenkonstellationen politisch relevanter, sozialer Großgruppen voraus. Sie müßte sowohl den Input- wie den Outputbereich des politischen Systems, die Ebene der System- wie der Sozialintegration umfassen."[135]

Diesen Anforderungen scheint auf den ersten Blick der „Interessengruppenansatz" entgegenzukommen, den *H. Gordon Skilling* 1966 in einem Aufsatz[136] entwickelte. Er hat damit ohne Zweifel dazu beigetragen, eine ausschließlich an gesellschaftlichen Strukturen und dem „Output" politischer, ökonomischer, sozialer und kultureller Prozesse orientierte Analyse zu überwinden. Zwar hatte es auch vorher Versuche gegeben, die erkennbaren Konflikte in den kommunistischen Parteien zu analysieren, doch beschränkte man sich dabei weitgehend auf den Machtkampf rivalisierender Gruppen, der hinter der Fassade einer einheitlich handelnden und monolithischen Partei ausgetragen wurde. Inwieweit hierbei unterschiedliche *gesellschaftliche Interessenlagen* eine Rolle spielten, als deren Exponenten die verschiedenen Protagonisten agierten, blieb ausgeblendet; soweit sie in den Blick gerieten, wurden daraus resultierende Konflikte nur auf den oberen Etagen der politischen Hierarchie wahrgenommen.[137]
Diese dringend notwendige Analyse gesellschaftlicher Interessen- und Konfliktlagen ist jedoch auch mit dem Ansatz von *Skilling* allein nicht zu leisten, da dieser sich explizit auf die „politischen Interessengruppen" konzentriert und damit notwendigerweise auf bestimmte Intelligenz- und „Elite"gruppen beschränkt bleibt.

„Nach David Truman sehen wir als politische Interessengruppen eine Ansammlung von Personen an, die gemeinsame Merkmale besitzen, eine gemeinsame Einstellung zu öffentlichen Fragen, in denen sie bestimmte Positionen beziehen, um an die Machthaber bestimmte Forderungen zu stellen. [Wir klammern] aus unserer Analyse bewußt breite Gesellschaftsgruppen aus, in welche die sowjetische Gesellschaft, wie jede andere auch, zerfällt ... Als ‚Elitegruppe' bezeichnen wir eine Gruppe, deren Mitglieder eine besondere Ausbildung besitzen und einen höheren wirtschaftlichen und sozialen Status genießen als die Masse der Bevölkerung, manchmal auch offizielle Stellungen in der Regierung oder der Parteihierarchie bekleiden. Wenn wir dagegen von der ‚politischen Elite' sprechen, meinen wir die Politiker auf höchster Entscheidungsebene in Partei und Regierung.“[138]

In dem von *Skilling* und *Griffiths* herausgegebenen Band über „Pressure Groups in der Sowjetunion" werden einige relevante Elitegruppen untersucht: die Parteiapparatschiki, die Sicherheitspolizei, die Militärs, die Industriemanager, die Ökonomen, die Schriftsteller und die Juristen. Die Einzelanalysen zeigen, daß eine differenzierte Betrachtung einzelner Elitegruppen durchaus dazu beitragen kann, pauschalisierende und simplifizierende Annahmen elitentheoretischer Untersuchungen zu vermeiden, denen auch *Ludz* trotz seines ausgefeilten methodischen Instrumentariums nicht entgangen ist — er teilt die Führungselite der SED in eine „strategische Clique" und eine „institutionalisierte Gegenelite" ein und verbindet damit die Vorstellung, diese neue Gegenelite stehe den Anforderungen der Industriegesellschaft aufgeschlossener gegenüber.[139] Der entscheidende Einwand gegen diesen Ansatz ist aber der gleiche, den *Gerd Meyer* gegen *Ludz* gerichtet hat: Die gesellschaftlichen Großgruppen bleiben auch hier ausgeblendet. Der Versuch, politische Interessengruppen zu definieren und zu bestimmen, kann viel eher als Beitrag zur Analyse bürokratischer Herrschaft in den sozialistischen Systemen verstanden werden und in diesem Kontext seine analytischen Vorzüge entfalten. *Gerd Meyer* kreidet diesem Ansatz an, daß er nur Gruppen untersucht, deren „Spielraum und Gewicht ... weitgehend von der herrschenden Bürokratie kontrollierbar" sei. Die Einflußchancen dieser Interessengruppen seien beschränkt, und sie spielten im politischen Prozeß „eine im ganzen sekundäre Rolle gegenüber der autoritären Herrschaft, der Bürokratie und einer ‚monopolistischen' Partei.“[140] Diese Kritik verkennt ihrerseits, daß diese Gruppen selbst in erheblichem Maße „bürokratische Gruppen" sind und durch ihren Sach- und Fachverstand wie durch ihre operativen und funktionalen Aufgaben politische Entscheidungen ganz wesentlich mitprägen. Der Interessengruppenansatz kann, benutzt man ihn als Ergänzung zur Analyse sowjetsozialistischer Bürokratien,[141] durchaus fruchtbare Ergebnisse zeitigen. Als kritischer Ansatz zur Analyse sozialer Beziehungen in den sozialistischen Systemen, darin ist *Gerd Meyer* zuzustimmen, eignet er sich kaum.

Der alle hochentwickelten Staaten systemspezifisch prägende Bürokratisierungsprozeß gewinnt im Kontext dieser Überlegungen einen besonderen Stellenwert, da er die Rahmenbedingungen und die Verfahrensweisen des Handelns gesellschaftlicher und politischer Gruppen prägt. Hatte das Totalitarismuskonzept die sowjetische Bürokratie noch als „Einheitsverwaltung" beschrieben, deren universalistischer Anspruch alle gesellschaftlichen Beziehungen zu durchdringen primär auf Herrschaftssicherung zielte,[142] so zeigte die Analyse von *Alfred G. Meyer* ein wesentlich anderes Bild. Die sowjetische Bürokratie läßt nach seiner Auffassung viele Ähnlichkeiten mit den allgemeinen Bestimmungsfaktoren „moderner" Bürokratien in anderen Systemen erkennen. Er sieht in ihr die umfassende und komplexe Organisation, die für die rationale, zielbewußte und geplante Gestaltung und Kontrolle der sozialen Beziehungen verantwortlich ist. Die Bürokratie sei eine Begleiterscheinung und zwingende Voraussetzung administrativen Handelns in einer „Welt der modernen Technologie und Komplexität".[143] Struktur und Handlungsmuster der Bürokratie sind aber, bei aller Gemeinsamkeit, systemspezifisch geprägt; *A. G. Meyer* nennt fünf Aspekte:

1. Hierarchie
   Eine der Grundregeln jeder bürokratischen Organisation ist die streng hierarchische Kompetenz und Befehlsstruktur. Sie erfahren durch das Prinzip der Einzelleitung und das spezifische Verhältnis der Bürokratien zur kommunistischen Partei ihre besondere Ausprägung.
2. Strukturelle Differenzierung
   Administrative Funktionen müssen auf eine Vielzahl von Untereinheiten verteilt werden, die streng begrenzte und definierte Aufgabenbereiche haben, in denen sie sachlich kompetent sind. Eine komplexe und differenzierte Verwaltungsorganisation ist mit den totalitarismustheoretischen Annahmen nicht vereinbar. Das Streben nach größerer Rationalität in der Verwaltung erfordert eine Reform „demokratisch-zentralistischer" Strukturen.
3. Regeln und Vorschriften
   Eines der charakteristischen Elemente bürokratischer Rationalität sind die Berechenbarkeit und Rechtsförmigkeit des Verwaltungshandelns und die weitestgehende Vermeidung persönlicher Willkür. Gemessen an diesem Kriterium hat die sowjetische Bürokratie einen „hohen Stand der Bürokratisierung" erreicht. Die Bürokraten sind an strikte Regeln in Form von Anweisungen, Vorschriften und Gesetzen gebunden; die Einhaltung der generellen Regeln wird von der Partei, vielfältigen bürokratischen und staatlichen Kontrollinstanzen, der Polizei, den Gerichten usw. überwacht. Formalisierte Verfahrensweisen und feste Regeln stehen jedoch in einer

konfliktreichen Beziehung zum notwendigen Maß an Risikobereitschaft, die zur Erhaltung oder Erreichung der Effizienz bürokratischer Verfahren und Entscheidungen notwendig ist. Es gibt jedoch auch eine ganze Reihe von Regelverletzungen, spezifischen Eigeninteressen bis hin zu Erscheinungen der Korruption, die diese Regelhaftigkeit konterkarieren.

4. Strukturierte Kommunikationsbeziehungen.
Die Etablierung formaler Kommunikationskanäle stößt auch in der sowjetischen Bürokratie auf „pathologische Symptome", die gemeinhin als informelle Informationen bezeichnet werden, welche die Effizienz der Entscheidungsfindung und -durchführung stören. Die Kanalisierung der Informationen bedeutet zugleich Sicherung der Geheimhaltung.

5. Sachverstand
Rationale Bürokratien sollten die jeweiligen Aufgaben an die Personen delegieren, die über die notwendigen analytischen Fähigkeiten, Erfahrungen und Kenntnisse verfügen, die für deren Erfüllung erforderlich sind. Die „rationalen Qualifikationen" (wie Sachwissen und Erfahrung) konfligieren in allen Bürokratien mit den „nichtrationalen Qualifikationen" wie Loyalität, Ausstrahlung der Persönlichkeit usw. Der politische Charakter und die soziale Verankerung der sowjetischen Bürokratie führen aber dazu, daß in erheblichem Maße den politischen und persönlichen Fähigkeiten eine entscheidende Rolle bei der Rekrutierung der Inhaber von höheren Positionen und Funktionen eingeräumt wird. (S. 205 ff.)

Die Analyse *A. G. Meyers* wäre jedoch verkürzt wiedergegeben, wenn nicht darauf hingewiesen würde, daß er die Bürokratieproblematik in einen engen Kontext mit den historischen Bedingungen, der politischen Kultur, ökonomischen und sozialen Gegebenheiten sowie den Handlungsmustern und -möglichkeiten der politischen Führung analysiert, d.h. eine umfassende Interpretation des sowjetischen Systems anbiete. Er nimmt keine Identifikation von „modern" mit „westlich" vor. Die Sowjetunion ist für ihn „modern-industriell" und zugleich „bürokratisch-kollektivistisch." (S. 234) Die spezifische Ziel-Mittel-Relation der sozialistischen Systeme, die neben industriegesellschaftlichen Einflüssen die Funktionsweise des bürokratischen Sozialismus prägt, bleibt aber auch hier weitgehend unberücksichtigt. Während bei *A. G. Meyer* oder auch bei *Ludz* die historischen und politisch-ideologischen Voraussetzungen der gegenwärtigen Verfassung der sowjetsozialistischen Systeme — trotz der Vernachlässigung des Zielaspekts — eine wichtige Rolle spielen, ist von einer solchen Modifikation kruder industriegesellschaftlicher Annahmen bei der Mehrzahl der Autoren, die sich dieses Ansatzes bedienen, wenig zu spüren.[144]

Die Analyse der sozialistischen Bürokratie sowjetischen Typs, wie sie *A. G. Meyer* vornimmt, zeigt, daß eine Reihe von der Industriegesellschaftstheorie entwickelten Kategorien durchaus gewinnbringend für eine historisch fundierte Analyse sozialistischer Systeme genutzt werden kann. Der allgemeinen Problematik, die sich aus der Nutzung des Industriegesellschaftskonzepts ergibt, entgeht *A. G. Meyer* aber genausowenig wie andere Autoren: Indem der Aspekt des Funktionierens des politisch-administrativen und ökonomischen Systems einseitig in den Mittelpunkt der Analyse gestellt wird, ergibt sich die Gefahr einer doppelten Fehlinterpretation. Funktionsschwächen, Fehlentwicklungen usw. werden dem politischen System und dessen mangelnder „Anpassungsfähigkeit" angelastet. Damit wird — oft gegen den Willen der Autoren — die weitverbreitete Meinung unterstützt, die sozialistischen Staaten seien zu rationaler Planung nicht fähig; möglichst reibungsloses Funktionieren der Apparaturen, Leistungsorientierung, Arbeitsdisziplin, Wirtschaftswachstum usw. gelten als positive Werte an sich, als „allgemeine Anforderung der modernen Industriegesellschaft", die endlich auch von den sozialistischen Systemen akzeptiert werden. Es dominiert der Funktionsaspekt. Die gesellschaftlichen Systeme des „Westens" und der sozialistischen Staaten funktionieren, wobei ihnen die Funktionsmuster — wenn nicht gar die zu treffenden Entscheidungen — von den Sachzwängen der modernen Industrie und der Entwicklung des wissenschaftlich-technischen Fortschritts weitgehend vorgegeben werden.

3.4 Konvergenz der Systeme?

Den modernen Industriegesellschaften werden so viele gemeinsame Eigenschaften zugeschrieben, daß die Frage naheliegt, ob die nicht zu übersehenden Systemunterschiede immer mehr an Bedeutung verlieren werden. Bei der Beantwortung scheiden sich die Geister. Während einige Theoretiker eine zunehmende Konvergenz der Systeme, vor allem der USA und der Sowjetunion, prognostizieren, vertreten andere die Meinung, daß die Entwicklung der UdSSR zur entfalteten Industriegesellschaft keineswegs bedeute, daß sie sich westlichen Systemen annähere.

Auch die Vorstellungen der marxistisch-leninistischen Theoretiker, den objektiven Bedingungen der wissenschaftlich-technischen Revolution könne nur unter (sowjet)sozialistischen Vorzeichen entsprochen werden, enthalten eine Konvergenzannahme.[145] *Zbigniew Brzezinski* und *Samuel P. Huntington* betonen, daß die meisten Konvergenztheorien „in Wirklichkeit nicht eine Konvergenz der

Systeme, sondern den Untergang des anderen Systems" postulieren und daß beide, die „westlichen" wie die marxistisch-leninistischen Konvergenztheorien, „im Grunde revolutionäre Theorien" seien.[146] Beide unterstellen einschneidende Änderungen im Wesen eines der beiden Systeme, des Kapitalismus oder des „realen Sozialismus". Die marxistisch-leninistische Theorie geht offen von der Ablösung und Überwindung kapitalistischer Eigentums- und Aneignungsverhältnisse aus; in den „westlichen" Konvergenztheorien ist die umgekehrte Erwartung — wenngleich meist nur implizit — enthalten. Lediglich in Theorien des „dritten Weges", etwa bei dem früheren tschechoslowakischen Wirtschaftsminister *Ota Šik* ist eine Vorstellung von Konvergenz entfaltet, die beide Systemtypen, den Kapitalismus und den „realen Sozialismus", in ihrer gegenwärtigen Verfassung für ungeeignet hält, den Herausforderungen einer „modernen" Welt gerecht zu werden und deshalb für die Überwindung beider plädiert.

Ludz hat den Determinismus konvergenztheoretischer Annahmen betont:

„Die Konvergenzthese beruht auf einer die historische Dimension besonders betonenden und damit im Grunde auf einer deterministischen Konzeption: Die durch die technische Entwicklung bedingte Dynamik der Produktivkräfte prägt die Sozialstruktur einer Gesellschaft, die ihrerseits jeweils den politischen und geistigen ‚Überbau' bestimmt. Nach der These von der Konvergenz der Systeme laufen die weltpolitisch führenden Gesellschaften gleichsam aufeinander zu. Die ‚friedliche Koexistenz' zweier feindlicher Systeme wird durch deren einmal erreichte, bis zur Gleichheit gehende Annäherung gegenstandslos. Recht verstanden, zielt die Konvergenztheorie jedoch, wie Brzezinski und Huntington betonen, schließlich nicht auf die Negierung der ‚friedlichen Koexistenz', sondern vielmehr auf die Behauptung des Untergangs des anderen Systems."[147]

Die hier nur kurz angedeuteten Begründungen für die Konvergenzthese lassen vermuten, daß es sich bei ihr um eine „logische" Weiterentwicklung modernisierungs- und industriegesellschaftstheoretischer Überlegungen handelt. Eine solche eindeutige Zuordnung wäre aber verkürzt. Bereits 1944 hat ein russischer Emigrant, *Pitirim A. Sorokin*, eine Konvergenz des US-amerikanischen und des sowjetischen Systems prognostiziert, die, um mit *von Beyme* zu sprechen, „eine fast sentimentale Note" hatte und die sich „wie die tröstende Hoffnung eines russischen Emigranten ausnahm, daß es eines Tages zur Aussöhnung seiner beiden Vaterländer kommen werde".[148] *Sorokin* hat auf eine Vielzahl seiner Meinung nach zwischen den

USA und der UdSSR bestehender soziologischer Gemeinsamkeiten hingewiesen: im Bereich von Naturwissenschaft und Technik, in den Gesellschaftswissenschaften, in der Philosophie, den bildenden Künsten, der Religion, der Ethik und dem Strafrecht, in Bildung, Sport und Freizeit, in den Vorstellungen von Ehe und Familie, den sozialen Beziehungen, im Wirtschaftssystem und schließlich auch im politischen System.

Ebenfalls aus einer soziologischen Sicht hat *Raymond Aron* im Rahmen seiner Vorlesungen über die industrielle Gesellschaft konvergierende Tendenzen in beiden — den kapitalistischen und den sozialistischen — Systemen festgestellt; sie bestehen nach seiner Auffassung in der Verfügungsberechtigung über die Produktionsmittel, der Funktion der Staatsgewalt, der Rolle der Intelligenz und einem egalitären Trend im sozialen Sektor.[149]

Neben dieser stärker in der sozial- und kulturphilosophischen Tradition industriegesellschaftlicher Überlegungen stehenden soziologischen Sicht dominiert eine wirtschaftstheoretische, die sich vor allem auf das einflußreiche und höchst spekulative Modell der Stadien des Wachstums von *Walt W. Rostow* stützt, das eine geschlossene Darstellung konvergenztheoretischer Annahmen enthält.[150] Die im „Zeitalter des Massenkonsums" befindlichen Vereinigten Staaten sind für ihn das Vorbild für alle, auch die sozialistischen Industrienationen. Diese Vorbildfunktion beruhe auf „objektiven" Tatbeständen. Da der Übergang von einem Stadium wirtschaftlicher Entwicklung zum nächsten ein objektiver Prozeß sei, ausgelöst durch technische und ökonomische Faktoren, ist für *Rostow* auch der Eintritt der übrigen Industriegesellschaften in die Periode des Massenkonsums, die die USA bereits erreicht haben, unvermeidlich. Konvergenz der Systeme heißt für ihn nichts anderes als das Nachholen der nordamerikanischen Entwicklung.[151] Daß eine wirtschaftswissenschaftlich argumentierende Konvergenztheorie, die den wissenschaftlich-technischen und ökonomischen Vorsprung der USA vor der UdSSR gar nicht übersehen kann, durchaus nicht zur Behauptung führen muß, die sozialistischen Systeme seien vom Untergang bedroht, zeigt die Argumentation des einflußreichen Konvergenztheoretikers *Jan Tinbergen*. Er untersucht die Wandlungstendenzen in den hochindustrialisierten sozialistischen und kapitalistischen Staaten und weist sowohl auf Annäherungen als auch auf Unterschiede in den Wirtschafts- und Gesellschaftsordnungen hin. Eine Angleichung ist für ihn vor allem das Ergebnis eines gemeinsamen Lernprozesses.

„Erstens lernt jedes System aus seiner eigenen Erfahrung und versucht, seine größten Schwächen zu überwinden. Zweitens beginnen die beiden Ordnungen, sich in zunehmendem Maße gegenseitig zu beeinflussen."[152]

Unter beeinflussen versteht er nicht so sehr das Aufeinanderwirken der Systeme als Ganze, sondern einzelner ihrer Subsysteme wie des ökonomischen Sektors, der Staatstätigkeit usw. *Tinbergen* prognostiziert ebenso wie *John Kenneth Galbraith*[153] eine Zunahme der Massenproduktion und des Massenkonsums, ermöglicht durch den wissenschaftlich-technischen Fortschritt und, damit einhergehend, eine immer deutlichere Angleichung des Wirtschaftsmechanismus und der Planungs- und Leitungsmethoden. Systemunterschiede werden durchaus gesehen, ihre Bedeutung wird aber geringer eingeschätzt als die diagnostizierten Ähnlichkeiten.

Die Aussagen *Herbert Marcuses* zu Entwicklungstendenzen der Industriegesellschaften sind bereits erwähnt worden; sie führen ihn auch zu konvergenztheoretischen Überlegungen. Er konstatiert starke Angleichungstendenzen im Zuge der Entwicklung beider Gesellschaftssysteme:

„Dem grundlegenden Unterschied zwischen der westlichen und der sowjetischen Gesellschaft geht eine starke Tendenz zur Angleichung parallel. Beide Systeme zeigen die allgemeinen Züge der spätindustriellen Revolution ... Zentralisation und Reglementierung treten an die Stelle individueller Wirtschaft und Autonomie; die Konkurrenz wird organisiert und ‚rationalisiert‘, es gibt eine gemeinsame Herrschaft ökonomischer und politischer Bürokratien; das Volk wird durch die ‚Massenmedien‘ der Kommunikation, die Unterhaltungsindustrie und Erziehung gleichgeschaltet."[154]

Marcuse sieht aber keine Angleichung im Sinne eines „Zwischendings" zwischen Kapitalismus und Sowjetsozialismus, sondern ein kompliziertes Verhältnis zwischen dem hochentwickelten Kapitalismus und einem „Nachzügler" in der Entwicklung, der

„nach einer langen Periode einer sich hinziehenden Rückständigkeit mehrere Entwicklungsstufen ‚überspringt‘, sich einer allgemeinen Tendenz der späten Industriegesellschaft anschließt und ihr erbarmungslos vorauseilt." (S. 90)

Die Aussagen *Marcuses* zur Frage einer Konvergenz der Systeme bleiben vage. Eine Bemerkung im Vorwort zur zweiten Auflage seines Buches macht sie eher noch unklarer; dort räumt er ein, daß seine Ausführungen so verstanden werden konnten, als habe er den Konflikt zwischen zwei Systemen primär als solchen „zwischen zwei Formen oder Arten ein und derselben Industriegesellschaft" erblickt. Er distanziert sich dann zwar eindeutig von einer solchen Position, seine erneute „Betonung des allumfassend politischen Charakters des maschinellen Prozesses in der fortgeschrittenen Industriegesellschaft" (S. 16 f.) trägt freilich kaum zur eindeutigen Klärung des Konvergenzproblems bei.

So unterschiedlich die wissenschaftlichen und politischen Positionen der einzelnen „Konvergenztheoretiker" auch sein mögen, ihrer Argumentation liegt die Behauptung eines mehr oder weniger direkten kausalen Zusammenhangs von wissenschaftlich-technischer und ökonomischer Entwicklung auf der einen und politisch-gesellschaftlichen Wandlungsprozessen auf der anderen Seite zugrunde, was — aufgrund der systemübergreifenden Gleichförmigkeit des letzteren — eine Entwicklung der verschiedenen Systeme in dieselbe Richtung erwarten lasse. Dieser Behauptung, die den konvergenztheoretischen (aber auch den meisten industriegesellschaftlichen) Ansätzen zugrunde liegt, ist von *Zbigniew Brzezinski* und *Samuel P. Huntington* widersprochen worden. Sie kritisieren die Überschätzung der Rolle der ökonomischen Faktoren; weder könne von einem direkten Zusammenhang von ökonomischer Entwicklung und Erscheinungen der Liberalisierung, Demokratisierung, größerem Pluralismus usw. ausgegangen werden, noch lasse sich die These halten, kommunistische Systeme könnten „Industrialisierung und Wohlstand nicht überleben",[155] im Gegenteil, Modernisierung und Festigung des bestehenden politischen Systems seien nicht nur vorstellbar, sondern wahrscheinlich und in vielen Bereichen nachweisbar.

„In der Sowjetunion hat die zunehmende technische und naturwissenschaftliche Kompetenz der kommunistischen Bürokratie zur Folge, daß die Modernisierung der Gesellschaft weiterhin rasch fortschreitet und daß ... die Modernisierung, wirtschaftliche Rationalisierung und weitere Industrialisierung nicht notwendig größere Freiheiten, sondern vielleicht sogar das Gegenteil mit sich bringen." (S. 465)

Sie setzen also der Konvergenz eine Divergenz entgegen: Die wissenschaftlich-technischen und ökonomischen Entwicklungsprozesse industrialisierter Systeme seien unter durchaus verschiedenen, ja gegensätzlichen politischen und Eigentumsverhältnissen vorstellbar. Der von ihnen benutzte Begriff der „Evolution" hat so einen doppelten Aspekt; er benennt Wandlungstendenzen im Inneren und zugleich die Verstärkung der Wesensmerkmale des Systems nach innen und außen.

„Da der Parteistaat ... jeden Angriff auf seine doktrinäre Vorherrschaft fürchtet, wird er selbst innerhalb der Gesellschaft nichts dulden, was nach ,ideologischer Koexistenz' aussehen könnte. Daher werden in der Sowjetunion Hand in Hand mit der weiteren Industrialisierung die Bemühungen gehen, das politische und ideologische Monopol der Parteibürokratie aufrechtzuerhalten und jeden ideologischen Pluralismus auszuschalten. Grundbedingung hierfür ist die Einheit der herrschenden Bürokratie." (S. 446)

Unterschiedliche Interessen und Konflikte seien, so argumentieren *Brzezinski* und *Huntington*, durchaus erkennbar; aber die Tradition der kommunistischen Parteien komme einer solchen Einheit der Bürokratie ebenso zugute wie die allgemeine Tendenz, daß sich „die moderne Bürokratie normalerweise in der Richtung der Zentralisierung" bewege. (ebd.) Die politischen Systeme der USA und der UdSSR sind nach ihrer Aufassung jedes auf seine Weise höchst erfolgreich gewesen, und es gebe daher keine Anzeichen und keine Notwendigkeit für eine Konvergenz. *Brzezinski* und *Huntington* haben mit ihrer Untersuchung zwar den mechanistischen Konvergenzvorstellungen eine Absage erteilt, sie erliegen aber ebenso wie die Mehrheit der Industriegesellschafts- und Konvergenztheoretiker der Faszination wissenschaftlich-technischer und ökonomischer Rationalität, der Planbarkeit gesellschaftlicher Beziehungen und der „Sachzwänge" moderner industrieller Gesellschaften.

Eine Wertung der Konvergenztheorie muß sich — bei allen Unterschieden in den wissenschaftlichen und politischen Positonen — mit der Tatsache auseinandersetzen, daß die zentralen Aussagen sich als nicht zutreffend erwiesen haben. Sie muß aber auch die Rolle reflektieren, die solche theoretischen Überlegungen für die Debatte über die sozialistischen Systeme und die praktische Politikberatung gespielt haben.[156] Hier sind ihr gewisse Verdienste nicht abzusprechen, hat sie doch die herrschenden Totalitarismusvorstellungen nachhaltig in Frage gestellt. Indem sie sich jedoch vor allem dem Aspekt des Funktionierens sozialistischer und kapitalistischer Systeme zuwandte, hat sie einen technokratischen Zug, der nicht nur die Wertorientierung des anderen, sondern auch oft die des eigenen Gesellschaftssystems vernachlässigt.

4. Marxistische Kritik des „realen Sozialismus"

4.1 Entstehung

Die Analyse der „realen" Sozialismen hatte immer — darauf ist im Zusammenhang mit dem Totalitarismuskonzept und den Modernisierungs- und Industriegesellschaftstheorien hingewiesen worden — einen wissenschaftlichen und mittelbaren oder unmittelbaren politischen Aspekt. Das trifft in anderer Weise auch für diejenigen marxistischen und/oder linken Ansätze zu, die den sozialistischen Systemen kritisch bis ablehnend gegenüberstehen.

Für die Apologeten des „realen Sozialismus" ist jede Kritik, die nicht eindeutig als „rechtssozialdemokratisch" oder konservativ zu denunzieren ist, weil sie von „Linken", von demokratischen Sozialisten und Kommunisten verschiedener Provenienz vorgetragen wird, von vorneherein „revisionistisch", „linksradikal", „linksopportunistisch" usw.[1] Diese massive Abwehr ist verständlich, handelt es sich doch — bei aller Verschiedenheit — um Positionen, die sich darin einig sind, daß das sowjetische Modell nicht zum verbindlichen Vorbild für jede sozialistische Entwicklung erklärt werden könne, da es durchaus fraglich sei, ob die sowjetischen Systeme überhaupt „sozialistisch" sind.

Eine linke Kritik am „realen Sozialismus" steht zugleich immer in der Gefahr, für eine allgemeine Diskreditierung des Sozialismus mißbraucht zu werden. Dies hat, zumal in der Zeit des „kalten Krieges", zu einer gewissen „Enthaltsamkeit" geführt; das Feld wurde weitgehend den „Renegaten" überlassen. Erst das Jahr 1968, d.h. die sich in den Studenten„unruhen" und dem Pariser Mai offenbarende Krise der bürgerlich-kapitalistischen Staaten und die militärische Verhinderung einer Reform eines sowjetsozialistischen Systems aus sich selbst heraus (in der ČSSR) haben einer kritischen, von marxistischen Positionen ausgehenden Sozialismusanalyse neue Anstöße gegeben.

Dabei wurden in einer ersten Phase vor allem die Diskussionen rezipiert, die vor und nach der Oktoberrevolution die sowjetische Entwicklung begleitet hatten. *Rosa Luxemburgs* Kritik an *Lenins*

Parteitheorie und der russischen Revolution,[2] linkskommunistische,[3] trotzkistische,[4] anarchosyndikalistische[5] und sozialdemokratische Einschätzungen[6] der russischen Entwicklung aus den 20er und 30er Jahren[7] wurden erneut diskutiert und — ein Ergebnis der zunehmenden Zersplitterung und Fraktionierung der „Neuen Linken" — z.T. kritiklos übernommen und für die eigene Gruppierung oder „Partei" reklamiert. Einen nicht minder großen Einfluß hatten die Schriften der „Frankfurter Schule" bzw. die ihrer ehemaligen Mitglieder, vor allem von *Herbert Marcuse*.[8]

Für die unorganisierte Linke in der Bundesrepublik und West-Berlin spielte seit Beginn der 70er Jahre auch die aus der Konfrontation mit der KP Italiens entstandene Position der Gruppe „Il Manifesto" eine wichtige Rolle,[9] ebenso wie die aus der Debatte um den „Eurokommunismus" erwachsene Differenzierung innerhalb der traditionellen parteikommunistischen Positionen.[10]

Von nicht minder großem Einfluß waren Denkanstöße, die aus den sozialistischen Staaten selbst kamen: Die Diskussionen der „Budapester Schule" um den ehemaligen Ministerpräsidenten *Andras Hegedüs*,[11] die von *Oskar Lange* begründete „polnische Schule", die eine führende Rolle bei der Ausarbeitung der Wirtschaftsreformen in Osteuropa hatte und deren Einflüsse auf die spätere Entwicklung der Reformüberlegungen in der ČSSR nicht zu übersehen sind,[12] die „*Praxis Gruppe*" in Jugoslawien, die die offizielle Theorie der „Selbstverwaltung" konsequent weiterentwickelte und sich, unter politischen Druck geraten, auflösen mußte,[13] und zuletzt das Buch von *Rudolf Bahro*.[14] (Eine ähnliche „Abrechnung" mit dem DDR-System „von innen" war 1975 ohne große Resonanz geblieben.[15])

Die zentrale Frage der unterschiedlichen Gruppen und Positionen war die nach dem „Wesen" der Sowjetunion und der ihr verbündeten Staaten: Handelt es sich bei ihnen um sozialistische Systeme, oder treffen die von *Marx*, *Engels*, *Lenin* (für manche auch *Stalin*) entwickelten Kriterien für sozialistische Gesellschaften auf sie nicht zu?

Hinter dieser Fragestellung trat die nach den konkreten Erscheinungsformen dieser Systeme zurück. In mechanistischer Manier wurden sie nur zu oft als für das Wesen dieser Gesellschaften nebensächlich oder gar irrelevant erklärt.

Nicht minder problematisch stellt sich die Aufarbeitung der historischen Entwicklungslinien dar; das von *Renate Damus* kritisierte „unhistorische Modelldenken" und die weitverbreitete

Unkenntnis der Entwicklung in den 20er und 30er Jahren führten auch hier zu Pauschalierungen, die einer genaueren historisch-empirischen Analyse kaum standhalten.[16] Das trifft auch und vor allem für die Einschätzung der Oktoberrevolution zu, die, je nach politischem Standpunkt, a priori als sozialistische, bürgerliche, bürokratische usw. Revolution gekennzeichnet wird. Wird sie als „sozialistische" Revolution interpretiert, muß es im späteren Verlauf Entwicklungen gegeben haben, die diesen ursprünglich sozialistischen Charakter des revolutionären Prozesses „degenerieren" ließen, ihn verrieten oder gar in ihr Gegenteil verkehrten.

Anderenfalls müssen die UdSSR und die Länder Osteuropas, trotz aller Mängel, trotz des „Stalinismus" und seiner unvollkommenen Überwindung als sozialistisch, als auf dem Wege dorthin, oder aber als neuer, von den „Klassikern" nicht vorhergesehener Gesellschaftstypus gekennzeichnet werden.

Die Einschätzungen schwanken zwischen der vor allem von den „Maoisten" vertretenen Behauptung, in diesen Systemen werde der Kapitalismus restauriert,[17] der „trotzkistischen" These von den „degenerierten Arbeiterstaaten",[18] der von einigen Vertretern beider Lager angestellten Vermutung, es handle sich um eine spezifische Form des „Staatskapitalismus",[19] und der Meinung, die Nachwirkungen der alten „asiatischen" oder „halbasiatischen" Produktionsweise prägten die sowjetsozialistischen Systeme auch heute noch.[20]

Andere Autoren stellen eine Bürokratisierung und/oder eine Entwicklung zum „Etatismus" fest;[21] und schließlich definieren manche Anhänger der genannten, sich gegenseitig weitgehend ausschließenden Auffassungen die UdSSR und die Staaten Osteuropas übereinstimmend als „Übergangsgesellschaften".[22]

Für die Vertreter des Marxismus-Leninismus handelt es sich bei dieser Diskussion um „Verfälschungen der Erfahrungen des sozialistischen Aufbaus in der UdSSR", die in einer Linie mit dem bürgerlichen und sozialdemokratischen „Antisowjetismus" stehen.[23] Ein Zweifel am sozialistischen Charakter der Oktoberrevolution und der Entwicklung seither ist für sie Häresie; dies schon allein deshalb, weil die Diskussion über den „realen Sozialismus" mehr und mehr auch als Instrument begriffen wird, die gegenwärtige Krise des Marxismus zu überwinden.[24] Hier, so hat es *Stojanović* formuliert, ist der kritische und innovative Gehalt wiederzuentdecken, den der Marxismus als Kritik des Kapitalismus weitgehend verloren zu haben scheint.

„Der Marxismus kann sich heute primär als Kritik an sozialistischen oder quasi-sozialistischen Bewegungen, als Kritik an der sozialistischen Gesellschaft weiter entwickeln, auch wenn zu Beginn die Ablehnung des Kapitalismus auf seinem Programm stand. Heute scheint eine kritische Konfrontation mit Bewegungen und Gesellschaften, die den Sozialismus anstreben, die meisten neuen Perspektiven zur Bereicherung, Überprüfung und Konkretisierung des Programms des Marxismus zu bieten."[25]

Was hier als Programm formuliert wird, scheint, ohne daß es den Akteuren jeweils bewußt war, auch die Grundlage der breiten Diskussion gewesen zu sein, die innerhalb der bundesrepublikanischen Linken als Antwort auf das Buch von *Rudolf Bahro* in Gang kam. (Neben der — trügerischen — Hoffnung, durch eine gemeinsame Ablehnung des „realen Sozialismus" die eigene Zersplitterung aufzuheben.) Die *Bahro*-Diskussion hat diejenigen bestärkt, die bereits vorher eine Analyse konkreter Erscheinungen und weniger Spekulation über das „Wesen" und den allgemeinen Charakter dieser Gesellschaftssysteme gefordert hatten.[26]

In jüngster Zeit gibt es, wie die kritische Debatte auf einer Konferenz über „Macht und Opposition in den nachrevolutionären Gesellschaften", die im November 1977 (einberufen von „*Il Manifesto*") in Venedig stattfand,[27] erkennen läßt, Hinweise darauf, daß sich in der linken Diskussion eine Überprüfung der bisherigen Erklärungsmuster (Staatskapitalismus, Übergangsgesellschaft usw.) anbahnt und die Systeme des Sowjetsozialismus als „antagonistische Gesellschaften neuen Typs" (*Fernando Claudin*) begriffen werden, die es kritisch (und vor allem auch empirisch) zu untersuchen gilt. Die folgende Darstellung der wesentlichen Aspekte und Argumente dieser Diskussion erhebt nicht den Anspruch auf Vollständigkeit; sie beschränkt sich bewußt auf die wissenschaftliche Auseinandersetzung und läßt, obwohl dies nicht immer scharf abgrenzbar ist, die „Parteidiskussion" unbeachtet. Sie vernachlässigt zweitens die umfangreiche Sozialismusdebatte vor 1968 — dies würde eine eigene Darstellung erfordern. Und sie verzichtet schließlich (in den Augen von „Ableitungsmarxisten" ein unverzeihlicher Fehler) weitgehend auf die Aufarbeitung der komplexen, sehr theoretischen und meist abstrakten Diskussion über die Politische Ökonomie der sowjetsozialistischen Systeme. Der Anlage dieser Arbeit entsprechend wird das Gewicht vielmehr auf die politisch-soziologischen Aspekte „linker" Sozialismuskritik gelegt.

4.2 Die Asiatische Produktionsweise und der „reale Sozialismus"

Karl A. Wittfogel hat eine Theorie der orientalischen Despotie entwickelt, die umfassend die Entwicklungslinie „totaler Macht" und die Ausgangsbedingungen des sowjetischen Systems aufdecken will. Seine Arbeit und der Bezug auf einige Äußerungen von Marx über die Situation im Rußland des 19. Jahrhunderts bilden den Ausgangspunkt für die Analysen von *Rudi Dutschke* und *Rudolf Bahro*. *Wittfogel* konzentriert sich in seiner Analyse auf die „hydraulischen Gesellschaften", in denen die natürlichen Lebensumstände zu einer bürokratisch organisierten Gesellschaft mit einem absoluten Herrscher an der Spitze geführt haben. Die Bedingungen der Natur erforderten in diesen Gesellschaftssystemen, in denen die Bewohner in verstreuten Dorfgemeinschaften wohnten, ein ausgeklügeltes und gutorganisiertes Bewässerungssystem, das nur durch eine einheitlich handelnde und organisatorisch begabte Instanz, die Bürokratie, geschaffen und in Gang gehalten werden konnte.[28] Diese Bürokratie, die außer an die unumschränkte Befehlsgewalt des Herrschers an keine „konstitutionellen Schranken" gebunden war und keine wirksamen „gesellschaftlichen Gegengewichte" kannte (S. 142 ff.), war in der Regel nicht Eigentümer der von ihr verwalteten Anlagen. Zur Besonderheit dieser Gesellschaften gehört nach Auffassung *Wittfogels* die außerordentlich schwache Stellung des Privateigentums und die außerordentlich starke Stellung des Staates (S. 293). Er ist der Meinung, daß in den ausgebildeten und komplexen „hydraulischen Gesellschaften" das Privateigentum, in welcher konkreten Form es auch auftrat, stets materielle Vorteile gewährt habe, aber es ermöglichte seinen Inhabern nicht,

„die Regierung durch eine Organisation und Tätigkeit zu kontrollieren, die auf Eigentum beruhen. Durchweg ist es Besitz, der nicht Macht, sondern nur Einkünfte verschafft." (S. 378)

Wittfogel meint, daß in diesen Gesellschaften die sozialen Differenzierungen und die Klassenbildung nicht allein auf dem Eigentum beruhten.

„Wenn bürokratischer Reichtum einmal entstanden ist, bildet er Privateigentum, aber er wurzelt in staatlichem Eigentum und entspringt aus ihm. Seine innerbürokratische Verteilung erfolgt unter politischen Bedingungen, die nicht aus dem Privateigentum erklärt werden können". (S. 378)

Die russische Gesellschaft ist für ihn durch diesen Zusammenhang von Privateigentum und bürokratischer Verfügung gekennzeichnet gewesen; es habe sich bei ihr aber nicht um eine „hydraulische Kerngesellschaft", sondern um eine Zwischen- oder Randgesellschaft dieses Typs gehandelt, der der Despotismus von außen, durch die Mongolenherrschaft, aufgepreßt worden sei, aber später von den Zaren weiter entwickelt wurde. Die Industrialisierung Rußlands am Ende des vorigen Jahrhunderts habe die Grundlagen dieser Gesellschaft zwar nicht aufgelöst, aber eine zunehmend ambivalente Situation herbeigeführt, die 1917 die „anti-absolutistischen Kräfte" in die Lage versetzt habe, „eine zwar kurzlebige, aber echte anti-absolutistische und demokratische Regierung zu bilden" (S. 532), unter der die gegenläufigen Tendenzen einer „westlichen" Entwicklung, die seit Peter dem Großen nicht mehr zu unterdrücken war, Auftrieb erhielten: Die hydraulische Gesellschaft stand „am Scheidewege". (S. 540) Auf die selbstgestellte Frage, ob die UdSSR „Rußlands asiatische Restauration" darstelle, antwortete *Wittfogel* mit Nein. Er lehnt aber auch die Auffassung ab, daß

„die Sowjetgesellschaft ursprünglich einen protosozialistischen Charakter hatte, der 1922 oder kurz danach [wegen des Erstarkens der Bürokratie] verloren ging. Lenins verspätete Warnungen deuten das Problem an, aber sie zeigen auch, daß er nicht bereit war, sich der Wirklichkeit ganz zu stellen. Marx und der Lenin der Vor-Oktoberzeit betrachteten Sozialismus als Planwirtschaft mit wirksamer Kontrolle des Volkes über die Planer. Die Bolschewiki ließen eine derartige Kontrolle nicht zu, als sie nach ihrer revolutionären Machtergreifung Wirtschaftsplanung in immer größerem Umfang betrieben. Gemessen an marxistisch-leninistischen Maßstäben, gab es in Sowjetrußland subjektive Sozialisten, aber es gab nie Sozialismus." (S. 543)

Von einer asiatischen Restauration könne nicht die Rede sein, weil „die Herren Sowjetrußlands" zwar ein „Wesensmerkmal einer agrardespotischen Gesellschaft, die monopolistische Stellung ihrer herrschenden Bürokratie", bewahrt hätten, zugleich aber durch die Nationalisierung der Industrie „neue Machtmittel der Organisation, der Propaganda und des physischen Zwanges" in die Hand bekamen, die es ihnen ermöglichten,

„die kleinbäuerlichen Produzenten als Wirtschaftskategorie zu vernichten...
Die industrielle Despotie der vollentwickelten und total-managerialen Apparatgesellschaft vereinigt totale politische Macht mit totaler sozialer und geistiger Kontrolle." (S. 544 f.)

Wittfogel ist damit, auf anderen Wegen, zum gleichen Argumentationsmuster wie die Totalitarismustheorie gelangt, nur daß er die Ursachen nicht in den Wirkungen der neuen Technik oder „bösen" Absichten der Regierenden, sondern in der Unterentwicklung und asiatischen Tradition Rußlands sieht. Die Ironie der Geschichte wollte es, daß sich *Marx'* Einschätzung der orientalischen Gesellschaft als „allgemeine Sklaverei"

„mit Fug und Recht auf die neue industrielle Apparatgesellschaft anwenden läßt. Wir können in der Tat sagen, daß die Oktoberrevolution, welches auch immer ihre ursprünglichen Ziele gewesen sein mögen, ein auf Industrie beruhendes System allgemeiner (Staats-)Sklaverei erzeugt hat."[29]

Rudi Dutschke knüpft an die Analyse *Wittfogels* an, ohne dessen politische Prämissen zu teilen. Ihm geht es vor allem darum, nicht retrospektiv zu verurteilen, sondern das Revolutions- und Gesellschaftsverständnis *Lenins* und der Bolschewiki vor dem Hintergrund der „halbasiatischen" Entwicklung Rußlands verständlich zu machen.

Die Fixierung auf das Nachholen der kapitalistischen Entwicklung im Westen, die die Bolschewiki bis Mitte 1917 auf eine bürgerliche Revolution hinarbeiten ließ, sieht *Dutschke* als entscheidende Ursache für die Vernachlässigung der besonderen Bedingungen an, unter denen eine politische und soziale Revolution im halbasiatischen, bäuerlichen Rußland stattfinden konnte. Die fatale Konsequenz der „ursprünglichen sozialistischen Akkumulation" war bereits hier angelegt. Als das russische Bürgertum seiner „historischen Mission" nicht gerecht wurde, wurde die Industrialisierung unter „sozialistischen" Bedingungen durchgeführt, das Programm der *sozialen* Befreiung der „Unterdrückten und Beleidigten" geriet (vorerst?) in den Hintergrund.[30]

Der technokratisch-organisatorische Impetus des Modernisierungskonzepts der Bolschewiki ist nach Auffassung *Dutschkes* in seinen politischen Folgen nur verständlich, wenn auch die Auswirkungen der despotischen Verhältnisse im zaristischen Rußland auf die Politik der Partei in die Analyse einbezogen werden, die zu Organisations- und Verkehrsformen innerhalb der Partei und der Partei gegenüber den Massen geführt hätten, die diese despotischen Formen gleichsam spiegelverkehrt reproduzierten.

Die Bolschewiki konzentrierten sich auf das Nachholen der westeuropäischen industriellen Entwicklung und mußten dafür nicht nur die sozialen Folgen der ursprünglichen Akkumulation unter „sozialistischen" Vorzeichen in Kauf nehmen. Da sie den halbasiatischen Charakter Rußlands mit seiner „Dialektik von politischer Zentralisierung und ökonomischer Dezentralisierung als gesellschaftliche Verkehrsform der sich befreienden Klassen" (S. 171) nicht begriffen hätten, sei ihre politische Praxis an den Bedürfnissen der Massen (vor allem der Bauernschaft) vorbeigegangen. Der Despotismus, der von der „großen Industrie" erzeugt wird, und der im Prinzip des „demokratischen Zentralismus" bereits als Nukleus angelegte neue Despotismus gingen eine verhängnisvolle Verbindung ein.

„Die Bolschewiki *verurteilten sich* zum ‚Nachholen‘ dieses konkret-historisch falschen Ziels auf der sozial-ökonomischen Ebene. Was nicht im geringsten einen politischen Sieg ausschloß — in einer besonderen Krisensituation des asiatischen Kapitalismus spezifischen Typs.

Gerade die demokratische Seite des ‚demokratischen Zentralismus‘ mußte aber scheitern, weil die plebejische Agrikultur nicht zur Basis der Parteiarbeit gemacht wurde! Die Bolschewiki entwickelten sich im industriellen Überbau, ohne eine reale Basis in der plebejischen Bauernschaft gewonnen zu haben. Diese Basis wollten sie nicht einmal erreichen, denn sie war in ihrem Geschichtsverständnis ohnehin zum Tode verurteilt.

Der Leninsche Partei-Typus des ‚demokratischen Zentralismus‘ antizipierte unter zaristischen Knechtschaftsverhältnissen eine ‚moderne‘, ‚kapitalistische‘ Gesellschaft als Alternative zur zaristischen". (S. 127)

„Die Bolschewiki konnten als Illegalitäts- und Kaderpartei der Großstädte nicht die Massen in Stadt und Land *mobilisieren*, ihre frei gewordenen Bedürfnisse und Kräfte *nach* der Machtergreifung nicht verstehen und sich diesen nicht anpassen. Besonders darum nicht, weil sie *nie* die ländliche Struktur Rußlands als *Fundament* anerkennen wollten." (S. 175)

Dutschke sieht die Entwicklung in der Sowjetunion als Zusammenfassung der jeweils „negativen" Elemente der „halbasiatischen" und der „westlichen" Einflüsse: Industrialisierung ohne Entwicklung der bürgerlichen Freiheiten und eine zentralistische Staatskonzeption ohne gleichzeitige Übernahme demokratischer Elemente der bäuerlichen Kultur Rußlands.[31]

Damit waren für *Dutschke* die Voraussetzungen für eine despotische Herrschaft der „Partei- und Staatsmaschine", ihres bürokratischen und terroristischen Apparates gegeben, die in der Zeit des Stalinismus ihren Höhepunkt erreichte.

Die Aussagen *Bahros* zum Problem asiatischer Produktionsweise wiederholen im wesentlichen die Argumente, die bereits von *Wittfogel* und *Dutschke* vorgetragen worden sind. Deshalb soll hier nur auf einige abweichende Nuancierungen und Schlußfolgerungen eingegangen werden. *Bahro* betont, daß die „asiatische

Produktionsweise" keine fertige Gesellschaftsformation, sondern ein ,,Verbindungsglied zwischen der patriarchalischen Endphase der Urgesellschaft und den Klassengesellschaften Asiens" darstelle.[32] Wie *Dutschke* spricht *Bahro* von einem halbasiatischen vorrevolutionären Rußland, das für ihn durch drei sich überlagernde Formationen gekennzeichnet gewesen ist:

,,Zuunterst die asiatische Zarenbürokratie samt orthodoxer Staatskirche und Bauernschaft.

Darüber die seit der Aufhebung der Leibeigenschaft erst halb liquidierte feudale, die sich aber in der Vergangenheit nie völlig aus der älteren ersten herausgearbeitet hatte — Ex-Gutsbesitzer und Ex-Leibeigene im Kampf um den Boden.

Schließlich zuoberst, in wenigen Städten konzentriert, die moderne kapitalistische — industrielle Bourgeoisie und Lohnarbeit...

Im Verhältnis der beiden vorkapitalistischen Formationen liegen die Gründe, die Engels dazu veranlaßten, Rußland als ,seinem Wesen und seiner Lebensart, seinen Traditionen und Einrichtungen nach ... halbasiatisch' zu nennen." (S. 104)

Bahro bleibt, anders als *Dutschke*, in der einseitigen Produktivkraftorientierung *Lenins* befangen. Eine andere Entwicklung als die des Nachholens der kapitalistischen Entwicklung mit all ihren Folgen ist für ihn nicht denkbar. *Bahro* kritisiert nicht die Industrialisierungsvorstellung, sondern *Lenins* politisches Konzept, mit dem diese Industrialisierung durchgesetzt werden sollte.

,,Lenins Entwurf vom Sozialismus als Staatsmonopol zum Nutzen des ganzen Volkes ist zwar eine Reaktion auf die russische Gesellschaft, aber er muß *auch ohne* die spezifische russische Rückständigkeit zu einer Sozialstruktur führen, die durch gehorsame Unterordnung der Produzenten unter eine *politische* Pyramide der gesellschaftlichen Arbeitsleitung charakterisiert wird. An die Stelle der Massenkontrolle von unten trat daher früh das Studium der Massen*stimmung* von oben. Der Apparat mußte ,das Ohr an der Masse haben', weil er sonst erst durch ihren Aufstand korrigiert werden konnte, wie zuletzt 1970 in Polen...

Was Lenin begründete und Stalin ausführte, war ja nicht der Überbau einer einigermaßen entwickelten Industrie ... sondern der Überbau der Industrialisierung, das Werkzeug zur Schaffung der fehlenden ökonomischen Grundlagen für den Sozialismus." (S. 116)

Das ,,Fehlen einer bürgerlichen Kultur der Produktivkräfte" ist seiner Meinung nach die entscheidende Ursache für die *Lenin*sche ,,Korrektur an *Marx*ens Sozialismusbegriff und Staatsauffassung" (S. 117) und die diktatorischen Formen, mit denen dieser ,,notwendige" Industrialisierungs- und Modernisierungsprozeß durchgesetzt wurde. Die Differenz zu *Dutschke*, für den in jeder geschichtlichen Lage ein „Rahmen von objektiven Möglichkeiten" gegeben ist, „und damit ein Spielraum für unterschiedliche Entscheidungen",[33] vertritt *Bahro* eine deterministische Position, die derjenigen der von ihm kritisierten kommunistischen Partei ähnlicher ist als der „moralisch" argumentierenden Vorstellung *Dutschkes* von historischen Alternativen. Beide unterscheiden sich von *Wittfogel* in ihrer Einschätzung, daß keineswegs von einer bruchlosen Kontinuität der asiatischen Tradition gesprochen werden könne, die sich zumal noch mit einer bereits bei *Marx* angelegten technisch-organisatorisch orientierten und nichtdemokratischen Entwicklungsvorstellung verbunden habe. *Marx'* Zurückhaltung gegenüber der Analyse der asiatischen Gesellschaften führt *Wittfogel* darauf zurück, daß er sich

„wahrscheinlich gewisser peinlicher Ähnlichkeiten zwischen der orientalischen Despotie und der von ihm geplanten Staatsordnung bewußt [war]."[34]

Mit dieser Unterstellung könnte *Wittfogel* die Theorie der asiatischen Despotie ohne allzugroße Schwierigkeiten auch für die Analyse der entwickelten sozialistischen Länder heranziehen, in denen Vorstellungen des Marxismus und durch äußere Machteinwirkung aufgezwungene „asiatische" Elemente eine Synthese eingegangen sein könnten. *Bahro* hingegen gerät bei dem Versuch, das Konzept der asiatischen Produktionsweise auf die Analyse der DDR anzuwenden, in Schwierigkeiten. Er behilft sich damit, daß er verschiedene Vorgehensweisen miteinander koppelt:

er benutzt das Konzept „asiatische Produktionsweise", argumentiert im Anschluß an *Alfred Sohn-Rethel*,[35] daß durch die Aufrechterhaltung der Trennung von Hand- und Kopfarbeit unter nicht-kapitalistischen Bedingungen eine neue „gesellschaftliche Synthesis" hergestellt werde, kritisiert die Unterschätzung der Bewußtseinsproblematik bei *Marx* und „rechtfertigt" (ähnlich wie *Jean Elleinstein*) *Lenins* Handeln mit den historischen Bedingungen und „Notwendigkeiten". Diese heuristisch fruchtbare Vorgehensweise wird jedoch problematisch angesichts des hochgesteckten Anspruchs, *die* Theorie des „realen Sozialismus", wenn nicht gar — worauf seine vielfachen Bezüge zur Entwicklung in der Dritten Welt hindeuten — einer allgemeinen Entwicklung zum Sozialismus zu liefern.

4.3 Die These von der Restauration des Kapitalismus

Die massiven politischen und ideologischen Auseinandersetzungen zwischen der UdSSR und der Volksrepublik China haben nicht nur einen kaum noch zu kittenden Riß zwischen diesen beiden Staaten, sondern auch eine weitere Spaltung der kommunistischen Weltbewegung bewirkt, die zur Herausbildung verschiedenster „ML"-Gruppierungen und -Parteien geführt hat, die der Sowjetunion und den osteuropäischen Staaten vorwerfen, die Ideale und Ziele des Marxismus-Leninismus und der sozialistischen Revolution verraten zu haben.[36] Im Umkreis dieser Auseinandersetzung entstanden neben politisch-polemischen Abrechnungen auch einige Analysen, die einen wissenschaftlichen Anspruch erheben und eine theoretische Einschätzung dieser Systeme liefern wollen. Übereinstimmend wird davon ausgegangen, daß es in den sowjetsozialistischen Systemen nach wie vor antagonistische Klassengegensätze gibt und daß sich eine Restauration des Kapitalismus vollzogen habe, die es nicht zulasse, diesen Staaten einen sozialistischen Charakter zuzusprechen. Grundlage der Kritik ist die These, daß die Veränderung der Eigentumsform nicht automatisch dazu führe, daß die unmittelbaren Produzenten auch die Produktionsmittel kontrollieren und über sie verfügen können. Die neuen Eigentumsverhältnisse können, so argumentiert *Charles Bettelheim*, auf den sich die meisten Vertreter dieser Auffassung beziehen,[37] neue antagonistische Klassenverhältnisse herausbilden. Das „Staatseigentum als Produktionsverhältnis"[38] ist für ihn eine Art modifiziertes privates Eigentum.

„Es sind ... die *Leiter der Unternehmen*, die — *in den vom Staatseigentum als Produktionsverhältnis auferlegten Schranken* — tatsächlich über die Produktionsmittel *verfügen*, sowie über die Produkte, die dank des Einsatzes der Produktionsmittel durch die Arbeiter erzielt werden. Das heißt konkret, die *Vielzahl* dieser *Verfügungsgewalten*, jede ,verwurzelt' in einem bestimmten Unternehmen, ist eine der objektiven Grundlagen für den *Warenaustausch* zwischen Produktionseinheiten.

Die Existenz des dem Besitz an Produktionsmitteln ,übergeordneten' Staatseigentums setzt also dem Besitz der Unternehmen Grenzen...

In Wirklichkeit sind also die ,Beschränkungen' der Autonomie der Unternehmen Ausdruck der *Verfügungsgewalt des Staates über die Produkte und seiner Macht über die Verwendung der Produktionsmittel*. Was negativ als ,Beschränkungen' für die Unternehmen erscheint, ist positiv die Wirkung von spezifischen *Produktionsverhältnissen*, von Eigentumsverhältnissen (im ökonomischen Sinn), die *sozialistische Verhältnisse* in dem Maß sein können, wie sie wahrhaftig die *Herrschaft der Arbeiter* über die Bedingungen der Produktion und der Reproduktion, also über die Mittel und die Ergebnisse ihrer Arbeit, gewährleisten."[39]

Da der Produktionsprozeß in den Gesellschaften Osteuropas nach wie vor „die Form eines Verwertungsprozesses" habe, in dem der Arbeiter seine Arbeitskraft zu verkaufen gezwungen sei, mit dem Ziel, „einen größeren Wert zu schaffen, als sie selbst darstellt", sei

„das Unternehmen ... somit der *Ort der Reproduktion von kapitalistischen gesellschaftlichen* Produktionsverhältnissen. Das Bestehen dieser Verhältnisse muß natürlich radikal vom Bestehen der *kapitalistischen Produktionsweise* unterschieden werden, denn diese besteht (wie jede Produktionsweise) nur, wenn *gleichzeitig* eine Gesamtheit *entsprechender* gesellschaftlicher Verhältnisse besteht. Wenn das nicht der Fall ist, wenn gesellschaftliche Produktionsverhältnisse, die für eine gegebene Produktionsweise kennzeichnend sind, nichts weiter tun, als sich mit *gesellschaftlichen Verhältnissen zu verbinden, die zu einer anderen Produktionsweise gehören*, hat man es nicht mit einer *Produktionsweise*, sondern mit einer *Übergangsform* zu tun." (S. 80)

Bezogen auf die Systeme Osteuropas bedeutet dies, daß sich die kapitalistischen Produktionsverhältnisse auf der Betriebsebene zwar reproduzieren, da sie aber im allgemeinen Kontext „sozialistischer Planung" wirksam und durch diese in ihrer Wirkungsweise bestimmt werden, stellen sie nur „Elemente" des sozio-ökonomischen Systems des Kapitalismus dar, die in der „Gesellschaftsformation im Übergang" noch weiterexistieren. Alles kommt darauf an, so ist die Meinung *Bettelheims* zusammenzufassen, wie mit diesen „objektiven" und „unvermeidbaren" Bedingungen politisch umgegangen wird.

„Wenn diese Elemente von den sozialistischen gesellschaftlichen Produktionsverhältnissen *beherrscht* werden, kann man davon sprechen, daß die *ökonomische Basis* des Sozialismus existiert." (S. 80)

Die Gesellschaften sowjetischen Typs sind aber für *Bettelheim* und die anderen Vertreter der Restaurationsthese nicht auf dem sozialistischen, sondern auf dem „kapitalistischen Weg", der von Übergangsgesellschaften jederzeit eingeschlagen werden könne. Dies geschehe „in dem Augenblick, wo die Politik der Zurückdrängung und der Umformung des Staatskapitalismus" verlassen werde, da dieser die Fähigkeit besitze, „sich zu reproduzieren und über die anderen Produktionsverhältnisse zu dominieren". (S. 81) Nicht die Existenz des Staatskapitalismus an sich ist also hier Kennzeichen der Restauration, sondern seine ungehemmte Entfaltung.

Für *Bettelheim* ist aber auch ein anderer, „sozialistischer" Weg aus dem Staatskapitalismus denkbar, dann nämlich, wenn dieser „unter der Herrschaft der Arbeiterklasse" stehe. (S. 94) Wenn aber, wie in Osteuropa und der Sowjetunion, die politisch dominierende Instanz der neuen Gesellschaft, der Staat, alle wichtigen Entscheidungen treffe, werde diese Übergangsform nicht überwunden, sondern der „kapitalistische Weg" eingeschlagen. (S. 81)

In den früheren Analysen *Bettelheims* erschien das Fortbestehen von Waren-, Geld- und Lohnverhältnissen in den nachkapitalistischen Gesellschaften als gleichsam naturgegeben. Die Etablierung einer neuen Produktionsweise schien angesichts des durch den niedrigen Entwicklungsstand der Produktivkräfte bedingten und nur durch ihre zunehmende Entfaltung überwindbaren Fortbestehens von Elementen kapitalistischer Produktionsverhältnisse in den Übergangsgesellschaften allenfalls als Ergebnis eines langen historischen Prozesses möglich. Unter dem Eindruck der chinesischen Kulturrevolution hat *Bettelheim* diese Position modifiziert. Das Haupthindernis liegt, so argumentiert er in einer Untersuchung über die „Klassenkämpfe in der UdSSR", nicht im Entwicklungsstand der Produktivkräfte, sondern

„im Charakter der herrschenden gesellschaftlichen Verhältnisse, das heißt, gleichzeitig in der kapitalistischen Arbeitsteilung und in den politischen und ideologischen Verhältnissen."[40]

Die Entwicklung der Produktivkräfte könne niemals für sich allein „die kapitalistischen Formen der Arbeitsteilung oder die anderen bürgerlichen gesellschaftlichen Verhältnisse zum Verschwinden bringen". An die Stelle einer solchen deterministischen Sicht tritt bei *Bettelheim* und anderen, am Beispiel Chinas orientierten Autoren eine Kritik vermeintlicher „Fehler" der jeweiligen Führer.

So nimmt − um ein Beispiel zu nennen − *Walter Lindner* die Einschätzung *Mao Tse-Tungs* auf, *Stalin* habe mit seiner These der unbedingten Übereinstimmung von Basis und Überbau die fortbestehenden Widersprüche zwischen beiden vernachlässigt, was zu einer Unterschätzung (!) der Wirksamkeit noch bestehender Ausbeuterklassen in der Sowjetunion der 30er Jahre geführt und deren Wiederaufstieg und schließlich Sieg begünstigt habe.[41] Die „Verratstheoretiker" sind sich einig, daß der „Chruschtschowsche Staatsstreich", der den Weg für die Linie des XX. Parteitages der KPdSU ebnete (hier wurde angeblich „der Revisionismus zur herrschenden Linie, zu einem ganzen System"), das Ende einer sozialistischen Entwicklung markiert habe. (S.191)

An keiner Stelle aber sind sie in der Lage zu erklären, wie und warum es in der Sowjetunion zu den angeblichen Restaurationserscheinungen — deren Existenz lediglich behauptet, nicht aber belegt wird — gekommen ist.[42]

4.4 Die Entartungsthese

Die trotzkistische These, die Systeme des „realen Sozialismus" seien „bürokratisch entartete Arbeiterstaaten", ist in ihrem Kern ebenfalls als „Verratsthese" zu kennzeichnen, auch wenn sie zu anderen Ergebnissen kommt. Hier sind diese Systeme trotz aller „Entartung" noch Arbeiterstaaten, in denen es einer politischen, nicht aber einer sozialen Revolution bedarf, um sie auf den Pfad der sozialistischen Tugend zurückzuführen.

Unumstritten ist diese Einschätzung im „trotzkistischen Lager" allerdings nicht. Einige Autoren, die der IV. (trotzkistischen) Internationale nicht beigetreten sind oder ihr nicht mehr angehören, vertreten die Auffassung, daß in den Systemen Osteuropas nicht nur revolutionäre *politische* Veränderungen erforderlich sind, um eine sozialistische Entwicklung einschlagen zu können. *Tony Cliff* bedient sich sogar explizit der Staatskapitalismusthese, die er allerdings anders begründet als *Bettelheim* u.a. Er kritisiert den Versuch, „die repressiven Merkmale der staatlichen Politik als Ausfluß der Deformation einer grundsätzlich gesunden Struktur" zu kennzeichnen, nur um die sozialistischen Länder als „irgendeine Form eines sozialistischen oder Arbeiterstaates" ansehen zu können.[43] Dieser zuerst von *Trotzki* vertretenen Position setzt er die These entgegen, daß die Systeme sowjetischen Typs ihre soziale Revolution noch vor sich haben. Diese gelte es zu absolvieren, bevor von ihnen als sozialistischen oder Arbeiterstaaten gesprochen werden könne; gegenwärtig könnten diese Systeme nur mit dem Begriff „bürokratischer Staatskapitalismus" hinreichend beschrieben werden. (S.157)

„Indem der Staatskapitalismus die äußerste Grenze erreicht, bis zu der sich der Kapitalismus theoretisch entwickeln kann, entfernt er sich notwendig auch am weitesten vom traditionellen Kapitalismus. Es handelt sich hier um eine Negation des Kapitalismus noch auf der Basis des Kapitalismus selbst. Ebenso trägt der Arbeiterstaat als niedrigste Stufe einer neuen sozialistischen Gesellschaft notwendig viele dem Staatskapitalismus ähnliche Züge. Was beide kategorisch unterscheidet, ist der *fundamentale, wesenhafte* Unterschied zwischen einem kapitalistischen und einem sozialistischen System. Ein Vergleich des Staatskapitalismus mit dem traditionellen Kapitalismus einerseits und mit dem Arbeiterstaat andererseits soll zeigen, daß der Staatskapitalismus eine Übergangsstufe zum Sozialismus diesseits der sozialistischen Revolution, der Arbeiterstaat dagegen eine Übergangsstufe zum Sozialismus jenseits der sozialistischen Revolution ist." (S. 145)

Diese Bewertung macht deutlich, daß *Cliff* eine Mittelposition zwischen der These von der Restauration des Kapitalismus und der Behauptung, die Systeme Osteuropas seien degenerierte Arbeiterstaaten, einnimmt.

Die letztgenannte Auffassung wird am prägnantesten und wissenschaftlich fundiertesten von *Ernest Mandel* vertreten. Das qualitative Kriterium ist für ihn die Existenz einer Planwirtschaft, die aber in einem antagonistischen Konflikt mit den Überresten der „im Grunde noch immer bürgerlichen Distributionsverhältnissen entspringenden Elementen der Warenproduktion" stehe; die „Logik des Plans" und die „Logik des Marktes" stehen sich unversöhnlich gegenüber.[44]

Die These, daß die „Arbeiterstaaten" irgendwann nach der Oktoberrevolution „entartet" seien, wird von *Mandel* mit dem ungenügenden Entwicklungsniveau der Produktivkräfte, der Isolierung der Revolution, der zunehmenden Passivität des Proletariats im Verlauf der 20er Jahre (als Folge des Bürgerkrieges und des materiellen Elends) und schließlich mit den Fraktionskämpfen und den Bürokratisierungstendenzen innerhalb der Partei erklärt, die „den ununterbrochenen Verlauf dieses Degenerationsprozesses" ermöglicht hätten.[45]

„Man muß auch nach den *historischen Gründen* dieses tragischen Mangels an Verständnis forschen. Der Apparat der Bolschewistischen Partei ist zum unbewußten Instrument der Machtergreifung einer bürokratischen Gesellschaftsschicht geworden, *weil er selbst begonnen hatte, sich zu bürokratisieren.* Der Parteiapparat, der in den Staatsapparat integriert wurde und sich mit ihm weitgehend identifizierte, hatte bereits selbst die ersten Phasen der bürokratischen Entartung durchgemacht. Er war deshalb unfähig — *das verstieß gegen seine ideologischen und materiellen Interessen* — einen Prozeß zu bekämpfen, an dem er teilweise als Handelnder mitwirkte." (S. 43)

Wer diese bürokratische Gesellschaftsschicht ist, die sich die Partei zu Diensten machen konnte, erläutert *Mandel* nicht. Auch die Bürokratisierung der Partei wird nur unzureichend als Folge bestimmter Einzelerscheinungen und -maßnahmen, nicht als strukturelles Problem leninistischer Parteien beschrieben.

Die weithin unumstrittene Einschätzung, daß die „ursprüngliche Akkumulation" und Industrialisierung mit einer sozialistischen Entwicklung nicht zu vereinbaren sei, wird von *Mandel* so nicht geteilt. Die Industrialisierung der Sowjetunion hat bei ihm weder einen eindeutigen kapitalistischen noch bereits einen sozialistischen Charakter. Die Produktionsweise sei (nach der Aufhebung des Privateigentums an den Produktionsmitteln, der „Einführung sozialistischer Planungsmethoden" u.a.) „offenbar nicht mehr kapitalistisch", die „Verteilungsform" aber bleibe „bürgerlich".[46] Dieses Nebeneinander charakterisiert nach Auffassung *Mandels* die „Übergangsgesellschaft", die bei ihm offenbar den gegenwärtigen wie den Entwicklungsstand der 20er und 30er Jahre in der UdSSR umfaßt.[47]

Die problematische Gegenüberstellung von Produktions- und Distributionsweise[48] ist „notwendig", um, trotz des Fortbestehens der alten Arbeitsteilung, den sozialistischen Charakter dieser „Übergangsgesellschaft" betonen zu können. Die konkreten Arbeits- und Lebensbedingungen bleiben ausgespart. Da „die Produktionsweise einen Vorsprung vor der Entwicklung der Produktivkräfte" habe,[49] ist es für *Mandel* nur noch eine Frage der Zeit, bis letztere so entwickelt sind, daß die bestehenden Widersprüche aufgehoben werden können, die in der „Notwendigkeit" begründet seien, „eine enorme Entwicklung der Produktivkräfte" auszulösen, „die erst die volle Entfaltung des Sozialismus ermöglichen wird". (S. 38)

Sei dieser Widerspruch beseitigt, entfielen auch die Ursachen für die gegenwärtigen Entartungserscheinungen. *Mandel* bleibt die Antwort auf die Frage schuldig, wieso diese „Entartung" auch in den sozialistischen Systemen zu verzeichnen ist, die wie die DDR oder die ČSSR bereits vor der Machtübernahme der kommunistischen Parteien hochentwickelte Industriestaaten waren, in denen eines der beiden „konstitutiven" Elemente für solche Erscheinungen, das ungenügende Entwicklungsniveau, nicht vorhanden war.

Dieser Ansatz, der für die Analyse der Anfangsjahre der Sowjetunion eine Reihe wichtiger Anregungen gibt, versagt angesichts der anders gearteten Voraussetzungen der bereits entwickelten Staaten Osteuropas und der DDR.

4.5 Etatismus

Die grundlegende These einer Kritik des „realen Sozialismus", wie sie von jugoslawischen Sozialwissenschaftlern und Philosophen entwickelt worden ist, hat *Svetozar Stojanović* folgendermaßen formuliert:

„Die Degeneration der kommunistischen Bewegung und der sozialistischen Revolution hat zum Etatismus als einem neuen sozio-ökonomischen Klassensystem geführt, zu einem Etatismus mit oligarchischem Charakter. Dieser Etatismus identifiziert sich weiterhin ideologisch mit dem Sozialismus. Echte Marxisten und Kommunisten haben die vorrangige theoretische und praktische Verpflichtung, diesen Vorhang des Mythos vor der Realität des Etatismus wegzuziehen. Paradigmen dieses Etatismus sind der Stalinismus und der Maoismus."[50]

Stojanović zieht eine Parallele zwischen dem Schicksal der bürgerlich-demokratischen und der sozialistischen Revolution:

„Aus der breiten Masse des Volkes, die den Feudalismus beseitigte, entwickelte sich nach und nach die Bourgeoisie als neue herrschende Klasse. Eine parallele Differenzierung setzte nach der sozialistischen Revolution ein, wobei die enteigneten Güter des Adels und der Bourgeoisie zur Grundlage des Staatseigentums und die breiten Massen zum Objekt der Ausbeutung für eine neue herrschende Klasse wurden." (S. 165)

Die Theoretiker des Etatismus wenden sich erstens dagegen, die von ihnen als überholt angesehene Einteilung in Kapitalismus, Sozialismus und Kommunismus auf die Sowjetunion und die anderen „sozialistischen" Staaten anzuwenden, und kritisieren zweitens den Versuch, die sozialistische Entwicklungsphase mit Begriffen wie „Staatssozialismus" und „Sozialismus der Selbstverwaltung" in zwei Typen zu unterteilen. Diese Unterteilung habe „das Schema der sogenannten Übergangsperiode noch weiter kompliziert", da jetzt nicht nur der Sozialismus als Übergangsperiode vom Kapitalismus zum Kommunismus, sondern auch der Staatssozialismus als Übergangsform angesehen werde, „die zum Sozialismus der Selbstverwaltung führt". (S. 166) Hinter dieser scheinbar abstrakten Überlegung steht die Kritik der Etatismustheoretiker an den Versuchen der parteigebundenen jugoslawischen Theorie, den sozialistischen Charakter der osteuropäischen Systeme zu „retten", ohne sich auf deren Argumentation einzulassen, ihre Form des Sozialismus sei bereits „realer" Sozialismus. Dem hält *Stojanović* entgegen, daß das Vorhandensein von Staatseigentum und zentraler Wirtschaftsplanung noch lange nicht bedeute, daß es sich um eine sozialistische Gesellschaft handelt.

„Als Sozialismus sollte nur ein System verstanden werden, das sich auf Gesellschaftseigentum und soziale Selbstverwaltung gründet, eine ‚Gesellschaft von Verbänden freier Produzenten, die bewußt nach einem gemeinsamen und rationalen Plan arbeiten' (Karl Marx)." (S.166)

Für genauso ungeeignet hält *Stojanović* die Erweiterung der *Marx*schen Phaseneinteilung durch den Begriff „Staatskapitalismus" oder gar die nichtssagende Formel „nichtkapitalistische" Länder.[51] Es komme vielmehr darauf an, die in diesen Überlegungen enthaltenen Gedanken auch zu Ende zu führen und Kategorien zu finden, die die Umwandlung des Staatsapparates in eine herrschende Klasse und in die damit verbundene Entwicklung eines neuen Typs eines sozio-politischen Klassensystems erfassen. Der Begriff „Etatismus" werde diesem Anspruch gerecht, da er die wichtigen Entscheidungen dieser Systeme (Fortbestehen der Ausbeutung, Existenz einer neuen Klasse, Verquickung von wirtschaftlicher und politischer Macht u.a.) empirisch belegen könne, zugleich aber auch die im Etatismus enthaltenen Elemente des Sozialismus nicht vernachlässige.[52]

„Mit Etatismus sollte man ein System bezeichnen, das sich auf Staatseigentum an den Produktionsmitteln und auf staatliche Kontrolle der Produktion und der anderen sozialen Aktivitäten (!) gründet. Der Staatsapparat stellt eine neue herrschende Klasse dar. Als Kollektiveigentümer der Produktionsmittel stellt er die Arbeitskräfte an und beutet sie aus. Der persönliche Anteil eines Mitglieds der herrschenden Klasse an der Verteilung des Mehrwerts steht in direktem Verhältnis zu seiner Stellung innerhalb der staatlichen Hierarchie. Wenn wir von dieser neuen Klasse sprechen, müssen wir in marxistischem Sinne auch von der Perspektive der zukünftigen Expropriierung der Expropriateure sprechen, das heißt von der Vergesellschaftung der Produktionsmittel und von der Kontrolle der Produktion."[53]

Diese Aussage bedeutet, daß die Etatismustheoretiker der Auffassung sind, für eine sozialistische Entwicklung in den Systemen sowjetischen Typs bedürfe es einer sozialen Revolution, um die neue etatistische Klasse ihres Besitzes und der auf ihm beruhenden sozialen Privilegien zu berauben. Immer wieder werden der Stalinismus und der Maoismus gleichsam als Prototypen des Etatismus gekennzeichnet; aus der partiellen Ablösung stalinistischer Formen politischer und ökonomischer Herrschaft wird aber nicht der Schluß gezogen, daß sich der Etatismus auf dem Rückzug befinde. Seine entscheidenden ökonomischen Ursachen bleiben, wie das Zitat von *Stojanović* belegt, erhalten. Die unübersehbaren Wandlungstendenzen in den osteuropäischen Gesellschaften tangieren seiner Meinung nach nicht den Kern des Etatismus, die Tatsache nämlich, daß die zentrale Lenkung der Gesellschaft durch den Staat erfolgt. *Mihailo Marković* hält dafür, daß „jener unsichtbare und unkontrollierte Etatismus, der sich zuweilen hinter Parolen der Dezentralisierung und des Kampfes gegen den Etatismus verbirgt", viel gefährlicher sei, da er über das wahre Wesen dieser Gesellschaft hinwegtäuschen könne.[54]

Der Vorschlag von *Stojanović*, zwischen einem „primitiven politokratischen" und einem „modernen technokratischen" Etatismus zu unterscheiden, soll die grundsätzliche Kontinuität etatistischer Strukturen betonen.

„Der Kern der Staatsklasse verändert sich in seiner Struktur: technokratische Elemente dominieren in wachsendem Maße über die politokratischen. In engem Zusammenhang damit steht der Prozeß einer offensichtlichen politischen Liberalisierung und wirtschaftlichen Reform des Etatismus."[55]

Die Bruchlinie zwischen dem sowjetischen und chinesischen Weg liegt nach Auffassung von *Stojanović* zwischen diesen beiden Formen des Etatismus; der erste repräsentiere eine Modernisierungskonzeption, die in den industriell entwickelten Ländern seit langem in einer Krise stecke, da dieser politokratische Etatismus „als ernsthaftes Hindernis für die Entwicklung, vor allem der Wirtschaft, wirkt". (S. 177)

Der politokratische Etatismus erscheint hier als Durchgangsstufe einer revolutionären Entwicklung, deren Anfang durch eine Revolution gesetzt wurde, aus deren Degeneration „ein neues, ausbeuterisches Klassensystem entstanden" ist, „das sich beharrlich als Sozialismus ausgibt".[56] Die Gründe für diese „Degeneration" bleiben weitgehend im Dunkeln. Die Aussagen von *Stojanović* deuten aber darauf hin, daß er sie in der Tatsache sieht, daß die Revolution in einem unterentwickelten Land siegte und daß sie von einer Partei getragen wurde, die nach ihrem Selbstverständnis und ihrer Struktur keine demokratisch-sozialistische, sondern nur eine etatistische nachrevolutionäre Entwicklung einleiten und diese nach dem II. Weltkrieg in die Staaten Osteuropas „exportieren" konnte.

„Die Organisation der Kommunisten in der Form der kommunistischen Partei ist der gewaltsamen und monopolistischen Übernahme der Staatskontrolle angepaßt. In diesem Organisationstyp überwiegen Prinzipien, wie Zentralismus, Hierarchie, Disziplin, monolithische Einheit und Pflicht und schalten die Prinzipien der Dezentralisierung, der Verschiedenheit, der individuellen Rechte, der Initiative, der Demokratie und der Konfrontation von Ideen völlig aus. Dieser Typ von kommunistischer Organisation wird zum

Rückgrat der staatlichen Autorität. Die Partei, die sich in einer Ausnahme- und Monopolstellung befindet, wird zum Modell für die gesamte Organisation der Gesellschaft."[57]

Der Begriff Etatismus trifft diesen historischen *und* strukturellen Zusammenhang nicht in allen Dimensionen. Ohne die herausragende Stellung des „sozialistischen" Staates leugnen zu wollen, wird doch das spezifische Verhältnis von kommunistischer Partei und Staat (bzw. Staatsapparat) nicht deutlich. Die instrumentelle Fassung des Staatsbegriffs der marxistisch-leninistischen Parteien[58] ist mehr als eine ideologische Rechtfertigungsformel, hinter der sich nur die Herrschaft der neuen Staatsklassen verbirgt. Trotz nicht zu übersehender Verselbständigungstendenzen der staatlichen Apparaturen gegenüber dem Führungsanspruch der Partei ist es wohl eher die Verquickung von „Parteipolitik" und „Staatspolitik", die die Systeme sowjetischen Typs kennzeichnet. Nicht nur der Staatsapparat zeigte sehr früh die Tendenz, sich „von der Gesellschaft zu verselbständigen, sich zu ihrem Herrn zu machen",[59] es war und ist der „bürokratische Komplex" von Partei und Staatsapparat, von Wirtschafts-, Bildungs-, Wissenschafts-, Kultur- und Propagandaapparat, der diese Systeme prägt und ihre spezifische Herrschaftsstruktur bestimmt.

4.6 Sozialismus oder Übergangsgesellschaft?

Die Auffassung, bei den gegenwärtigen sowjetsozialistischen Systemen handele es sich um Gesellschaften des Übergangs, hat eine doppelt kritische Funktion: Er verweist zum einen auf eine gesellschaftliche Wirklichkeit, die als noch nicht sozialistisch begriffen wird, und er beharrt zum zweiten auf dem Versprechen einer humanen Entwicklung dieser Gesellschaften, die erst in und durch den Sozialismus verwirklicht werden kann. Von Übergangsgesellschaft zu sprechen, bedeutet aber zugleich, daß die Möglichkeit außer Betracht bleibt, daß es sich um relativ konsolidierte Systeme handelt, die sich auf ihren eigenen sozialökonomischen Grundlagen *entwickeln*[60] und deren „Übergang" zu einer qualitativ neuen, sozialistischen Entwicklung nicht zu erwarten ist.

Im Unterschied zu *Marx*, auf den sich die Vertreter dieses Ansatzes beziehen,[61] bezeichnet der Begriff Übergang nicht die „Diktatur des Proletariats", sondern ein Konglomerat verschiedener Erscheinungen;[62] vor allem aber gerade nicht die Herrschaft des

Proletariats, sondern die einer Minderheit (der Bürokratie, der Staatsbourgeoisie, der Technokratie usw.).

Mit dem Begriff der Übergangsperiode oder Übergangsgesellschaft werden verschiedene „Stadien" der Entwicklung erfaßt und unterschiedliche Bewertungen verbunden: Sie wird als „Gesellschaftsformation im Übergang zwischen Kapitalismus und Sozialismus" (*Bettelheim*) oder als „Übergangsperiode zum Sozialismus" (*Schmierer*) bezeichnet, es wird aber auch vom „Sozialismus als Übergangsperiode" (*Lieber*) oder vom „Übergangscharakter des Sozialismus" (*Hennicke*) gesprochen.[63] Übereinstimmend sind die Vertreter des Konzepts Übergangsgesellschaft der Auffassung, daß der „reale Sozialismus" keine eigenständige sozialökonomische Formation oder Produktionsweise ist, sondern daß in der Übergangsgesellschaft verschiedene Produktionsweisen nebeneinander stehen und miteinander konfligieren.

Es ist „gerade das Kennzeichen jeder Übergangsperiode, daß Elemente von Produktionsweisen koexistieren und sich noch keine kohärente Struktur einer spezifischen, dominanten Produktionsweise konstituiert hat."[64]

Peter Hennicke hat die Debatte über das Problem Übergangsgesellschaft in drei Phasen eingeteilt: 1. die „Marx-Exegese", in deren Zusammenhang die Kategorie „Warenproduktion" und die verstreuten Aussagen von *Marx* und *Engels* über die Zeit nach der sozialistischen Revolution analysiert und interpretiert werden; 2. eine Diskussionsphase, in der man sich vor allem um das Problem „Plan oder Markt" bemühte, und schließlich 3. die Debatte um eine „Theorie der Produktionsweisen".

Hennicke konstatiert einen deutlichen Bruch zwischen den beiden ersten und der dritten Phase, der „unverkennbar und wahrscheinlich prinzipieller Art" sei.[65] Auf die Einzelheiten dieser Debatte, vor allem die außerordentlich umfangreiche und vielschichtige „Marx-Exegese", kann hier nicht eingegangen werden. Es sollen nur kurz die Problembereiche dieser Diskussion benannt werden.

Marx und *Engels* haben die sozialistische Gesellschaft nicht systematisch dargestellt, aber einige wesentliche Aspekte genannt, die zugleich das Ziel der gesellschaftlichen Entwicklung benennen: Die planmäßige, bewußte Organisation der gesellschaftlichen Lebensprozesse, die direkte Allokation der Gesamtarbeit, die Aufhebung des Gegensatzes zwischen Kopf- und Handarbeit, zwischen Stadt und Land, zwischen den Geschlechtern. Aus der Diskussion dieser Probleme ist die Vorstellung erwachsen, daß — angesichts der Zeitdimension, die diese tiefgreifenden Umwandlungsprozesse benötigen — nicht nur von einer kurzfristigen Übergangsphase ausgegangen werden könne. *Hennicke* spricht daher von einer Übergangsperiode im engeren Sinne:

„Diese Phase liegt zwischen Kapitalismus und Sozialismus; sie ist mit der Verstaatlichung der Produktionsmittel (staatliches und kollektives Eigentum) abgeschlossen. Auf politischer Ebene entspricht ihr der Kampf um den Staatsapparat bis zur Übernahme der politischen Macht." (S. 83)

Daneben müsse eine „Übergangsperiode im weiteren Sinne" angenommen werden.

„Dieser weiter gefaßte historische Abschnitt liegt zwischen Kapitalismus und Kommunismus; er schließt also den Übergang zum Sozialismus und die erste Phase der kommunistischen Gesellschaft ein. Dabei liegt der Akzent auf dem *Übergangs*charakter des Sozialismus." (S. 83)

Von einer Theorie der Übergangsgesellschaft kann nicht gesprochen werden. Weder die Zielrichtung des Übergangs noch die konkreten Bedingungen, unter denen er sich vollzieht, werden von den Autoren, die sich dieses Terminus bedienen, übereinstimmend beantwortet. Für Autoren wie *Charles Bettelheim*, *Walter Lindner*, *Peter Schenk* oder *Philipp Neumann* sind die Übergangsgesellschaften der UdSSR, Osteuropas und der DDR „revisionistische Länder", in denen eine „Staatsbourgeoisie" über die Arbeiter herrscht.[66] *Bettelheim* hält eine Argumentation für völlig unhaltbar, die den Sozialismus als etwas anderes sieht denn als Teil des Übergangs zum Kommunismus; von einer sozialistischen Produktionsweise könne nur in einem apologetischen Sinne gesprochen werden.

„Der Sozialismus ist keine Produktionsweise. Es ist der Übergang vom Kapitalismus zum Kommunismus."[67]

Jeder Versuch, ihn als relativ feste Zwischenetappe dieses Entwicklungsprozesses zu kennzeichnen, ist seiner Meinung nach nur dazu angetan, die „Verstärkung des Staates und der Repression" zu „begründen" und den „Kampf einer Staatsbourgeoisie um die Erhaltung der Macht" ideologisch zu untermauern. (S. 106)

Von einer ähnlichen Position wie *Bettelheim* u.a., aber wesentlich differenzierter argumentiert *Rossana Rossanda*.

Für sie besteht die grundlegende Gemeinsamkeit der Übergangsgesellschaften in den Formen der politischen Macht, die nicht
„durch ein Mißverständnis zwischen der ökonomischen Basis, einer
sozialistischen Basis", und einem Überbau verursacht worden sei,
„der hinter dem Sozialismus zurückgeblieben" ist (wie z. B. bei
Mandel). Sie seien vielmehr das Ergebnis einer gesellschaftlichen
Situation,

> „in der die kapitalistische Produktionsweise, vermischt mit neuen Elemen-
> ten, fortbesteht und einen entscheidenden Druck auf die politische Sphäre,
> die Beziehungen zwischen den Menschen und das Verhältnis zwischen Re-
> gierenden und Regierten ausübt...
> Die *politische* Revolution hat die *soziale*, die nur als ununterbrochener
> Prozeß gedacht werden kann, allenfalls in Gang gebracht..."[68]

Die Dominanz der alten, kapitalistischen Produktionsweise
erklärt *Rossanda* mit der Fortexistenz des Mechanismus der Bildung und der Ausbeutung des Mehrwerts, der durch den Wechsel
der Eigentumsverhältnisse nicht angetastet worden sei, da das Proletariat auch weiterhin „vom direkten Eigentum an den Produktionsmitteln ferngehalten" werde. Solange die Lohnarbeit mit ihrem Warencharakter, die „das innerste Wesen des kapitalistischen
Reproduktionsprozesses" bilde, nicht abgeschafft sei,

> „birgt die Übergangsgesellschaft — und zwar nicht nur auf der politischen
> Ebene, nicht bloß im Überbau, sondern in ihrer Struktur, in der Basis — die
> fortwirkende und immer neu hervortretende kapitalistische Produktions-
> weise in sich, die Unmöglichkeit einer mehr als nur ideologischen, einer
> *realen* Überwindung der proletarischen Lage mit allem, was aus ihr folgt:
> Trennung zwischen körperlicher und geistiger Arbeit, zwischen Arbeitern
> und Bauern, gesellschaftliche Schichtung nicht nur nach Einkommenshöhe,
> sondern auch nach Rollen."[69]

Die Perspektiven beurteilt *Rossanda* pessimistisch; sie sieht in
keiner der gegenwärtigen „Übergangsgesellschaften" eine Tendenz,
die in diese Richtung weisen könnte, im Gegenteil. Sie diagnosti-
ziert eine Verfestigung staatlicher Macht bei gleichzeitigem Verlust der antikapitalistischen Perspektive, (vgl. S. 49) die die Frage
gerechtfertigt erscheinen läßt, wieso sie für eine offenbar weitgehend statische Gesellschaft den Terminus Übergang bemüht. Wie
bei anderen Vertretern des Konzepts Übergangsgesellschaft ist es
auch hier der als sichere Erwartung formulierte Wunsch nach „einem neuen Aufschwung des Klassenkampfes unter proletarischer
Führung", (S. 67) der, eingekleidet in die Formel, es gebe eine diese
Gesellschaften prägende Dialektik von „Kontinuität und revolu-

tionärem Bruch", (S. 65) eine sozialistische Entwicklung als letztendlich unausweichbar erscheinen läßt.

Mandel argumentiert, wie bereits im Zusammenhang mit der Degenerationsthese gezeigt wurde, vor allem ökonomisch:

> „der Sieg der neuen, höheren Produktionsweise *ist noch nicht ökonomisch gesichert*; er ist erst politisch gesellschaftlich ermöglicht."[70]

Über die Lokalisierung der „Übergangsgesellschaft" zwischen Kapitalismus und Sozialismus besteht für ihn ebensowenig ein Zweifel wie für die Erwartung, die Entwicklung der Produktion, von Wissenschaft und Technik werde die „spezifischen Produktionsverhältnisse" der Übergangsgesellschaft endgültig sichern und den Weg zum Sozialismus freimachen.

Die unterschiedlichen Argumentationslinien bei *Bettelheim*, *Rossanda* u.a. und bei *Mandel* sind nicht allein mit verschiedenen theoretischen Positionen zu erklären, sie haben vielmehr eine unmittelbar politisch-praktische Dimension, die *Peter Schenk* folgendermaßen gekennzeichnet hat:

> „Ist eine einheitliche (,nicht-kapitalistische') Produktionsweise schon gegeben und lassen sich die vorhandenen Widersprüche durch die Entwicklung der Produktivkräfte lösen, so liegt die Hauptaufgabe für die Arbeiterklasse in der Übergangsgesellschaft in der raschen Entfaltung des schon im Kapitalismus ausgebildeten Produktionsvermögens.
> Bestehen jedoch sozialistische neben kapitalistischen Produktionsverhältnissen und muß eine einheitliche (sozialistische) Produktionsweise durch die Überwindung der kapitalistischen Produktionsverhältnisse geschaffen werden, so besteht die zentrale Aufgabe für das Proletariat im ununterbrochenen Klassenkampf gegen alle Formen bürgerlicher Produktionsverhältnisse auf allen gesellschaftlichen Ebenen, und zwar so lange, bis jegliche Klassenverhältnisse überwunden sind (in der kommunistischen Gesellschaft)."[71]

Mandel bemüht nicht zufällig den Stand der Produktivkräfte, ermöglicht ihm dies doch, alle Deformationserscheinungen, soweit sie nicht in persönlichen Konstellationen begründet sind, zu „erklären" und zugleich als vorübergehend darzustellen.

Gerd Meyer hat, gegen *Mandel* gewandt, darauf verwiesen, daß sich die „gesamtgesellschaftliche Herrschaftsstruktur" dieser Systeme nur unzureichend durch eine Analyse ihrer Produktionsverhältnisse bestimmen lasse.

> „Wer dieses Konzept wie Mandel unverändert im traditionell-marxistischen Sinn benutzt, d.h. letztlich ökonomisch versteht, kommt aufgrund unausgesprochener Prämissen zu einer falschen Sicht des systemspezifischen Verhältnisses der Handlungsbereiche Politik/Verwaltung und ideologische Integration einerseits zu ökonomischen Prozessen andererseits."[72]

171

In der Debatte um den Charakter der „Übergangsgesellschaften" steht *Mandel* mit seiner Position weitgehend allein. Übereinstimmung herrscht bei den meisten Autoren darüber, daß mit der Argumentation, die Verhältnisse in den Übergangsgesellschaften seien noch so, wie sie sind, weil die Produktivkräfte noch nicht genügend entwickelt seien, gebrochen werden muß.

Nicht minder problematisch erscheint aber die Behauptung, es handle sich bei der Übergangsgesellschaft um eine Mischform von kapitalistischer und zukünftiger sozialistischer Produktionsweise, in der angeblich die kapitalistischen Elemente überwiegen. Sie verkennt m. E. die Tiefe der stattgefundenen Transformation dieser Gesellschaften. Zwar ist festzuhalten, daß *keine grundsätzliche* Veränderung der Organisation gesellschaftlicher Arbeit stattgefunden hat — und daß von daher das sozialistische Ziel politischer und sozialer Emanzipation in weiter Ferne liegt — , die politische Revolution hat aber durchaus eine soziale Umwälzung in Gang gesetzt, die dem Kapitalismus den Boden entzogen hat, ohne daß sich eine neue, sozialistische Produktionsweise — außer vielleicht in Ansätzen — entwickeln konnte.

Damit soll keineswegs die Behauptung gestützt werden, die Überwindung kapitalistischer Produktions- und Aneignungsverhältnisse führe ohne weiteres zu einer höheren Qualität gesellschaftlicher Beziehungen, die gleichen Mittel seien schon deshalb nicht gleich, weil sie in jeweils anderen Gesellschaftssystemen genutzt werden und anderen Zwecken dienen. Eine Antwort auf diese zentrale Frage scheint auf einer nur theoretischen Ebene kaum möglich. Die Ausführungen der „Übergangstheoretiker" leiden aber unter dem Dilemma, daß sie sich auf einem hohen abstrakttheoretischen Niveau bewegen, jedoch nur selten empirisch fundiert sind.

Eine positive Ausnahme stellen hier die frühen Arbeiten von *Renate Damus* dar, die einen der seltenen Versuche unternahm, die marxistische Diskussion über Probleme der Planungsverhältnisse und/oder Warenverhältnisse mit einer empirischen Darstellung des Wirtschaftssystems und der ökonomischen Reformbestrebungen in den 60er Jahren in der DDR zu verbinden. Ihre Auffassung, daß der Plan solange nicht gesellschaftlich (und damit „sozialistisch") sei, wie er ohne Beteiligung der Betroffenen ausgearbeitet und durchgesetzt wird,[73] führt sie allerdings zu einer problematischen Behauptung, die sie in die Nähe totalitarismustheoretischer Annahmen führt: Der Plan sei zwar ein gesellschaftlich neues Element,

„indem er jedoch auf der Tradierung bürgerlicher Verkehrsformen aufbaut, wird Herrschaft prinzipiell nicht abgebaut. Der Plan ist somit Ausdruck und Mittel formgenetisch neuer Herrschaftsverhältnisse."[74]

An die Stelle indirekter Herrschaft über den Tausch ist in den sowjetsozialistischen Systemen ihrer Auffassung nach die direkte Herrschaft über den Plan getreten, die sich den Menschen nicht nur als Arbeitskraft, sondern in seinen gesamten Lebensvollzügen unterwerfe.

„Nicht über den mittelbaren sozialen Zwang zum Verkauf der Arbeitskraft wird Herrschaft reproduziert, vielmehr wird direkt über die Individuen in ihrer jeweiligen Ganzheit verfügt. Was sich in der bürgerlichen Gesellschaft naturwüchsig vollzieht, vollzieht sich hier direkt, daher aber auch modifiziert. Direkte und indirekte (ökonomische und politische) Verfügung laufen letztlich nicht auf dasselbe hinaus, vielmehr ist die direkte (politische) Verfügung viel totaler." (S. 101)

Diese Aussagen stehen für eine zunehmend skeptischere Sicht der Wandlungsfähigkeit der sozialistischen Systeme, die *Damus* (u. a.) statt von Übergangsgesellschaft von „nachkapitalistischen" Systemen reden läßt.[75] Es deutet sich hier zugleich die Gefahr an, von einem Extrem (der „naiven" Erwartung des Übergangs zum Sozialismus) in das andere zu verfallen und den Systemen Osteuropas und der DDR jede Wandlungsfähigkeit hin zu größerer politischer und sozialer Freiheit abzusprechen.

Hinzu kommt, daß die Formel „nachkapitalistisch" auf die entscheidende Frage übergangstheoretischer Überlegungen auch keine Antwort gibt: Übergang wohin? Die implizite oder explizite Inanspruchnahme des Terminus „Übergangsgesellschaft" unterstellt von vornherein eine historische Potentialität sowjetsozialistischer Gesellschaftssysteme, die nur eine, wenn auch langwierige und widersprüchliche Entwicklung zuläßt, an deren Ende entweder die Versöhnung mit den jeweils verschieden interpretierten Vorstellungen der „Klassiker" steht oder die mit dem endgültigen „Verrat" und der Rückkehr zum Kapitalismus endet. Sie als „nachkapitalistisch" zu bezeichnen, löst keines der wesentlichen Probleme, da dieser Begriff allenfalls eine Negativabgrenzung vornimmt, die Antwort auf die Entwicklungstendenzen dieser Gesellschaften aber ebenso schuldig bleibt wie die nach deren konstitutiven, vom Kapitalismus wie vom Sozialismus verschiedenen Merkmalen. Es bleibt darüber hinaus unklar, ob das sich auf *Marx* berufende Entwicklungsschema: Kapitalismus, Sozialismus (als „nachkapitalistische" und „vorkommunistische" Phase), Kommunismus überhaupt sinnvoll auf die Analyse der Systeme sowjetischen Typs anwendbar ist. Das Problem aller Übergangstheorien ist die implizierte Weigerung, zur Kenntnis zu nehmen, daß sich ein „nachkapitalistischer" Systemtyp entwickeln kann (und in Osteuropa und der DDR entwickelt hat), der auf *Dauer* weder Sozialismus noch Kapitalismus (oder irgendeine ihrer Spielarten wie Staatssozialismus oder Staatskapitalismus) ist, sondern eine eigenständige, historisch erstmals auftretende und mit den traditionellen marxistischen Kategorien nicht ohne weiteres erklärbare sozialökonomische Formation darstellt.

Dieser Einschätzung am nächsten ist in der bundesrepublikanischen Debatte die von *Ulrich Heidt* und *Elisabeth Mangeng* entwickelte These von der „Parteivergesellschaftung" gekommen, die von ihnen inzwischen leider zugunsten des Konzepts Staatskapitalismus aufgegeben wurde. Ausgangspunkt dieser Überlegungen ist die *Lenin*sche Verkürzung des Kapitalverhältnisses als Widerspruch lediglich zwischen dem gesellschaftlichen Charakter der Produktion und privater Aneignung, deren Überwindung eben noch keine automatische Aufhebung entfremdeter Arbeit bedeutet. Folglich bleibt nach *Heidt/Mangeng* das Neue dieser Produktionsweise beschränkt auf die bewußte Planung der entfremdeten Arbeit durch die Avantgarde.

„Der Herrschaftscharakter der Parteivergesellschaftung ist strukturell in einem Revolutionsverlauf angelegt, in dessen Vollzug die Anarchie der kapitalistischen Produktionsweise aufgehoben wird, ohne die kooperativen Fähigkeiten der Produzenten in einer bewußten Assoziationsform der Arbeit freisetzen zu können...

Das neue Vergesellschaftungsniveau der Arbeit reduziert sich demzufolge auf die Herstellung von Bedingungen, die eine reibungslose gesellschaftliche Reproduktion mit dem Ziel der Verbesserung der Lebensbedingungen der Arbeiter ermöglichen, ohne den Charakter entfremdeter Arbeit aufzuheben. Statt die unter dem Kapital nur widersprüchlich entwickelten gesellschaftlichen Potenzen der Arbeit in einer assoziierten Produktionsweise zu entfalten, wird die entfremdete Arbeit nur in eine neue Form ihrer Durchsetzung transformiert. Nicht mehr der Verwertungszwang herrscht über die Bedürfnisse der Produzenten, sondern die im gesellschaftlichen Plan sich realisierende Führung der Partei."[76]

Die Aussagen von *Heidt/Mangeng* stellen im wesentlichen eine Zusammenfassung und Bündelung der Argumente dar, die von kritischen Intellektuellen in Osteuropa entwickelt worden sind und die es lohnen, weiterentwickelt und auf ihre empirische Bewährung hin untersucht zu werden.

4.7 Die Bürokratie — eine neue Klasse?

Die Vergesellschaftung durch die Partei wird realisiert mit Hilfe eines bürokratischen Komplexes, der den Parteiapparat und die Apparate des Staates, der Wirtschaft, der Kultur, Wissenschaft und Massenkommunikationsmittel umfaßt. Über die Rolle und realen Kompetenzen dieses bürokratischen Komplexes gehen die Meinungen auseinander. In der marxistischen Diskussion sind wichtige theoretische Ansätze formuliert worden, die als Grundlage einer vertieften empirischen Analyse bürokratischer Herrschaft in den sowjetsozialistischen Systemen dienen können.

Die Polen *Jazek Kurón* und *Karol Modzelewski* stellen eine Verbindung von staatlichem Eigentum, der kommunistischen Partei, den herrschenden „Eliten" und der Bürokratie her:

„Staatliches Eigentum an den Produktionsmitteln ist nur eine spezifische Form des Eigentums. Es gehört den gesellschaftlichen Gruppen, denen der Staat gehört. In einem System mit nationalisierter Wirtschaft hat nur derjenige Einfluß auf die Gesamtheit der ökonomischen Entscheidungen, also Verfügungsgewalt über die Produktionsmittel, über die Aufteilung und die Verwendung des Sozialprodukts, der einen Anteil an den oder die Möglichkeit der Einflußnahme auf die Entscheidungen der Staatsmacht hat. Politische Macht verbindet sich also mit der Macht über den Produktions- und Verteilungsprozeß. Wem gehört die Macht in unserem Staat? Einer einzigen, monopolistischen Partei."[77]

Der Macht der „herrschenden Elite", die sich der Spitzen dieser Apparaturen bemächtigt habe, seien die Bürger (aber auch die einfachen Parteimitglieder) „atomisiert" und hilflos gegenübergestellt.

„Wie in jedem hierarchisch organisierten Apparat ist die Quelle aller Anordnungen auch hier eine Elite, eine Gruppe von Menschen, die in der Hierarchie exponierte Stellungen einnehmen und grundlegende Entscheidungen gemeinsam treffen. In unserem System ist die Parteielite gleichzeitig die Machtelite; alle staatlichen Entscheidungen werden von ihr getroffen... Indem sie die staatliche Macht ausübt, verfügt die Machtelite gleichzeitig über die Gesamtheit der verstaatlichten Produktionsmittel, entscheidet über den Anteil der Akkumulation und des Konsums, über die Richtung der Investitionen, über den Anteil der einzelnen gesellschaftlichen Gruppen am Volkseinkommen...

Die Entscheidungen der Elite sind eigenmächtig, frei von jeder Kontrolle von seiten der Arbeiterklasse und der übrigen gesellschaftlichen Klassen und Schichten... Diese in Partei und Staat herrschende Elite ... nennen wir Monopolbürokratie." (S. 185)

In dieser Argumentation wird keine genaue Abgrenzung von Bürokratie und Nichtbürokratie dahingehend vorgenommen, welche Ebenen der Apparathierarchien zur Monopolbürokratie, d.h. der herrschenden Elite, gehören und welche nicht. Die Monopolbürokratie erscheint eher als die Spitze der politisch-staatlichen Exekutive denn als bürokratischer Apparat, der die politischen und ökonomischen Entscheidungen bis auf die untersten Stufen der Produktion und gesellschaftlichen Reproduktion durchsetzt. Die Monopolbürokratie ist hier die neue herrschende Klasse, die alle Bereiche der Gesellschaft in ihrer Gewalt hat. Partei- und Staatsführung bilden eine untrennbare Einheit.

Die ausschließliche Betrachtung der politischen und ökonomischen Entscheidungszentren läßt eine differenzierte Sicht der spezifischen Aufgaben und Funktionen der einzelnen, diesen Eliten „dienstbaren" Apparate nicht zu. Die in der leninistischen Vorstellung bestehende Hierarchie des Wissens zwischen den verschiedenen Organisationen (vor allem zwischen dem Partei-, Staats- und Wirtschaftsapparat) und die diesen Apparaten in unterschiedlicher Weise eingeräumten Kompetenzen sind mit einem elitezentrierten Ansatz kaum zu erfassen.

Die mit einer solchen Sichtweise verbundene dichotomische Sicht der mit dem Bürokratieproblem verbundenen Herrschaftsproblematik findet sich auch bei *Peter W. Schulze*. Er konstatiert eine Spaltung der Gesellschaft in eine herrschende Klasse und in beherrschte Klassen, wobei erstere durch eine Polarisierung in zwei Klassenfraktionen, die „Produktions-/Akkumulations- und die Legitimationsagenten" gekennzeichnet sei.

„Beide Fraktionen der Gesamtherrschaft (die wir auch mit Bürokratie umschreiben, ohne allerdings die spezifische Bedeutung des trotzkistischen Bürokratiebegriffs zu akzeptieren) sind autonome Fraktionen, d.h., sie können sich zu sozialen Kräften im Sinne von Klassen entwickeln... Beide Klassenfraktionen sind Teile einer *Herrschaftsstruktur*, die nicht nur *Klassenmerkmale* hat, sondern *reale Klasseneigenschaften* als herrschende Klasse gegenüber dem Proletariat (und den Genossenschaftsbauern) repressiv zum Ausdruck bringt."[78]

Eine ähnlich verkürzte Einteilung nimmt *Gerd Meyer* vor. Auch er unterteilt die Gesellschaften sowjetischen Typs in Herrschende, nämlich die Bürokratie (die in der UdSSR etwa zehn- bis fünfzehn-tausend Personen umfasse) und in die große Masse der Beherrschten.

„Die Teilhabe bzw. Nichtteilhabe an bürokratischer Verfügungsgewalt teilt die sowjetische Gesellschaft dichotomisch in Herrschende und Beherrschte. Graduelle Unterschiede in der Teilhabe an bürokratischer Verfügungsgewalt unterteilen die Bürokratie in drei Gruppen: die politische Subelite, die politische Elite und den politischen Führungskern. Diese vertikale Differenzierung ist zu unterscheiden von der horizontalen nach Beruf, Zugehörigkeit zu bestimmten Institutionen, Richtungs- und Meinungsdifferenzen etc.‘‘[79]

Auch hier also — wenngleich differenzierter als bei *Schulze* — der Versuch, Bürokratie als zwar in sich gegliederte und fraktionierte, aber im Verhältnis zur Bevölkerung zahlenmäßig verschwindend kleine, dafür aber um so einflußreichere Gruppierung zu beschreiben. Gerade wenn man der Grundthese *G. Meyers* zustimmt, daß das wichtigste Unterscheidungsmerkmal für die soziale und politische Stellung der Individuen und gesellschaftlichen Gruppen in den Systemen des Sowjetsozialismus ihre Teilhabe bzw. Nichtteilhabe „an Leitungsfunktionen im Rahmen bürokratischer Herrschaft‘‘ ist, (S.117) kommt es darauf an, den Prozeß der Umsetzung zentraler politischer Vorgaben auf den verschiedenen Ebenen der gesellschaftlichen Hierarchie nachzuvollziehen, der bürokratisch in dem Sinne vor sich geht, daß es Aufgabe der verschiedenen Leitungsapparate ist, diese allgemeinen Vorgaben für die verschiedenen Teilbereiche der Gesellschaft zu spezifizieren und operationabel zu machen. Insofern greift ein Ansatz zu kurz, der diese Apparate zwar als „das funktionsnotwendige, materielle Substrat bürokratischer Herrschaft‘‘ sieht, (S. 69) unter „Bürokratie‘‘ aber gleichwohl nur deren oberste Spitze versteht, wie sie von der Nomenklatur der Parteiführung erfaßt wird. Diese Vorgehensweise zielt faktisch auf die Konstituierung der Bürokratie als einer (wenngleich in sich vertikal und horizontal differenzierten) sozialen Gruppe, Schicht oder Klasse, die zudem noch (wie auch bei *Kurón/Modzelewski*) mit dem für diese Gesellschaftssysteme zumindest „fragwürdigen‘‘ Begriff Elite belegt wird.

Die zunehmende Ausdifferenzierung des Herrschaftssystems und die Analyse der vielfältigen abgeleiteten Herrschaftsfunktionen im regionalen, industriellen und in anderen Bereichen erscheint mit Hilfe solcher dichotomischer Konzepte kaum leistbar. Diese Ausdifferenzierung ist auch nicht allein mit dem Herrschaftsaspekt zu erklären; sie wird in erheblichem Maße durch die Notwendigkeit der Verwaltung einer hochindustrialisierten Gesellschaft sowjetsozialistischen Typs bestimmt, einer Verwaltung, die jedoch ihren Herrschaftscharakter solange nicht verliert, wie sie der Partizipation aller Mitglieder der Gesellschaft entzogen ist.

Diese Konzepte vernachlässigen auch die historische Komponente. Die Argumentation von *Hegedüs*, daß Bürokratien in bestimmten Entwicklungsphasen gerade dann zu erheblichen Leistungen fähig sind, wenn sie sich „von den ‚Fesseln' der gesellschaftlichen Kontrolle" befreit haben,[80] hat angesichts der historischen Leistung der Entwicklungsbürokratie in der Sowjetunion einiges für sich. Sie verweist darauf, daß Rationalitätskriterien (z.B. Aufbau einer effektiv arbeitenden Großindustrie) und humanistische Ziele (Selbstverwaltung der Produzenten) in den verschiedenen historischen Entwicklungsphasen je unterschiedlich konfligierende Ziele sind.

In der Tat waren die in den sowjetsozialistischen Ländern installierten Lenkungs- und Leitungsapparate — zumindest in der Übergangsphase — gerade dadurch gekennzeichnet, daß sie in der Lage waren, wesentliche Aufgaben der gesellschaftlichen Transformation zu bewältigen. Diese revolutionäre Potenz schien der Avantgardepartei nicht nur die Tatsache zu rechtfertigen, daß immer größere Apparate immer weitere Bereiche der Gesellschaft ihren Befehlen unterwarfen, diese durchsetzten und diese Funktion durch eine zunehmende Ausdifferenzierung ihrer Binnenstruktur sicherten; auch die Mittel, derer sie sich bedienten, schienen nicht nur historisch unvermeidlich, sondern geradezu Voraussetzung für die Realisierung der politischen Ziele der Partei zu sein. Vor allem die stalinistische Bürokratie konnte sich so im Hinblick auf ihr Veränderungspotential als Prototypus der Antibürokratie ausgeben. *Hegedüs* weist auf diesen Zusammenhang hin, wenn er bemerkt, daß der „Verwaltungs- und Lenkungsapparat der sozialistischen Gesellschaft ... seinem Wesen nach ... gleichzeitig Träger von Bestrebungen (ist), die sich auf die Entwicklung von bürokratischen und humanisierten Verhältnissen richten, so daß diese Verwaltung gleichzeitig als Bürokratie und als Nicht-Bürokratie auftritt". (S. 79)

Diese von *Hegedüs* angenommene Doppelfunktion der bürokratischen Apparate scheint jedoch nur so lange und insoweit gegeben zu sein, wie diese sich durch die Fähigkeit auszeichnen, gesellschaftliche Probleme zu definieren, Lösungsmöglichkeiten auszuarbeiten und durchzusetzen, die auf eine neue gesellschaftliche Praxis ausgerichtet sind, eine Praxis, die der bürokratischen

Herrschaft zugleich die Existenzgrundlage entzieht. Die Installierung mit einem Machtmonopol ausgestatteter bürokratischer Apparate, deren Kontrolle nicht durch die Gesellschaftsmitglieder, sondern durch die bürokratisierte Avantgardepartei und von ihr geschaffene und ihr gegenüber rechenschaftspflichtige Kontrollinstanzen erfolgt, ist nur schwer mit der Einschätzung von *Hegedüs* in Übereinstimmung zu bringen, daß der Verwaltungsapparat selbst dann, „wenn er partikuläre Interessen verfolgt, immer im Namen des allgemeinen Interesses", im „Auftrag der gesamten Gesellschaft" handelt. (S. 77) Ihre Verfestigung fördert zugleich die Tendenz einer Zielverschiebung, die ihre von *Hegedüs* beschriebene Doppelfunktion zusätzlich problematisch erscheinen läßt. Die ursprünglich für dynamische Prozesse der Gesellschaftsveränderung bestimmten Apparaturen werden zu Instrumenten der technischen Verwaltung des Bestehenden, die sich vor allem rechtsförmiger und regelhafter Verfahren bedienen, aber auch die Kodifizierung gesellschaftlicher Verkehrsformen vorantreiben, so daß alternative Konzeptionen nur zu leicht als „rechtswidrig" erscheinen. Die bestehenden Strukturen werden festgeschrieben. An die Stelle einer noch immer nicht ganz überwundenen „charismatisch-bürokratischen Herrschaft" (*Tadić*) scheint zunehmend eine an ökonomischer Effizienz orientierte Form der Herrschaft zu treten, die ihre Legitimation aus der spezifischen Rationalität und den daraus resultierenden scheinbaren Sachzwängen des ökonomischen Prozesses bezieht.

Diese Entwicklungsprozesse und Veränderungstendenzen der sozialen Rolle der Bürokratie lassen die Frage aufkommen, ob sich eine neue herrschende bürokratische Klasse entwickelt, die, aus den Entwicklungsbürokratien hervorgegangen, eine neue Klassenherrschaft etabliert, wie dies bereits in den 50er Jahren *Milovan Djilas* angenommen hat.[81]

Hegedüs sieht die von ihm analysierten Verfestigungstendenzen keineswegs als hinreichenden Beleg für die Entstehung einer bürokratischen Klasse an. Er verwirft im Gegenteil das „marxistische Zweiklassenmodell der Gesellschaft". Für die Erklärung der Ursachen der gesellschaftlichen Entwicklung in den bisherigen Klassensystemen sei es eine unentbehrliche Grundlage und wichtige theoretische Hilfe gewesen, es könne aber weder zur „Erklärung jedes bedeutenderen politisch-sozialen Geschehnisses" noch zur hinreichenden Erklärung der sozialistischen Systeme dienen.[82]

„Zum Verständnis der Bewegungseigentümlichkeit der sozialistischen Gesellschaft müssen wir ein differenzierteres, mehrere Faktoren in Betracht ziehendes Strukturmodell ausarbeiten." (S. 140)

Hegedüs nimmt eine Differenzierung nach der Stellung im System der Arbeitsteilung vor, wie sie übrigens auch von einigen „nichtoppositionellen" Soziologen in Osteuropa und der DDR vorgeschlagen worden ist.[83] *Hegedüs* unterscheidet drei große Gruppen innerhalb der sozialen Schicht, die aufgrund ihrer Stellung im System der Arbeitsteilung als „geistige Arbeiter" gelten:

1. Die Schicht leitender Intellektueller oder Angestellter, deren Zugehörigkeitskriterium in der durch die Arbeitsteilung gegebenen Möglichkeit besteht, die Arbeit anderer Personen unmittelbar zu lenken, zu kontrollieren und auszuwerten (all dies mit seinen materiellen und moralischen Konsequenzen verstanden). Diese Gruppe ist auch so noch sehr heterogen, und es ist deshalb notwendig, sie in Untergruppen aufzuteilen, besonders in bezug auf die Ebene der Lenkung und nach den gesellschaftlich-ökonomischen Zweigen. Eigentlich ist diese Schicht der Träger der Widersprüchlichkeit des Verhältnisses Lenker – Gelenkter, die auch im Sozialismus erscheint, wenn auch *im wesentlichen* mit anderem Inhalt als in den antagonistischen Klassengesellschaften.
2. Die Schicht der Intellektuellen und Angestellten, die über selbständige Verantwortung und Arbeitsbereich verfügen; das grundlegende Kriterium der Zugehörigkeit zu dieser Gruppe besteht darin, daß der größere Teil der individuellen Tätigkeit (Finanzreferent, Konstrukteur, Ingenieur) durch den Arbeitsbereich in funktionalem Sinne bestimmt wird. Auch hier gibt es ein Verhältnis zwischen Lenker und Gelenkten, aber unter normalen Umständen verblaßt hier das An-die-Person-Gebundensein des Charakters des Gelenktwerdens erheblich.
3. Die Schicht untergeordneter Intellektueller und Angestellter, d.h. derjenigen, die ihre Tätigkeit zum größeren Teil aufgrund unmittelbarer Anordnungen ausüben. Sinngemäß bietet diese Situation mehr Gelegenheit zum Entstehen einer persönlichen Abhängigkeit und so auch zu Konflikten im Verhältnis Lenker – Gelenkter."[84]

Dieser sozialen Schicht stehe die der „körperlich Arbeitenden" gegenüber, die sich ebenfalls in drei Gruppen (Facharbeiter, angelernte Arbeiter und Hilfsarbeiter) unterteilt. (S. 145) Während letztere zusammen mit dem untergeordneten Intellektuellen und Angestellten subalterne Positionen wahrnehmen, umfassen die beiden ersten Gruppen der geistigen Arbeiter die Leitungskader und die Gruppe der wissenschaftlich und/oder technisch ausgebildeten Spezialisten, deren Bedeutung in allen sowjetsozialistischen Systemen zunimmt.

Ähnlich wie *Hegedüs* argumentiert auch *Rudolf Bahro*. Er weist darauf hin, daß die in den sozialistischen Systemen entstandene

Sozialstruktur nicht mehr mit dem traditionellen Klassenschema analysierbar ist, sondern daß die Anwendung von Schichtungsmodellen zu brauchbaren Ergebnissen führt. Nach *Bahro* hat die Arbeiterklasse in der DDR

> „keinen abgrenzbaren und, viel entscheidender, in der praktischen Aktion als Einheit erscheinenden Gegenstand mehr... Jenseits des Kapitalismus verliert der Begriff der Arbeiterklasse nicht nur seinen operativen Sinn, sondern er wird dann zur Bemäntelung dieser oder jener neuen Sonderinteressen verfügbar, speziell zur Pseudolegitimation der bürokratischen Stellvertretermacht."[85]

Auf der Basis dieser Grundeinschätzung — über die sich lange diskutieren ließe — entwickelt *Bahro* ein vereinfachtes Modell der „Sozialstruktur der protosozialistischen Industriegesellschaft in ihrer Differenzierung nach Bildungsgraden, Leitungsebenen, Funktionen des Reproduktionsprozesses und Zweigen der Arbeitsteilung im Bereich der Wirtschaft". (S. 195) Er betont, daß er in diesem Sozialstrukturschema bewußt den „speziellen politischen Überbau" außer acht lasse; die Schlußfolgerungen, die er aus diesem Modell zieht, gehen aber weit über den ökonomischen Bereich hinaus und betreffend die Gesellschaft als Ganzes.

Der hierarchischen Struktur der Arbeitsfunktionen entspricht nach *Bahro* eine „qualifikationsabhängige Schichtdifferenzierung", wobei der Übergang von einer Ebene zur anderen durch „harte Übergänge" charakterisiert sei, zugleich behauptet er aber, daß die soziale Struktur durch eine deutlich erkennbare „Bipolarität" zwischen den Unterfunktionen des Reproduktionsprozesses (Hilfsarbeiten, Produktionsgrundprozesse, Produktionshilfsprozesse), deren soziale Träger Ungelernte, Angelernte und Facharbeiter seien, und dem Bereich von Planung und Leitung im Betrieb, Industriezweig und der Gesamtwirtschaft, der in den Händen der Fach- und Hochschulkader liege, gekennzeichnet sei. Eine Zwischenposition nehme in diesem Schema die Produktionsvorbereitung (Forschung und Entwicklung, Konstruktion und Projektierung usw.) ein, die von den Spezialisten getragen werde. Die These, die Struktur der DDR-Gesellschaft sei durch „Bipolarität" (an anderen Stellen sagt *Bahro* „Dichotomie", „tendenziell antagonistisch" bzw. „antagonistisch") gekennzeichnet, läßt sich nur aufrechterhalten, wenn er die Verfügungsgewalt über die Produktionsmittel zum *entscheidenden* Kriterium erhebt und den „Machtapparat" zum Träger dieser Verfügungsgewalt erklärt:

„Diese soziale Gruppe umfaßt im wesentlichen die *hauptamtliche* Besetzung der gesamten politischen, staatlichen und ‚gesellschaftlichen' Leitungspyramide, einschließlich der militärischen, polizeilichen und ideologischen Zweige, also eben die ausgedehnte Partei-, Staats- und höhere Wirtschaftsbeamtenschaft im weitesten Sinne. Politökonomisch gesehen, steht sie den unmittelbaren Produzenten (einschließlich Spezialisten, wenn auch ein Teil von ihnen über Stabsfunktionen vom Machtapparat absorbiert wird) tendenziell antagonistisch gegenüber. Das Staatseigentum, als Domäne dieser politbürokratischen und administrativen Verfügungsgewalt, stellt ein Produktionsverhältnis sui generis dar." (S. 284)

Die Gesellschaft ist folglich in zwei voneinander geschiedene Bereiche geteilt: diejenigen, die befugt sind, Entscheidungen auf den verschiedenen Ebenen der gesellschaftlichen Hierarchie vorzubereiten, zu treffen und durchzusetzen, sowie den Rest der Gesellschaft, der im wesentlichen ausführende Funktionen hat. Teilnahme am Prozeß der Planung und Leitung und generell an der „sozialen Synthesis", zumal da, wo es gilt, den „Staat zu regieren", setzt nach *Bahro* zweierlei voraus:

„1. Eine bisher stets durch besonderen, intensiven Ausbildungsgang erworbene Qualifikation, die fast immer nur denjenigen Individuen zuteil wird, die irgendeine soziale Kandidatur für synthetische, ‚allgemeine' Arbeit mitbrachten. Bis hier und heute herrscht das Prinzip der ‚Qualifikation für den Arbeitsplatz', und wer dort nicht als Kopf, sondern als Hand gebraucht wird, lernt auch eher Bewegungs- als Begriffskoordination. Die Ausbildung zur Köchin schließt Philosophie und Politik höchstens katechetisch ein, obgleich darin im Prinzip bereits ein großer Fortschritt liegen kann, der die berühmte Leninsche Forderung *als Losung* rechtfertigt.

2. Die effektive Gelegenheit, eine Reihe immer höherer synthetischer Funktionen auszufüllen, an der Spitze sozialer Informationshierarchien zu stehen oder zumindest in irgendeiner Form an der Verallgemeinerung zu partizipieren. Der Erkenntnisprozeß, der den Übergang zur Zivilisation beförderte, konnte nicht einmal vollzogen werden — weder subjektiv noch objektiv. Vor allem aber konnte ihn unmöglich die Gemeinschaft als ganze vollziehen. Und wenn wir jetzt — auf der Ebene der Subjekte — die Gesellschaft zerfallen sehen in ‚Weise' und ‚Subalterne', in ‚Die da oben' und ‚die kleinen Leute', so geht das ursprünglich auf diesen Fortschritt der Evolution zurück." (S. 172)

Diejenigen, die „Unterfunktionen im Reproduktionsprozeß" wahrzunehmen haben, „die kleinen Leute" also, verfügen weder über die notwendige Qualifikation, noch haben sie die effektive Gelegenheit zur Partizipation. Ihr Wissen und ihre Kenntnisse sind „partikular" und müssen, soll nicht die bestehende Machtstruktur der Gesellschaft in Frage gestellt werden, auch partikular bleiben.[86]

Dafür sorgt — nach *Bahro* — die Aufrechterhaltung der alten Arbeitsteilung. Da die moderne Psychologie es gestatte, „für schlechthin unmöglich zu erklären, daß eine unterdrückte, der Arbeitsteilung unterworfene, entfremdete Klasse von unmittelbaren Produzenten ‚selbst‘ herrschende Klasse werden und in dieser Rolle die Hegemonie über den Kulturprozeß ihrer Gesellschaft ausüben könnte", (S. 235) setzt *Bahro* auf die Intelligenz und bestimmte Kadergruppen, die sowohl über die nötige Qualifikation als auch über die notwendigen Entscheidungs- und Dispositionsbefugnisse verfügen, um die von ihm als notwendig erachteten gesellschaftlichen Veränderungen, vor allem die Überwindung der gegenwärtigen Arbeitsteilung als Grundhindernis einer Entwicklung der DDR von einer „protosozialistischen" zu einer sozialistischen Gesellschaft, zu realisieren. Dieser Erwartung liegt die These von der vermeintlichen Bipolarität der Gesellschaft zugrunde: Ungelernte, Angelernte, Facharbeiter hie, „Leitungskader" dort (mit einer schmalen Schicht von Spezialisten in der Mitte, die ersteren *noch* „als Agent der entfremdeten Technik und Technologie" gegenübertreten, die Bipolarität der Gesellschaft aber nicht aufheben). Trotz dieser „zweifelhaften" Stellung erkennt *Bahro* den Spezialisten eine positive „Schlüsselrolle in der gegenwärtigen Entwicklungsetappe der Produktivkräfte" zu, da sie durch die Veränderung der materiellen Produktionsprozesse zunehmend den „leitenden Subjekten" (also den Kadern) die Entscheidung diktierten. (S. 204 f.) Obwohl die „Spezialisten" weitgehend außerhalb des eigentlichen politischen Führungsapparates verbleiben, in dem die grundsätzlichen Entscheidungen gefällt werden, wird ihr Einfluß — da ist *Bahro* zuzustimmen — , zumal im Wirtschaftsapparat, im Bereich von Wissenschaft, Technik und Technologie in dem Maße bedeutsamer, wie die politische Führung sich an den „Sachzwängen" des ökonomischen Prozesses orientiert — und dies tut sie spätestens seit Einführung umfangreicher ökonomischer Reformen Anfang der sechziger Jahre. Sie wird dadurch in ihren Entscheidungen von eben dieser Personengruppe abhängig, da nur sie über die nötigen Detailkenntnisse verfügt, die für die *Entscheidungsvorbereitung* und die Erarbeitung von Entscheidungsvarianten erforderlich sind. So geht die „objektive Tendenz der staatlichen Arbeitsorganisation und -leitung" dahin, „die gesamte Intelligenz", also auch die Spezialisten, „zu bürokratisieren oder wenigstens über die bürokratischen Mechanismen ... zuverlässig zu kontrollieren." (S. 254)

Sicher ergeben sich daraus erhebliche Probleme für die Entscheidungskompetenz und -fähigkeit der Apparate. *Bahro* macht es sich aber zu einfach, wenn er die „Linienfunktionäre in Partei, Staat und Wirtschaft" vordringlich als „Repräsentanten des hierarchischen, bürokratischen Wissens gegen das überschüssige Bewußtsein in der Gesellschaft" ansieht, die, da „Gehorsam die Vorbedingung der Berufung ist, von vornherein eine typologische Auswahl von besonders anpassungsbereiten und autoritären, intellektuell und moralisch weniger anspruchsvollen Leuten" mit „Offiziersmentalität" darstellen. (S. 377) Dies mag zwar prinzipiell richtig sein; im Gegensatz zur Stalinzeit aber, in der die Bereitschaft des einzelnen, sich bedingungslos jeder Weisung der Partei zu unterwerfen, oft das einzige Kriterium für die Führungsauslese und die Stellung der Kader in der Leitungshierarchie waren, geht es seit den Reformbestrebungen Anfang der sechziger Jahre darum, eine hohe Qualifikation dieses Personenkreises zu erreichen und ihnen größere Entscheidungs- und Dispositionsbefugnisse zu übertragen, ohne die Führungsfunktion und die konkreten Eingriffsmöglichkeiten der Partei im gesellschaftlichen Gesamt wie in konkreten Einzelfällen aufzugeben. Dabei verlaufen die von *Bahro* beschriebenen Brüche zwischen „sachgerechten" und politisch „notwendigen" Entscheidungen quer durch die Apparate; sie prägen mit gewissen Modifikationen die Arbeitsbedingungen und Entscheidungsspielräume sowohl der Kader als auch der Spezialisten, wobei die politischen Zwänge und Eingriffe in laufende Prozesse auf den einzelnen Ebenen der Leitungshierarchie und in den jeweiligen Sektoren der Volkswirtschaft unterschiedlich durchschlagen. Es kommt darauf an, den spezifischen Beitrag und die daraus sich ergebenden unterschiedlichen Qualifikationen und Anforderungen an die verschiedenen mit Planungs- und Leitungsfragen befaßten Personengruppen zu bestimmen.

Zu vergleichbaren Ergebnissen wie *Bahro* gelangen auch *Györgi Konrád* und *Ivan Szelényi*; sie sehen „die Intelligenz auf dem Weg zur Klassenmacht".[87] Ihre Grundthese lautet, daß die „Organisation der Intelligenz zur Klasse" unter den Bedingungen der „rationalen Redistribution" (gemeint ist damit die gegenwärtige Verfaßtheit der sozialistischen Staaten) unvermeidlich sei.

„Statt der wirtschaftlich und politisch gleichermaßen schwachen Bourgeoisie in den industriell zurückgebliebenen osteuropäischen Agrargesellschaften, die mit den kastenartigen Feudalstrukturen nicht radikal brechen kann, leitet die sich zur staatsbürokratischen herrschenden Klasse organisierende Intelligenz den Modernisierungsprozeß." (S. 22)

Die Analyse der Intelligenz als „staatsbürokratische Klasse"
hat nicht das Ziel, eine allgemeine Strukturanalyse der Klassen
und Schichten in den sozialistischen Gesellschaftssystemen zu
leisten; die Autoren wollen vielmehr die Frage klären, ob es zweck-
mäßig ist, die neue gesellschaftliche Position der Intelligenz als
„Klassenposition" zu bezeichnen.

Obwohl in der marxistischen Denktradition stehend, legen die
Autoren neben dem *Marx*schen auch den *Weber*schen Klassenbegriff ihrer Analyse zugrunde, ja sie erklären den *Weber*schen Ansatz
für brauchbarer, da *Marx* bei der Analyse der Gesellschaftsstrukturen „die Kategorie der Klasse, die für Gesellschaften relevant
war, in denen Kapitaleigentum das Verfügungsrecht über das Mehrprodukt legitimierte ... auch auf Gesellschaften (übertrug), deren
Legitimationsprinzip ein anderes ist, in denen also bei der Bestimmung der Gesellschaftsstruktur die Eigentumsverhältnisse nicht
maßgebend sind", während sie bei *Weber* auf ihren „legitimen
Geltungsbereich − begrenzt sei. (S. 72)

In den „redistributiven Wirtschaften" ist nach Auffassung der
Autoren die Legitimierung der Verfügungsgewalt über das Mehrprodukt nicht mehr an den Kapitalbesitz gebunden; sie erfolge vielmehr nach rationalen Kriterien; denn um die gesellschaftlichen Ziele
und die Strategien zu ihrer Durchführung formulieren zu können,
bedürfe es spezifischer Fachkenntnisse, über die nur ein Intellektueller verfüge. Den Intellektuellen erwachse dadurch eine „strukturelle Position..., um die sich eine gesellschaftliche Klasse organisieren kann". (S. 73) Für die gesellschaftliche Funktion der Intelligenz sei es von zentraler Bedeutung, daß sie ihre Macht und
gesellschaftliche Belohnung dadurch sichern will, daß sie das „relative Monopol auf das komplizierte Wissen als Instrument benutzt.
Mit anderen Worten, die Intelligenz legitimiert durch ihr Wissen ihr
Recht auf die Macht". (S. 49)

Das Verhältnis von Macht und Wissen erhält seine, für die osteuropäischen Gesellschaften typische Ausprägung durch die enge
Verflechtung von Politik und Wirtschaft, Staat und Gesellschaft,
Exekutive und Planung unter der Leitung der kommunistischen
Partei, die als „Hüter der Einheit der Gesellschaft" und „die gesellschaftliche Teleologie personifizierender Schiedsrichter" fungiert. (S. 243) *Konrád/Szelényi* gehen nicht näher auf diese Verflechtung und Hierarchisierung bürokratischer Strukturen ein,
kommen aber gleichwohl zu weitreichenden Aussgen über die soziale Rolle der Mitarbeiter dieser Bürokratien und der Kader der

Partei, die sie zu „Trägern der Teleologie" erklären. Nicht das fachliche Wissen, das an einer Fach- oder Hochschule erworben worden ist, sei das Entscheidende (wenngleich die formale Qualifikation den Einstieg in die bürokratischen Apparaturen öffnet), „ausschlaggebendes Element des intellektuellen Wissens ist das Teleologische, weshalb dieses Wissen leicht transformierbar ist". (S. 230) Trotz gemeinsamer Zielsetzung der Bürokratien und der Verpflichtung ihrer Mitarbeiter auf das gesellschaftliche Ganze sehen *Konrád/Szelényi*, daß Konflikte zwischen den Teilbürokratien möglich sind, die die Einheitlichkeit des bürokratischen Gefüges in Frage stellen können. Dies zu verhindern ist ihrer Meinung nach Aufgabe eines nicht näher gekennzeichneten „zusätzlich herrschenden Standes", der sich aus der Intelligenzklasse absondert und als oberster Hüter der gesellschaftlichen Ziele auftritt. Die Partei gerät bei ihnen zum „Instrument des herrschenden Standes". (S. 237)

Spätestens an diesem Punkt rächt sich der Verzicht der Autoren auf eine eindeutige sozialstrukturelle Zuordnung der Intelligenz und/oder ihrer Teile in den verschiedenen historischen und gesellschaftlichen Entwicklungsphasen. Zwar konstruieren sie eine Art historischer Stufenleiter: In den vorkapitalistischen Gesellschaften (des westeuropäischen Feudalismus wie der „asiatischen Produktionsweise") garantiere das intellektuelle Wissen seinen Besitzern ständische Macht, im Kapitalismus werde die Intelligenz zu einer intellektuellen Berufsgruppe, deren Macht wesentlich zunehme und die sich in vielerlei Hinsicht mit den Kapitalbesitzern die ökonomische Macht bzw. mit den Politikern die politische Administration teile und dadurch eine „intermediäre Schichtposition" erlange; im Sozialismus falle der Intelligenz schließlich die Funktion einer herrschenden Klasse zu. Die Autoren bleiben jedoch eine operationalisierbare Definition der Begriffe Stand, Schicht, Klasse schuldig, gebrauchen diese vielmehr selbst nicht immer eindeutig und bieten von daher Anlaß zu Mißverständnissen und Fehlinterpretationen. Gleiches gilt für die übrigen tragenden Begriffe Intelligenz, marginale Intelligenz, Intellektuelle.

Wenn *Konrád/Szelényi* sehr ausführlich auf die Auseinandersetzungen und Konflikte zwischen den verschiedenen Gruppen der Intelligenz, den als herrschender Stand beschriebenen Spitzen der Partei- und Staatsbürokratie, den „Technokraten" und den Intellektuellen, „die an den Rand der Intelligenzklasse gedrängt worden und mit dem herrschenden Stand in Konflikt geraten sind", (S. 361) eingehen, analysieren sie zwar sehr einleuchtend und überzeugend viele der realen Konflikte in den osteuropäischen Ländern, stellen aber implizit ihre eigene These: daß die Intelligenz auf dem Wege zur Klassenmacht sei, in Frage. Ihre Analyse führt viel eher zu dem Schluß, daß es angesichts der Differenzierung und der internen Konflikte innerhalb und zwischen den bürokratischen Apparaturen und den verschiedenen sozialen Gruppen, die über kompliziertes Wissen verfügen, problematisch ist, den trotz aller Differenzierungen auf soziale Homogenität angelegten Klassenbegriff für die Analyse politischer und sozialer Herrschaft in den sowjetsozialistischen Ländern und ihrer Träger, der ,,sozialistischen Intelligenz", zu benutzen.

Alle diese Aussagen deuten auf eine Konsolidierung, wenn nicht gar eine Ausweitung des Einfluß- und Entscheidungsbereichs bürokratischer Apparate und Gruppen hin. Um aber nicht in eine eindimensionale Betrachtung des Bürokratieproblems zu verfallen, ist es notwendig, die gegenläufigen Prinzipien der Mitwirkung und Partizipation der von den Handlungen der Bürokratie Betroffenen in die Analyse einzubeziehen.

In der Debatte um die politischen und ökonomischen Reformen in den sowjetsozialistischen Systemen seit Mitte der 50er Jahre ist vielfach verkannt worden, daß Reformen, Dezentralisierungsbestrebungen im ökonomischen und Liberalisierungstendenzen im politischen Sektor nicht identisch sind mit einer zunehmenden Demokratisierung, ja, daß sie oft nur, den Schein eines fundamentalen Demokratisierungsprozesses erzeugend, eine Verfestigung und Verselbständigung der ,,politisch-bürokratischen Technokratie" zeitigten.[88]

Die Reformen berührten vor allem die Binnenstruktur der Herrschaftsapparaturen. *Hegedüs* konstatiert zutreffend einen ,,tatsächlichen Widerspruch" zwischen der Forderung nach ,,Optimalisierung" und ,,Humanisierung", die zugunsten der Optimalisierung entschieden wird, ,,wenn die einseitig bürokratische Lösung des Problems der Lenkung effektiver zu sein scheint".[89] Daß die Formen direkter politischer Unterordnung, die die stalinistische Bürokratie prägten, durch ein System funktionaler Entscheidungsstrukturen ergänzt wurde, innerhalb dessen sich die Leitung arbeitsteiliger Prozesse vermeintlich einzig an Sachgesetzlichkeiten orientiert, stellt Herrschaft nicht in Frage;[90] die Funktionsbedingungen hierarchisch-politisch gegliederter Organisationen überlagern und präformieren vielmehr auch die gesellschaftlichen Beziehungen, die in erster Linie

der Zusammenfassung, der Koordination und der Regelung arbeitsteiliger Prozesse dienen, in ihrer gesellschaftlichen Zielsetzung aber
Herrschafts- und nicht Verwaltungsprozesse sind. Die Feststellung,
daß eine arbeitsteilig organisierte Gesellschaft ohne spezialisierte
und sachkundige Leitungsgremien nicht funktionsfähig ist, dient
vor allem dazu, die Herrschaft weniger über viele zu legitimieren.
Folglich muß entweder das Vorhandensein von Herrschaft prinzipiell geleugnet oder aber behauptet werden, daß die Wenigen
so herausragende Eigenschaften besitzen, daß sie die Interessen der
Vielen erkennen und wahrnehmen können und in deren „Auftrag"
handeln. Die letzte Variante ist Kern der Avantgardekonzeption
der leninistischen Parteien.

Die *Verwaltung der Gesellschaft*, verstanden als Sicherung der
notwendigen Kooperation, ist so lange Herrschaftsausübung, wie
sie der Partizipation aller Mitglieder der Gesellschaft entzogen ist
und in ihrer erkennbaren Zielsetzung nicht auf die Abschaffung
aller Formen menschlicher Unterdrückung und Armut zielt. Da
sie sich nicht auf den abgegrenzten Sektor der Staatstätigkeit beschränkt, sondern zumindest potentiell das gesamte öffentliche
und private Leben erfaßt, kann sie auch nicht allein als staatliche, sondern muß als auf das Gesamt der Gesellschaft zielende
Kompetenz verstanden werden. Verwalten würde auch die Rück-
nahme des Anspruchs auf uneingeschränkte Kompetenz voraussetzen.[91] Partizipation heißt hier nicht, daß jeder einzelne unmittelbar an der Verwaltung teilnimmt; sie wird vielmehr emanzipa-
torisch verstanden als Beteiligungsform, die es den Gesellschafts-
mitgliedern erlaubt, die Ziele gesellschaftlichen Handelns und die
Wege zu ihrer Realisierung selbst zu bestimmen, und die somit
ein Element des Infragestellens und der schließlichen Aufhebung
von Herrschaft ist. In dieser Intention, nicht in den organisations-
theoretischen und -praktischen Schlußfolgerungen, trifft sich dieser Partizipationsbegriff mit dem der Selbstverwaltung, wie er
von *Marković, Stojanović* u. a. verstanden wird. Der Begriff Selbstverwaltung bezeichnet einen Zustand, der dem entspricht, was
die „Klassiker" unter dem Abbau der Herrschaft von Menschen
über Menschen und deren Ersetzung durch die Verwaltung von
Sachen verstanden haben.

„Selbstverwaltung heißt, daß die Verwaltungsfunktionen durch keinerlei
Gewalt außerhalb der Gesellschaft ausgeübt werden, sondern durch die Produzenten selbst, die das gesellschaftliche Leben in allen seinen Formen schaffen. Selbstverwaltung bedeutet die Überwindung der dauernden und fixier-

ten Teilung der Gesellschaft in historische Subjekte und Objekte, in Lenkende und Ausführende ...

Der Begriff der Verwaltung, der hier verwendet wird, bedeutet im Kontext des Marxschen humanistischen Denkens *rationale und revolutionäre* Verwaltung. Sie ist *rational* in dem Sinne, daß sie auf der objektiven, kritischen Analyse des Bestehenden beruht, auf der Erkenntnis der realen Möglichkeiten der gesellschaftlichen Bewegung, *auf der Auswahl solcher realer Möglichkeiten, die hinsichtlich des gegebenen Zieles optimal sind.*

Das Hauptziel, das der rationalen Entscheidung im gesamten Verwaltungsprozeß als Maßstab dient, ist die Abschaffung aller Formen menschlicher Unterdrückung und Armut sowie die Befreiung jedes einzelnen für ein volles, reicheres Leben in einer wahren menschlichen Gesellschaft."[92]

Eine solche Form der Verwaltung kann so lange nicht verwirklicht werden, wie sie einem besonderen abgehobenen Apparat zugewiesen wird und eine „isolierte partielle gesellschaftliche Tätigkeit", eine „besondere Profession" ist. (S. 106)

Darüber dürfen innere Widersprüche in den sowjetsozialistischen Bürokratien nicht vernachlässigt werden, die Beharrungs- und Veränderungstendenzen in sich bergen, deren Interessenlage nicht immer so einfach einzuschätzen ist, wie dies von einer Konzeption „der" herrschenden Bürokratie angenommen wird.

Für *Andras Hegedüs* können die Lenkungs- und Leitungsaufgaben

„in dem Entwicklungsabschnitt, in dem sich heute die sozialistischen Länder befinden, nur mit Hilfe von ‚verselbständigten', spezialisierten Apparaten gelöst werden. Die unmittelbare gesellschaftliche Leitung als grundlegende Leitungsform kann heute erst in einem verhältnismäßig kleinen Bereich des gesellschaftlichen Lebens verwirklicht werden. Gerade deshalb, wie sympathisch auch das Bestreben nach unmittelbarer gesellschaftlicher Leitung sein mag, ist in diesem jetzigen Zustand der Gesellschaft noch notwendigerweise die Illusion das beherrschende Element."[93]

Es sind die gegenwärtigen Formen der gesellschaftlichen Arbeitsteilung, die eine spezielle Form der Verwaltung, nämlich die „Spezialisation der Verwaltung", hervorbringen und bedingen. *Zádor Tordai* argumentiert ähnlich wie *Hegedüs*, daß aufgrund des gegenwärtig gegebenen Niveaus der Produktivkräfte, der Produktionsstrukturen, des allgemeinen gesellschaftlichen Bewußtseins die Verwaltung eine Notwendigkeit sei, daß aber folgende Aspekte von Verwaltung zu unterscheiden seien:

„Es handelt sich um Verwaltung von anderen und Verwaltung von Dingen. Im gegebenen Kontext bedeutet das erstere eine direkte, das zweite eine durch die Dinge vermittelte Disposition. Weitere Komponente ist die der Kontrolle (sie ist aber mit der Dispositionsstruktur in verschiedensten For-

189

men verbunden). Das dritte Element ist die Selbstverwaltung. Das Verhältnis dieser drei Elemente kann sehr verschieden sein, und es ist eben dieses Verhältnis, das den konkreten Inhalt, das Da-sein der Verwaltung als Verwaltung bestimmt."[94]

Verwaltung hat in dieser Sicht verschiedene und widersprüchliche Aspekte. Sie ist Herrschaft und rationale Verwaltung von Sachen zugleich; ihr eigentlicher Charakter entscheidet sich am Ausmaß und den Wirkungsmöglichkeiten des in den ,,realen Sozialismen" kaum verwirklichten Elements der Selbstverwaltung.

5. Zwischenresümee

Die bisherige Darstellung hat gezeigt, daß die Kommunismus- und DDR-Forschung einem Wandel unterworfen war und ist, der von den politisch-sozialen Bedingungen in den westlichen Ländern und der Entwicklung des Ost-West-Verhältnisses wesentlich beeinflußt wurde und wird. Die innergesellschaftlichen Wandlungstendenzen in den Ländern des „realen Sozialismus" selbst sind bisher nur andeutungsweise thematisiert worden – dies geschieht ausführlicher im zweiten Teil. Es ist auch deutlich geworden, daß man zwar von vorherrschenden Konzeptionsbildungen und Fragestellungen sprechen kann, daß aber jeweils auch tradierte und neue, noch nicht anerkannte Konzepte und Ansätze die Diskussion beeinflussen. Gleichwohl läßt sich für die Zeit seit etwa 1960 eine deutliche Dominanz modernisierungs- und industriegesellschaftlicher Vorstellungen in der Kommunismus- und DDR-Forschung aufzeigen, ohne daß dies zugleich mit einer systematischen Aufarbeitung und empirischen Umsetzung der diesen Vorstellungen zugrundeliegenden theoretischen Konzepten verbunden gewesen wäre.

Gegenwärtig sieht es so aus, als ob diese Ansätze ihre Faszination verloren hätten; interessant sind die Begründungen derer, die für einen Paradigmenwechsel in der Kommunismusforschung plädieren. So argumentiert z.B. *Vojtech Mastny* in einer Rezension einiger jüngerer modernisierungstheoretischer Kommunismusstudien, daß

„beides, politische Liberalisierung und rapides ökonomisches Wachstum – zwei Hauptkriterien des zugleich verwirrenden und vagen Modernisierungsmodells – ihren Nutzen für die Osteuropaforschung verloren [haben] und eine Neigung, die unleugbaren Spezifika des Kommunismus auf die leblose Generalisierungsformel ‚sozio-politische Entwicklung' zu reduzieren, zu bizarren und übersimplifizierenden Konklusionen geführt hat."[1]

Wer wie *John Kautsky* davon rede, daß kommunistische und nichtkommunistische Systeme sich unter dem Modernisierungsaspekt nicht wesentlich unterschieden, stelle eine ebenso abwegige Behauptung auf wie die, daß eine Schule nicht durch besondere Bedingungen von einem Gefängnis unterschieden sei. Die Verkürzungen und Vereinfachungen modernisierungstheoretischer Ansätze müssen nach Auffassung *Mastnys* überwunden werden; er plädiert für eine erneute Reflexion der Bedingungen, unter denen die sozialistischen Systeme sich entwickeln, und damit implizit auch für eine verstärkte Regionalforschung und für fundierte Länderstudien.[2]

Vor allem aber sei die Zeit gekommen,

„sich wieder den eigenen Werten zuzuwenden und sie als [erkenntnisleitendes] Kriterium zu würdigen, ohne daß jeder Versuch, Osteuropa zu verstehen, scheitern muß. Das heißt nicht, in oberflächliche Selbstzufriedenheit wie in den Tagen des Kalten Krieges zurückzufallen, aber wir können die fundamentalen Differenzen nicht negieren, die — jenseits weniger fundamentaler Gemeinsamkeiten — die düsteren kommunistischen Systeme von den westlichen Traditionen unterscheiden."[3]

Hier wird die vorherrschende Tendenz der Kritik an den ,,modernen" Modernisierungs- und Industriegesellschaftsansätzen deutlich, eine Kritik, die durchaus in die politische Landschaft sich verschlechternder Ost-West-Beziehungen paßt und sich mit den Motiven der Vertreter des Neototalitarismus trifft. Berechtigte Kritik an dem Formalismus und dem Modellplatonismus dieser Ansätze vermischt sich mit einer eher konservativen politischen und wissenschaftlichen Abgrenzungsstrategie gegenüber dem Kommunismus, wie sie sich besonders deutlich auf dem Weltkongreß für Sowjet- und Osteuropastudien in Garmisch-Partenkirchen im Herbst 1980 manifestierte, wo bislang dominierende Positionen mit dem Begriff des Totalitarismus in Frage gestellt worden sind. Dazu der Bericht von *Siegfried Thielbeer* in der FAZ:

„Szientistische Methoden, Datenfetischismus, Neigung zu mathematischen Modellen, die Systemanalyse und Ansätze wie der ,Behaviorismus' oder ,politische Kultur', [waren] vor allem in den Vereinigten Staaten, wo die Sowjetforschung der Politikwissenschaft zugeordnet ist, ... seit Ende der sechziger Jahre nicht ohne Einfluß geblieben. In Garmisch wurde jetzt offen eingestanden, daß man für viele der szientistischen Methoden gar nicht die benötigten Daten besitze und daß man mit systemanalytischen Ansätzen wesentliche Unterschiede zwischen dem kommunistischen System und der westlich-freiheitlichen Ordnung vernachlässige und die Gemeinsamkeit überbetone."[4]

Soweit gehe ich — wie ja die bisherige Argumentation gezeigt haben dürfte — mit den Intentionen derer konform, die sich in Garmisch kritisch mit der bisherigen Forschung auseinandergesetzt haben. Die Schlußfolgerung freilich, daß man die Systeme des „realen Sozialismus" erneut „ungeniert" (wie *Thielbeer* schreibt) als „totalitär" bezeichnen könne, kann ich nicht nachvollziehen, auch dann nicht, wenn dieser Begriff auf die Stalinzeit eingegrenzt wird. Die zitierten Argumente derer, die die modernisierungstheoretischen und andere „moderne" Ansätze mit dem Begriff „Totalitarismus" angehen, zeigen zu deutlich die Gefahr einer erneuten Instrumentalisierung der Forschung für politische Zwecke.

Kritik an diesen Ansätzen ist aber auch von anderen Positionen (nicht zuletzt auch von marxistischen[5]) aus vorgenommen worden. Im Anschluß an *Ludz*, der sich früher wesentlich optimistischer über die Möglichkeiten ihrer Nutzung für die Kommunismus- und DDR-Forschung geäußert hat, können die Risiken und Grenzen modernisierungs- und industriegesellschaftlicher Ansätze folgendermaßen umrissen werden:

1. Sie neigen zu unzulässigen Schlußfolgerungen von Einzelentscheidungen auf die Qualität des Ganzen.

2. Der Einfluß vorhergehender Konzeptionen, z. B. des Totalitarismuskonzepts, auf Makrokonzepte wie Modernisierung und Industriegesellschaft ist oft unreflektiert und wissenschaftlich nicht überprüft.

3. Die dem Modernisierungskonzept zugrunde liegenden Vorstellungen von der Welt beeinflussen das analytische Instrumentarium. Die Sprache der Wissenschaft und die kulturellen Einstellungen, die sie verbalisiert, haben nicht nur einen erkenntnisfördernden, sondern auch einen verhüllenden Charakter. Die Vernachlässigung der Eigenarten und spezifischen Traditionen anderer als der entwickelten kapitalistischen Systeme durch die Mehrzahl der modernisierungs- und industriegesellschaftlichen Ansätze zeigt dies deutlich. Dies Manko kann aber nicht — wie *Ludz* meint — durch die Adaptation anderer Makrokonzepte wie „political culture" oder „social culture" wesentlich verbessert werden.

4. Die vorgestellten Konzepte lassen oft nicht deutlich werden, auf welcher Abstraktionsebene sie sich bewegen — dies gilt auch für die totalitarismustheoretischen und die marxistischen Konzepte. Die Vermischung deskriptiv-klassifikatorischer und erklärender Modellannahmen, von qualitativen und quantitativen Daten oder statistischen Methoden tragen ein übriges zur Verunsicherung bei.

Ludz kommt zu dem abschließenden Ergebnis, daß diese Ansätze „eine heuristisch brauchbare Funktion für die vergleichende Analyse" haben können, wenn sie sich einiger ihrer problematischen Axiome, wie der des gleichmäßigen Wachstums u.a., enthielten.[6]

Dieses vorsichtige Abrücken entkräftet jedoch nicht den entscheidenden Vorwurf gegenüber diesen Konzepten, den des „Ethnozentrismus".[7] Dieser Einwand ist nicht neu, deswegen aber nicht weniger berechtigt. *A. G. Meyer* hat ihn gegenüber dem Totalitarismuskonzept erhoben und von einem „ethnozentrischen Mythos" dieses Ansatzes gesprochen, der über der vermeintlichen Einzigartigkeit „totalitärer" Gesellschaftssysteme die vielfältigen historischen Vorläufer und Vorbilder in der westlichen Welt vergessen habe.[8] Der versteckte Evolutionismus und die Fixierung der Mehrzahl der Modernisierungskonzepte auf das westliche Modell gesellschaftlicher und politischer Entwicklung kann jedoch, darin ist einem Vertreter des Totalitarismusansatzes, *David Hollander*, zuzustimmen, „noch um einiges ethnozentrischer sein".[9] Die bei aller berechtigten Kritik am Totalitarismusansatz in diesem noch vorhandene Einsicht in die Unvereinbarkeit sowjetsozialistischer und bürgerlich-demokratischer Gesellschaftsvorstellungen droht angesichts eines methodischen Universalismus, der „Entwicklungsländer", die sozialistischen und die entwickelten kapitalistischen Systeme mit einem Konzept: Modernisierung, zu fassen versucht, verloren zu gehen. (Gemeinsam ist dem Totalitarismusansatz und der Mehrzahl der Modernisierungstheorien übrigens der Hang zur Idealtypisierung, die jedoch nicht immer deutlich wird und nur zu oft dazu führt, daß so argumentiert wird, als handele es sich um Realtypen.) Hier offenbart sich der zugrundeliegende Wertmaßstab, der aber nicht offengelegt wird. Eine sozialwissenschaftliche Analyse, die für sich beansprucht, eine Gesamtsicht eines Gesellschaftssystems zu liefern, kann sich aber um die Frage der politischen und ideologischen Orientierungen und Werthaltungen nicht herumdrücken. Sie bestimmen nicht nur das Beziehungsgefüge innerhalb einer Gesellschaft mit, sondern auch das Verhältnis zwischen verschiedenen politischen und sozialen Systemen und Regionen.

Auf eine kurze Formel gebracht, stellen modernisierungs-, industriegesellschafts- und konvergenztheoretische Annahmen den Versuch dar, eine Theorie der Ersten und der Zweiten Welt zu entwickeln, die bei allen politischen und sozialen Unterschieden auf einem im wesentlichen gleichen Stand der Entwicklung der Produktivkräfte angelangt sind. Die „unterentwickelte" Welt spielt in diesem theoretischen Kontext eine nachgeordnete Rolle. Sie wird „ernst genommen", soweit sie sich am westlichen Entwicklungsmodell orientiert. Die mit der Gründung der jungen Nationalstaaten erkennbar gewordene Verlagerung des Ost-West-Gegensatzes und das Entstehen eines komplizierten Beziehungsgefüges der industrialisierten Staaten der Ersten und Zweiten Welt untereinander und gegenüber der „Dritten Welt" ist der eigentliche Ausgangspunkt für die Entwicklung der Modernisierungstheorien und den Niedergang industriegesellschaftlicher und konvergenztheoretischer Ansätze, deren „Blütezeit" spätestens Mitte der 60er Jahre vorbei war.

Die Modernisierungs- und Entwicklungstheorien können als theoretische Antworten der Metropolen auf den sich herausbildenden und verschärfenden Nord-Süd-Gegensatz gekennzeichnet werden. Sie sind jedoch nicht in der Lage, eine übergreifende theoretische Konzeption für die Analyse der sozialistischen Systeme zu liefern.

Die Ausgangsbedingungen und Entwicklungslinien der einzelnen Länder des „realen Sozialismus" sind zu verschieden: Die UdSSR und die ökonomisch leistungsfähigsten Länder wie die ČSSR oder die DDR sind mit dem Modernisierungskonzept kaum adäquat zu analysieren, andere, wie z.B. China (das man trotz aller Differenzen mit der Sowjetunion in diesem Zusammenhang mitberücksichtigen muß) verfolgen — zumindest bislang — eine andere Entwicklungskonzeption als die UdSSR, und sind zudem ebenso wie Nord-Korea, Vietnam oder Cuba eindeutig der „Dritten Welt" zuzurechnen. Ihre Entwicklung ist nur vor dem Hintergrund der dort sich vollziehenden Prozesse zu verstehen; sie müssen aber zugleich als Staaten des „sozialistischen Weltsystems" analysiert werden. Die konkreten Entwicklungsbedingungen sind, darauf sollte mit diesen kurzen Bemerkungen erneut hingewiesen werden, so unterschiedlich, daß sie mit einem einzigen übergreifenden Konzept kaum erfaßt werden können. Modernisierungs-, entwicklungs- und industriegesellschaftliche Ansätze könnten nur dann sinnvoll als *heuristische Konzepte*, nicht als globale Analysemodelle genutzt werden, wenn ihnen ein Verständnis der allgemeinen und historisch-spezifischen Entwicklungsbedingungen der sozialistischen Systeme wie einzelner Länder zugrunde liegt; Voraussetzung für eine kritische Aneignung dieser Ansätze wäre aber zweitens, daß die mit ihnen und durch sie transportierte Vorstellung eines allgemeinen, universalen Weges zur Modernität nach dem Vorbild der entwickelten kapitalistischen Staaten ebenso ad acta gelegt würde wie die orthodoxe marxistisch-leninistische Erwartung einer Welt nach dem Vorbild der Sowjetunion, wie sie sich vor allem in der „Imperialismusforschung"[10] und der entwicklungstheoretischen Debatte in den sozialistischen Ländern niedergeschlagen hat.[11] Wie ähnlich oft die Argumentationen sind, sei mit einem Zitat belegt:

„Die historisch objektiv notwendige Entwicklungstendenz zielt natürlich (!) auf die schnelle Überwindung gerade der traditionellen Kulturerscheinungen (Analphabetismus, Religiosität, patriarchalische Großfamilie und deren Lebensweise, Freizeitverhalten usw.). Mit der Urbanisierung, Alphabetisierung und einem neuen Freizeitverhalten, das der Einordnung in ‚industrialisierte' Arbeitsabläufe entspricht, müssen sich notwendigerweise [die kulturellen] Einstellungen verändern."[12]

Man könnte diese verblüffend ähnlichen, grob vereinfachenden Behauptungen über vermeintlich gesetzmäßige Prozesse auf sich beruhen lassen, prägten sie oft nicht auch die vorgestellten kritisch-marxistischen Ansätze. Ihr Glaube an und ihre Hoffnung auf eine grundsätzliche Wende in der Entwicklung des Kapitalismus und des „realen Sozialismus" wird oft von einer ähnlich festen Vorstellung des Verlaufs des historischen Prozesses bestimmt, wie der der Orthodoxie des Marxismus-Leninismus — mit ähnlichen Konsequenzen für die Einschätzung von „Entwicklungsprozessen" in den noch nicht entwickelten Ländern.

Die Erwartung, mit der *Marx*schen Analyse der kapitalistischen Gesellschaft auch den Schlüssel für die Einsicht in das „Wesen" der sozialistischen Systeme (und der sich entwickelnden Länder) zu haben, führt oft zu einer Unterschätzung der Spezifika dieser Gesellschaftssysteme. Bei aller Kritik an den ideologischen Konstrukten und der Herrschaftspraxis der leninistischen Parteien haben die Vertreter eines kritischen Marxismus mit diesen zumeist eine Vorstellung von der Gesetzmäßigkeit des Geschichtsprozesses gemeinsam, die „traditionelle Kultur" nur als Störfaktor der Entwicklung — hier einer sozialistischen Entwicklung — sieht. Treten solche „Störungen" wie in Polen manifest in Erscheinung, nimmt man sie zwar — je unterschiedlich wertend — zur Kenntnis; jedoch immer unter dem Aspekt, welcher Stellenwert ihnen für die erwartete sozialistische Erneuerung, d.h. für den historisch als notwendig und unumgänglich erachteten Schritt hin zum humanen Sozialismus zukommt. Die *Marx*sche Alternative Sozialismus oder Barbarei wird nur selten — und dann zumeist pejorativ gegen die „realen Sozialismen" gewendet — diskutiert.[13]

Die Stagnation der marxistischen Kommunismusanalyse, ihr oft zu beobachtendes Verharren in der theoretischen Reflexion, deutet auf eine ähnliche Verunsicherung hin, wie sie sich auch in der „bürgerlichen" Kommunismusforschung nicht mehr übersehen läßt: Die globalen Erklärungsmodelle haben sich als brüchig erwiesen, und neue Konzepte stehen nicht bereit. Die Frage ist, ob man eine solche erneute Konzeptbildung anstreben sollte. Im zweiten Teil dieses Buches soll die These untermauert werden, daß der Abschied von Globalvorstellungen eine Chance für die Kommunismus- und DDR-Forschung eröffnet, die nicht vertan werden sollte: die Chance, mit Fragen mittlerer Reichweite einen Teil des Schleiers zu lüften, der die Systeme des „realen Sozialismus" nach wie vor umgibt.

Teil II: Überlegungen zu einer politischen Soziologie des „realen Sozialismus"

1. Methodische Probleme

1.1 Länderstudien oder vergleichende Kommunismusforschung?

Es ist wohl nicht übertrieben, wenn man bemerkt, daß die Kommunismus- und DDR-Forschung sich in einer Krise befindet. Ob man sich den Stand der DDR-Forschung vergegenwärtigt, wie er sich in einem umfangreichen, vom Bundesministerium für innerdeutsche Beziehungen in Auftrag gegebenen Gutachten niedergeschlagen hat,[1] oder ob man die Diskussion über eine mögliche Neuorientierung der Kommunismusforschung in den einschlägigen in- und ausländischen Fachzeitschriften verfolgt, die massiven Probleme der Disziplin lassen sich kaum übersehen.

Vor noch nicht allzulanger Zeit waren deskriptiv und historisch angelegte Studien vom „mainstream" der Politischen Wissenschaft abgekoppelt, sie erschienen vielen als antiquiert und methodisch überholt. Heute macht sich Skepsis breit, ob die vielfältigen „modernen" Ansätze das zu halten vermögen, was sie allzu selbstbewußt versprachen, oder ob es nicht sinnvoll ist, sich auch bewährter „traditioneller" Methoden zu bedienen und einer verstehenden, den spezifischen historischen, politischen, ökonomischen, sozialen und kulturellen Besonderheiten gegenüber aufgeschlossenen Sichtweisen den Vorzug zu geben.

Es liegt auf der Hand, daß solche Überlegungen eine Fundamentalkritik der bisherigen Forschungskonzeptionen und -methoden impliziert und bislang sakrosankte Positionen in Frage stellt. Dies betrifft zuerst das Selbstverständnis der Kommunismusforschung als Disziplin, die sich in den letzten beiden Jahrzehnten unter dem Einfluß der angelsächsischen Diskussion — zumindest intentional — als vergleichende Forschung verstand. Ost-West-

Vergleiche und die innersystemaren Vergleiche des „comparative communism" galten als einzig erfolgversprechende Vorgehensweisen, Länderstudien als überholt und nutzloser Zeitvertreib einiger hochspezialisierter Fachleute.

Den „area studies" wurde vorgeworfen, sie ließen keine systematischen Generalisierungen zu, die nur von vergleichenden Studien zu erwarten seien.[2] Es ist jedoch nicht so, daß alle Autoren diese — in der Bundesrepublik oft verkürzt in die Diskussion gebrachte[3] — Kritik an Länderstudien teilten. So bemerkt *Rudolf L. Tökés*, das der comparative-communism-Ansatz „bislang weder das Maß an neuer Erkenntnis, noch an originellen Einsichten gebracht hat, die seine Vertreter erwartet haben",[4] — und *Charles Gati* kritisiert die Kritiker der Länder- und Regionalstudien, die offenbar vergessen hätten, daß die wichtigsten Beiträge zu Problemen der Sowjetunion und Osteuropa von Länderspezialisten gekommen seien, deren Methoden zwar durchaus zu kritisieren seien, deren Bedeutung aber wohl kaum ernsthaft in Zweifel gezogen werden könnten.[5]

Ohne jeden Zweifel haben Regional- und Länderstudien einen „begrenzten Horizont", und es ist wohl auch unumstritten, daß die Ergebnisse solcher Untersuchungen nicht ohne weiteres zur Grundlage allgemeiner theoretischer Aussagen gemacht werden können. Doch bringt auch der „Systemvergleich" erhebliche methodische Probleme mit sich. Am deutlichsten ist dies beim Ost-West-Vergleich. Die Gegenüberstellung der politischen Systeme, der Struktur und Funktion des Staates, der Parlamente, der Rolle der Parteien, Verbände, „Massenorganisationen", ebenso wie der Vergleich der normativen und rechtlichen Grundlagen erfordert eine Antwort auf die Frage, ob die gleichen Institutionen, Organisationen und rechtlichen Regelungen ohne weiteres vergleichbar sind, haben sie doch in den verschiedenen Systemen fundamental andere Aufgaben und Funktionen.[6] Vielversprechender ist da schon ein Vergleich von Problemlagen, wie Fragen des ökonomischen Wachstums, des Umweltschutzes, der Urbanisierung und Stadtentwicklung usw.[7] Hier handelt es sich um Probleme, die in beiden Systemen gelöst werden müssen und die jedes System entsprechend seinen eigenen Bedingungen zu lösen versucht. Das wichtigste methodische Problem ist, wie einigermaßen zuverlässige Indikatoren gefunden werden können, die es erlauben, den sozio-ökonomischen und kulturellen Entwicklungsstand der einzelnen Länder zu bestimmen und zugleich auch die Spezifika der untersuchten Systeme und Länder berücksichtigen.[8]

Einige dieser Probleme stellen sich bei innersystemaren Vergleichen nicht, doch bleibt auch hier zu berücksichtigen, daß die verschiedenen sozialistischen Länder Osteuropas, die UdSSR, die DDR und erst recht sozialistische Entwicklungsländer wie China, Vietnam, Korea oder Kuba erhebliche Unterschiede im Entwicklungsstand, der Industrialisierung, der Gesellschaft, der Kultur, der Tradition und der politischen Kultur aufweisen, die es zu berücksichtigen gilt, soll nicht der falsche Eindruck eines monolithischen Blocks entstehen, der in der Realität nicht vorfindbar ist. Diese Probleme sind in der von der Systemtheorie maßgeblich beeinflußten Diskussion über den Systemvergleich eher vernachlässigt worden. In jüngster Zeit scheint sich hier für den Bereich der Kommunismusforschung ein Wandel anzubahnen.

So plädiert *Fred H. Eidlin* für eine sinnvolle Verbindung von Länder-, Regional- und vergleichenden Studien und zieht aus der bisherigen Diskussion in den angelsächsischen Ländern den Schluß, daß

1. deskriptive Studien notwendig und eine notwendige Komponente der Theoriebildung seien,
2. die „pseudowissenschaftliche Orientierung" der Kommunismusstudien à la *Fleron, Jr.* oder *Kanet* wie ein Mühlstein auf der Kommunismusforschung laste, zumal dort der residuale Einfluß des Totalitarismuskonzepts allenthalben zu spüren sei,
3. die Einbeziehung der jeweiligen Geschichte und politischen Tradition der untersuchten Länder unabdingbar sei (er erwähnt positiv die Studien von *Jerry Hough*), und daß
4. die meisten Beobachter sich nicht der politischen und gesellschaftlichen Rahmenbedingungen bewußt seien, denen ihre eigene Analyse und Konzeptbildung unterliege.[9]

In der Bundesrepublik ist die Forderung nach einer vergleichenden Analyse der sozialistischen Systeme und nach einem Ost-West-Vergleich am deutlichsten von *Ludz* vertreten worden, realisiert hat sie (die vergleichende Kommunismusanalyse) bislang nur *Klaus von Beyme* mit einem umfassenden Werk über „Ökonomie und Politik im Sozialismus".[10]

Ludz' Option für eine vergleichende Vorgehensweise gründet in seiner Einschätzung, daß die sozialistischen Systeme „nicht auf ihren industriegesellschaftlichen Charakter reduziert" wer-

200

den können, aber „*auch* und zwar sehr wesentlich Industriegesellschaften" seien.[11]

Daraus entwickelte er eine Forschungsstrategie, die einen Schwerpunkt im Bereich des Systemvergleichs und der Rezeption der modernen angelsächsischen Ansätze hatte:

1. Fortsetzung der area studies;
2. Eine verstärkte Arbeit an Forschungsvorhaben im Rahmen der Fragestellungen der „comparative politics" und der „comparative sociology";
3. neu zu etablierende Forschungen im Rahmen der Fragestellungen des „nation-building-Ansatzes";
4. neu zu etablierende Forschungen im Rahmen der Fragestellungen der empirischen Konfliktforschung und
5. neu zu etablierende „strategische Studien" über Probleme des Ost-West-Verhältnisses (KSZE, MBFR usw.).[12]

Kurz vor seinem Tod konstatiert *Ludz* eine neue Konstellation: In Bezug auf modernisierungstheoretische Ansätze als Grundlage vergleichender Studien stellt er fest, daß die immer engere internationale und intranationale Verflechtung und das Tempo der Entwicklung der gesellschaftlichen Prozesse neue konzeptionelle Überlegungen nötig machten. Seine Aussagen über das Konzept Modernisierung lassen sich auch auf andere Globalkonzepte übertragen. Als universales Konzept, das alle Staaten und Gesellschaften unabhängig von ihrer konkreten Situation und ihrer spezifischen Tradition erfasse und dem die Idee eines evolutionären historischen Prozesses zugrundeliege, müsse es modifiziert und spezifiziert werden, um es für die Kommunismus- und DDR-Forschung fruchtbar zu machen. Makro-Konzepte hätten eine heuristische Funktion, man müsse sich ihrer Irrtümer und Grenzen bewußt sein und — hier zitiert *Ludz* zustimmend *Reinhard Bendix* — den Mittelweg zwischen dem Anspruch zu finden, allgemeine, alle Gesellschaften umfassende Generalisierung und Aussagen über den je konkreten Zustand einer einzelnen Gesellschaft zu finden.[13] *Ludz* geht nicht so weit wie *Wolf Dieter Narr*, der zu folgendem Ergebnis kommt:

„Die großen Ländervergleichsstudien, die die Logik des Vergleichs und seine Voraussetzungen meistens ausgespart haben, haben allenfalls zu so etwas wie einem methodologischen Imperialismus geführt, sprich: der Übertragung von ganz bestimmten Funktions- und Institutionsannahmen eines Landes auf andere."[14]

Diese Einschätzung trifft recht genau die Problematik von Ost-West-Vergleichen in der Tradition der Studie von *Brzezinski/ Huntington*, für Vergleiche, wie sie die Kommunismusforschung anstrebt, läßt sie sich nicht so eindeutig aufrechterhalten – zumindest nicht für einen Ansatz, wie ihn *Klaus von Beyme* vertritt, der sich nicht auf rigide Modellannahmen einläßt, sondern sich der aus seiner Sicht positiven Elemente verschiedener theoretischer Ansätze bedient.

Beyme benennt drei politisch relevante Bereiche der Gesellschaft, die Produktionssphäre, die Distributionssphäre und die Legitimations- und Sicherungssphäre, denen er vier Zielbereiche (Redistribution, Effizienz, Protektion, Partizipation) und policies (materielle Politiken) zuordnet.[15]

Gesellschaftssphäre	Zielbereiche	materielle Politiken
Produktionssphäre	**Redistribution**	Umverteilungspolitik (Sozialisierung, Kollektivierung)
Distributionssphäre		Einkommenspolitik, Preispolitik, Steuerpolitik, Sozialpolitik, Konsumgüterproduktionspolitik, Erziehungspolitik
Legitimationssphäre		Kaderpolitik
Produktionssphäre	**Effizienz**	Wachstumspolitik, Stabilitätspolitik
Distributionssphäre		Sozialpolitik, Infrastrukturpolitik
Legitimationssphäre		Massenmobilisierungspolitik, soziale Kontrolle
Produktionssphäre	**Protektion**	Arbeitsschutzpolitik
Distributionssphäre		Gesundheitspolitik, Sozialpolitik, Wohnungsbaupolitik, Umweltpolitik
Legitimationssphäre		Rechtspolitik
Produktionssphäre	**Partizipation**	Mitwirkungspolitik
Distributionssphäre		Überbetriebliche Mitwirkungspolitik
Legitimationssphäre		Organisationspolitik

Beyme hat damit – eine freilich noch recht abstrakte – Verkoppelung der verschiedenen Bereiche der Gesellschaft, von politischen Zielvorstellungen und politischen Handlungsbereichen vorgenommen, die er für eine vergleichende Analyse der sozialistischen Systeme verwendet. Er hat in seine Typologie auch Argumente der marxistischen Diskussion einbezogen, soweit sie ihm nicht unlösbar mit dem „ganzheitlichen Systemanspruch des Sozialismus" (S. 37) verwoben erschienen. Das hat ihm den Vorwurf eingetragen, sich einer „verzerrenden Apologetik" schuldig gemacht zu haben. *Jakob Schissler* kreidet ihm außerdem an, daß er bei seiner Analyse die Zeitdimension, in der sich das sowjetische und die anderen sozialistischen Systeme bewegen, den Druck seitens der kapitalistischen Weltsysteme und andere Einflüsse berücksichtigt hat und vor allem die Zielprojektionen ernstgenommen hat, die von diesen Systemen entwickelt worden sind.[16]

Das Einbringen des diese Systeme prägenden Selbstverständnisses und der von ihnen formulierten Ziele ist aber unbedingt notwendig für die Bewertung der politischen und sozialen Vorgänge in den Ländern des „realen Sozialismus" und nicht, wie *Schissler* unterstellt, ein „Prozeß der ideologischen Abschottung und Immunisierung" gegenüber der rauhen Wirklichkeit, die ihre Ursache in der Unfähigkeit habe, die Spannung einer „modernisierungstheoretischen Konstruktion, die sich eines geschichtsphilosophischen Entwurfs weitgehend enthielt, zu ertragen". (S. 140) Das Argument fällt auf den Autor zurück: Einer borniert „westlichen" Sicht scheint ein Zustand unerträglich, der die Ziele und Vorstellungen des ideologischen Gegners nicht von vornherein ablehnt, sondern sich kritisch mit ihnen auseinandersetzt.

Die eigentliche Problematik solcher vergleichender Studien liegt woanders: in dem notwendigerweise sehr hohen Abstraktionsniveau und dem eher selektiven Umgang mit empirischen Daten. Aber wie anders soll ein Vergleich beschaffen sein, wenn sich ein einzelner der Mühe unterzieht, eine Globalanalyse der sozialistischen Systeme vorzunehmen. Das Dilemma jeder vergleichenden Untersuchung wird hier ebenso deutlich wie bei den vielfältigen Versuchen von Autorengruppen. Die fundierte empirische Analyse ist Sache von Spezialisten, die zwar „ihr" Land kennen, darüber hinaus aber nur über allgemeine Kenntnisse verfügen. Da längerfristige Forschungsprojekte mit einer Vielzahl von Länderspezialisten von Vertretern unterschiedlicher Disziplinen nicht bestehen oder allenfalls in Ansätzen erkennbar sind, beschränkt sich der empirische Vergleich sozialistischer Systeme in der Regel auf eine parallele Darstellung von Fakten, die im günstigsten Falle von einer gemeinsamen Fragestellung strukturiert werden.

Die vergleichende Analyse sozialistischer Systeme dürfte sich auf absehbare Zeit aus dem hier angedeuteten Dilemma nicht befreien können. Wo der Weg zwischen einem verkürzten „Vergleichs-imperialismus" und abstrakten Modellannahmen verläuft, ist weit-gehend im Dunkel. Das darf nicht davon abhalten, sich stärker als bisher den Problemen eines Vergleichs der sozialistischen Sy-steme zu stellen, mit dem Ziel, eine empirisch fundierte und theo-retisch reflektierte politische Soziologie des „realen Sozialismus" zu entwickeln.

1.2 *Über das Selbstverständnis der marxistisch-leninisti-schen Geschichts- und Sozialwissenschaft und den Umgang mit ihren Ergebnissen*

Die Darstellung der verschiedenen Konzepte der Kommunismus- und DDR-Forschung hat gezeigt, vor welche Probleme eine Ana-lyse der sozialistischen Systeme gestellt ist, wenn sie sich bemüht, die Vielfalt von Einzelinformationen zu systematisieren und in ein dem Gegenstand gerecht werdendes Frageraster einzuordnen. Weniger klar ist die Einschränkung der Analysemöglichkeiten heraus-gearbeitet worden, die sich sowohl aus der Tatsache ergibt, daß em-pirische Feldforschung in diesen Systemen eine offizielle Ange-legenheit ist, an der westliche Forscher nicht partizipieren können, als auch aus dem spezifischen Selbstverständnis und den Methoden der marxistisch-leninistischen Geschichts- und Sozialwissenschaft, deren Ergebnisse zumeist das einzige „empirische" Material sind, auf daß die westliche Kommunismusforschung sich stützen kann.

Soweit offizielle oder offiziöse Verlautbarungen, Parteiproto-kolle und Protokolle von Sitzungen der Führungsgremien der Par-tei, Reden der politischen Prominenz, Aussagen in den Massen-medien usw. benutzt werden, herrscht allgemeine Übereinstimmung, daß es sich um Selbstdarstellungen und Selbstinterpretationen des Systems handelt, die viel über die politischen, ökonomischen, sozialen und kulturellen Intentionen der Herrschenden aussagen, deren Realitätsgehalt aber jeweils kritisch zu überprüfen ist. We-niger eindeutig stellt sich das Problem dar, wenn es um die Bewer-tung von wissenschaftlichen Veröffentlichungen geht. Obwohl nicht zu übersehen ist, daß gesellschaftliche und politische Ent-wicklungen und Probleme nach je aktuell gültigen Maßstäben und Kriterien interpretiert werden, greift eine ausschließlich politi-sche Kritik an solcher Vorgehensweise zu kurz. Hinter den poli-tischen Opportunitäten verbirgt sich die generelle Problematik einer

marxistisch-leninistischen Geschichtsauffassung und Gesellschafts-
analyse. Sie berührt ferner das Verhältnis von Geschichtswissenschaft und den seit Ende der 50er Jahre entstandenen, zumeist
empirisch orientierten Sozialwissenschaften.[17]

Die Kommunismus- und DDR-Forschung steht vor dem Problem, Kriterien zu entwickeln, die es gestatten, den Realitätsgehalt dieser Analysen von ihrem propagandistisch-ideologischen
Ballast zu befreien, um sie für die eigenen Untersuchungen verwenden zu können. Dazu ist es erforderlich, einige Aspekte des
Verhältnisses von Marxismus-Leninismus und Einzelwissenschaften,
des Praxisverständnisses und der daraus erwachsenden Vorgehensweise der marxistisch-leninistischen Geschichts- und Gesellschafts-
wissenschaft zumindest anzudeuten.

Das Verhältnis zwischen Geschichts- und Sozialwissenschaften
ist auch in bürgerlichen Gesellschaften nicht ohne Probleme. Die
Geschichtswissenschaft befindet sich hier in einer Umbruchsituation, in der sowohl der naive Positivismus als auch der Historis-
mus sich als Fehlentwicklung erwiesen haben.

„Heute versucht man auf den verschiedenen Wegen, aus diesem doppelten
Dilemma der historischen Tradition herauszukommen. Eine besondere Rolle
spielt dabei die Wiederannäherung an die Sozialwissenschaften, einerseits
in Form des Aufgreifens sozialwissenschaftlicher Begriffe und Methoden,
andererseits in der Hinwendung zur Analyse komplexer gesellschaftlicher
Institutionen und Strukturen, deren relative Eigengesetzlichkeit als höchst
bedeutsames Moment geschichtlicher Prozesse gilt. Umgekehrt beobachten
wir heute einen Prozeß der Rehistorisierung der Sozialwissenschaften, der
dem Bedürfnis entspringt, wieder aus der Sackgasse einer rein empirischen,
strukturell-funktionalistischen Methode herauszukommen, die wider Willen
in systemimmanenten Betrachtungsweisen stecken blieb und die großen
gesellschaftlichen Probleme aus dem Auge verlor.“[18]

Gleichwohl aber ging von der Systemtheorie und dem Struk-
turfunktionalismus ein umfassender Deutungs- und Erklärungsanspruch aus, der jedoch ahistorisch war und so in einem doppelten Gegensatz zur traditionellen Geschichtswissenschaft stand:
Durch ihre Mißachtung des Historischen und durch ihren Anspruch,
zumindest Baustein für eine allgemeine Theorie der Gesellschaft
zu liefern, so sehr dies auch oft unter bloßem Empirismus verschüttet worden ist.

„Alle Soziologie einschließlich ihrer konservativen Schulen hat darauf be-
harrt, zumindest Bausteine für allgemeine Theorien des gesellschaftlichen
Lebens zu erarbeiten, vielleicht sogar bald *die* allgemeine Sozialtheorie zur
Verfügung zu haben oder gar schon zu besitzen — ein Totalanspruch, den

sich die modernen Systemtheorien nur wieder zu eigen gemacht haben. Umgekehrt hat die Geschichtsschreibung als konservativer Gegenschlag gegen das Postulat der Aufklärung: die Wirklichkeit nach Maßgabe ihrer Vernunft umzugestalten, sich auf ein geradezu dogmatisiertes Individualitätsprinzip zurückgezogen, wobei dieses nur zu oft auch noch auf einzelne Persönlichkeiten eingeengt wurde. Von daher hat sie gegenüber jeder expliziten historischen Theoriebildung eine überängstliche Abstinenz geübt..."[19]

Für die DDR und die anderen sozialistischen Länder stellt sich diese Problematik auf den ersten Blick nicht. Mit dem Historischen und Dialektischen Materialismus ist eine umfassende Theorie von Natur und Gesellschaft vorhanden. Dies führt dazu, daß man in den 40er Jahren meinte, auf die „modernen" Sozialwissenschaften verzichten zu können, die in Bausch und Bogen als „bourgeoise Pseudowissenschaft" verurteilt wurden. Der Historische Materialismus *Stalin*scher Prägung schien hinzureichen, die Entwicklung der sowjetsozialistischen Gesellschaftssysteme zu beschreiben.[20]

Zwar hatte bereits in den 20er Jahren *Nikolai Bucharin* sich auf ein formal entwickeltes, generalisiertes Modell der Analyse sozialer Systeme zubewegt[21] und Theoretiker wie *Eugen Varga* und *Georg Lukács* oder auch *Jürgen Kuczynski* hatten weiter im Bereich der Wirtschaftswissenschaft und Literatursoziologie gearbeitet, dabei aber auf den inkriminierte Begriff „Soziologie" verzichtet. Da der Marxismus-Leninismus sich selbst in einer fundamentalen Krise befand (beredtes Beispiel war die Linguistik-Debatte 1952), kann von einer sozialwissenschaftlichen Analyse der neuen politischen und sozialen Verhältnisse in den sozialistischen Ländern kaum die Rede sein. *Jürgen Kuczynski* hat die Situation folgendermaßen beschrieben:

„Das, was uns, insbesondere nach 1945, fehlte, war die praktische soziologische Untersuchung sozialer Phänomene, die soziologischer Untersuchung dringend bedurften... Der Fortfall praktischer soziologischer Gegenwartserforschung war nicht nur schädlich, da er den Aufbau des Sozialismus behinderte, wie ihr Mangel wissenschaftlicher Durchdringung der gesellschaftlichen Realität. Er ist auch schwer zu verstehen angesichts der marxistischen Tradition auf diesem Gebiet — man denke nur etwa an den von Marx entworfenen Fragebogen für eine Enquête ouvrier der ‚Revue Socialiste'.
Der Fortfall der praktischen soziologischen Gegenwartsforschung führte weiter dazu, daß in den sozialistischen Ländern die Weiterbildung des entsprechenden technischen Forschungsinstrumentariums praktisch unterblieb, während gleichzeitig in den kapitalistischen Ländern bedeutende Fortschritte in dieser Richtung gemacht wurden."[22]

Kuczynski war auch der erste, der 1957 in der DDR das Verhältnis von Marxismus-Leninismus und Sozialwissenschaften thematisierte. Im Jahre 1957 erschien in der sowjetischen Zeitschrift „Voprosy Filosofii" sein Aufsatz: „Soziologische Gesetze",[23] der eine Debatte auslöste, die bis heute nicht beendet ist. Dieser Aufsatz trug vor allem dazu bei, daß in der DDR ein eigener Wissenschaftszweig „Soziologie" etabliert und die bisher ablehnende Haltung gegenüber dieser Disziplin allmählich aufgegeben wurde. Im Gegensatz zu vielen seiner Kollegen war und ist *Kuczynski* der Meinung, daß den soziologischen Gesetzen der Gesellschaft innerhalb des historischen Materialismus eine relative Eigenständigkeit zukomme. Er plädiert 1957 für eine neue Klassifizierung des traditionellen Systems des historischen Materialismus (wie es in den 30er Jahren entwickelt worden war) in eine philosophische und eine soziologische Disziplin, ein Vorschlag, der sich nicht durchsetzen konnte, da dessen Verwirklichung eine völlige Neugruppierung der ideologischen Axiomatik der SED zur Folge gehabt hätte und auch andere Disziplinen wie die Psychologie mit ihrer spezifischen Sicht des Menschen hätte einbeziehen müssen. Statt dessen wurde und wird der nicht minder problematische Versuch unternommen, eine weitgehende Identität von allgemeiner Soziologie und historischem Materialismus zu konstruieren.[24] Nur auf den ersten Blick spielen die eingangs angedeuteten Probleme für die marxistisch-leninistische Soziologie und Geschichtsschreibung in der DDR keine Rolle, da der „historische Materialismus" von den meisten Gesellschaftswissenschaftlern als nichts anderes verstanden wird denn als „allgemeine marxistische Soziologie", in der Logisches und Historisches eine Einheit bilden.[25] So formuliert das „Wörterbuch der marxistisch-leninistischen Soziologie" aus dem Jahre 1977:

„Der historische Materialismus ist als Theorie von Gesellschaft und Geschichte zugleich die allgemeine soziologische Theorie des Marxismus-Leninismus. ... Der historische Materialismus als philosophische und zugleich allgemeinsoziologische Theorie und Methodologie des Marxismus-Leninismus ist für die gesamte soziologische Forschung von grundsätzlicher Bedeutung.

Erstens begründet [er] eine wissenschaftlich-materialistische Theorie von der Gesellschaft und ihrer Entwicklung als Ganzes, die nicht von abstrakten Spekulationen, subjektiven Wertungen usw. ausgeht, sondern von den realen, wissenschaftlich faßbaren natürlichen und gesellschaftlichen Voraussetzungen und Bedingungen des Lebens, insbesondere von der Bedeutung des materiellen gesellschaftlichen Produktions- und Reproduktionsprozesses und seiner Entwicklung.

Zweitens ermöglicht es der historische Materialismus, beliebige gesellschaftliche Erscheinungen in ihren wirklichen ... von objektiven Gesetzmäßigkeiten beherrschten, gesellschaftlichen und geschichtlichen Zusammenhängen zu sehen ...

Drittens orientiert der historische Materialismus jede beliebige soziologische Arbeit auf das aktive Eingreifen in die Geschichts- und Gesellschaftsgestaltung im Sinne des Klassenkampfes der Arbeiterklasse und im Sinne der sozialistischen und kommunistischen Umgestaltung der Gesellschaft bzw. auf die Erarbeitung wissenschaftlicher Grundlagen, die diesen Zwecken dienen."[26]

Dieser umfassende Erklärungsanspruch und Praxisbezug des historischen Materialismus als „allgemeiner soziologischer Theorie" hebt nach Ansicht der Gesellschaftswissenschaftler, die sich dem Marxismus-Leninismus verpflichtet fühlen, auch den für die „bürgerliche" Wissenschaft kennzeichnenden Gegensatz von soziologischer und geschichtswissenschaftlicher, von logischer und historischer Betrachtungsweise auf. Historisch-materialistisches Vorgehen bedeutet immer auch „parteiliches" Vorgehen; der historische Materialismus „ist praktischer und revolutionärer Materialismus, ist als dialektisch-materialistische Theorie der Geschichte zugleich Methode der revolutionären Veränderung der Gesellschaft durch die Volksmassen."[27] Ebensowenig wie zwischen Entwicklungs- und Strukturgesetzen der Gesellschaft unterschieden werden kann, rechtfertigt eine historisch-materialistische Analyse eine Trennung von wissenschaftlicher Analyse und gesellschaftlicher Praxis. Während die „bürgerliche" Soziologie und Sozialwissenschaft vor allem die Struktur der Gesellschaft analysieren und hier bestimmte Gesetzmäßigkeiten zu entdecken versuchen (soweit nicht überhaupt eine Soziologie abgelehnt wird, die „Theorie der Gesellschaft" sein will[28]), an „Entwicklungsgesetze" aber entweder nicht glaubt oder sie den „Strukturgesetzen" unterordnet, hat die marxistisch-leninistische Theorie lange Zeit die Strukturanalyse vernachlässigt. Ursache dafür war zum einen die Vorstellung, die dogmatisierten Aussagen des historischen Materialismus über die Abfolge von Gesellschaftsformationen seien hinreichend für die Beschreibung der gesellschaftlichen Wirklichkeit in den sozialistischen Ländern, zum anderen wollte der Marxismus-Leninismus als umfassende und allgemeine Wissenschaft der Bewegungs- und Entwicklungsgesetze der Natur, der Gesellschaft und des Denkens alle Bereiche des menschlichen Lebens so genau analysieren, daß es der Sozialwissenschaften nicht bedurfte. Es zeigte sich jedoch bereits Anfang der 50er Jahre, daß viele der erwarteten gesellschaftlichen Entwicklungen entweder ausblieben oder sich in eine andere als die erwartete Richtung bewegten, daß neue gesellschaftliche Probleme auftauchten, die mit dem alten

Kategoriensystem und methodischen Instrumentarium nicht mehr faßbar waren und daß vor allem die erwartete Homogenisierung der Gesellschaft ausblieb, sich vielmehr neue, bisher nicht gekannte soziale Differenzierungen ergaben, die es zu erklären galt, wollte man sie in allen ihren praktischen Konsequenzen verstehen und in Perspektive planbar machen. Dies erforderte ein anderes als das dogmatisierte Wissenschaftsverständnis, das jedoch für den Marxismus-Leninismus *Stalin*scher Prägung erhebliche Probleme aufwarf:

„Es ist nicht zu übersehen, daß ein Wissenschaftsverständnis, das auf Überprüfung, Experiment, Falsifikation, Begrenztheit des Untersuchungsfeldes und dementsprechender Einschränkung in der Aussagekraft und Geltung der Untersuchungsergebnisse angelegt ist, nur schwer in das System des Marxismus-Leninismus einzufügen bleibt, das seinerseits auf Totalität, Ganzheitsaussagen, determinierende Parteilichkeit in der Bewertung historisch-gesellschaftlicher aber auch naturwissenschaftlicher Prozesse und Gegenstände ausgerichtet ist. ... Die Ausdifferenzierung der Wissenschaften erschwert die Aufrechterhaltung der ideologischen Einheit im Prinzipiellen. Die Einzeldisziplinen entwickeln eine vom Gegenstand her bestimmte Eigendynamik, die sich auf Tempo, Inhalte und Methoden gleichermaßen bezieht. Die politischen Gefahren solcher Tendenzen bestehen einmal darin, daß die Steuerung der Einzeldisziplinen durch den Kernbereich des Marxismus-Leninismus (und das heißt letztlich durch die Partei) versagt und zum zweiten aus den Fachdisziplinen Gesamtdeutungen der Gesellschaft oder entscheidender Teilbereiche herauswachsen, die in Konkurrenz zu den Interpretationen der Partei treten."[29]

Ein anschauliches Beispiel für solche aus der Sicht der Partei gefährliche Tendenzen liefert die Debatte über den Stellenwert und die praktische Verwendbarkeit der Kybernetik und Systemtheorie, wie sie in der DDR vor allem von *Georg Klaus* mit dem Ziel betrieben wurde, das Kategoriensystem des historischen Materialismus zu erweitern und das heißt in letzter Konsequenz zu verändern.[30] Diese Dimension, die erhebliche praktische Konsequenzen insbesondere im Bereich der Leitung von ökonomischen und gesellschaftlichen Prozessen zur Folge hatte und zur Herausbildung einer eigenständigen „Leitungswissenschaft" geführt hat, zeigte sehr deutlich die Gefahr, mit dem Hinweis auf „wissenschaftlich erwiesene" Fakten nicht nur die konkrete politische Handlungsfähigkeit der Partei einzuschränken, sondern darüber hinaus, auf diese Fakten gestützt, allgemeine Aussagen über bestimmte strukturelle Zusammenhänge und/oder Entwicklungstendenzen zu machen.[31] Die Partei kritisierte daher das „Vordringen neuer Varianten der formalen und speziell mathematischen Logik sowie der Kybernetik" (die die einzelnen gesellschaftswissenschaftlichen Disziplinen wesentlich beeinflußt haben), da diese mit dem Anspruch aufträten, „umfassende Grundwissenschaft" zu sein. Nur durch die „Anerkennung und Anwendung der marxistisch-leninistischen Dialektik" sei es den Gesellschaftswissenschaften möglich, die komplizierten und komplexen Fragen der gesellschaftlichen Entwicklung „richtig zu beantworten, ja auch nur deren Erscheinungsformen richtig zu erfassen".[32] Die politisch-praktische Dimension dieser Problematik hat *Kurt Hager* auf einer Tagung der Gesellschaftswissenschaftler im Oktober 1971 deutlich gemacht, als er davor warnte, „daß die Sprache einer Spezialwissenschaft die politische Sprache der Partei" werden könne und die Partei damit aufhöre, „eine marxistisch-leninistische Partei zu sein". Und an anderer Stelle:

„Der dialektische und historische Materialismus kann und darf nicht durch Einzelwissenschaften ersetzt oder in ein Anhängsel solcher Wissenschaften verwandelt werden. Die notwendige Beschäftigung mit solchen Wissenschaften ... darf nicht dazu führen, daß Feststellungen und Begriffe aus diesen Wissenschaften an die Stelle des Marxismus-Leninismus treten. Wir schränken die Bedeutung der einzelnen Wissenschaften, die sich mit solchen Fragen wie System und Struktur, Steuerung und Regelung befassen nicht ein — aber für die Leitung aller gesellschaftlichen Prozesse beim Aufbau des Sozialismus, für die Führung des revolutionären Klassenkampfes kann es nur eine Wissenschaft geben, und das ist der Marxismus-Leninismus."[33]

Was sich hier als Auseinandersetzung mit anderen wissenschaftstheoretischen Positionen ausnimmt, ist eher eine politische Reaktion auf Verselbständigungstendenzen gesellschaftlicher Subsysteme, die sich der Ergebnisse bestimmter Spezialdisziplinen: Kybernetik, Systemtheorie, Soziologie, Organisations- und Leitungswissenschaft, Psychologie usw. bedienen und sich damit partielle Freiräume im gesellschaftlichen Gesamt zu schaffen suchen. Hinter diesem Konflikt steht ein Verständnis von Wissenschaft, das immer auf Praxis angelegt ist. Es sollen wissenschaftliche Grundlagen für praktisch-politisches Handeln erarbeitet werden, dessen Rahmen gesetzt ist durch die Erkenntnisse des Marxismus-Leninismus und seiner Bestandteile, des dialektischen und historischen Materialismus, der politischen Ökonomie und des Wissenschaftlichen Kommunismus (letzterer „erforscht jene Prozesse, die den revolutionären Sturz des Kapitalismus bewirken sowie die Gesetzmäßigkeiten der Entstehung und Entwicklung der kommunistischen Gesellschaft"[34]). Angesichts dieser engen theoretischen Anbindung der Spezialdisziplinen und des politischen Verdikts gegen die praktisch-politischen Auswirkungen von „Sonderentwicklungen" verwundert es nicht, daß Bestrebungen im Gange sind, die Einzeldisziplinen behutsam aus dem Verbund der Gesamttheorie herauszulösen und zugleich ihre praxisleitende Funktion insoweit einzuschränken, als sie nicht mehr theoretische Entwürfe vorgeben, aus denen konkrete Handlungsmuster abzuleiten sind, sondern sich konkreter, aus der Gesellschaft kommender und von den verschiedenen Handlungsträgern formulierter Probleme annehmen, ohne jeweils „fertige" Lösungsmöglichkeiten anzubieten. Dies entlastet sie zum einen von dem Vorwurf, sich eine theoretische Kompetenz anzumaßen, die nur dem Marxismus-Leninismus zustehe, zum zweiten gibt ihnen diese pragmatische Praxisorientierung die Chance, größere Selbständigkeit zu entfalten. Die Ergebnisse soziologischer, organisations- und leitungswissenschaftlicher, sozialpsychologischer u. a. Forschungen sind dann nicht mehr faktische Handlungsanweisungen sondern eher Grundlage für die Entscheidungsvorbereitung.[35]

Solches Wissenschaftsverständnis wurde aber nur möglich, weil sich der Marxismus-Leninismus selbst als in Grenzen wandlungsfähig erwiesen hat. Mit seiner Hilfe wurde Praxis verändert, bildeten sich gewandelte institutionalisierte und nichtinstitutionalisierte politisch-gesellschaftliche Handlungs- und Verhaltensweisen heraus, die wiederum auf ihn selbst zurückwirken. Der Marxismus-Leninismus kann aber, entgegen seinem Anspruch, für konkrete Probleme, gleich ob sie sich gesamtgesellschaftlich darstellen oder nur Einzelbereiche betreffen, keine detaillierten Handlungsanleitungen liefern. Hier öffnet sich ein Feld für die empirischen Sozialwissenschaften, die auf Grund ihres methodischen Instrumentariums feldorientierter und praxiswirksamer operieren können. Eine Korrektur bestimmter unerwünschter Erscheinungen ist mit ihrer Hilfe noch am ehesten realisierbar. Inwieweit die Sozialwissenschaften wirklich praxisleitend sind, ist jedoch angesichts der engen Anbindung an den Marxismus-Leninismus und des politischen Verdikts gegenüber allzu großen Abweichungen von der politisch-ideologischen Linie der Partei nur schwer zu beantworten. Die allgemeinen Bedingungen politischen, ökonomischen und sozialen Handelns werden auch nicht durch die sozialwissenschaftlichen Spezialdisziplinen sondern durch den Historischen Materialismus und Wissenschaftlichen Kommunismus geliefert. Die Ergebnisse sozialwissenschaftlicher Untersuchungen haben einen begrenzten und rein instrumentellen Charakter.

„Die auf Grund soziologischer Spezialtheorien durchgeführten Forschungen gestatten es, ein wissenschaftlich begründetes System von Kennziffern und Indikatoren der sozialen Entwicklung zu erarbeiten, also eine Art Meßinstrument für soziale Veränderungen zu schaffen und letztere unter Kontrolle zu halten."[36]

Trotz des Optimismus dieser Aussage sind sich aber die sowjetischen und (weniger deutlich erkennbar) die DDR-Soziologen des Problems bewußt, daß die existierenden methodischen und theoretischen Konzepte angesichts des Tempos politischer, ökonomischer, technischer und sozialer Entwicklungen immer erneut überprüft und — wenn nötig — auch verändert werden müssen, was erneut Kompetenz- und Abgrenzungsprobleme gegenüber dem Marxismus-Leninismus mit sich bringen würde.

„Der beschleunigte und recht widerspruchsvolle Verlauf der gegenwärtigen Gesellschaftsentwicklung erschwert das adäquate Erkennen ihres Wesens, ihrer Haupttriebkräfte, ihrer nahen und fernen Perspektiven. Die gesellschaftliche Entwicklung überrundet gewissenmaßen ihr theoretisches Begreifen, sie stößt die gewohnten Urteile und Verallgemeinerungen um, sie zerstört mit einer beeindruckenden Geschwindigkeit viele soziologische Theorien und Konzeptionen.
Die gegebene Situation kann — und in bestimmten Kreisen tut sie es auch — einen erkenntnerischen Pessimismus hervorbringen, einen Irrationalismus, ein offenes Eingeständnis dessen, daß der soziologische Gedanke nicht fähig ist, mit der Wirklichkeit Schritt zu halten, sie durch seine Begriffe und Konzeptionen zu erfassen, die, kaum geboren, schon veraltet sind. Viele Philosophen und Soziologen sind der Auffassung, daß die Unbeständigkeit der sozialen Verknüpfungen und Beziehungen das Stabilitätsprinzip aus der Sphäre des Gesellschaftslebens verdrängt und stabile soziologische Verallgemeinerungen und Charakteristiken unmöglich macht."[37]

Daraus dürfte jedoch keineswegs auf eine Krise „der" Soziologie, Psychologie und anderer Sozialwissenschaften geschlossen werden, durch ihre Einbindung in den Marxismus-Leninismus seien sie von solchen, für die westlichen Sozialwissenschaften typischen Krisenerscheinungen gefeit.
Für die Geschichtswissenschaft stellt sich das Problem in ähnlicher Weise. Auch hier gilt es, im Rahmen der allgemeinen entwicklungstheoretischen Aussagen des Marxismus-Leninismus, vor allem des Historischen Materialismus, der die „ökonomischen Gesellschaftsformationen als Stufen des gesellschaftlichen Fortschritts" begreift, die Einheitlichkeit des historischen Prozesses und die All-

gemeingültigkeit der grundlegenden Gesetze der gesellschaftlichen Entwicklung betont,[38] die spezifischen Entwicklungen einzelner Gesellschaften in unterschiedlichen Zeiträumen zu untersuchen. Geschichte ist in der Konzeption des Marxismus-Leninismus eine zielgerichtete durch menschliches Handeln vorangetriebene Bewegung, die auf objektiven Gesetzmäßigkeiten beruhend zwar immer erneut Konflikte und Widersprüche kennt, Rückschläge erleidet, in letzter Konsequenz aber auf Fortschritt gerichtet ist. Dies darf allerdings nicht dahingehend mißverstanden werden, daß eine eindeutige, mechanistische Zuordnung von Ursache und Wirkung proklamiert und menschlichem Handeln kein Platz eingeräumt würde. Da gesellschaftliche Erscheinungen in der Regel eine Vielzahl von Ursachen haben, die in ihrem konkreten Einfluß nur schwer zu bestimmen sind, ist zu vermuten, daß die qualitative Veränderung eines oder mehrerer Faktoren zu anderen Ergebnissen führen wird.

„Hier ergibt sich der Ansatzpunkt des Handelns der sozialen Kräfte: Eine Veränderung des Verhaltens eines der beteiligten subjektiven Faktoren – der Klassen, Parteien usw. – läßt ein anderes Ergebnis eintreten, als es unter den sonst gegebenen Umständen erfolgt wäre. In der sozialistischen Gesellschaft, in der alle wesentlichen sozialen Prozesse bewußt verwirklicht werden, spielt im System der wirkenden Faktoren gerade das ideelle Moment, die sozialistische Bewußtheit, eine bedeutsame Rolle ...
Das Systemganze der gesellschaftlichen Bedingungen kann der Wirkung eines objektiven oder subjektiven Faktors eine Richtung geben, die von derjenigen unter anderen Bedingungen differiert."[39]

So bedeutsam diese Bedingungen auch für die konkrete Entwicklung innerhalb bestimmter Gesellschaften und für das Tempo des Übergangs von einer Gesellschaftsformation (Kapitalismus) zur nächsten (Sozialismus) sein mögen, der von Lenin eingeführte Begriff der sozialökonomischen Gesellschaftsformationen unterstellt in letzter Konsequenz die Unvermeidbarkeit dieses Übergangs vom Kapitalismus zum Sozialismus sowjetischer Prägung, der als nächste, qualitativ höhere Gesellschaftsformation begriffen wird, die durch ihre Weiterentwicklung im Laufe eines zeitlich nicht genau bestimmbaren Prozesses in die voll entfaltete kommunistische Gesellschaft mündet.[40] Diese auf den Fortschrittsglauben des 19. Jahrhunderts zurückgehende Vorstellung der Geschichte als eines teleologischen Prozesses hat für die Analyse der Geschichte, insbesondere der Zeitgeschichte, erhebliche Auswirkungen. Zum einen kann die Entwicklung der Sowjetunion und der anderen sozialistischen Länder nur als „sozialistische" begriffen werden, da weder andere als kapitalistische und sozialistische Gesellschaftsformationen, noch eine andere Entwicklung des Kapitalismus als hin zum Sozialismus-Kommunismus „vorgesehen" sind. Die Beschreibung der Sowjetunion als spezifischer Ausprägung einer auf „asiatischer Produktionsweise" beruhenden Gesellschaft ist im Rahmen dieser Vorstellung ebenso abwegig wie die Frage, ob die Geschichte, oder konkret die Geschichte des 20. Jahrhunderts mit ihren Orgien an technisch hoch entwickelter Barbarei überhaupt mit dem Begriff „Fortschritt" zu fassen ist. Aber auch unterhalb dieser allgemeinen geschichtsphilosophischen Ebene bleibt die Frage, ob es gerechtfertigt ist, den „realen Sozialismus" auch als historisch fortgeschrittenste Stufe der gesellschaftlichen Entwicklung zu beschreiben. Hier setzt die Aufgabe der Geschichtswissenschaft ein, wie sie als „parteiliche" Wissenschaft im Schoß des historischen Materialismus betrieben wird.

„Die Geschichtsinterpretation, das Geschichtsbild und damit die Geschichtswissenschaft können damit zu einer wichtigen Instanz werden, durch die die Arbeiterklasse (d.h. konkret: ihre politische Repräsentation, die Partei und letztlich deren Führung) ihre Interessen, Kämpfe und Siege ideologisch als weltgeschichtliche Mission zu begründen und ihre Politik, Herrschaft und Entscheidungsmacht als im allgemeinen Interesse liegend zu legitimieren versucht. Die Hochschätzung, der Gegenwartsbezug, die relative, im häufigen Zitieren der Klassiker symbolisierte Unverrückbarkeit ihrer Grundlinien, die im Vergleich zu westlichen Ländern auffallende Homogenität, die ,Parteilichkeit' (im Sinne der Herrschenden) und die offene politische Indienstnahme der Fachhistorien folgen aus diesem theoretisch-praktischen Zusammenhang, dessen Prämissen der wissenschaftlichen Diskussion und Kritik weitestgehend entzogen sind. Wieweit solche politische Indienstnahme tatsächlich reicht, wie sehr sie die Forschungspraxis im einzelnen bestimmt, hängt zum einen von der Politiknähe oder -ferne der jeweiligen Untersuchungsgegenstandes, zum anderen von den allgemeinen gesellschaftlichen und politischen Verhältnissen des einzelnen Landes ab.

Innerhalb solcher Grenzen sind die geschichtstheoretischen Aussagen der ,Klassiker' und damit die Grundpfeiler dieser Geschichtsauffassung heterogen, flexibel und ausdeutbar genug, um der Verschiedenartigkeit der zu untersuchenden Gegenstände in hohem Maße gerecht werden zu können und um Interpretationsverschiebungen, Ausdehnungen und inhaltliche wie methodische Neuerungen zuzulassen, die einerseits unmittelbar durch die gesellschaftlich-politischen Anforderungen an die Geschichtswissenschaft in wechselnden sozio-politischen Konstellationen, andererseits durch die immanente Dynamik der historischen Forschung sowie durch Einflüsse aus nicht-sozialistischen Ländern bestimmt sind. Zwar ist die geschichtliche Wirklichkeit als zielgerichtete, prozeßhafte, strukturierte Totalität fixiert, deren Momente in einem allseitigen, bestimmbaren, von der Maßgeblichkeit der sozialökonomischen Dimension geprägten Zusammenhang stehen; doch ist die Art dieses Zusammenhangs schon von den Klassikern zu verschiedenen Zeiten verschiedenartig verstanden worden. Ansätzen zu einer mechanistischen, ökonomisch-deterministischen Interpretation steht ein flexibel-dialektisches Verständnis des Verhältnisses von Basis-Überbau-Phänomenen gegenüber, das diesen ‚relative Selbständigkeit' zubilligt (bei gleichzeitigem Festhalten an der letztinstanzlichen Übergewichtigkeit sozialökonomischer Momente) bis hin zur These einer bloßen Wechselwirkung von Basis- und Überbaumomenten."[41]

Damit ist ein Rahmen geboten, um ausgehend von und orientiert an den jeweils aktuellen politisch-sozialen Bedingungen und „Notwendigkeiten" Geschichte, vor allem Zeigeschichte zu interpretieren. Die Partei definiert die Situation und formuliert die Perspektiven, sie liefert ein Raster, das dann von der Geschichtswissenschaft und den Sozialwissenschaften ausgefüllt werden muß. Beide sind also eng an die politischen Interessen der regierenden kommunistischen Parteien gebunden und für diese funktionalisiert worden. Ihre Aufgabenstellung ist dementsprechend auch keine rein wissenschaftliche, sondern sie hat stets auch eine gesellschaftlich-politische Dimension: Die Geschichtswissenschaft und die anderen gesellschaftswissenschaftlichen Disziplinen sollen

„einen bedeutenden wissenschaftlichen und ideologischen Faktor im Kampf der Arbeiterklasse für die Verwirklichung ihrer historischen Mission im Weltmaßstab [darstellen] ... Alle Anstrengungen ... müssen in erster Linie darauf hinauslaufen, noch wirksamer zur ideologischen Bildung und Erziehung der Arbeiterklasse und aller anderen Werktätigen sowie zur Klassenauseinandersetzung mit der bürgerlichen Ideologie beizutragen."[42]

Mit dieser Aufgabenstellung bleiben die Sozialwissenschaften und die Historiographie nicht nur in den Marxismus-Leninismus und dessen umfassenden Erklärungsanspruch eingebunden, sondern sie fungieren auch in weiten Bereichen als ideologisches Instrumentarium einer „marxistisch-leninistischen Partei", die für sich beansprucht, die historischen und gesellschaftlichen Gesetzmäßigkeiten erkannt zu haben und danach zu handeln.

Diese Aussagen dürfen jedoch nicht dazu verführen, den wissenschaftlichen Wert aller historischen und sozialwissenschaftlichen Untersuchungen sozialistischer Systeme, die sich den Aussagen und Methoden des Marxismus-Leninismus verpflichtet wissen — gleichgültig, ob sie in diesen Ländern selbst oder im Westen entstanden sind — von vornherein in Frage zu stellen. Ihre Qualität mißt sich vielmehr an der Bereitschaft, auch die Informationen und Daten in die Analyse einzubeziehen, die nicht den vorgegebenen ideologischen und politischen Positionen entsprechen und diese unter Umständen relativieren und/oder modifizieren können. Dies fällt — bei allen systembedingten Unterschieden — auch der westlichen Kommunismusforschung nicht gerade leicht.

2. Konstitutionsbedingungen der sozialistischen Systeme

Folgt man der Argumentation der leninistischen Parteien, so sind in den sozialistischen Ländern nach der Abschaffung der kapitalistischen Eigentums- und Aneignungsverhältnisse durch die Einführung „sozialistischer" Eigentumsformen die gesellschaftlichen Grundprobleme im wesentlichen gelöst. Es bedarf nicht erst manifester Konflikte à la ČSSR 1968 und Polen 1970, 1976 und 1980, um die Ideologiehaltigkeit solcher Behauptungen zu erkennen. Eine Konzentration der Analyse auf je aktuelle Konflikte, so notwendig und wichtig sie auch ist, birgt aber in ähnlicher Weise die Gefahr in sich, auf dem einen Auge (hier wohl dem linken) blind zu werden, wie die Leugnung solcher Konflikte, die, nur wenn sie schon gar nicht mehr zu übersehen sind, eingestanden und auf das Konto „Wühltätigkeit des Klassenfeindes" verbucht werden.

Sowohl die Analyse aktueller Probleme in den sozialistischen Ländern als auch längerfristig den gesellschaftlichen Prozeß prägender Konflikt- und Problemlagen (wie sie im letzten Kapitel versucht wird), kommt nicht umhin, sich jeweils neu mit den Konstitutionsbedingungen der sozialistischen Systeme auseinanderzusetzen, mit ihren gesellschaftlichen und politischen Zielprojektionen, ihren Vorstellungen einer den historischen Gesetzmäßigkeiten folgenden planmäßigen Entwicklung der Gesellschaft, ihrer Herrschaftskonzeption und den spezifischen historischen Bedingungen und kulturellen Traditionen, die den Prozeß des Aufbaus des „realen Sozialismus" beeinflussen. Eine ausschließliche Betrachtung sozialistischer Systeme als „Überbauphänomene" birgt die Gefahr in sich, die Ursachen und Bedingungsfaktoren für solche Erscheinungen wie Macht und Herrschaft zu übersehen oder doch zumindest zu vernachlässigen. Der Herrschaftscharakter sowjetsozialistischer Systeme ist Ausfluß einer Entwicklungsvorstellung, die trotz gegenteiliger Erfahrungen vom „Glauben an die Unschuld der Produktivkräfte" (*Wolfgang Harich*) durchdrungen ist und in deren Entwicklung den Schlüssel für alle anderen gesellschaftlichen Probleme sieht.

2.1 Gesellschaftliche Zielstellung und das Verhältnis von Politik und Ökonomie

Die ökonomischen Zielvorstellungen der leninistischen Parteien soll ein Zitat der DDR-Autors *Harry Nick* verdeutlichen:

„Ein hohes und langfristig stabiles Tempo des Wirtschaftswachstums ist die entscheidende materielle Voraussetzung für die erfolgreiche Lösung *aller* wesentlichen Aufgaben der weiteren Gestaltung der entwickelten sozialistischen Gesellschaft. Die anspruchsvollen Aufgaben für die Höherentwicklung aller Bereiche unseres gesellschaftlichen Lebens ... beinhalten zugleich einen wachsenden Anspruch an die steigende Leistungsfähigkeit unserer sozialistischen Wirtschaft. Das bedeutet, daß wir uns grundsätzlich und langfristig auf eine Verschärfung des Effektivitätsproblems einstellen müssen, und zwar keineswegs nur wegen der in den siebziger Jahren stark gestiegenen Weltmarktpreise für Energieträger und Rohstoffe."[1]

Nick geht davon aus, daß — entgegen der These von einer notwendigen Reduzierung des Wachstums oder gar eines Nullwachstums — „die Bedeutung des Wirtschaftswachstums für den allgemeinen gesellschaftlichen Fortschritt zunimmt". (S. 67) Die drängenden Probleme des Umgangs des Menschen mit der Natur, die mit dem Begriff „Umweltschutz" nur sehr unvollkommen benannt werden, scheinen den Ökonomen in den sozialistischen Ländern so drängend nicht und organisatorisch lösbar. Daß es hier „symmetrische", also kapitalistische und sozialistische Systeme in gleicher Weise betreffende Probleme gebe und daß auch die sozialistischen Staaten mit dem von ihnen favorisierten Konzept — nahezu — ungezügelten ökonomischen Wachstums „längst den Boden unter den Füßen verloren" haben, wie der Schriftseller *Günter Kunert* warnend anmerkt, wird von ihnen geleugnet.[2] Die Ökonomen in den sozialistischen Ländern stehen in einer Tradition, die — seit *Lenin* — die ökonomische Leistungsfähigkeit der sozialistischen Wirtschaft zum eigentlichen Gradmesser der gesellschaftlichen Entwicklung und der Systemauseinandersetzung zwischen Kapitalismus und Sozialismus macht und Probleme, die aus der wirtschaftlichen Entwicklung erwachsen, primär unter dem Aspekt betrachten, daß ihnen in unterschiedlichen Systemen auch eine unterschiedliche Qualität eigne und daß es gelte zu fragen, in wessen Interesse bestimmte Entscheidungen getroffen würden. Im Rahmen einer solchen Argumentation fällt es dann auch relativ leicht, „simplifizierende" Vergleiche mit kapitalistischen Systemen von sich zu weisen. Der qualitative Unterschied gegenüber dem Kapitalismus erwächst aus den Zielen der Ökonomie. Das „ökonomische Grundgesetz des Sozialismus", das nach Auffassung der DDR sämtliches ökonomische Handeln bestimmt, bringt diesen Zusammenhang folgendermaßen zum Ausdruck: Das Ziel des Wirtschaftens im Sozialismus dient der immer „vollständigeren Befriedigung der wachsenden materiellen und kulturellen Bedürfnisse der Menschen und ihrer allseitigen Persönlichkeitsentwicklung durch die ununterbrochene Entwicklung und Vervollkommnung der gesellschaftlichen Produktion auf der Grundlage des wissenschaftlich-technischen Fortschritts und der immer produktiveren gesellschaftlich nützlichen Arbeit."[3] Diese vom kapitalistischen Profitstreben befreite Ökonomie kann ihre Ressourcen voll für das Wohl der Mehrheit der Menschen einsetzen. Ein stetiges hohes Wirtschaftswachstum ist unabdingbar nötig, um die durch die sozialistische Gesellschaftsordnung selbst induzierten wachsenden materiellen, vor allem aber auch die kulturellen Bedürfnisse zu befriedigen.

Die Wachstumsorientierung der sozialistischen Wirtschaftssysteme ist nicht losgelöst von den historisch-politischen Bedingungen begreifbar, unter denen sie in ökonomische Zielprojektionen und konkrete Wirtschaftspläne umgesetzt wurde. Bereits die *Lenin*sche Transformationsvorstellung ging von einer faktischen Dominanz des Ökonomischen aus, und diese grundsätzliche Einstellung hat sich trotz aller Modifikationen bis heute durchgehalten. Nach der politischen Revolution, der Verstaatlichung des Privateigentums und der Unterordnung der Großindustrie, des Außen- und des Großhandels, des Bankwesens, der Finanzwirtschaft und des Verkehrswesens unter die Kommandogewalt des neuen „sozialistischen" Staates ging es *Lenin* und seinen Nachfolgern vor allem um das reibungslose Funktionieren des Wirtschaftsmechanismus. Dadurch, daß die neuen Produktionsverhältnisse lediglich darauf gerichtet waren, die kapitalistischen Besitz- und Aneignungsverhältnisse zu überwinden, nicht aber — durch Überwindung der aus dem Kapitalismus übernommenen Formen und Methoden der Organisation gesellschaftlicher Arbeit — auch eine neue Produktionsweise etablieren wollten, hatte Politik von Anfang an einen organisatorisch-technischen Zug.[4] Es galt, die Ökonomie, deren Entwicklung Grundlage jeden Fortschritts schien, in Gang zu halten, wobei man sich durchaus aus dem Kapitalismus und den bürgerlichen Sozialwissenschaften entliehener Produktions- und Leitungstechniken bedienen konnte, da diesen im sich entwickelnden Sozialismus eine „neue Qualität" eigne. In dem Maße, wie die Leitung der Wirtschaft auf der Grundlage zentraler Planung zur vorrangigen politischen Aufgabe wurde, zeigte sich, daß diese Techniken auch unter den neuen gesellschaftlichen Bedingungen ihren Herrschaftscharakter nicht verloren. Darüber hinaus erschwerte die zunehmende Konzentration der administrativen Apparate auf einen „ökonomischen" Einsatz der Kräfte und die Errichtung neuer Leitungsstrukturen, die eine rasche Entfaltung der Produktivkräfte gewährleisten sollten, eine Partizipation der Mitglieder der Gesellschaft an der Leitung. Sie erschien in dem Augenblick als Luxus, als „der Übergang zum wirtschaftlichen Aufbau, zur Organisation der industriellen Großproduktion, die die materielle Quelle und das Fundament des Sozialismus darstellt", auf der Tagesordnung stand. Nur solche Formen der Leitung schienen diesen Aufgaben gerecht zu werden, „die die strengste Einheit des die gemeinsame Arbeit von Hunderten, Tausenden und Zehntausenden Menschen lenkenden Willens gewährleisten konnten. Ohne diese Voraussetzung, die die bedingungslose Unterordnung der Massen unter den einheitlichen Willen des Leiters des Arbeitsprozesses verlangt", habe − folgt man der Interpretation von *W. M. Schapko* − „nicht erreicht werden können, daß der Wirtschaftsmechanismus des sozialistischen Staates so präzise wie ein Uhrwerk arbeitet".[5]

Noch in der Reformphase der 60er Jahre mochte eine solche organizistische Betrachtung politischen Handelns eine Berechtigung beanspruchen, ließ sich doch mit ihr eine erstrebenswerte Zukunftsperspektive verbinden: Das Sichorientieren am durch technischen Fortschritt induzierten beschleunigten ökonomischen Wachstum ließ erwarten, daß (in nicht allzu ferner Zukunft) die wichtigsten sozialen und gesellschaftlichen Probleme würden gelöst werden können. Die Bedingungen industrieller Arbeit, die auch unter den neuen politischen Gegebenheiten weitgehend als bedrückend, nicht als befreiend empfunden werden, schienen sich durch Rationalisierung und Automatisierung grundlegend zu verändern. Ein hohes Bildungs- und kulturelles Niveau aller Mitglieder der Gesellschaft war notwendig, um den veränderten politischen, ökonomischen und sozialen Bedingungen gerecht zu werden. Nicht zuletzt schienen die traditionellen Formen und Methoden politischer und ökonomischer Machtausübung durch die Partei obsolet zu werden. Der mit dem vorläufigen Abschluß der Transformation der alten Gesellschaft einhergehende Verlust der revolutionären Potenz der Partei und der von ihr eingesetzten politischen Organisationen wurde scheinbar durch den sich abzeichnenden qualitativ neuen revolutionären Schub aufgefangen: Die Partei sah sich als Promoter dieser Entwicklung. Sie allein sah sich aufgrund ihrer wissenschaftlichen Einsicht in die gesellschaftlichen Gesetzmäßigkeiten in der Lage, alle Aspekte der wissenschaftlich-technischen Revolution zu analysieren und in planendes Handeln umzusetzen. Hier vermischen sich traditionelle und neue Legitimationsmuster. Der Avantgardeanspruch der leninistischen Partei wurde aufrechterhalten, aber zusätzlich damit begründet, daß nur sie fähig sei, die wissenschaftlich-technische Revolution umfassend zu verwirklichen. Hinter diesen Legitimationsformeln läßt sich jedoch nicht verbergen, daß das Aufrechterhalten des Avantgardeanspruchs zu einem konfliktreichen Verhältnis traditioneller Formen der Herrschaftssicherung und technisch-organisatorischen Bedingungen ökonomischer Leitung unter dem Zeichen der wissenschaftlich-technischen Revolution (WTR) führte. Diese organisatorisch-technische Betrachtung ökonomischer Probleme versperrte auch lange Zeit den Blick dafür, daß viele der Probleme, vor denen die sozialistischen Wirtschaften standen (und stehen), weder durch bloße organisatorische Veränderungen noch durch politischen Voluntarismus zu lösen sind, sondern daß es notwendig ist, die spezifischen „Gesetzmäßigkeiten" zu erkennen, nach denen nachkapitalistische Ökonomien funktionieren, um sie zur Grundlage politischen Handelns machen zu können.

Dem von *Harich* behaupteten Glauben an die Unschuld der Produktivkräfte entsprach lange Zeit eine vergleichbare Naivität gegenüber den Möglichkeiten politischer Dezision. *Stalin* selbst hat noch den Anstoß zu einer Debatte gegeben, die bis dahin als unumstößlich geltende „Wahrheiten" in Frage stellte und den Weg zu einer Neubestimmung des Verhältnisses von Politik und Ökonomie und einer Reform des ökonomischen und politischen Mechanismus ebnete. In seiner 1951 erschienenen Schrift „Ökonomische Probleme des Sozialismus in der UdSSR"[6] wurde erstmals das Wirken objektiver ökonomischer Gesetze (u. a. das Weiterwirken des Wertgesetzes auch in einer sozialistischen Gesellschaft) anerkannt. Partei und Staat, denen als Institutionen des politischen Überbaus eine aktive und kämpferische Rolle zugewiesen wurde, hatten diese Gesetzmäßigkeiten zu beachten und zur Grundlage ihres Handelns zu machen. *Stalin* wies ihnen eine „dienende

Rolle" zu. Ihre Aufgabe sei es, alle Maßnahmen zu ergreifen, um die neue gesellschaftliche Ordnung zu unterstützen „und die alte Basis und die alten Klassen zu beseitigen"; wenn sie diese Aufgabe vernachlässigten, verlören sie ihre „Wesensart", hörten auf, Bestandteile des Überbaus zu sein.[7] Was hier als von jeder politischen Praxis losgelöste ideologisch-dogmatische Diskussion erscheint, hatte für die sozialistischen Länder tiefgreifende Konsequenzen. Wenn es im Sozialismus objektive ökonomische Gesetze gibt, dann ist auch die politische Führung nicht in der Lage, diese außer Kraft zu setzen. Die für die 30er und 40er Jahre kennzeichnende Auffassung, daß es nur der richtigen politischen Entscheidung und der aus dem sozialistischen Bewußtsein der Werktätigen erwachsenden Bereitschaft bedürfe, diese Entscheidungen auch durchzuführen, um das gewollte Ergebnis zu erreichen, war nicht länger aufrechtzuerhalten. Das Verhältnis von Politik und Ökonomie mußte neu bestimmt werden.

Politik ist im marxistisch-leninistischen Verständnis unter Bezug auf *Lenin* „konzentriertester Ausdruck der Ökonomie", in ihr finden die grundlegenden Klasseninteressen ihren Niederschlag.[8] *Günter Söder* definiert Politik als

„all jene Aktivitäten von Klassen, die − direkt oder vermittelt − auf die Beeinflussung, Eroberung oder Ausübung der Staatsmacht (!) gerichtet sind, um mit ihr die in den ökonomischen Daseinsbedingungen der Klassen wurzelnden Klasseninteressen durchzusetzen."[9]

Mit dieser Definition wird der Primat des Politischen gegenüber dem Ökonomischen postuliert. Diese Sichtweise ist nicht so unumstritten, wie das folgende Zitat von *Söder* vermuten läßt:

„Zuweilen erscheint manchen die Tatsache, daß in der marxistisch-leninistischen Theorie die Ökonomie und nicht die Politik als der für die Gesellschaftsentwicklung letztlich bestimmende Faktor bezeichnet und zugleich das Primat der Politik bei der sozialistischen Leitung und Planung gefordert wird, als miteinander unvereinbar. In Wahrheit geht es hier aber um zwei Seiten, zwei Aspekte der dialektischen Einheit von Politik und Ökonomie. Die Leninsche These vom Primat der Politik gegenüber der Ökonomie bedeutet keineswegs, daß das Verhältnis von Ökonomie und Politik auf den Kopf gestellt wäre und nun gleichsam ein materialistischer und daneben ein idealistischer Standpunkt innerhalb der marxistisch-leninistischen Auffassung vom Verhältnis zwischen Politik und Ökonomie existieren würde. Wenn wir davon sprechen, daß die ökonomischen die politischen Verhältnisse bestimmen, daß die politischen von den ökonomischen Verhältnissen abgeleitet sind, so handelt es sich um eine Feststellung, die sich auf das System der gesellschaftlichen Verhältnisse bezieht. Die These vom Primat der

Politik gegenüber der Ökonomie ist ein Prinzip, eine Art Handlungsanweisung, es bezeichnet eine bestimmte Art und Weise des Herangehens an Entscheidungen, Zielsetzungen, Strategien." (S. 85)

Die Einschätzung des konkreten Verhältnisses von Politik und Ökonomie, deren grundsätzliche Einheit nie in Frage gestellt wurde, hat im Lauf der Jahre gewechselt. *Jan Jaroslawski* beschreibt das Problem folgendermaßen:

„Die Verbindung der Partei mit der Wirtschaft ist zutiefst ideologischer Natur und beruht auf der Überzeugung, daß die Parteiideologie nur auf der Grundlage der materiellen Entwicklung der Gesellschaft verwirklichbar, d.h. daß der Schlüssel zur Lösung von Aufgaben oder Erreichung von Zielen, die von der Ideologie gestellt werden, eben die Wirtschaft ist. Das erklärt selbstverständlich auch, warum in einer Lage, in der die unmittelbar politischen Aufgaben (die Errichtung und die Festigung der Diktatur des Proletariats) nicht mehr den Ausschlag geben, die ganze Aufmerksamkeit der Partei sich der Wirtschaft zuwendet. Das Hauptproblem besteht jetzt für die Partei darin, bewußt Einfluß auf einen solchen Wandlungsprozeß in der Wirtschaft zu nehmen, der sich in eine mit der Parteiideologie konforme Richtung bewegt. Die äußeren Impulse, die für die ökonomische Bewegung unentbehrlich sind, müssen also Impulse sein, die ihre Quelle in der von der Partei verkörperten Bewegung haben.

Die Eigenart dieses Systems besteht darin, daß die Bewegung der Partei ihrer Reichweite und ihren Zielen nach total, allumfassend ist; sie strebt nicht die Umgestaltung dieses oder jenes Aspekts des gesellschaftlichen Lebens an, vielmehr will sie die Totalität der zwischenmenschlichen Beziehungen umgestalten, die Gegensätze und Unterschiede zwischen geistiger und körperlicher Arbeit, zwischen Dorf und Stadt aufheben; sie will den Menschen selbst, und zwar grundsätzlich, umwandeln, so daß seine Produktionstätigkeit sich nicht aus materiellen Motiven ableitet (geldliche Belohnung), sondern Arbeit zum primären Bedürfnis und zur Quelle des Glücks wird. Diese Richtung der Parteitätigkeit drängt der Partei zugleich ihren Standpunkt in bezug auf die Wirtschaft als der materiellen Basis auf, von der die Realisierung der Parteiziele abhängt. Das heißt, daß ihr Gesichtspunkt in bezug auf die Wirtschaft ein totaler ist, alle Aspekte und Beziehungen umfaßt, aus denen sich das Wirtschaftsleben der sozialistischen Gesellschaft zusammensetzt. Hier tritt zugleich ex definitione die Fähigkeit der Partei zutage, die Bedürfnisse der ökonomischen Entwicklung in ihrer Gesamtheit zu definieren. Wenn es also die ökonomische Tätigkeit der Gesellschaft zu planen gilt und die Planung die bestehenden gesellschaftlichen Bedürfnisse berücksichtigen soll, so ist nur die Partei imstande, alle diese Bedürfnisse zum Ausdruck zu bringen, weil sie in ihrem eigenen Bewußtsein als Bewegung die Totalität der gesellschaftlichen Bedürfnisse repräsentiert."[10]

Daß es sich bei der Debatte um das Verhältnis von Politik und Ökonomie um mehr handelt als um eine ausschließlich ideologische Auseinandersetzung, sei kurz an einem Beispiel erläutert: den Folgen des Neuen Ökonomischen Systems (NÖS) – des ersten programmmatischen Konzepts für eine evolutionäre Entwicklung in der DDR — für das ideologische und politische Selbstverständnis der SED. Die bei Einführung des NÖS 1963 geführte Diskussion über das Verhältnis von Ökonomie und Politik ging von der Interpretation eines Zitats *Lenins* aus, der, in einer ganz anderen historischen und gesellschaftlichen Situation (in der Schrift „Die nächsten Aufgaben der Sowjetmacht") geäußert hatte, daß „in jeder sozialistischen Revolution, nachdem die Eroberung der Macht durch das Proletariat erfolgt ist, und in dem Maße, wie die Aufgabe, die Expropriateure zu expropriieren und ihren Widerstand zu brechen, in der Hauptsache und im wesentlichen gelöst wird", notwendigerweise die Grundaufgabe in den Vordergrund trete, „eine Gesellschaftsform zu schaffen, die höher ist als der Kapitalismus". Dies bemesse sich an der Steigerung der Arbeitsproduktivität und im Zusammenhang damit an der „höheren Organisation der Arbeit".[11]

Die Äußerungen *Lenins* zur Frage des Primats der Politik oder der Ökonomie sind jedoch widersprüchlich. Im Kapitel V des ursprünglichen Entwurfs des Artikels „Die nächsten Aufgaben der Sowjetmacht" aus dem Frühjahr 1918, also vor Ausbruch des Bürgerkrieges, gibt es Hinweise darauf, daß er nach der Eroberung der politischen Macht von einem Vorrang der Ökonomie gegenüber der Politik ausging. Diese Tendenz ist jedoch in der endgültigen Fassung des Artikels nicht mehr auszumachen und auch in seinen sonstigen Schriften in dieser Eindeutigkeit nicht zu finden. *Lenin* schrieb dort:

„... die Aufgabe der Niederhaltung des Widerstands [der Ausbeuter] ist zum gegenwärtigen Zeitpunkt in den Hauptzügen schon abgeschlossen, und jetzt steht die Aufgabe der Verwaltung des Staates auf der Tagesordnung ... [diese] hat auch noch die Eigenart, daß jetzt — und wahrscheinlich zum ersten Mal in der neuesten Geschichte der zivilisierten Völker — von einem Verwalten die Rede ist, bei dem die überwiegende Bedeutung nicht die Politik, sondern die Ökonomie erlangt. Gewöhnlich verbindet man mit dem Wort ‚Verwalten' namentlich und vor allem eine überwiegend oder sogar rein politische Tätigkeit. Indes besteht das eigentliche Fundament, das Wesen der Sowjetmacht, wie auch das eigentliche Wesen des Übergangs von der kapitalistischen zur sozialistischen Gesellschaft darin, daß die politischen Aufgaben einen untergeordneten Platz im Vergleich zu den ökonomischen Aufgaben einnehmen."[12]

Diese Aussagen *Lenins* wurden als Beleg dafür herangezogen, daß in bestimmten Entwicklungsphasen der sozialistischen Gesellschaft durchaus „die ökonomischen Aufgaben den Vorrang" vor den politischen haben könnten.[13] *Günter Söder* bezeichnet eine solche Position – mit gewissem Recht – als „Ökonomismus" und betont demgegenüber die programmatischen „Wesensinhalte der Politik":

„1. Die Ausarbeitung von politischen Programmen sowie der Strategie und Taktik zur Realisierung der Programme auf der Grundlage der marxistisch-leninistischen Theorie. (Eine wichtige Rolle spielt in diesem Zusammenhang die politische Prognostik.)
2. Die Ausarbeitung bzw. Weiterentwicklung politischer Ideen und Theorien und ihre Verbreitung in der Arbeiterklasse und unter allen anderen Werktätigen bei ständigem Kampf gegen die bürgerliche und rechts- und „links"-opportunistische Ideologie. (Politische Aktivität tritt in diesem Falle als politisch-theoretische und propagandistische Tätigkeit in Erscheinung.)
3. Die praktische Umsetzung der politischen Programme. (Politische Aktivität tritt in diesem Falle als praktisch-gegenständliche Tätigkeit, als unmittelbare Veränderung der Wirklichkeit auf.)"[14]

Primat der Politik gegenüber der Ökonomie heißt hier, daß gesellschaftliche Ziele formuliert, Strategien zu ihrer Realisierung erarbeitet und Entscheidungen getroffen werden, die jedoch nicht losgelöst von den ökonomischen Bedingungen gesehen werden können. Die Entwicklung der sozialistischen Länder im letzten Jahrzehnt deutet jedoch darauf hin, daß sich der Spielraum für politische Entscheidungen zunehmend verengt: Die spezifische Rationalität und die „Sachzwänge" des ökonomischen Prozesses bestimmen immer stärker die Politik und schränken die politische Gestaltungsmöglichkeit ein. Die vom VIII. Parteitag der SED geprägte Leitlinie, die „Hauptaufgabe" in ihrer Einheit von Wirtschafts- und Sozialpolitik zu verwirklichen, bedeutet nur scheinbar die Rückgewinnung einer genuin *politischen Perspektive*; Politik als eigenes, kritisch-planendes gesellschaftliches Handeln bleibt weiterhin in einem einseitigen Abhängigkeitsverhältnis von den Aufgabenstellungen und Ergebnissen der Wirtschaft. Die wirtschaftliche Leistungsfähigkeit bestimmt, in welchem Umfang soziale Verbesserungen realisiert und der individuelle und gesellschaftliche Konsum erweitert werden können.[15]

Angesichts einer weltweiten und alle industrialisierten Gesellschaften in ihrer gegenwärtigen Verfassung bedrohenden Wachstumskrise wird die faktische Unterordnung der Politik unter eine auf Wachstum gerichtete Ökonomie immer fragwürdiger. Unter veränderten Bedingungen muß erneut nach den Möglichkeiten politischen Handelns gefragt werden. In einer Gesellschaft, die nicht nur an ihre Wachstumsgrenzen stößt, sondern in der sich immer deutlicher soziale Differenzierungen und eine Diversifikation gesellschaftlicher Prozesse und Strukturen zeigt, stellt sich damit auch die Frage nach der Rolle und Funktion der führenden politischen Kraft, der Partei. Als Handlungszentrum für alle Bereiche und Ebenen der Gesellschaft muß sie sich politisch und ideologisch neu legitimieren, sie muß, soll ihre Führungsrolle nicht grundsätzlich zur Disposition gestellt werden, auch politisch-praktisch „beweisen", daß sie sowohl die Ziele der weiteren gesellschaftlichen Entwicklung formulieren, sie in konkrete Handlungsstrategien umsetzen als auch letztendlich realisieren kann. Es geht also um die funktionale Rolle der Partei im politischen System als Promotor weiterer gesellschaftlichen Wandels.

Wandel soll hier nicht, wie dies für die Mehrzahl der Entwicklungs- und Modernisierungstheorien kennzeichnend ist, als eine Angleichung einer noch nicht „entwickelten" und/oder noch nicht „modernen" Gesellschaft an den Stand der industriell entwickelten kapitalistischen Gesellschaften verstanden werden, sondern die Veränderungen benennen, die das System aus sich heraus und auf seiner eigenen Grundlage hervorgebracht hat.

Wandlungstendenzen in den sowjetsozialistischen Gesellschaftssystemen sind aber nur zu verstehen vor dem Hintergrund der politischen und sozialen Zielsetzungen der marxistisch-leninistischen Parteien. Diese Systeme beziehen ihre historische Legitimation (trotz ihrer an Modernisierung i. S. ökonomischer Entwicklung orientierten Tagespolitik) aus dem allgemeinen Ziel der Humanisierung der Gesellschaft, des Abbaus und der Abschaffung der Herrschaft von Menschen über Menschen. Das Ziel, die kommunistische Gesellschaft, kann nur mit einer neuen politischen und gesellschaftlichen Kultur verwirklicht werden. Dies berechtigt dazu, die sowjetsozialistischen Systeme von ihrer proklamierten Zielsetzung her zu analysieren, sie als die bestehende politische und gesellschaftliche Kultur transformierende Bewegungen („culture transforming movements", *Robert Tucker*) oder als Zielkulturen („goal cultures") zu kennzeichnen. Ein Sichbeschränken auf die akribische Aufarbeitung bestimmter Teilaspekte der politischen, ökonomischen, sozialen und kulturellen Entwicklung dieser Systeme allein würde ihrer historischen Bedeutung kaum gerecht. Sie zielt einzig auf die Analyse der *Mittel* und bekommt nicht das *Ziel* in den Blick: Die Vollendung der Revolution von 1789 und die Verwirklichung ihrer über die bürgerliche Gesellschaft hinausweisenden, ja ihre Überwindung voraussetzenden Prinzipien Freiheit, Gleichheit, Brüderlichkeit. Erst vor dieser Zielprojektion ist eine adäquate Einordnung und Bewertung der gewählten Mittel möglich. Die Ziel-Mittel-Relation ist aber in der Analyse sozialistischer Systeme lange Zeit vernachlässigt worden. *Klaus von Beyme* hat mit Recht darauf verwiesen, daß vor allem die Totalitarismustheoretiker

„die Mittel (Ideologie und Terror vor allem) so überbetont und horrifiziert [haben], daß sie nach den Zielvorstellungen meist nicht mehr fragten und nicht selten diese als bloß demagogische Legitimationsversuche abwerteten, die das reale (machtpolitisch verstandene) Handeln sozialistischer Politiker kaum beeinflusse."[16]

Das Ernstnehmen von Zielvorstellungen und ihr Einbeziehen in die Realanalyse birgt jedoch eine methodische Gefahr in sich: Die Einordnung und Bewertung politischer und gesellschaftlicher Erscheinungen an proklamierten Zielsetzungen kann leicht in Rechtfertigungsrituale umschlagen. „Negative" Eigenschaften des Systems wie das Fortbestehen entfremdender Formen industrieller Arbeitsteilung, als bedrückend empfundener Hierarchien am Arbeitsplatz, im staatlichen Bereich, in der Gesellschaft usw. können, mit Blick auf die proklamierte Potentialität der Gesellschaft, als Relikte der alten, kapitalistischen Gesellschaft bezeichnet werden, die „noch nicht" beseitigt werden konnten.[17]

Das Ergebnis solcher Vorgehensweise ist eine Immunisierung, die das „Wesen" dieser Gesellschaft der Bewertung durch empirische Analyse entzieht, weil dies einzig aufgrund ihr unterstellter Entwicklungschancen, nicht aber durch ihre empirisch erfaßbare und nachvollziehbare Verfaßtheit bestimmt sei; wobei die proklamierte gesellschaftliche Zielstellung unhinterfragt als die des realen gesellschaftlichen Prozesses akzeptiert wird. Die Analyse muß, das ist die Konsequenz des soeben Dargelegten, zwischen der Szylla ignoranten Nichternstnehmens von Zielsetzungen und der Charybdis kritikloser Übernahme ideologisch überhöhter Legitimationsformeln hindurchsegeln.

Die Zielsetzungen des „realen Sozialismus" sind beides: Sie dienen der Legitimation des Bestehenden als Etappe der Entwicklung einer Gesellschaft, die — unwiderrufbar — auf dem Wege zur kommunistischen Zukunft ist. Sie beeinflussen aber auch in erheblichem Ausmaß das politische und gesellschaftliche System. Ökonomisches und politisches Handeln muß sich stets an den proklamierten Zielen messen lassen, ist aus den vermeintlichen „Sachzwängen" und der „Rationalität" des gegenwärtigen Zustands allein nicht zu erklären. Hieraus ergibt sich auch die spezifische Störanfälligkeit der sozialistischen Systeme. Als „Zielkulturen" stehen sie immer wieder vor dem Problem, daß sie um einen Teil ihrer potentiellen Erfolge gebracht werden, weil bestimmte „Störvariablen" in der Theorie nicht hinreichend antizipiert worden sind. *Klaus von Beyme* benennt das Problem folgendermaßen:

„Störvariablen und Dysfunktionen traten [und treten, G.-J. G.] aus strukturellen wie aus motivationellen Gründen auf. Als *strukturelle* Gründe können genannt werden:
1. partielle Inkompatibilität von *Zielbündeln*;
2. einige Unvereinbarkeiten zwischen den *Zielen* des Sozialismus und gewissen *Mitteln*, die zu ihrer Verwirklichung eingesetzt werden;
3. einige Inkompatibilitäten *zwischen verschiedenen Mitteln*, die eingesetzt werden und welche die Notwendigkeit zeitigen, möglichst das kleinere Übel zu wählen...
Während die strukturellen Dysfunktionen von der Theorie meist nicht zur Kenntnis genommen werden, müssen wenigstens die beiden ersten Formen von *motivationellen* Dysfunktionen im Sozialismus häufig die Gesamtheit der Mängel erklären. Es gibt deren wiederum drei:
4. motivationelle Störvariablen aus dem *Fortbestand des dominanten kapitalistischen Systems*;
5. motivationelle Fehler aus *bürgerlichen Relikten im Denken* der Menschen im Sozialismus;
6. motivationelle Fehlentwicklungen aufgrund *der sozialistischen Ideologie selbst*, wenn diese − oder Teile von ihr − inkompatibel mit gewissen Realitäten in der Entwicklung sozialistischer Staaten werden."[18]

Beyme zeigt in seiner Analyse sehr detailliert auf, wie sich diese Störvariablen und Dysfunktionen auf die materiellen Politiken (policies) in den verschiedenen, von ihm definierten gesellschaftlichen Zielbereichen und in den einzelnen „Sphären" der Gesellschaft auswirken. Die Einkommens-, Preis- und Steuerpolitik, Gesundheits-, Wohnungsbau-, Bildungs- und Sozialpolitik, Möglichkeiten betrieblicher und überbetrieblicher Mitwirkung, organisatorische Maßnahmen und andere materielle Politik-Bereiche sind immer auch von den proklamierten gesellschaftlichen Zielen abhängig, und ihr Erfolg wird daran gemessen, ob und inwieweit sie mit diesen Zielen übereinstimmen. Aus diesen Schwierigkeiten erklärt sich das scheinbar unvereinbare Nebeneinanderbestehen von Tendenzen des Wandels und der Beharrung, das alle „realen" Sozialismen prägt. Daß diese Widersprüche, diese „Ungleichzeitigkeit des Gleichzeitigen", Folgen eines von oben gelenkten und geleiteten Prozesses sind, der sein Ziel nicht erreichen kann, solange die zum Untergang verurteilte Gesellschaftsformation Kapitalismus sich trotz allem leidlichen Wohlergehens erfreut und der von daher immer neue „Verwerfungen" hervorbringt, hat *Ernst Richert* in einem Vortrag zum Thema „Revolutionäre und evolutionäre Tendenzen im DDR-Gesellschaftssystem" eindrucksvoll dargelegt: Er hebt hervor,

„daß beide, Führung *und Gesellschaft*, diesen Kontext und dieses merkwürdige, theoretisch so völlig unbewältigte Ineinander von Gegenwart und Zukunft ... benötigen, wenn auch aus verschiedenen Gründen. Die Gesellschaft braucht es zur Alltagsorientierung, damit sie nicht bloß auf segmentiertes Fachwissen und Fachkönnen beschränkt bleibt. Die einzige Gefahr: Es könnte zur vollen Einlösung der Zukunft kommen, zum Eschaton, ist weltpolitisch irreal gerade dank der Logik der Prämissen der Konstruktion, der die Führung das *permanente* Wachsen der Bedürfnisse, Interessen und Ansprüche zuschreibt. ... Auf jeden Fall gehört in den sozialen Mechanismus erstens, daß ein noch nicht erreichtes Ziel vorgegeben ist, und zweitens, daß man das Erfolgserlebnis von Fortschritten hat. Das aber − die andere Seite − bestätigt die Führung. Sie hat eine Aufgabe, eine Mission und ist damit dem Zwang zu äußerster Gewissenhaftigkeit ausgesetzt. Zumal die SED-Führung ist wegen der ursprünglichen Künstlichkeit der DDR, der der Kitt gemeinsamer geschichtlicher Erfahrung und Überlieferung fehlt ... in besonders hohem Maß auf solche Rückbindung der Gemeinschaft, wie sie der Marxismus-Leninismus darstellt, angewiesen. ... All das steht unter der hier vorgetragenen Prämisse der nahezu totalen Demontage der Bürgerkultur als eines gewohnten griffigen Reduktionsrasters in jener von oben und außen verhängten Revolution, die des eigenen Subjekts entbehrt hat und keine ernsthaft konkurrierenden Gegenkräfte verarbeiten und überwinden mußte."[19]

2.2 Macht und Herrschaft

Im Mittelpunkt der folgenden Überlegungen steht die Frage, ob und inwieweit die in den sozialistischen Ländern entstandenen politischen Strukturen und gesellschaftlichen Verkehrsformen erkennbare Ansätze für die Realisierung der finalen gesellschaftlichen Zielprojektion, des Abbaus der Herrschaft von Menschen über Menschen, erkennen lassen. Das bedeutet nun keineswegs, daß in die eindimensionale Sichtweise vieler herrschaftssoziologischer Untersuchungen der 50er Jahre zurückgefallen würde, die sich mit dem Problem der Parteiherrschaft beschäftigten, um am Ende der Untersuchung das festzustellen, was bereits vorher feststand: Es handelt sich bei den sozialistischen Ländern um totalitäre Systeme, in denen eine kleine Gruppe von Parteiführern damit beschäftigt ist, ihre Machtposition zu sichern und auszubauen und die zu diesem Zweck eine totale Durchdringung aller Bereiche der Gesellschaft, selbst des Privatlebens intendieren. Ohne Zweifel ist seit den 30er Jahren in der Sowjetunion und nach 1945 in den osteuropäischen sozialistischen Staaten eine bereits im leninistischen Revolutionskonzept tendenziell angelegte Dominanz der Machtbehauptung zu konstatieren. Ihrem Selbstverständnis gemäß müssen die regierenden „Parteien des Proletariats" zumindest so lange allen Versuchen, ihre Machtposition auch nur partiell in Frage zu stellen, entgegentreten, wie es nicht gelungen ist, in den Massen „sozialistisches Bewußtsein" zu verankern. Das Insistieren auf der − zumal noch verkürzt gestellten − Machtfrage verkennt, daß mit der politischen Macht der Partei auch „soziale Macht" erobert wurde. *Alfred Kurella* stellt die Frage:

„Was fängt der Sozialismus mit ihr an? Wie stellt er sie in seinen Dienst? Daß er es tun muß, liegt auf der Hand, denn in ihr haben wir eine der großen neuen Errungenschaften der menschlichen Gesellschaft vor uns, die sich auf dem Boden der kapitalistischen industriellen Produktionsweise herausgebildet hat, sich aber vorwiegend in ihrer ‚entfremdeten' Form, als bürgerlicher Staat, entwickeln konnte und dadurch zu einem für die Masse des Volkes besonders negativen, ihren Aufstieg hemmenden Faktor wurde. Dieser Umstand darf uns aber nicht davon abhalten, diese neue Kraft ebenso für den Sozialismus nutzbar zu machen wie die Gesellschaftlichkeit der Arbeit und den allgemeinen Reichtum.

Von einem gewissen Zeitpunkt der kapitalistischen Entwicklung an wurde die soziale Macht zu einer ‚übergreifenden' Kategorie der Gesellschaft, in der sich bereits die neue soziale Umwälzung ankündigte. Das geschah mit den ersten Arbeitskämpfen, den ersten Streiks, der Gründung der ersten Arbeiterassoziationen...

Kurz, es gelingt der Arbeiterklasse, nachdem sie durch die Ausbeutung zu spontanen Aktionen gedrängt und durch die Theorie des Sozialismus zur klassenbewußten Bewegung formiert worden war, bereits innerhalb der bürgerlichen Gesellschaft einen Teil der sozialen Macht an sich zu reißen und sie auch ihrerseits in politische Macht umzuschmieden. Hiermit unterscheidet sich die Arbeiterklasse radikal von ihrer Vorgängerin an der Macht, und dieser Unterschied wird sehr bedeutsam für die Weiterentwicklung jener Form, die die Bourgeoisie der sozialen Macht gegeben hat, des bürgerlichen Staates."[20]

Hinter diesen Ausführungen steht eine das Denken der marxistisch-leninistischen Parteien generell prägende Haltung, die, sich auf *Lenin* berufend, davon ausgeht, daß es nur gelte, die im Kapitalismus entwickelten Prinzipien der Vergesellschaftung der Arbeit unter neuen politischen Bedingungen zu nutzen. Diese erlangten schon dadurch eine neue Qualität, daß sie unter anderen, „sozialistischen" Bedingungen angewandt würden. Damit reduziert sich bei *Lenin* die Frage des Sozialismus — zumindest vorerst — auf die Eroberung der politischen Macht, deren Besitz bereits die Lösung der wesentlichen ökonomischen und sozialen Probleme garantiere. In-Dienst-Stellen der mit der politischen Macht eroberten sozialen Macht hieß und heißt in den sozialistischen Ländern aber nicht, daß aus den Widersprüchen des Arbeitsprozesses, die auch nach der Abschaffung des Privateigentums an den Produktionsmitteln fortbestehen, Formen der Partizipation entwickelt werden, welche die Herrschaft der Produktionsbedingungen über die Produzenten in eine Herrschaft der Produzenten über die Produktionsbedingungen verwandeln. Es bedeutet vielmehr: Kontrolle über den Produktionsprozeß vermittels des Staats- und Wirtschaftsapparates in seiner monopolistischen Fassung. Die Widersprüche des Kapitalverhältnisses können aufgehoben werden, ohne zugleich der entfremdeten Arbeit die Basis zu entziehen. Damit erweist sich die Überwindung kapitalistischer Aneignungsverhältnisse als ein zwar notwendiger, aber nicht hinreichender Schritt sozialistischer Vergesellschaftung.

„Als Resultat der sozialistischen Revolution ist die eine Voraussetzung der Humanisierung der Arbeit, die Abschaffung des Privateigentums an den Produktionsmitteln, bereits verwirklicht. Damit wurde jedoch nur die Bedingung, die objektive Möglichkeit geschaffen, was zwar sehr viel, gleichzeitig aber auch wenig bedeutet. Es bedeutet viel, da nur nach der Abschaffung des Privateigentums die konsequente Verwirklichung der Humanisierung der Arbeit möglich ist; es bedeutet wenig, weil noch eine Reihe von objektiven Faktoren bestehen bleibt, die diesen Prozeß weiterhin hemmt, und außerdem das gesellschaftliche Bewußtsein noch in vieler Hinsicht nicht einmal die objektive Lage getreu widerspiegelt."[21]

Die Frage nach den Bedingungen, Ursachen und Folgen von Machterwerb, Machtbehauptung und Herrschaftsausübung in den sowjetsozialistischen Systemen muß an diesem Problem ansetzen, will sie mehr als Oberflächenphänomene analysieren.

Ebenso wie die Fragestellung traditioneller politischer Wissenschaft greift die parteioffizielle Analyse der realen Sozialismen zu kurz.

„Die Apologetik sozialistischer Systeme zieht sich auf gelegentlich reine Systemontologie zurück, die aus der postulierten Annahme, Sozialismus sei eine höhere Gesellschaftsformation als der Kapitalismus, deduziert, daß er die in Verfassungs-, Gesetzes- oder Parteinormen kodifizierten mittel- und langfristigen Ziele sozialistischer Länder auch annähernd realisiert habe.

‚Sozialistische Errungenschaften' bezeichnen aber schon vom Wort her keinen bloßen Ist-Zustand, sondern einen Soll-Zustand, der jedoch durch die Annahme naherückt, daß keine strukturelle Gewalt der Realisierung dieser Ziele entgegensteht, sondern allenfalls vorübergehende Ressourcenknappheit oder motivationelle Mängel. Soweit die Ziele der marxistischen Gesellschaftstheorie in ihrem Realisierungsgrad empirisch überprüfbar gemacht werden sollen, muß der Versuch unternommen werden, die Überlegenheit des Sozialismus nicht an punktuell herausgegriffenen ‚Errungenschaften' zu erweisen, sondern die Systemperformanz muß qualitativ und quantitativ durch analytische Aufgliederung allgemeiner Zielvorstellungen wie Gleichheit, Freiheit oder Abbau von Entfremdung sichtbar gemacht werden."[22]

Eine solche Vorgehensweise aber liegt — bei allem Bestreben, die eigene Gesellschaft als konfliktreiches Beziehungsgefüge zu sehen — den Sozialwissenschaften in den sozialistischen Ländern fern. Die Politische Ökonomie, „marxistisch-leninistische Soziologie", der „Wissenschaftliche Kommunismus" (eine Art marxistisch-leninistische Politologie) usw. sind im Gegenteil durch eine gemeinsame Grundhaltung gekennzeichnet, die davon ausgeht, daß die gesellschaftlichen Grundprobleme wesentlich gelöst sind, so daß der Zugang und die Verfügung über die Produktionsmittel, die Leitung, Lenkung und Organisation des gesellschaftlichen Produktions- und Distributionsprozesses vorwiegend als technisch-organisatorische Frage erscheinen. Eine solche Reduktion des Problems geht aber an der entscheidenden Frage vorbei: Wird die Herrschaft Weniger über die Mehrheit der Gesellschaft abgelöst durch einen Prozeß, in dem die formalen Eigentümer der Produktionsmittel die Organisation der Gesellschaft selbst in die Hand nehmen, zu Subjekten der historischen und gesellschaftlichen Entwicklung werden, wie dies die „Klassiker" des Marxismus gefordert und als Kennzeichen einer sozialistischen Entwicklung beschrieben hatten? In diesem Kontext erscheint es von Bedeutung, den Herrschaftsbegriff der regierenden kommunistischen Parteien einer kritischen Analyse zu unterziehen. Das „Wörterbuch der marxistisch-leninistischen Soziologie" bezeichnet Herrschaft als

„objektives soziales Verhältnis der Über- und Unterordnung sowie der Abhängigkeit in den Beziehungen zwischen Klassen, Schichten, Gruppen und Individuen. Insofern Herrschaft primär die Ausübung (den Gebrauch, die Anwendung, die Umsetzung) von Macht bedeutet, beruht sie wie diese auf materiellen gesellschaftlichen Grundlagen, wird sie in ihrem Wesen (!) grundlegend determiniert durch die in einer jeweiligen Gesellschaftsordnung bestimmenden sozialökonomischen und daraus erwachsenden Klassenverhältnisse, verändert sie sich historisch mit deren Entwicklung entsprechend dem Niveau der Produktivkräfte und dem Charakter der Produktionsverhältnisse sowie in Abhängigkeit von der Gesamtgestalt des politisch-ideologischen Überbaus. ... In allen antagonistischen Klassengesellschaften ... wird der historisch konkrete Inhalt der grundlegenden Herrschaftsverhältnisse durch die objektiv existierenden Klassengegensätze zwischen Ausbeutern und Ausgebeuteten, zwischen Unterdrückern und Unterdrückten bestimmt ... Als zentrales politisches Instrument der Herrschaft einer Klasse fungiert deshalb der Staat, der als Interessenvertreter der besitzenden Klasse deren Sonderinteressen repräsentiert und diese durch Herrschaftseinrichtungen (wie Polizei, Armee, Verbände, Organisationen, Bürokratie) und durch geistig-kulturelle Legitimation (allgemein-verbindliche Werte und Verhaltensnormen, Ideologie, Gesetzgebung, Bildungssystem u.a.) gegenüber allen anderen Klassen und Schichten notfalls mit Gewalt durchsetzt. In den verschiedenen gesellschaftlichen Bereichen (Ökonomie, Politik, Ideologie, Wissenschaft, Kultur u.a.) sowie sozialen Beziehungen (zwischen Klassen, Gruppen, Schichten u.a.) und Abhängigkeitsverhältnissen (Familie, Schule, Kollektiv u.a.) verkörpert Herrschaft das reale Vorhandensein eines Verhältnisses, innerhalb dessen die Herrschenden zur Durchsetzung eigener Interessen und Ziele dann auch eine elitäre Vormachtstellung, Befehlsgewalt, Gehorsam, Autoritätsglauben u.ä. beanspruchen, wenn diese Bestrebungen gegen die Interessen und den Willen der Beherrschten durchgesetzt werden sollen."[23]

Neben dem Staat werden spezifische Formen der Über- und Unterordnung wie die Hierarchie im Betrieb, in der staatlichen Bürokratie, im Wissenschaftsbetrieb, in Parteien, Verbänden usw. ebenfalls als Herrschaftsbeziehungen charakterisiert. Die inhaltliche, freilich nicht eingestandene Nähe zur „klassischen" Definition des Begriffs Herrschaft, wie sie *Max Weber* vorgenommen hat, ist unverkennbar:

„*Herrschaft* soll heißen die Chance, für einen Befehl bestimmten Inhalts bei angebbaren Personen Gehorsam zu finden. ... Der Tatbestand einer Herrschaft ist nur an das aktuelle Vorhandensein *eines* erfolgreich *anderen* Befehlenden, aber weder unbedingt an die Existenz eines Verwaltungsstabes noch eines Verbandes geknüpft; dagegen allerdings — wenigstens in allen normalen Fällen — an *eines* von beiden. Ein Verband soll insoweit, als seine Mitglieder als solche kraft geltender Ordnung Herrschaftsbeziehungen unterworfen sind, *Herrschaftsverband* heißen. ... Ein Verband ist vermöge der Existenz seines Verwaltungsstabes stets in irgendeinem Grade Herrschaftsverband. Nur ist der Begriff relativ. Der normale Herrschaftsverband ist als solcher auch Verwaltungsverband. Die Art, wie, der Charakter des Personenkreises, durch welchen, und die Objekte, welche verwaltet werden, und die Tragweite der Herrschaftsgeltung bestimmen die Eigenart des Verbandes."[24]

Nun wird für den Sozialismus die Existenz von Herrschaft keineswegs geleugnet, vielmehr unter Bezug auf Äußerungen von *Marx* und *Engels* argumentiert, daß das Proletariat seine Herrschaft dazu nützen müsse, alle Produktionsinstrumente in den

Händen des Staates, d.h. des als herrschende Klasse organisierten Proletariats, zu zentralisieren.

„Während die Arbeiterklasse in der kapitalistischen Gesellschaftsordnung ausgebeutet und unterdrückt wird, erhebt sie sich mit der Errichtung der Diktatur des Proletariats zur *herrschenden Klasse*, die von der marxistisch-leninistischen Partei geführt wird und im festen Bündnis mit den werktätigen Bauern und anderen werktätigen Schichten ihre Staatsmacht nutzt, um die Produktionsmittel der kapitalistischen Klasse in allgemeines Volkseigentum zu überführen, die sozialistische Wirtschaft zu organisieren und als erste Klasse die gesamtgesellschaftliche Leitung und Planung zu entwickeln."[25]

Obwohl darauf hingewiesen wird, daß die führende Rolle der Arbeiterklasse ständig wachse, „weil sie als machtausübende Klasse die kommunistische Gesellschaftsformation" verwirkliche,[26] wird gleichwohl der Herrschaftscharakter dieser Machtausübung geleugnet und betont, daß nach einer Übergangsphase der alte Antagonismus in den gesellschaftlichen Beziehungen und damit die Grundlage für Herrschaftsbeziehungen entfalle.

„Mit der Überführung der Produktionsmittel in gesellschaftliches Eigentum und der politischen Herrschaft der Arbeiterklasse, mit der Diktatur des Proletariats und der Entfaltung der sozialistischen Demokratie sowie mit der Durchsetzung der wissenschaftlichen Weltanschauung des Marxismus-Leninismus wird im Interesse der überwiegenden Mehrheit des Volkes der Antagonismus zwischen besitzender und machtausübender Klasse und den besitzlosen und beherrschten Klassen für immer aufgehoben. Der Sozialismus beseitigt die Knechtschaft einer Majorität im Verhältnis zur Herrschaft einer Minorität, indem er politische Verhältnisse entwickelt, in der soziale Verhältnisse der Über- und Unterordnung, wechselseitige Abhängigkeitsverhältnisse und soziale Unterschiede ihren antagonistischen Charakter verlieren. Der politisch-ideologische Überbau und seine Einrichtungen dienen im Sozialismus den Interessen der Werktätigen und sind ihrem Charakter nach Organe der Diktatur des Proletariats zum Schutz der Errungenschaften des sozialistischen Aufbaus, der Beteiligung der Volksmassen an den Angelegenheiten des Staates, der Lenkung und Leitung der gesamten Gesellschaft und mithin eine Äußerung der Macht der Werktätigen selbst."[27]

Die Arbeiterklasse „herrscht" nicht mehr, sie ist vielmehr machtausübende Klasse und ist (der Begriff spielt zunehmend eine Rolle) „Hegemon des revolutionären Prozesses".[28] Die paternalistische Konzeption, daß die Planungs- und Leitungsapparate im „realen Sozialismus" keine Herrschaftsverbände seien, steht und fällt mit dem Realitätsgehalt der Behauptung, Konflikte in diesen Gesellschaften seien grundsätzlich nichtantagonistischer Natur, so daß die Übereinstimmung zwischen den gesellschaftlichen und den grundlegenden persönlichen Interessen zu einer entscheidenden sozialen Triebkraft werde, Herrschaft nicht nur überflüssig, sondern gar nicht mehr möglich sei. Gleichwohl müßte erklärt werden, wieso die gleichen Erscheinungen (Über- und Unterordnung, Befehl und Gehorsam) und die gleichen Organisationen und Institutionen (hauptamtliche Verwaltungsstäbe und vor allem der Staatsapparat, Polizei, Armee usw.) unter veränderten sozialökonomischen Bedingungen nur noch Machtorgane sind, aber keine Herrschaft ausüben. Der Gebrauch der „soziologisch amorphen" Kategorie „Macht" dient dazu zu verschleiern, daß nach wie vor geherrscht wird. Zwar kennt auch Macht Sanktionsmöglichkeiten und Mittel, den eigenen Willen gegen abweichende Haltungen und Widerstand durchzusetzen, doch sind diese nicht notwendig institutionell verfestigt.

„Die Mittel der Einflußnahme reichen von der Inanspruchnahme gewachsenen Vertrauens oder dem Vortragswert rationaler Argumente über die Ausnutzung situationsgegebener Vorteile einer Marktlage oder die manipulative Vorspiegelung irrealer Interessenkonstellationen bis zur offenen Androhung und nackten Ausübung physischen Zwanges."[29]

Selbst eine oberflächliche Analyse der sozialistischen Länder läßt erkennen, daß alle wesentlichen Aspekte von Herrschaft gegeben sind, es sei denn, bestimmten Erscheinungsformen (wie z.B. die Fortexistenz von Institutionen, die unter anderen sozialökonomischen Bedingungen als Herrschaftsverbände gekennzeichnet werden) läge eine neue gesellschaftliche Qualität zugrunde, Wesen und Erscheinung stimmten nicht überein. Dazu bedürfte es einer Klärung der Frage, warum sich den zu Eigentümern an den Produktionsmitteln erklärten Produzenten „keine Möglichkeit zur unmittelbaren Ausübung ihrer Eigentümerrechte bietet", diese Funktion vielmehr trotz der veränderten gesellschaftlichen Bedingungen besonderen Organisationen und gesellschaftlichen Gruppen übertragen werden, die „mit der Leitung und Lenkung der Gesellschaft von Berufs wegen befaßt" sind[30] und diese Besonderheit damit legitimieren, daß sie „im Auftrage" der Arbeiterklasse handeln. Für *Werner Hofmann* ist eine solche „Auftragsgewalt" Kennzeichen für die Abwesenheit von Herrschaft: „Ein Staat, verwaltet ‚im Auftrage' des arbeitenden Volkes durch jederzeit (sei es von ‚oben', sei es von ‚unten') abrufbare Funktionäre, ist also seinem Wesen nach nicht *Herrschafts*staat; wohl aber kann er *Macht*staat sein." Die gesellschaftliche Ordnung der Diktatur des Proletariats ist hier nicht Herrschafts-, sondern Machtordnung. Herrschaft ist bei *Hofmann* „institutionell gesicherte Nutznießung eines Teils der Gesellschaft gegenüber einem anderen" auf der Grundlage der Verfügung über die Produktionsmittel, die sich allgemeinpolitischer, juristischer, militärischer u.a. Formen bedient; Macht hingegen „umfaßt alle unmittelbar in Erscheinung tretenden Arten der Ausübung *gesellschaftlicher Überlegenheit*, von der Hoheitsmacht des Staates, dem Machtverhältnis im Wirtschafts- und Arbeitsleben bis zur ‚Macht‘, etwa des Vaters in der Familie, des Redners über sein Publikum". Schon eine Einschränkung von Herrschaft auf den Aspekt der einseitigen Aneignung von Teilen des Arbeitsprodukts anderer erscheint problematisch, wird doch damit Herrschaft lediglich an der Verfügung über das Mehrprodukt festgemacht. Die Bestimmung über die Organisation gesellschaftlicher Arbeit, den Arbeitsprozeß und dessen inhaltliche Resultate bleiben außer Betracht. Dies fällt um so mehr ins Gewicht, als *Hofmann* Herrschaft als „elementar sozio-ökonomischen" Tatbestand kennzeichnet, nicht aber als politischen, und daraus folgert, daß sich erst vom „allgemein-gesellschaftlichen Zwecke her", dem der Gebrauch politischer und anderer Machtmittel dient, bestimmen lasse, „ob die Formen der Machtausübung Herrschaftscharakter haben oder nicht". *Hofmann* macht Herrschaftsausübung lediglich an Besitztiteln fest, an der Verfügungsgewalt über Boden, über Kapital oder andere Wirtschaftsmittel, und sieht es als Kennzeichen gesellschaftlicher Herrschaft an, daß die „Verfügung über die Mittel ihrer Ausübung innerhalb derselben sozialen Schicht ... weitergegeben wird". Diese Position *Hofmanns* führt — folgerichtig — zu dem Ergebnis, daß „ein sozialistischer *Funktionärs*staat ... solche Kontinuität der Weitergabe sozialer Macht radikal" ausschließt.[31] Damit bekommt er zwei konstituierende Aspekte der sowjetsozialistischen Staaten nicht in den Griff: einmal das der spezifischen Transformationsstrategie immanente Fortbestehen und die bewußte Planung entfremdeter Arbeit durch die Avantgarde, zum anderen die Bestimmung der sozialen Trägerschaft von Herrschaft durch die Avantgardepartei, die zwar die Weitergabe von Herrschaftsfunktionen innerhalb einer sozialen Schicht offenbar weitgehend ausschließt (und hierin gehen, da ist *Hofmann* zuzustimmen, die Theorien von der Sowjetbürokratie als einer neuen Klasse fehl), Herrschaft jedoch als notwendiges Konstituum dieser Gesellschaften auf Dauer festschreibt.

In deutlicher Abgrenzung von Positionen, wie sie u.a. *Hofmann* vertritt, werden hier die *sowjetsozialistischen Systeme als Herrschaftssysteme* begriffen. Unter Herrschaft soll dabei die Form der

Herstellung gesellschaftlicher Beziehungen verstanden werden, die den Zugang und die Verfügung über die Produktionsmittel, die Leitung, Lenkung und Organisation des gesellschaftlichen Produktions- und Distributionsprozesses und die Antizipation zukünftiger gesellschaftlicher Entwicklungen besonderen gesellschaftlichen und politischen Institutionen zuweist, die ihre Entscheidungen auch gegen den Widerstand der Betroffenen durchzusetzen imstande ist. Die in der leninistischen Revolutions- und Entwicklungskonzeption angelegte und durch ihre organisatorische Verfestigung verstärkt zutage tretende prinzipielle, zeitlich nicht terminierte Scheidung von leitender und ausführender Tätigkeit, die zu der Schlußfolgerung führt, „daß die Träger der geistigen Tätigkeit die Befehlsgewalt über die Arbeiterschaft ausüben müssen",[32] läßt einen Abbau von Herrschaft in den sowjetsozialistischen Ländern fraglich erscheinen. Der Argumentation, daß die Abschaffung des (der Beherrschung durch den unmittelbaren Produzenten entzogenen) Privateigentums bereits hinreichend sei, um Herrschaft überflüssig zu machen, vermag ich mich nicht anzuschließen. Vielmehr scheint die Überlegung *Hans-Dieter Fesers* zutreffend, der bemerkt:

„Auch in einer emanzipierten Gesellschaft haften der gesellschaftlich notwendigen Arbeit unvermeidlich Züge von Entfremdung an, und zwar in dem Maße, als sie notwendige Arbeit für die Produktion dessen bleibt, was die Gesellschaft zu ihrer Reproduktion bedarf.
Somit ist die Abschaffung des Privateigentums kein hinreichender Grund für die Beseitigung der ‚entäußerten Arbeit‘, sie ist aber die *notwendige Bedingung* für die Überwindung der Entfremdung. Für *Marx* schafft diese nur dann die äußere Voraussetzung für ein neues gesellschaftliches System, wenn die ‚freien‘ Individuen über die sozialisierten Produktionsmittel bestimmen und nicht die Gesellschaft (genauer: die herrschenden Bürokratien; G.-J. G.). Erst an der ‚Freiheit‘ der Individuen und dem Grad deren gesellschaftlicher Betroffenheit im Entscheidungsprozeß läßt sich die volle Verwirklichung der Gesamtpersönlichkeit ablesen. Dies setzt die Wiedervereinigung von Individualität und Gesellschaftlichkeit als *hinreichender Bedingung* der Emanzipation (und damit der Aufhebung der Lohnarbeitsverhältnisse) voraus."[33]

Die Veränderung der politischen und Eigentumsverhältnisse kann vielmehr, ist sie nicht integrativer Bestandteil einer emanzipativen gesellschaftlichen Strategie, dazu führen, daß Herrschaftsbeziehungen viel unmittelbarer in allen Bereichen der Gesellschaft wirken, als dies in kapitalistischen Systemen der Fall ist. Die Trennung von Staat und Gesellschaft wird aufgehoben, die Avantgardepartei konstituiert ihren gesamtgesellschaftlichen Führungsanspruch, den sie mangels demokratischer Legitimation nur *bürokratisch* aufrecht erhalten kann. Eine politische Bewegung, die wie die Arbeiterbewegung intendiert, Herrschaft abzuschaffen, muß der Frage gewärtig sein, inwieweit die nach ihrer Machtübernahme geschaffenen gesellschaftlichen Strukturen der Forderung nach Partizipation genügen oder ob diese so angelegt sind, daß Herrschaft auf unabsehbare Zeit perpetuiert wird. Ohne der Umkehrung des von *Marković* gekennzeichneten „ideologischen Mythos" zu verfallen (er spricht vom „Mythos der unmittelbaren Demokratie"),[34] ist nach Tendenzen zu fragen, die den Weg zur Partizipation immer breiterer Gruppen der Bevölkerung auf allen Ebenen des Prozesses gesellschaftlicher Lenkung und Leitung öffnen. Die wesentlich auf Effizienz des gesellschaftlichen Lenkungs- und Leitungssystems orientierten Reformen der Wirtschaftssysteme osteuropäischer Staaten in den sechziger Jahren rechtfertigen hier eher Zweifel.

Hauptziel einer partizipativen politischen Strategie in den sowjetsozialistischen Ländern ist die Etablierung einer gesellschaftlichen Rationalität, innerhalb derer sich Effektivitätskriterien und Optimierungsstrategien der Verwaltung am Ziel des Aufbaus und der schließlichen Aufhebung von Herrschaft messen. Es gilt, den Kreislauf zu durchbrechen, daß das Wissen seine eigene Macht und daß auch die Macht ihr eigenes Wissen zustande bringt, daß Macht und Wissen zu einem kaum noch auflösbaren Amalgam verschmelzen; die Apparate und die bürokratische Avantgardepartei sichern sich (vor allem mit Hilfe der Kaderpolitik) das Monopol auf das komplizierte Wissen und leiten daraus ihr Recht auf die Macht ab.[35]

Die effektive Gelegenheit zur Partizipation kann nur zu leicht mit dem Argument verwehrt werden, daß sie einer besonderen Qualifikation bedürfe, um „sachgerecht" zu sein. Die übergroße Mehrheit der Bevölkerung, zumal die Arbeiterklasse, der ja eine „führende Rolle" in der Gesellschaft zuerkannt wird, ist an der Leitung der Gesellschaft nur insoweit beteiligt, als es darum geht, vorgegebene Zielstellungen zu erfüllen. Diese zu formulieren, bleibt der Leitung als besondere Funktion und damit den Mitgliedern der Intelligenz vorbehalten, wozu auch die „Kader" aufgrund ihres formalen Qualifikationsniveaus gehören. Die Chance, an gesellschaftlichen Entscheidungsprozessen zu partizipieren, wird zuerst durch formale Bildung, dann durch kaderpolitische Auswahl- und Erprobungsmechanismen präformiert. Alle diejenigen (nicht zuletzt auch die *Lenin*sche Köchin), die nicht über einen entsprechenden Bildungsabschluß verfügen, haben zu den relevanten Entscheidungsvorgängen nur einen mehr oder weniger mittelbaren Zugang. Die in der DDR ebenso wie in den anderen Staaten Osteuropas zu konstatierende Ausweitung von Mitbeteiligungs- und Kontrollrechten gesellschaftlicher Organisationen, aber auch der einzelnen Staatsbürger und/oder „Werktätigen", kann nicht als Partizipation bezeichnet werden.

Diese Formen der Beteiligung stellen in erster Linie Elemente der Legitimation von Herrschaft dar. Die politischen Entscheidungsgremien bedienen sich zwar der Sachkunde einzelner Personen oder spezieller Beratungsgremien und beziehen dank ihrer Hilfe gesellschaftliche Teilinteressen in ihre Entscheidungen mit ein, die Formulierung politisch-ökonomischer und sozialer Zielprojektionen sowie der grundsätzlichen Strategien zu ihrer Realisierung werden jedoch jeder Mitwirkung und Kontrolle entzogen. Dies geschieht mit der Behauptung, daß die von der Avantgardepartei geschaffenen Lenkungs- und Leitungsapparate nicht nur die Interessen der Arbeiterklasse, sondern darüber hinaus die des ganzen Volkes „vertreten". Das führt zu jenem „ideologischen Mythos", der den konservativen Kräften in den kommunistischen Parteien stets dazu gedient hat, „die wahren gesellschaftlichen Verhältnisse mit einem undurchsichtigen Schleier zu verdecken, die Wahrheit durch den Schein zu ersetzen, durch endlose Wiederholung derselben Stereotypen Geist, Empfindungen und Bedürfnisse der Menschen nach Belieben zu formen, um in ihnen fest den Glauben anzusiedeln, alles, was geschieht, sei rational und notwendig, alles, was sie unmittelbar bemerken und worunter sie leiden, sei eine Reihe bedeutungsloser Kleinigkeiten, während die echten, wesentlichen Probleme in einer Sphäre liegen, an deren Priorität man nur aufgrund von allerlei ‚fremden' Auffassungen zweifeln könne".[36]

Diesen Schleier gilt es zu lüften. Wissenschaftliche Analyse — zumal „von außen" — kann hierzu einen bescheidenen Beitrag leisten, wenn sie sich darauf einläßt, die sozialistischen Staaten aus ihren eigenen historisch-theoretischen Entwicklungsbedingungen heraus zu analysieren, dabei aber nicht stehenbleibt. Erst der positive Rekurs auf die seit der Französischen Revolution und besonders in der Arbeiterbewegung entwickelte Vorstellung von einer Gesellschaft der Freien und Gleichen, in der Herrschaft obsolet wird, liefert das kritische Instrumentarium, das eine Einschätzung der Entwicklungschancen und -tendenzen dieser Gesellschaftssysteme ermöglicht, die zwar die kapitalistischen Produktions- und Aneignungsverhältnisse aufgehoben haben, von einer fundamentalen Demokratisierung des gesamten politischen und gesellschaftlichen Lebens aber weit entfernt sind, vielmehr in vielen Bereichen hinter den — stets bedrohten und in Frage gestellten — Stand bürgerlich-demokratischer Freiheiten in den westlichen kapitalistischen Staaten zurückgefallen sind.

Einen Beitrag zur politischen Soziologie des „realen Sozialismus" liefern, heißt, in diesem Verständnis den Versuch unternehmen, systemimmanente Analyse, herrschaftssoziologische Methode und demokratietheoretische Kritik zu verbinden, um so dem Gegenstand gerecht zu werden, ohne sich von ihm bzw. seinen offiziellen Interpreten die Fragen vorschreiben zu lassen — was hieße, auf eigene zu verzichten. Zugleich bedeutet dies, von einer Konzeption von politischer Wissenschaft als „Demokratiewissenschaft" Abschied zu nehmen, die sich eine demokratische Gesellschaft nur als bürgerlich-parlamentarische Gesellschaft vorstellen kann.

3. Politisch-gesellschaftliche Konflikt- und Problemlagen

Die bisherigen Darlegungen bilden den Rahmen für eine Analyse zentraler Problembereiche, vor die sich eine politische Soziologie des „realen Sozialismus" gestellt sieht. Die Darstellung geht von folgender, deduktiv gewonnener Grundhypothese aus: Die politischen und gesellschaftlichen Konflikte, mit denen alle sowjetsozialistischen Systeme — wenngleich in sehr unterschiedlicher Weise — zu tun haben, sind das Ergebnis des Wechsles von einer revolutionären (als Revolution von oben) zu einer evolutionären Entwicklungsphase. Primäre Aufgabe in diesem Zeitabschnitt (dessen Beginn für die DDR und die ČSSR Ende der 50er, Anfang der 60er Jahre liegt) ist es, Revolution zu „veralltäglichen" und die „Errungenschaften" zu sichern und auszubauen, die mit der bisherigen Transformation der Gesellschaft erreicht wurden. Veralltäglichung von Revolution heißt in den Beschränkungen der leninistischen Transformationsvorstellung vor allem, daß die wichtigsten Umwälzungen, die es im revolutionären Prozeß zu verwirklichen galt, im wesentlichen abgeschlossen sind und daß es jetzt darauf ankommt, die neu geschaffenen politischen, ökonomischen und sozialen Strukturen en détail auszugestalten. Sicherung der Errungenschaften geht im wesentlichen in eins mit dem Aspekt der Machterhaltung und Herrschaftssicherung, da im Selbstverständnis der regierenden kommunistischen Parteien nur das Aufrechterhalten der Hegemonie der Arbeiterklasse, vertreten durch ihre marxistisch-leninistische Partei, gewährleistet, daß das Erreichte nicht verspielt wird. Die „Notwendigkeit" der Machterhaltung nach vollzogener revolutionärer Umwälzung von Staat und Gesellschaft und der Prozeß der Veralltäglichung von Revolution stellen das gesamte politische System vor die Aufgabe, den Stellenwert der einzelnen Bestandteile des politischen Systems: der kommunistischen Partei, des Staats-, des Wirtschaftsapparates, der Massenorganisationen, insbesondere der Gewerkschaften, der „bürgerlichen" Parteien (soweit vorhanden), des Kultur-, Bildungs- und Wissenschaftssektors zu bestimmen. Vor allem aber ist die

Partei selbst genötigt, ihre Rolle unter sich verändernden äußeren Bedingungen zu reflektieren und gegebenenfalls neu zu bestimmen, leitete sie doch ihre Führungsrolle bislang aus dem Anspruch her, Initiator und berufener Vollzieher der revolutionären Umwälzung zu sein.

Für die entwickelteren und hochindustrialisierten sowjetsozialistischen Systeme, vor allem für die ČSSR und die DDR, erwiesen sich diese Probleme jedoch als tiefgreifender als für die weniger entwickelten Staaten wie Rumänien oder Bulgarien, und sie machten sich wesentlich früher bemerkbar. Konzipiert für ein unterentwickeltes Land, in dem es galt, den Prozeß der Industrialisierung unter „sozialistischen" Vorzeichen nachzuholen, war das sowjetische Entwicklungsmodell nicht in der Lage, industriell hoch entwickelte Staaten wie die ČSSR und DDR über eine Phase des extensiven Wirtschaftswachstums zur Beseitigung der Kriegs- und Kriegsfolgeschäden hinaus zu entwickeln.[1] Anders als in der Sowjetunion und den weniger industrialisierten Staaten Osteuropas hatte diese Revolution von oben in der DDR und der ČSSR nicht die Aufgabe, einen „Modernisierungsprozeß" einzuleiten, dessen Ziel das Nachholen einer erstmaligen Industrialisierung unter „sozialistischen" Vorzeichen war, in der der Staat die Aufgaben des kapitalistischen Unternehmers übernahm, ja sogar erheblich höhere soziale Kosten verantwortete, als sie bei einem allmählichen, „naturwüchsigen" Kapitalisierungsprozeß aufgetreten wären.[2] Die Entwicklungskonzeption der kommunistischen Parteien in den industriell noch nicht entwickelten Staaten war auf eine vorrangige und forcierte Förderung der Produktivkräfte gerichtet, was sie zu Vollziehern einer besonders kruden Form der Industrialisierung machte. Nicht die Demokratisierung des gesellschaftlichen Lebens, die Beseitigung der Zwänge entfremdeter Arbeit und die Schaffung neuer Formen gesellschaftlicher Arbeit[3] standen im Mittelpunkt der ökonomischen Politik der Parteien, sondern der Wunsch, die Hemmnisse zu beseitigen, die die alte Gesellschaftsordnung einer Entwicklung der Produktivkräfte entgegengestellt hatte; sie zu entfalten war – unter Beibehaltung entfremdeter Arbeit – das tragende Element des gesellschaftlichen Transformationsprozesses.[4] Daraufhin waren die Planungs- und Leitungsstrukturen zugeschnitten. Die Gesellschaft hatte im Idealfall zu funktionieren wie eine Fabrik oder die von *Lenin* wegen ihrer hohen Effektivität bewunderte deutsche Post:

„Gerade die Fabrik, die so manchem nur als Schreckgespenst erscheint, ist die höchste Form der kapitalistischen Kooperation, die das Proletariat vereinigte und disziplinierte, die es lehrte, sich zu organisieren, und es an die Spitze aller übrigen Schichten der werktätigen und ausgebeuteten Bevölkerung stellte. Gerade der Marxismus als Ideologie des durch den Kapitalismus geschulten Proletariats belehrte und belehrt die wankelmütigen Intellektuellen über den Unterschied zwischen der ausbeuterischen Seite der Fabrik … und ihrer organisierenden Seite (der auf der gemeinsamen, durch die Bedingungen der technisch hochentwickelten Produktion vereinigten Arbeit beruhenden Disziplin). Disziplin und Organisation, die der bürgerliche Intellektuelle so schwer begreift, eignet sich das Proletariat dank der ‚Schule‘, die es in der Fabrik durchmacht, besonders leicht an."[5]

Militärischer Gehorsam und fabrikmäßige Disziplin sind konstituierendes Prinzip der *Lenin*schen Partei wie der Gesellschaft als Ganzes. Die Disziplin des kapitalistischen Arbeitsprozesses, die auf Gehorsam, nicht auf eigene Einsicht ausgerichtet ist, gerät zum Vorbild revolutionärer Disziplin. In *Lenins* Revolutions- und Transformationskonzeption war es die erste und wichtigste Aufgabe des Proletariats beim Aufbau der neuen, sozialistischen Gesellschaft, die Großproduktion „mit Hilfe strengster, eiserner Disziplin" zu organisieren.

Ihre besondere Wendung erhält diese Vorstellung von „revolutionärer Tugend" in der Phase des Aufbaus des „Sozialismus in einem Lande", die mit einem Industrialisierungsschub größten Ausmaßes den Grundstein zur Entwicklung der Sowjetunion zur zweiten Industriemacht der Welt legte und deren Methoden nach 1945 Vorbildfunktion für die anderen sowjetsozialistischen Systeme erlangten. In der Formel „von der Sowjetunion lernen, heißt, siegen lernen" politisch-propagandistisch verkürzt, bedeutete diese Übernahme des sowjetischen Entwicklungsmodells für ein hochindustrialisiertes, wenngleich durch den Krieg zerstörtes Land, daß politische und ökonomische Strukturen geschaffen wurden, die auf industrielle (und kulturelle) Entwicklung angelegt waren, nicht aber auf eine entwickelte Ökonomie wie die der DDR oder ČSSR. Die machtpolitische Konstellation verhinderte, daß die technologischen und organisatorischen Erfahrungen der höher entwickelten Länder genutzt wurden. Die innergesellschaftlichen Schwierigkeiten, die aus der Wahl „falscher" Mittel erwuchsen, wurden vielmehr nach außen projiziert und als das Ergebnis der „Wühlarbeit" des Imperialismus hingestellt. Erst die politischen Veränderungen nach dem XX. Parteitag der KPdSU führten zu einer Haltung, die auch eine partielle Selbstkritik der Partei hinsichtlich ihrer bisher als sakrosankt ausgegebenen Formen und Methoden der Lenkung und Leitung der Gesellschaft zuließ. Die Ursachen der in allen sowjetsozialistischen Ländern beobachtbaren Konflikte und Widersprüche sind vielfältig. Sie entstehen

„zum Teil aus Unvereinbarkeiten zwischen verschiedenen Zielen in bestimmten Stufen der Entwicklung oder aus einer Inkompatibilität von Zielen und politischen Mitteln oder auch nur aus dysfunktionalen Störungen inkompatibler Mittel bei grundsätzlicher Erreichbarkeit der gesetzten Ziele. Diese lassen sich teils auf motivationelle, teils auf strukturelle Ursachen zurückführen."[6]

Die Parteiführungen ließen nur in sehr begrenzter Form eine kritische Diskussion über die Mittelwahl zu. Die grundsätzliche Vereinbarkeit von Mitteln und Zielstellung wurde ebensowenig in Frage gestellt wie die Zielstellung selbst. Gleiches gilt für den strukturellen Aspekt, der lediglich indirekt, durch eine auf konkrete organisatorische Veränderungen zielende Debatte ins Spiel kam.[7] Angesichts der engen Verquickung von politischer und ökonomischer Struktur der Gesellschaft waren diese Widersprüche nicht auf der organisatorischen Ebene lösbar und auf diese eingrenzbar. Eine politische Strategie, die nur geringe Korrekturen im politischen Funktionszusammenhang zulassen wollte, ohne zu einer grundlegenden Reform des ökonomischen und sozialen Systems bereit zu sein, war wenig erfolgversprechend. Die Krise des Systems ging viel tiefer: Die Avantgardeparteien waren nicht mehr ohne weiteres in der Lage, angesichts der durch die ökonomische, wissenschaftlich-technische und soziale Entwicklung um sich greifende Differenzierung und Diversifikation gesellschaftlicher Prozesse und Strukturen als einheitliches Handlungszentrum zu fungieren. Sie waren — und erkannten dies auch allmählich — außerstande, sowohl die Ziele des Transformationsprozesses zu formulieren, daraus konkrete Handlungsstrategien zu entwickeln, ihre praktische Durchführung zu leiten und zu beaufsichtigen, als auch ihre ideologische Rechtfertigung und Überhöhung zu leisten. Die Folge dieser mühsamen Selbsterkenntnis war eine den gesellschaftlichen Problemlagen zwar nicht adäquate, aber partiell auf sie eingehende Reform des ökonomischen Mechanismus, eine noch vorsichtigere Anpassung des politischen Systems an die veränderten Bedingungen und eine partielle Öffnung der Avantgardeorganisation gegenüber der Gesellschaft.

Diese Umorientierung betraf neben dem Staatsapparat als „Hauptinstrument" der regierenden leninistischen Parteien vor allem und zuerst diese selbst. Sie können heute nicht mehr — wie es z.B. die Analyse von *Rudolf Bahro* nahelegt — einfach als monolithische Entscheidungspyramiden begriffen werden; sie haben einen durchaus zwieschlächtigen Charakter. Ihre Avantgardefunktion hat eine Verdoppelung bewirkt: Zum einen sind die Parteien als Ganzes Avantgarde gegenüber der Gesellschaft, zum anderen fungieren die Parteiführungen als Avantgarde gegenüber der Avantgarde. Die regierenden kommunistischen Parteien sind beides zugleich: Massenpartei und Kaderpartei.

Als „Vorhut der Arbeiterklasse" ist ihnen die Aufgabe gestellt, die Verbindung mit den „Massen" (ein in den letzten Jahren wenig benutzter Terminus) herzustellen und diese für die Realisierung der Parteiziele zu gewinnen; dies können sie nur als Parteien mit breiter Mitgliedschaft. Der umfassende Führungsanspruch hat aber auch zur Folge, daß sich in der Partei — zumindest rudimentär — Konflikte widerspiegeln, die in der Gesamtgesellschaft wirken. Entscheidungsfindung in der Parteiorganisation ist also zugleich immer auch ein synthetischer Prozeß der Vorklärung gesellschaftlicher Entscheidungen, die dann „demokratisch-zentralistisch" durchgesetzt werden. In ihrer Funktion als Kaderparteien schufen sich die kommunistischen Parteien an der Regierung eine Organisation speziell ausgewählter Mitglieder, die gewährleisten und kontrollieren soll, daß die einmal formulierten Parteiziele auch realisiert werden. Im Gegensatz zur Stalinzeit geht das Bestreben nicht mehr grundsätzlich dahin, alle Lenkungs- und Leitungsprozesse zur unmittelbaren Aufgabe des Parteiapparats zu machen. Ein kompliziertes System von Parallelbürokratien und partieller Dezentralisierung von Entscheidungen ist an die Stelle des früheren „Superzentralismus" getreten.

In den politischen Systemen des Sowjetsozialismus muß ein partieller Verzicht auf die umfassende Durchdringung aller Planungs- und Leitungsprozesse durch die Parteiführung stets den Anschein erwecken, als würden damit wesentliche Grundlagen der politisch-gesellschaftlichen Verfassung außer Kraft gesetzt. Es scheint aber viel eher darum zu gehen, eine den veränderten Bedingungen angepaßte Organisationsform zu finden, die es erlaubt, die Beachtung der funktionalen Bedingungen der verschiedenen Bereiche der Gesellschaft zur Maxime des Handelns der Partei zu machen, ohne ihren prinzipiellen Führungsanspruch in Frage zu stellen. Sollte diese Einschätzung stimmen, ist es im besten Sinne fragwürdig, ob in diesen Parteien selbst das Potential für eine gesellschaftliche Umwälzung vorhanden ist oder heranwächst, wie *Bahro* dies unterstellt.[8] Die reformatorischen Interessen der Partei und ihrer Kader sind wesentlich pragmatischer gelagert, als dies der transformatorisch-demokratische Impetus von *Bahro* möglich erscheinen läßt. *Wlodzimierz Brus* führt drei Ursachen an, die bestimmend dafür waren, daß am Ausgangspunkt der neuen Entwicklungsphase eine teilweise Übereinstimmung von gesellschaftlichen Interessen und denen des „Establishments" zustande kam

„Erstens: die begründete Sorge um das Los des Staates und des ganzen Blocks, von dem die Position des Apparats abhing; damit wollen wir keineswegs a priori ideelle Beweggründe ausschließen, wir stellen lediglich fest, daß die anderen Motive nicht mit dem subjektiven Interesse kollidierten.

Zweitens: das begreifliche Bestreben, die ständige Bedrohung, der jeder Funktionär im System der unbegrenzten Ein-Mann-Diktatur und des Massenterrors ausgesetzt war, aufzuheben...

Drittens: die Notwendigkeit, einen Wettkampf um die Macht einzugehen. Stalins Tod setzte einer spezifischen ‚Einheit der Partei' ein Ende — der monolithischen, dem Diktator unterworfenen Partei."[9]

Das vorübergehende Zusammenfallen von allgemeinen Interessen mit denen der Parteibürokratie hebt jedoch den grundsätzlichen Widerspruch nicht auf, der zwischen den Interessen der Partei als selbsternannter Avantgarde der Gesellschaft (nicht nur des Proletariats) und den sich differenzierenden Interessen in der Gesellschaft bestehen. Im Gegensatz zu *Andras Hegedüs* kann dem von der Partei eingesetzten, gelenkten und kontrollierten Leitungsapparat nicht konzidiert werden, daß er — außer im eigenen Selbstverständnis — „selbst dann, wenn er partikuläre Interessen verfolgt, immer im Namen des allgemeinen Interesses" handelt, da er stets „aufgrund des Auftrags der gesamten Gesellschaft" tätig wird.[10] (*Hegedüs* trifft sich hier trotz seiner insgesamt fundamentaleren Kritik an den sozialistischen Ländern mit *Werner Hofmann*, der den Begriff „Auftragsgewalt" benutzt.) Auch wenn man nicht — wie ein Teil der linken Bürokratietheoretiker — das Problem bürokratischer Sonderinteressen über Gebühr betont und andere, ebenso bedeutsame Aspekte der gesellschaftlichen Entwicklung vernachlässigt, bleibt zu fragen, wie allgemeine und besondere Interessen bürokratisch formuliert werden können. Daß sich die besonderen Interessen der bürokratischen Verwaltung als allgemeine Interessen der Gesellschaft ausgeben und diese Apparate den Anspruch erheben, das allgemeine Interesse aus eigenem „Wissen" zu formulieren und durchzusetzen, ist kaum zu übersehen.[11] Angesichts einer politischen Situation, die nicht einmal die offene Darstellung und Formulierung partikularer gesellschaftlicher Interessen erlaubt, ist die Vermutung gerechtfertigt, daß die Apparate diesen Anspruch nicht einlösen können. Die praktizierten Formen gesellschaftlicher Beteiligung und Kontrolle können allenfalls dazu führen, daß die vermeintlichen Interessen, die in die Entscheidungen der Apparate einfließen, als real erscheinen.

Dies ist keine temporäre Erscheinung oder aber das Ergebnis eines singulären historischen Prozesses, sondern bereits in der *Leninschen* Transformationskonzeption angelegt. Die Vorstellung, daß einzig die Avantgarde in der Lage sei, die Gesamtinteressen des Proletariats als des Trägers des historischen Fortschritts zu formulieren und daß es einer Organisationsform — der Avantgardepartei — bedürfe, um diese Interessen nach vollendeter Revolution zu organisieren und zu verwalten, trägt bereits den Keim einer Perpetuierung dieser Verselbständigung und damit von Herrschaft in sich. Der auf *Lenin* zurückgehende und nie aufgegebene Anspruch dieser Parteien, „die lenkende und leitende Kraft und die höchste Form der politischen Organisation" der Gesellschaft zu sein,[12] zwingt sie, sich selbst bürokratischer Methoden zu bedienen, wollen sie ihre Funktion als Exponent des gesellschaftlichen Gesamtinteresses sowohl den anderen Apparaten als auch den Massen gegenüber behaupten. Legitimation erfolgt nicht gesellschaftlich, sondern wird geschichtsphilosophisch mit Blick auf die Zukunft hergeleitet. Sie entzieht sich also explizit der empirischen Verifikation, es sei denn durch das politische Scheitern und den Verlust der Macht.

Vor diesem Hintergrund lassen sich vier Hauptaspekte herausarbeiten, die die weitere Entwicklung der sowjetsozialistischen Systeme nach ihrem Übergang von der revolutionären zur evolutionären, von einer Phase extensiven zu einer Phase intensiven Wachstums, von einer Transformations- hin zu einer Konsolidierungsphase mit nicht zu übersehenden Tendenzen zur Verfestigung gesellschaftlicher Strukturen bestimmen:

1. *Institutionalisierung und Formalisierung.* Die Unmöglichkeit, alle gesellschaftlichen Prozesse von oben, durch die Parteiführung selbst und unter Ausschluß der Mitglieder der Gesellschaft zu regeln, führte zur Einrichtung verschiedener, auf bestimmte

Funktionen zugeschnittener Institutionen: der Transformationsinstrumente (Staats- und Wirtschaftsapparat) und der Transmissionsinstrumente (Gewerkschaft, Massenorganisationen, in der DDR auch „bürgerliche" Parteien). Die Beziehungen zwischen diesen Organisationen werden ebenso wie ihre Binnenstruktur formalen Regeln unterworfen, die in einem konfliktreichen Verhältnis zu den in ganz anderer Weise formalisierten traditionellen Entscheidungsstrukturen der Partei stehen.

2. *Differenzierung und Spezialisierung.* Der Prozeß der Institutionalisierung führt dazu, daß den Transformations- und Transmissionsinstrumenten spezifische Aufgabenbereiche zugewiesen und partielle Verantwortlichkeiten übertragen werden. Dies führt zu einer Differenzierung des Machtgefüges und zu einer Spezialisierung der einzelnen Organisationen und Institutionen auf besondere delegierte Zuständigkeitsbereiche.

3. *Rationalisierung und Effektivierung.* Die tradierten, vorwiegend „politisch" bestimmten Organisationsformen und Entscheidungsstrukturen, die zudem noch auf die Entwicklung einer ökonomisch-technisch zurückgebliebenen Gesellschaft angelegt waren, werden den Bedingungen einer hochindustrialisierten und komplexen Gesellschaft angepaßt und unter einem Kosten-Nutzen-Kalkül modifiziert.

4. *Verrechtlichung.* Die bisher angeführten Prozesse zwingen die politische Führung dazu, allgemein gültige, auf Dauer angelegte Verfahrensweisen aufzustellen. Dies führte in allen sowjetsozialistischen Systemen zu einem Prozeß der Verrechtlichung, der weitreichende Konsequenzen für das Machtgefüge, vor allem für die Planungs- und Leitungsprozesse und die Partizipation der Gesellschaftsmitglieder zeitigt.

Die Folgen dieser Entwicklung lassen sich auf drei gesellschaftlichen Ebenen nachvollziehen (s. auch Übersicht S. 249):
1. Auf der *strukturellen Ebene* sind sie vor allem als Veränderung der Struktur und Funktion der politischen Organisation der Gesellschaft, des ökonomischen Systems und der Organisation der Planung und Leitung der Volkswirtschaft auszumachen.
2. Auf der *Verfahrensebene* sind Veränderungen der Formen und Methoden politischer und ökonomischer Leitung und Kontrolle festzustellen.

Übersicht: Konflikt- und Problemlagen

	strukturelle Ebene	Verfahrensebene	Legitimationsebene
Institutionalisierung und Formalisierung	– Schaffung von Transmissions- und Transformationsinstrumenten – Instrumentalisierung durch die Partei	– funktionelle Aufgabenverteilung im Rahmen des allgemeinen Aktionsmusters Demokratischer Zentralismus	– Betonung der führenden Rolle der Partei – institutionell gesicherte Beteiligung
Differenzierung und Spezialisierung	– Ausweitung und Differenzierung „traditioneller" Organisationen – Zentralismus versus Teilautonomie der Untergliederungen und -organisationen	– Nutzung wissenschaftlicher Erkenntnisse wissenschaftliche Leitung – Einbeziehen von Sach- und Fachverstand in den Entscheidungsprozeß	– Beanspruchung funktionaler Autorität für die Inhaber von Leitungspositionen – „Schein"demokratisierung durch Dezentralisierung von Entscheidungen
Rationalisierung und Effektivierung	– Modifikation ausschließlich politisch bestimmter Organisationsmuster – Verwaltungsvereinfachung	– Output-Orientierung – Vereinfachung von Entscheidungsstrukturen und -abläufen – Standardisierung von Entscheidungen	– Legitimation durch Verfahren
Verrechtlichung	– rechtliche Normierung organisatorischer Zusammenhänge (Organisations-/Verwaltungsrecht)	– Rechtliche Normierung von Verfahren	– Berechenbarkeit von Verfahren – partielle Rechtssicherheit – rechtliche Normierung von Partizipationsmöglichkeiten

3. Auf der *Legitimationsebene* sind an die Stelle eines extremen Autoritarismus mit wechselnden Formen und Methoden des Terrors korporative und technokratische Elemente getreten. Beteiligung und Mobilisierung werden positiv genutzt — soweit sie sich in den Grenzen der Avantgardekonzeption halten. Hinzu kommt eine Tendenz, Legitimation nicht mehr nur politisch, sondern durch Leistungen zu gewinnen.

3.1 Institutionalisierung und Formalisierung

Die historische Situation in den osteuropäischen Ländern legte diese auf die Übernahme sowjetischer „Erfahrungen" fest und zwang sie, ihre politischen und sozialen Strukturen so eng als möglich an das Vorbild der Sowjetunion anzupassen. Dies bedeutete, daß das politische System der „Diktatur des Proletariats" *Stalin*scher Fassung in seinen wesentlichen Bestandteilen übernommen und durch einige Elemente einer spezifisch „volksdemokratischen" Entwicklung, die sich aus den besonderen Bündnisbedingungen ergaben, modifiziert wurde. In der Sowjetunion hatte sich bereits in den 20er Jahren (nach dem Scheitern der Revolution in Westeuropa) die Einschätzung durchgesetzt, daß die „Diktatur des Proletariats" keine temporäre Erscheinung sei, sondern — so formulierte es *Stalin* 1926 — als „Staatsform" begriffen werden müsse. *Stalin* hatte das „System der Diktatur des Proletariats" als „Mechanismus" konzipiert, in dem die Partei „als grundlegende führende Kraft" alle gesellschaftlichen Organisationen und auch den Staat leitet. Diktatur des Proletariats ist für ihn „ein staatlicher Begriff", die Partei ist „der Kern der Macht. Aber sie ist nicht die Staatsmacht und kann nicht mit der Staatsmacht gleichgestellt werden".[13] Der Staatsapparat bezieht — ebenso wie die Massenorganisationen — seine Weisungen von der Partei, er ist ihr wichtigstes Transformationsinstrument. Seine Tätigkeit ist stets eine abgeleitete, sein Ziel ist die Durchsetzung der politischen Linie der Partei. Diese instrumentelle Fassung des grundsätzlichen Verhältnisses von Partei und Staat, wie sie *Stalin* 1926 vornahm, bestimmte entscheidend die staatliche Entwicklung der Sowjetunion und — nach 1945 — der Volksdemokratien. Sie diente vor allem dazu, die prinzipielle Abhängigkeit des Staatsapparates — ebenso wie die der Massenorganisationen als Transmissionsinstrumente — von der

Partei zu rechtfertigen und zugleich eventuellen Verselbständigungstendenzen entgegenwirken zu können.

Solchen Tendenzen wurde eine mechanistische Vorstellung des Verhältnisses von Partei und Staat bzw. Massenorganisationen gegenübergestellt, die letztere als durch den „Motor" des gesellschaftlichen Fortschritts direkt angetriebene Elemente im „Räderwerk" der Gesamtgesellschaft beschrieb.[14] Auch die 1950 aufgeflammte Diskussion um die aktive Rolle des Überbaus, hervorgerufen durch *Stalins* Schrift „Der Marxismus und die Fragen der Sprachwissenschaft", führte zu keiner grundsätzlich anderen Einschätzung des Verhältnisses von Partei und Staat. Beiden wurde in dieser Schrift als Phänomenen des Überbaus eine aktive, kämpferische Rolle zugewiesen, sie wurden quasi als historische Subjekte eingeführt. In Verbindung mit der These *Stalins*, daß sich der Klassenkampf während des Aufbaus des Sozialismus ständig verschärfe, erfolgte vielmehr eine erneute Bestätigung der Funktion des Staatsapparates als Kampforgan.

Obwohl diese Einschätzung des Staates (vor allem, was seine Funktion als Kampforgan betrifft), des Verhältnisses Partei-Staat und der Rolle der Massenorganisationen erhebliche Modifikationen erfahren hat, bleiben zentrale Aspekte der Staatskonzeption unangetastet. Die seit Mitte der 50er Jahre erarbeiteten Vorstellungen über die gesellschaftliche Entwicklung der DDR und die Formen und Methoden politisch-ökonomischer Herrschaft fanden im staatlichen Bereich ihren Niederschlag in dem Versuch, die Funktionen des Staates und die Aufgaben des Staatsapparates näher zu bestimmen. Im Rahmen des widersprüchlichen Verhältnisses von Parteiherrschaft und technischem Vollzug der von der Partei gestellten politisch-ökonomischen Aufgaben fungiert der Staat als „Hauptinstrument der von der Arbeiterklasse und ihrer marxistisch-leninistischen Partei geführten Werktätigen bei der Entwicklung der sozialistischen Gesellschaft".[15] Hinter dieser instrumentellen Fassung der Beziehungen zwischen Partei und Staat steht ein Staatsbegriff, der Staat zum einen faktisch mit der „Diktatur des Proletariats" bzw. der „Arbeiter-und-Bauern-Macht", zum anderen mit dem Staatsapparat gleichsetzt. Die Unterscheidung von „Staatsmechanismus und System der Diktatur der Klasse" als des Verhältnisses eines Teils zum Ganzen löst diese Identität nur partiell auf. Als System der Diktatur der Klasse wird die „Gesamtheit aller staatlichen Organe und gesellschaftlichen Organisationen, mittels derer die herrschende Klasse ihre Macht ausübt und ihre Interessen sichert" bezeichnet, die Diktatur der Klasse besteht demnach aus dem Staatsmechanismus und den „gesellschaftlichen Organisationen", und zwar einschließlich der Partei. Dieses scheinbare Nebeneinanderbestehen staatlicher und gesellschaftlicher Formen löst sich nicht nur dann auf, wenn man, wie *Stojanović*, eine praktische „Verstaatlichung" der gesellschaftlichen Organisationen konstatiert. Die sowjetsozialistischen Gesellschaften sind vielmehr als ein differenziertes Organisationsgefüge zu verstehen, in dem sich gesellschaftliche und staatliche Formen durch die Indienstnahme der gesellschaftlichen Organisationen als Transmissionen verquicken und die Trennung von Staat und Gesellschaft bürokratisch aufheben. Dies führt zu der Einsicht, daß es sich hier um eine Scheindifferenzierung handelt, die die bestehenden Herrschaftsstrukturen eher verschleiert als erhellt.

Die parteioffizielle Bestimmung des Begriffs Staatsmechanismus macht diesen Zusammenhang noch deutlicher. Hierunter wird „die Gesamtheit der Institutionen [verstanden], mittels derer die herrschende Klasse die Staatsmacht ausübt, ihre politische, ökonomische und ideologische Herrschaft sichert, die Klassengegner niederhält und die staatliche Führung der Gesellschaft wahrnimmt". Die nähere Charakterisierung dieses „Mechanismus" zeigt, daß hier zum einen die Organisationsprinzipien bestimmt werden, die auch für die Avantgardepartei oder die Massenorganisationen gültig sind — Professionalisierung von Leitung, die Installierung hierarchischer Unterstellungsverhältnisse — , daß der spezifisch staatliche Aspekt aber in eins fällt mit dem Staatsapparat: Das Bestehen eines Systems von „staatlichen Organen und Institutionen", die „befugt sind, Handlungen vorzunehmen, die das Monopol des Staates sind" und die Bereitstellung der „notwendigen organisatorischen Mittel und unmittelbaren Instrumente des Zwangs, die dem technischen Niveau einer jeden Epoche entsprechen".[16] *Richert* hat in diesem Zusammenhang darauf hingewiesen, daß die Staatstheorie des Marxismus-Leninismus einen engeren und einen weiteren Begriff des Staatsapparates unterscheidet. Der erste umfaßt die Regierung, den Verwaltungsapparat, die Streitkräfte und andere Sicherheitsorgane, die Organe der Justiz und die Vertretungskörperschaften, also den „Staatsmechanismus", der weitere bezieht auch die mit dem vorgenannten eng verbundenen gesellschaftlichen Organisationen der herrschenden Klasse, also vor allem die Avantgardepartei und die Gewerkschaften, ein, auf die der Staatsapparat im engeren Sinne sich stützt. Die spezifische Verknüpfung von Avantgardeanspruch und staatlichen Formen der Herrschaftsausübung durch die leninistische Partei führt zu einem „doppelten Herrschaftsverhältnis" (*Richert*): einmal dem einer Klasse über die andere und zum anderen innerhalb der vermeintlich herrschenden Klasse „die Beherrschung der ‚rückständigen' proletarischen Massen durch die Parteielite". Der Staat hat

„eine doppelte Herrschaftsfunktion. Er ist nicht nur Unterdrückungsmittel im Klassenkampf, sondern er ist daneben Führungsmittel, Instrument der Führung ‚notwendigerweise' Wohlgesinnter durch die wissende und ihr Wissen mitteilende Elite. Diese Führungsrolle schließt zugleich organisierende Tätigkeiten ein: Der Staat als Führungsmittel setzt die Menschen ein, plant die Arbeit, errichtet Institutionen, die der kollektiven Daseinsbewältigung dienen."[17]

Ihm kommen in den sowjetsozialistischen Gesellschaften drei zentrale Funktionen zu: Er hat (1) Instrument zur Realisierung der politisch-ökonomischen Ziele der Partei, (2) Instrument der Herrschaftssicherung nach innen und außen und (3) Vermittlungsinstrument von Parteiherrschaft und Partizipation der Gesellschaftsmitglieder zu sein, letzterer gemeinsam mit der leninistischen Partei in ihrer Funktion als Massenpartei, den Massenorganisationen und — soweit diese existieren — den Blockparteien. Als Instrument, das die „objektiven Gesetze der Gesellschaftsentwicklung in allen Bereichen des gesellschaftlichen Lebens" durchsetzen soll, kann der Staat auf keine dieser Funktionen verzichten. Herrschaftssicherung in einer Gesellschaft, in der er als Eigentümer des allgemeinen „Volkseigentums" tätig wird, schließt die Organisation des gesellschaftlichen Produktions- und Distributionsprozesses ein. Er funktioniert nach Maßgabe der Weisungen und der „höheren Einsicht" der Partei. Um ihn unter diesen Bedingungen ingangsetzen und aufrechterhalten zu können, bedarf es bürokratischer Vermittlungsinstanzen zur Gesellschaft. Sie beteiligen die Mitglieder der Gesellschaft an den staatlichen Handlungen, die der Erfüllung der politisch-ökonomischen Ziele der Partei dienen, und beziehen ihre Interessen und Bedürfnisse soweit ein, wie der Plan dies zuläßt. Zugleich nehmen sie eine Erziehungs- und Disziplinierungsfunktion im gesamtgesellschaftlichen Zusammenhang wahr.

Diese Ausführungen machen deutlich, daß die Vorstellung, in den sozialistischen Systemen vom Typ der Sowjetunion habe man es mit einem einheitlichen, in sich ausschließlich hierarchisch strukturierten Organisationsgefüge, wenn nicht gar mit einer Einheits-

verwaltung zu tun, sich (selbst für die Zeit des „Stalinismus")
nicht aufrechterhalten läßt. Die Lenkung und Leitung gesellschaftlicher Prozesse ist auch in der Stalinzeit nicht als umfassende Einheitsverwaltung modelliert worden. Die dem Totalitarismusmodell verpflichteten Beobachter der sozialistischen Länder haben
dies meist ignoriert.[18] Der nie aufgegebene Anspruch der Partei,
die Arbeit aller Transformations- und Transmissionsapparate ihrer
Kontrolle zu unterwerfen, stand stets in einer konfliktreichen
Beziehung zur zunehmenden Differenzierung gesellschaftlicher
Leitungsstrukturen, ohne daß das jeweils organisatorisch aufgegriffen worden wäre. Zudem waren und sind die parteilichen Techniken der Transformation und der Herrschaftssicherung durch
die Partei nicht ohne weiteres mit den aus dem Kapitalismus übernommenen Produktionsverfahren und Formen der Organisation
gesellschaftlicher Arbeit vereinbar. Da die „gesellschaftliche Synthesis" (*Sohn-Rethel*) unter weitgehender Ausschließung von Partizipation, als Akt zentraler Planung hergestellt wird, können diese
divergierenden Prinzipien nur „bürokratisch" vereinheitlicht werden. Die Einzelbürokratien stehen für unterschiedliche Aufgabenstellungen und sind zugleich durch den „demokratischen Zentralismus" an das Entscheidungsmonopol der Partei gebunden und
ihrer steten Kontrolle unterworfen. Entgegen den Behauptungen,
die sowjetsozialistischen Systeme funktionierten als einheitliche,
universalistische Verwaltung seitens der Partei, läßt sich vielmehr
feststellen, daß bereits vor den ökonomischen Reformbestrebungen eine funktionelle Aufgabenverteilung zwischen Partei, Staatsapparat und Massenorganisationen und eine Formalisierung von
Entscheidungsstrukturen und -abläufen vorgenommen wurde, die
dem Ziel dienen sollte, die wachsenden gesellschaftlichen, ökonomischen und wissenschaftlich-technischen Probleme in den Griff
zu bekommen. Die Einheitlichkeit in der Zielsetzung und praktischen Tätigkeit aller Planungs- und Lenkungsinstitutionen soll
gesichert werden durch allgemein verbindliche, formalisierte Ak-
tionsmuster: Anerkennen der führenden Rolle der Partei, des demokratischen Zentralismus als des grundlegenden Leitungs- und
Organisationsprinzips und die personelle Präsenz der Partei (Kaderpolitik), mit deren Hilfe eine Instrumentalisierung der verschiedenen Organisationen durch die Partei gesichert wird.[19] Der
hierarchische Aspekt dieser Instrumentalisierung ist durch das
Prinzip des demokratischen Zentralismus bestimmt:

„Sein wesentlicher Inhalt besteht in der wissenschaftlichen planmäßigen Führung von einem Zentrum aus bei gleichzeitiger Entfaltung der Schöpferkraft, Eigenverantwortung und demokratischen Mitwirkung der Massen. Dieses Prinzip und seine konsequente Durchsetzung sichern das einheitliche, geschlossene Handeln der politisch organisierten Arbeiterklasse und die volle Entfaltung ihrer Kampfkraft."[20]

Konstituiert der demokratische Zentralismus im Verhältnis zwischen Partei (bzw. Parteiapparat) und den übrigen Organisationen und deren Apparaten ein hierarchisches Verhältnis, das als strukturelle Konsequenz der Avantgardekonzeption zu kennzeichnen ist, so sind — wenngleich vielfach gebrochen und modifiziert — in den Apparaten selbst Elemente erkennbar, die *Max Weber* als typische Erscheinungen von Bürokratien beschrieben hat: Das Prinzip der Amtshierarchie und die Über- bzw. Unterordnung, die Geltung von Gesetzen oder Verwaltungsreglements und schließlich die Ausübung spezialisierter Funktionen auf der Grundlage einer eingehenden Fachausbildung.[21] In Anlehnung an *Max Weber* argumentiert *A. G. Meyer*, daß sich die bürokratischen Apparate in sowjetischen Systemen wie alle gesellschaftlichen Großorganisationen durch eine hierarchische Struktur, Arbeitsteilung, feste Regeln und Handlungsanweisungen, festgelegte Formen der Kommunikation und Expertentum auszeichnen.[22]

Die Benennung dieser Organisationsprinzipien macht zugleich — betrachtet man sie im historischen Kontext der Entwicklung bürokratischer Apparaturen in den sowjetsozialistischen Ländern, vor allem aber in der Sowjetunion — die spezifischen Probleme dieser Bürokratien gegenüber solchen in anderen, kapitalistischen oder vorkapitalistischen Systemen deutlich. Während die hierarchische Gliederung des Herrschaftsapparates stets unproblematisch erschien, waren Fragen der Arbeitsteilung innerhalb und zwischen den einzelnen Bürokratien Gegenstand massiver Auseinandersetzungen. Die von *Herbert A. Simon* eingeführte Unterscheidung von horizontaler und vertikaler Spezialisierung, zwischen Arbeitsteilung und einem System von Befehl und Gehorsam, mußte für einen nach den Avantgardevorstellungen der leninistischen Partei organisierten Apparat ebenso Probleme aufwerfen wie die Etablierung fester Regeln und Handlungsanweisungen oder die Regelung des Verhältnisses von Amts- und Sachautorität der Apparate gegenüber der Autorität der Partei. Sie kann als nützliches Kriterium dienen, das es erlaubt, Arbeitsteilung nach verschiedenen Aufgaben und nach Entscheidungs- bzw. Ausführungsfunktionen entsprechend der Position in der Leitungshierarchie zu unterscheiden. *Simon* bezeichnet die Teilung der Verantwortung für Entscheidungen zwischen leitendem und ausführendem Personal als unabdingbar und führt dafür drei Gründe an:

„Erstens ist es bei bestehender horizontaler Spezialisierung absolut notwendig, eine Koordination zwischen dem Leitungspersonal herzustellen. Da zweitens die horizontale Spezialisierung vom Führungspersonal ein höheres Maß an Fähigkeiten und Fachwissen verlangt, um die gestellten Ziele zu verwirklichen, bedarf es zugleich vertikaler Spezialisierung, die eine größere Sachkenntnis im Entscheidungsprozeß sichert. Drittens dient die vertikale Spezialisierung dazu, die zu Entscheidungen Befugten für ihre Entscheidungen verantwortlich zu machen."23

Die politische Autorität der Partei und damit die von ihr reklamierte Führungsrolle steht so unter einem doppelten Druck: Sie muß sich gegen mangelnde „Legitimitätsregelung" (*Max Weber*) ebenso wehren wie gegen eine völlige Einbindung in das gesellschaftliche Funktionsgefüge, die sie zu einer Organisation neben anderen degradieren würde. Die konkrete Wahrnehmung ihrer Führungsfunktion bringt die Partei immer wieder in die Gefahr, ihre Distanz gegenüber den anderen Organisationen (vor allem gegenüber dem Staatsapparat) aufzugeben, ihre Arbeitsmethoden und Organisationsprinzipien zu übernehmen und sich — in dem Wunsch, möglichst detailliert anleiten und kontrollieren zu können — in Tagespolitik zu verzetteln.

Die Partei kann „ihre letzte Entscheidungskompetenz verbal nur dadurch aufrechterhalten, daß sie den Vorrang der Politik vor der Ökonomie behauptet und darauf hinweist, daß die Aufgaben des Staatsapparates politischen Charakter haben und damit von ihr als der führenden Instanz des politischen Systems bestimmt werden. Die aus dieser Position resultierende Distanz gibt sie jedoch dann auf, wenn sie konkrete Festlegungen über Schwerpunkte der staatlichen Tätigkeit und deren Ausführungen trifft und damit nicht nur unmittelbar sachlich verantwortlich wird, sondern selbst beginnt, staatliche Funktionen auszuüben. Das muß dazu führen, daß ihre Rolle als Instanz gesamtgesellschaftlicher Interessenartikulation eingeschränkt wird, es sei denn, diese treten ohnehin nur als staatliche Interessen auf."24

Der andere Aspekt einer Gefährdung der führenden Rolle der Partei ist der Mangel an Legitimation, der wesentlich aus dem Widerspruch erwächst, daß der seit Lenin behauptete faktische Übergang der Macht an die Arbeiter als konkretes soziales Verhältnis weder individuell noch gruppen- und schichtmäßig erfahrbar ist. Die reale Ausübung der Macht durch die Mitglieder der Gesellschaft ist allein im Rahmen der Beschränkungen der Avantgardekonzeption gedacht. Der organisatorische Ausdruck dieses Tatbestandes sind die Formen institutionell gesicherter Beteiligung, die, unter dem Rubrum „sozialistische Demokratie", seit Mitte der 50er Jahre eingeführt und ausgebaut wurden. Beteiligung heißt unter den Bedingungen des „realen Sozialismus" immer: Sicherung des für den gesellschaftlichen Reproduktionsprozeß notwendigen Maßes der Befriedigung unmittelbarer Bedürfnisse (im Rahmen der durch den Plan gesetzten Möglichkeiten), Aktivierung, Erziehung und Disziplinierung mit dem Ziel, die Planaufgaben zu erfüllen. Sie ist primär vertikal gedacht, als formaler Handlungsrahmen, innerhalb dessen zentral ermittelten gemeinsamen Grundinteressen von oben nach unten Geltung verschafft werden kann. Zugleich ist sie mit der Frage verknüpft, wie Impulse von unten so selektiert werden können, daß sie sich in das gesellschaftliche Entwicklungsprogramm einbinden lassen. Aber selbst in diesen begrenzten Angeboten ist eine Tendenz angelegt, die zu zügeln für die Partei unabdingbar ist, will sie ihre Vorherrschaft sichern. Die wenn auch begrenzte und weitgehend auf vorgegebene Aufgabenstellungen beschränkte Beteiligung breiterer Kreise der Bevölkerung kann einen Lernprozeß in Gang setzen, in dessen Verlauf eine zunehmende Einsicht in gesellschaftliche Zusammenhänge erzeugt wird und der der Forderung nach einer auch qualitativen Ausweitung der Partizipationsmöglichkeiten einen noch größeren Nachdruck verleiht.

3.2 Differenzierung und Spezialisierung

Die *Lenin-Stalin*sche Transformationsvorstellung war wesentlich geprägt durch die Ausweitung des zentralistischen Parteimodells auf die Gesamtgesellschaft: Zentralisation der Entscheidung bei der Parteiführung und Verzicht auf föderative Elemente. Als politische Bewegung an der Macht waren die kommunistischen Parteien aber genötigt, ihren Aufgabenbereich auszuweiten und ihre Organisations- und Entscheidungsstrukturen den von ihr zu initiierenden, zu lenkenden und zu kontrollierenden arbeitsteiligen Prozessen anzugleichen. Die ausschließlich vertikale Arbeitsteilung innerhalb der Partei, fixiert durch das Prinzip des demokratischen Zentralismus und konzipiert für eine Partei, die die Zerstörung der alten Ordnung und die Übernahme der politischen und ökonomischen Macht anstrebte, war nicht ohne weiteres auf

Organisationen übertragbar, denen die Leitung der Gesellschaft obliegt. Die Lenkung und Leitung des Transformationsprozesses durch die Partei und die von ihr geschaffenen Organisationen stellte diese aber vor die Notwendigkeit, das Problem horizontaler Differenzierung und Spezialisierung zu reflektieren. Beide waren in der ursprünglichen Parteikonzeption nur rudimentär für drei Bereiche: Agitation, Propaganda, Organisation angelegt.[25] Während die hierarchischen Strukturen industrieller Großorganisation sich ohne Brüche mit denen der leninistischen Avantgardepartei verbinden ließen und zum Vorbild für die neuen Entscheidungs- und Leitungsstrukturen wurden, waren die Prinzipien horizontaler Differenzierung und Spezialisierung nur schwer mit den tradierten Organisationsvorstellungen vereinbar.

Der Anspruch der Partei, die Gesellschaft als Ganzes wie in allen ihren Teilen zu leiten und zu kontrollieren, war in hochindustrialisierten Gesellschaften wie der DDR auch nicht allein mit der Institutionalisierung von Transformations- und Transmissionsinstrumenten in den Griff zu bekommen, zumal diese für eine sich industrialisierende Gesellschaft, die Sowjetunion, entworfen worden waren. Partei-, Staats- und Wirtschaftsapparat standen und stehen immer wieder in spezifischer Weise vor dem Problem, ihr Organisationsgefüge den Aufgabenstellungen einer von ihnen selbst geschaffenen komplexen Ökonomie und Gesellschaft anzupassen, durch veränderte Arbeitsmethoden die neu entstandenen sozialen Differenzierungen, Gruppeninteressen und Aspirationen in der Gesellschaft zu erkennen, nach Lösungen für diese Probleme zu suchen und durch die Heranbildung hochqualifizierten Personals eine größere Problemlösungskapazität zu entwickeln.[26] Diese Aufgabenstellung kann sowohl zur Schaffung neuer Apparate (man denke nur an die vielfältigen Versuche mit den verschiedensten Planungs- und Kontrollbehörden) wie auch zur Ausweitung und Differenzierung von hochspezialisierten Sektoren innerhalb bestehender Planungs- und Leitungsapparate führen. Die traditionellen Organisations- und Entscheidungsstrukturen werden also nicht eliminiert, sondern mit „modernen" Elementen versetzt und dadurch erheblich modifiziert, ohne daß man im Sinne des Modernisierungskonzepts davon sprechen kann, daß die traditionellen in die „modernen" Strukturen integriert und durch sie kontrolliert werden.[27] Ohne Zweifel ist das gegenwärtige gesellschaftliche Gefüge durch das Nebeneinander traditionaler und „moderner" Strukturen bestimmt, doch verkennt der Modernisierungsansatz, daß die ti itionalen Strukturen in der leninistischen Organisationsvorstellung ganz wesentlich von den für „Modernisierungsprozesse" bestimmten großindustriellen Funktionsprinzipien beeinflußt waren und sind. Der Konflikt zwischen modernen und traditionalen Elementen gewinnt in sozialistischen Systemen erst vor dem Hintergrund sich verändernder Bedingungen für die Zielformulierung ihre Brisanz. Die Frage ist, ob und inwieweit die Ausweitung und Differenzierung traditionaler Organisationen wie des Staats- und Wirtschaftsapparates, die Zuweisung von Zuständigkeiten und Teilkompetenzen an „Spezialorganisationen" und die Einbeziehung von Sach- und Fachverstand (durch spezielle Beratungsgremien, instrumentelle Stäbe usw.) zu einer faktischen Einschränkung der Fähigkeit der entscheidenden gesellschaftlichen Kraft, der Partei, führen, die gesellschaftlichen Ziele zu bestimmen, Strategien der Zielrealisierung zu entwickeln und ihre Durchführung zu kontrollieren. Dieses Problem taucht in der DDR erstmals Mitte der 50er Jahre in der Debatte um Zentralisierung und Dezentralisierung auf, gewinnt aber trotz vielfältiger organisationspraktischer Lösungsversuche wegen seiner grundsätzlichen Dimension im Zuge des immer weiteren Ausbaus formaler Organisation eher an Bedeutung, als daß eine Lösung in Sicht wäre.

Die Differenzierung der Apparatstrukturen, die Verlagerung von Sachentscheidungen auf nachgeordnete Leitungsebenen oder spezielle Institutionen und die Übertragung der Entscheidungsvorbereitung an besondere Fachgremien, die mit hochqualifizierten Spezialisten besetzt sind, berühren primär die Binnenstruktur der Herrschaftsapparaturen, haben jedoch weiterreichende Konsequenzen.

Wie bereits an anderer Stelle dargelegt wurde, gewinnt die soziale Gruppe der Intelligenz (und vor allem die „Spezialisten") eine Bedeutung, die weit über ihren quantitativen Anteil an der Bevölkerung und die ihr ursprünglich zugedachte gesellschaftliche Rolle eines Verbündeten der Arbeiterklasse hinausgeht. Auch wenn man die Auffassung von *Konrád* und *Szelényi*, daß sich diese Gruppe auf dem Wege zur Klassenmacht befinde,[28] nicht teilt, ist doch nicht zu übersehen, daß sie im Zuge der Differenzierung des gesellschaftlichen Organisations- und Funktionsgefüges in vielen Bereichen eine Monopolstellung erreicht hat, die ihre Kontrolle durch die Partei immer schwieriger macht.

Differenzierung hat unter dem Kontrollaspekt eine doppelte Konsequenz: Zum einen ist es notwendig, das Fachwissen und

den Sachverstand innerhalb der Einzelbürokratien so zu organisieren, daß sie kontrollierbar bleiben. Aufgabendelegation und
Verlagerung von Entscheidungskompetenzen von der Spitze auf
untergeordnete, mit mehr Sachverstand ausgestattete Organisations-
einheiten, in denen durch ihre Ausbildung und Erfahrung besonders befähigte Experten die täglichen Entscheidungen treffen, erfordert von der Spitze, daß die dort angesiedelten „Administra-
toren" ebenfalls über eine qualifizierte Ausbildung verfügen. Nur
so sind sie in der Lage, die Tätigkeit der Experten und Spezialisten zu beurteilen.[29] Zum anderen wirkt sich zunehmendes Expertentum in den Einzelapparaten auf deren Verhältnis zur Partei
(bzw. zum Parteiapparat) aus, die — vom Gesichtspunkt der von
ihr beanspruchten gesamtgesellschaftlichen Planung und Leitung —
sich mit dem „Spezialistentum" der Einzelapparate auseinandersetzen und ihre prinzipielle Richtlinienkompetenz bewahren muß.
Die Antwort auf dieses Problem war eine Differenzierung und Spezialisierung auch des Parteiapparates, die z. T. zu weitreichenden
Konsequenzen für das Selbstverständnis der Partei geführt hat.
(*Ludz* hat dies Problem am Beispiel der „Büros für Industrie- und
Bauwesen" beim ZK der SED, den Bezirks- und Kreisleitungen,
dargestellt.[30])

Es kann also davon ausgegangen werden, daß die von *Bahro*
beschriebenen Brüche zwischen „sachgerechten" und politisch
„notwendigen" Entscheidungen quer durch die Apparate verlaufen;[31] sie prägen mit gewissen Modifikationen die Arbeitsbedingungen und Entscheidungsspielräume sowohl der Kader als auch
der Spezialisten, wobei die politischen Zwänge und Eingriffe in
laufende Prozesse auf den einzelnen Ebenen der Leitungshierarchie und in den jeweiligen Sektoren der Volkswirtschaft unterschiedlich durchschlagen. Es kommt darauf an, den spezifischen
Beitrag und die daraus sich ergebenden unterschiedlichen Qualifikationen und Anforderungen an die verschiedenen, mit Planungs-
und Leitungsfragen befaßten Personengruppen zu bestimmen.

Die konkrete Stellung der Spezialisten legt es nahe, sie als Träger von Fachwissen (d. h. primär mittels einer formalisierten Ausbildung und durch praktische Tätigkeit auf einem bestimmten
Gebiet erworbene Kenntnisse) zu verstehen, das alleine noch nicht
ausreicht, um auch Leitungsfunktionen wahrzunehmen. Dazu
bedarf es spezifischer Kenntnisse, die man als „Kaderwissen" bezeichnen könnte. *Irmhild Rudolph* hat eine Zuordnung von „Ka-
dertypus" und „Kaderwissen" vorgenommen, die es erlaubt, die

Frage nach dem Veränderungspotential innerhalb des Kaderbereichs systematischer anzugehen, als dies etwa bei *Bahro* geschehen ist. Sie unterscheidet zwischen Kadern qua Position oder „Positionskadern" und solchen qua Funktion oder „Funktionskadern". Positionskader sind „verpflichtet und befugt", Kader für Funktionen in ihrem Verantwortungsbereich zu rekrutieren. Entsprechende Kompetenzen im Hinblick auf Leitungspositionen hängen von der Höhe der eigenen Position in der Positionshierarchie ab.

Die Funktionskader stellen im wesentlichen die Gruppe dar, die als Spezialisten bezeichnet werden, die Träger von Fachwissen, die ohne Leitungsbefugnisse in der Linienorganisation der Apparate selbst tätig sind oder diesen mehr oder weniger eng attachiert sind. Die Positionskader verfügen durch ihre Ausbildung (Hoch- oder Fachschulabschluß) in aller Regel ebenfalls über Fachwissen, für ihre Stellung und ihren Aufstieg im Apparat sind aber andere Wissenskomplexe notwendig, nämlich ein positionsadäquates Wissen („Positionswissen"), als einer Verbindung von „Sachverstand" und „organisationsbezogen-politischem Wissen".

Mit Sachverstand soll die Fähigkeit bezeichnet werden, „auf der Grundlage eigenen Fachverstandes das für das Erreichen eines vorgegebenen Ziels benötigte verschiedenartige Fachwissen zusammenzufassen und zu generalisieren. Organisationsbezogen-politisches Wissen charakterisieren wir als Integration der zwischen (konkreter) Position und (konkreter) Organisation als Ganzem (ihre Struktur, ihr Funktionieren, ihre Ziele etc.) Zusammenhänge herstellenden Kenntnisse und der Kenntnisse über Umfang und Inhalt der in der jeweiligen Position in die Fähigkeit zur Sozialisation der Mitglieder dieses Organisationsbereichs umzusetzenden politisch-ideologischen Prämissen. Versteht man es als ein in weiten Teilen lehr- und erlernbares Wissen, so ist es durchaus auf seine Weise wiederum Fachwissen."[32]

Beides gilt es in den Apparaten selbst, vor allem auch im Parteiapparat, zu verankern und gegen technokratische Bestrebungen abzusichern, die nur zu leicht das Ergebnis der Nutzung von Fach- und Sachverstand sein können, zumal dann, wenn die Entscheidungsprozesse demokratischer Beteiligung weitgehend entzogen sind.

Der Fachmann, Wissenschaftler oder Techniker, der eine Funktion im gesellschaftlichen Lenkungs- und Leitungsapparat innehat, wird aber auch in seiner spezialisierten Funktion stets als Beauftragter der Partei angesehen: Er kann und soll nicht „technicien" im Sinne der Definition von *Daniel Bell* sein, d.h. ein „technisch geschulter Intellektueller", der einzig „erlerntes Wissen" anwendet. Ebensowenig aber darf er sich zu einem „machtausübenden Technokraten" entwickeln.[33] Die Partei versucht, technokratischen Tendenzen durch eine Einbindung dieser Personengruppe in das von ihr geführte Organisationsgefüge des politischen und ökonomischen Systems zu begegnen, hat damit aber andererseits die Kontrolle ihrer Tätigkeit zu einem internen Problem der eigenen Organisation gemacht. Die spezifische Verquickung von traditionellen, durch den Führungsanspruch der leninistischen Partei bestimmten Organisations- und Leitungstechniken mit solchen, die sich an den Kriterien ökonomischer Rationalität und technisch-organisatorischer Machbarkeit orientieren, ferner die Tatsache, daß gerade in den politisch-administrativen Apparaten ein hohes Maß an Sachwissen und Fachverstand vorhanden ist, der stets politisch eingebunden bleibt, verbietet es, schlicht von „Technokratie" zu sprechen. Es ist jedoch nicht zu verkennen, daß die angewandten Leitungsmethoden technokratische Tendenzen fördern und die Apparate ihre Existenz vor allem mit ihrer technisch-organisatorischen Effizienz legitimieren.

In dem Maße, wie „wissenschaftliche" Verfahrensweisen die Lenkung und Leitung gesellschaftlicher Prozesse bestimmen, werden zugleich die bestehenden Herrschaftsverhältnisse durch die vorgeblichen Sachzwänge legitimiert, denen genügt werden müsse, um die optimale Entwicklung des Gesellschaftssystems zu gewährleisten.[34] In den politischen Systemen des Sowjetsozialismus muß aber bereits ein partieller Verzicht auf die umfassende Durchdringung aller Planungs- und Leitungsprozesse den Anschein erwekken, als würden damit auch wesentliche Grundlagen der gesellschaftlichen Verfassung außer Kraft gesetzt.

Der Vorteil von Differenzierungsprozessen, der nicht zuletzt darin liegt, daß sich die Apparate eindeutiger auf ihre unterschiedliche Klientel beziehen können, erweist sich so als zwiespältig; er wird zum Problem für das gesamte Organisationsgefüge. Dies um so mehr, als die Kriterien sozioökonomischer Rationalität auch den Legitimationsaspekt aller Differenzierungs- und Spezialisierungsbestrebungen bestimmen. Die Lenkungs- und Leitungsapparate beanspruchen für sich eine funktionale Autorität, die mit ihrer besonderen Sachkompetenz und der Qualifikation ihrer Mitarbeiter begründet wird. Zugleich kann die zunehmende Einbeziehung von Experten und Beratungsgremien in die Entscheidungsfindung dazu dienen, die Wissenschaftlichkeit von Entscheidungen zusätzlich zu betonen und diese Form der Beteiligung als Demokratisierung auszugeben. Die „teleologische" Legitimation der Partei wird dahinter oft nur schwer sichtbar und für das einzelne Mitglied der Gesellschaft kaum nachvollziehbar, hat dieses es doch in seiner konkreten Lebensgestaltung eher mit spezialisierten Bürokratien, dem Betrieb, der Sozialverwaltung, dem Bildungssystem usw. zu tun. Angesichts des umfassenden Führungsanspruchs der Partei, der über die Formulierung gesellschaftlicher Ziele hinausgeht und sich an konkrete Einzelpolitiken bindet, haben Differenzierungs- und Spezialisierungstendenzen im Konflikt- und Krisenfall nur bedingt legitimatorische Konsequenzen. Unzufriedenheiten im einzelnen schlagen stets auf die Partei selbst zurück. Hier rächt sich ihr eigener Anspruch, für alle Bereiche der Gesellschaft unmittelbar verantwortlich zu sein. Einzelkonflikte und partielle Dysfunktionen bekommen stets eine das gesellschaftliche Gesamt berührende Dimension.

3.3 Rationalisierung und Effektivierung

Unter den Bedingungen der Revolution von oben, für deren Realisierung die Lenkungs- und Leitungsapparate in den sowjetsozialistischen Ländern installiert worden waren, galt als Ausweis ihrer Effizienz die Fähigkeit, die wesentlichen Aufgaben der gesellschaftlichen Transformation zu bewältigen. Diese revolutionäre Potenz schien der Avantgarde nicht nur die Tatsache zu rechtfertigen, daß immer größere Apparate immer weitere Bereiche der Gesellschaft ihren Befehlen unterwarfen, auch die Mittel, derer sie sich bedienten, schienen nicht nur historisch unvermeidlich, sondern geradezu Voraussetzung dafür, daß die politischen Ziele der Partei realisiert werden könnten. In dem Maße jedoch, wie sie nicht mehr in der Lage waren, gesellschaftliche Probleme zu definieren, Lösungsmöglichkeiten auszuarbeiten und durchzusetzen, die auf eine neue gesellschaftliche Praxis gerichtet waren, galt es, ihre Organisations- und Funktionsprinzipien zu überprüfen. Die Effizienz der Apparate wurde lange Zeit vor allem daran gemessen, ob es ihnen gelang, das Befolgen ihrer Befehle und Anweisungen zu sichern, deren Ziel die Transformation der Gesellschaft war. In diese Fassung des explizit nicht verwendeten Effizienzbegriffs als Machtkategorie ließen sich auch die in der Stalinzeit praktizierten Formen des physischen und psychischen Zwangs einbeziehen, schienen sie doch geeignet, in historisch relativ kurzer

Zeit ein neues Gesellschaftssystem zu etablieren. Mit dem Verlust der revolutionären Potenz der Leitungsapparate entfiel jedoch die Legitimationsgrundlage für diese Methoden der Machtbehauptung. Die seit *Lenin* für gültig erklärte Behauptung, daß sich die Überlegenheit des Sozialismus gegenüber dem Kapitalismus letztlich an der höheren Arbeitsproduktivität entscheide, verweist auf eine weitere Begründungsebene für die Einschätzung der Effektivität der Apparate: die Organisierung der Produktions- und Distributionsprozesse. Das ökonomische Effizienz- und Rationalitätsdenken, das im Zuge der ökonomischen Reformen der 60er Jahre auf alle gesellschaftlichen Bereiche (mit Ausnahme der Sicherheitsapparate) übergriff, hat hier seine Wurzeln. Auf die politischen und ideologischen Schwierigkeiten, die aus einer Adaptation des die Rationalität der Kapitalverwertung transportierenden Effizienzbegriffs für sozialistische Systeme erwachsen, hat *Klaus von Beyme* hingewiesen:

„Mit dem Kampf gegen die Entfremdung waren offenbar höhere Ziele anvisiert als die selbstverständliche Effizienz des Systems ... Probleme sind für sozialistische Staaten auch daraus entstanden, daß entgegen der Warnungen von Marx und Engels die Distributionssphäre in der mittelfristigen Zielsetzung sozialistischer Systeme sich immer wieder zu verselbständigen drohte und daß jenes rasche Wachstum, das die sozialistische Entwicklung der Produktivkräfte ermöglichte, von der marxistischen Theorie nicht vorgesehene Dysfunktionen entwickelte. Die sozialistischen Eliten neigten − ähnlich wie Eliten in kapitalistischen Systemen − dazu, Wachstum und wirtschaftliche Effizienz per se für legitimierend zu halten.

Effizienz sollte nach marxistischen Zielvorstellungen Mittelcharakter besitzen, um das Reich der Notwendigkeit beherrschen zu können. Es trat jedoch mit wachsendem Wohlstand die Gefahr ein, daß die Maximierung der Wohlfahrt vom Mittel zum Zweck wurde und den Mittelcharakter allenfalls noch − ähnlich wie in Gesellschaften des organisierten Kapitalismus − als Rechtfertigungsideologie für die Staatsbürokratie erhielt.“[35]

Rationalisierung und Effektivierung haben also nicht nur eine technisch-organisatorische Dimension, sie tangieren vielmehr die Zielsetzung der sowjetsozialistischen Systeme. Solange sie sich nicht aus den Fesseln der vom Kapitalismus vorgegebenen Maschinentechnologie und der auf ihr beruhenden spezifischen Rationalität aller Arbeits- und Lebensvollzüge befreit haben, bleibt die Realisierung des Ziels, eine von Ausbeutung und Unterdrückung freie Gesellschaft zu schaffen, nur schwer vorstellbar. Auch selbstkritische Marxisten wie *Radovan Richta* bleiben nur zu oft in der Illusion befangen, dieser unlösbare Widerspruch werde sich sozusagen von selbst, durch die wissenschaftlich-technische Entwicklung, aufheben.[36] Das Scheitern euphorischer Erwartungen in die Wirkung des wissenschaftlich-technischen Fortschritts und des ökonomischen Wachstums läßt die Frage um so dringlicher erscheinen, ob das Setzen auf technisch-organisatorische Lösungen und die Einführung von Effektivitäts- und Rationalitätskriterien als Bewertungsmaßstab für die Tätigkeit der bürokratischen Apparate wie auch von gesellschaftlichen Organisationen mit der tradierten „ideologisch-dogmatischen Anthropologie" (*Ludz*) vereinbar ist. Beide haben — bei allen Unterschieden — einen gemeinsamen Nenner: die eindimensionale Sicht der Produktivkraftentwicklung als eigentlichem Ziel der Gesellschaft. Insoweit ist auch *v. Beyme* zu widersprechen. Der Mittelcharakter ökonomischer Effizienz ist bei *Marx* und *Engels*, kaum aber noch bei *Lenin* und seinen Nachfolgern reflektiert. Vielmehr ist trotz der „politischen" Durchdringung aller gesellschaftlichen Bereiche auch für die Stalinzeit eine einseitige Betonung der wirtschaftlichen vor der sozialen Entwicklung festzustellen, die ja nicht unerheblich zur Herausbildung der von *v. Beyme* beschriebenen Dysfunktionen beigetragen hat. Nicht in der Zielsetzung, sondern in der Mittelwahl liegen die entscheidenden Unterschiede. Die Bedingungen, unter denen sich die Produktion vor Einführung der ökonomischen Reformen entwickeln konnte, wurden nicht durch technisch-ökonomisches Sachwissen gesetzt, sondern durch die von der Partei gestellten Aufgaben. Diese waren primär politisch und mit dem Blick auf die Gesamtgesellschaft formuliert und nahmen auf die technisch-ökonomischen Bedingungen der Volkswirtschaft insgesamt wie ihrer Zweige bis hin zu den Betrieben keine Rücksicht — hatten aber gleichwohl als Ziel, die Produktivkräfte optimal zu entwickeln. Bestrebungen, die Leistungsfähigkeit und Produktivität zu steigern, wie die Wettbewerbsbewegung in der Sowjetunion in den 30er Jahren (*Stachanow*) und in der DDR Ende der 40er und Anfang der 50er Jahre (*Adolf Hennecke*, *Frieda Hockauf*), zielten auf das „Bewußtsein", waren politische Instrumentarien, die für das vorgegebene Ziel, die Intensivierung der Arbeit, eher zweifelhafte Konsequenzen zeitigten, da sie keine Rücksicht auf wirtschaftliche und soziale Komponenten nahmen und sich in die betrieblichen Arbeitsabläufe nicht einordnen ließen.[37]

Die *Stalin*sche Konzeption der „Diktatur des Proletariats", die das Gesellschaftssystem der DDR bis Ende der 50er Jahre prägte, mußte die in der spezifischen Rationalität und dem Effizienzdenken industrieller Großorganisationen begründete Differenzierung und Spezialisierung von Planungs- und Entscheidungsstrukturen als Angriff auf ihren Führungsanspruch begreifen. Eine Modifikation „politisch" bestimmter Organisationsmuster erschien ihr als Schritt zur Aufgabe ihres Führungsanspruchs. Dabei wurde übersehen, daß beides: Führungsanspruch der Partei und wirtschaftliches Effizienzdenken, durchaus in Einklang zu bringen sind, ja letzteres die Voraussetzung für die Sicherung der Führungsrolle der Partei auf Dauer ist, da der Appell an das Bewußtsein wenig gefruchtet hat.

Die ökonomische Reformbewegung der 60er Jahre versuchte, beide Aspekte zu verbinden. Die Partei war ebenso wie der Staats- und Wirtschaftsapparat gezwungen, auf die neuen Inhalte und Formen der Politik, die die Ökonomie als das eigentliche Feld der Systemauseinandersetzung mit dem Kapitalismus ansah, mit veränderten Organisations- und Entscheidungsmustern zu antworten; es galt, die ökonomischen Aufgaben „in den Mittelpunkt der Parteiarbeit" zu rücken und diese „auf die Erfüllung der ökonomischen Aufgaben" zu konzentrieren.[38] Der Staatsapparat hatte ebenfalls neue Aufgaben zu übernehmen, neben seine repressiven traten „wirtschaftlich-organisatorische und kulturell-erzieherische" Funktionen. Darunter werden von *Fred Oelßner*, der diese Vorstellungen erstmals im Jahre 1957 vorgetragen hatte und damals als „Revisionist" angegriffen worden war, „die Verwaltung des gesellschaftlichen Eigentums, die planmäßige Leitung des Produktionsprozesses, die Verteilung der gesellschaftlichen Produktionskräfte und der Produkte, die Mobilisierung und Organisierung der werktätigen Massen für den sozialistischen Aufbau, die Organisierung der wirtschaftlichen Beziehungen, der Arbeitsteilung und der Koordinierung mit anderen Ländern" verstanden. Die kulturell-erzieherische Funktion bedeutete für ihn „die sozialistische Organisierung des Schul- und Hochschulwesens, die sozialistische Lenkung der Presse, des Funks, der Kinos, Theater, Museen usw., die sozialistische Förderung von Wissenschaft, Kunst, Literatur, die Erziehung der Menschen zu einem neuen sozialistischen Bewußtsein".[39]

Diesem Funktionszuwachs, der auf eine effektivere Verwirklichung von Einzelpolitiken zielte, entsprach eine umfassende Reform der Organisationsstrukturen im Staats- und Wirtschaftsapparat, die das Ziel hatte, die Kriterien ökonomischer Rationalität als grundlegendes Arbeitsprinzip auch in den Leitungsapparaturen zu verankern. Neben den bereits erwähnten Aspekten der Differenzierung und Spezialisierung betraf dies vor allem die Vereinfachung bis hin zur Standardisierung von Entscheidungsstrukturen und -abläufen und die Einführung und Erprobung neuer Planungs- und Leitungsmethoden. Der Parteiapparat war von diesen Veränderungen nicht ausgenommen; er stand aber zusätzlich vor dem Problem, wie er seine spezifische — nämlich gesellschaftsübergreifende — Aufgabenstellung und konkrete Funktionsweise neu definieren und von denen des Staats- und Wirtschaftsapparates abgrenzen konnte, wo ihnen doch ein Ziel gemeinsam war, die Effektivierung des Systems, und diesem Ziel auch ein gemeinsames Organisationsmuster, die „Leitung nach dem Produktionsprinzip", entsprach.[40] Die für die Reformphase typische Vorstellung, man könne sämtliche Planungs- und Leitungsprozesse nach einheitlichen Kriterien und Methoden so rational und effektiv wie möglich gestalten, alle wesentlichen politischen, ökonomischen und sozialen Zielsetzungen „möglichst gradlinig und mit höchster Effektivität realisieren",[41] hat zwar dazu beigetragen, Alternativen und Entscheidungsvarianten nicht lediglich als „Störgrößen", sondern als positiv zu wendende Bestandteile von Planungs- und Leitungsprozessen zu begreifen. Das spezifische Effizienz- und Rationalitätsdenken vernachlässigt aber nur zu oft das Problem, daß ökonomisch und technisch „rationale" Entscheidungen eine politisch-gesellschaftliche Dimension haben (man denke z.B. an die Einführung von Schichtarbeit) und daß „effektives" Entscheiden nicht unbedingt mit den — sowieso schon sehr restringierten — Möglichkeiten und Formen „sozialistischer Demokratie" in Übereinstimmung zu bringen ist. Normative Loyalität ist aber nicht über technisch-organisatorische Maßnahmen zu erreichen. Die Legitimität der Apparate wird sowohl von ihren Mitarbeitern als auch von den von ihren Maßnahmen Betroffenen — vor allem danach beurteilt, wie es ihnen gelingt, gesellschaftliche Probleme zu lösen und Bedürfnisse zu befriedigen. Mit dem Sich-Einlassen auf die Effizienz als Maßstab der Arbeit der Leitungsorganisationen und der seit den 60er Jahren dominierenden Output-Orientierung, die in einem widersprüchlichen Verhältnis zu den ideologisierten politischen Vorgaben stehe, hat sich die Legitimationsebene der sowjetsozialistischen Systeme verschoben.[42] Sie rechtfertigen sich zunehmend über Verfahren, geraten dabei aber auch in ein Dilemma, das *Niklas Luhmann* folgendermaßen beschrieben hat:

„Die formale Organisation (Partei, Staats- und Wirtschaftsapparat, G.-J. G.) beansprucht ein Monopol auf Legitimität und auf erschöpfende Regelung aller Konflikte. Aber sie stellt in ihren Verfahren nur ganz spezielle Ausdrucksbahnen zur Verfügung, Sie zwingt daher dazu, ein bestimmtes Klageschema zu benutzen, vorgeprägte Themen und Begründungen zu wählen und die nicht formalisierbaren Gründe des Konflikts zu verschweigen."[43]

So sind zwar konkrete Probleme wie die Gestaltung der Arbeitsbedingungen, die Einführung von Schichtarbeit oder die soziale Versorgung am Arbeitsplatz diskutierbar, aber nur so weit, wie sie nicht grundsätzlich in Frage gestellt werden (sie sind ja „unverzichtbarer" Bestandteil einer politisch-ökonomischen Gesamtstrategie), sondern auf ihre Verbesserung und sinnvollere, d.h. effektivere Gestaltung gesonnen wird.

„Mit der Einigung, mit Kompromissen oder der Erfüllung von Wünschen auf dieser [konkreten] Ebene läßt sich dann auch nicht viel mehr erreichen als Zeitgewinn und eine verbesserte Ausgangsstellung für neue Verhandlungen. Letztlich kann man in solchen Beschwerden nur Symptome für soziale Spannungen und Erwartungsenttäuschungen sehen, nicht aber den Grund des Konflikts ablesen." (S. 250)

Von daher ist – zumal in einem die Demokratisierung und „Vermenschlichung" der Gesellschaft für sich reklamierenden System – über bloßes Verfahren auf Dauer kaum Legitimation zu gewinnen. Effizienz und Outputmaximierung haben im Gegenteil eine langfristig eher problematische Dimension, wird doch das System dann – offiziell sanktioniert – wesentlich an der ökonomischen Leistungsfähigkeit gemessen, und die dürfte auf absehbare Zeit noch unter der kapitalistischer Systeme liegen.

3.4 Verrechtlichung

Die bislang dargelegten Problem- und Konfliktbereiche und ihre Rückwirkungen auf die verschiedenen Ebenen der Planung und Lenkung der Gesellschaft haben einen Aspekt außer acht gelassen, der für das Verständnis des Gesamtzusammenhangs von außerordentlicher Bedeutung ist: die zunehmende Verrechtlichung, d.h. die Aufstellung allgemein gültiger, auf Dauer angelegter, rechtlich kodifizierter und mit Sanktionsmöglichkeiten versehener Verfahrensregeln und gesellschaftlicher Verkehrsformen. Die „charismatisch-bürokratische Herrschaft" (*Hegedüs*) des Stalinismus hatte sich weitgehend außerhalb des Rechts bewegt. Geltungsgrund des

Systems waren nicht der Glaube an die formelle Rechtmäßigkeit der gesetzten Regeln und an die wertrationalen Grundsätze des Systems (für *Max Weber* Kennzeichen des reinen Typus „legaler Herrschaft"),[44] sondern persönliche Hingabe und Gefolgschaft gegenüber den Parteizielen. Soweit rechtliche Regelungen erforderlich waren, waren sie direkt durch die Partei gesetzt (in der SBZ/DDR auch durch die Sowjetische Militäradministration, SMAD) und von dieser jederzeit widerrufbar. Hinzu kamen allerdings auch Teile des noch in erheblichem Ausmaß weiter bestehenden bürgerlichen Rechtssystems, das politisch uminterpretiert werden mußte, um den neuen politischen und institutionellen Gegebenheiten gerecht zu werden. Daraus folgte aber nicht, daß der politische Auftrag der Partei in rechtliche Formen gegossen, die angestrebte Identität von Recht und Politik realisiert wurde. Trotz der in Ansätzen erkennbaren Herausbildung „sozialistischen" Rechts, wie es sich vor allem als Grundlage und Folge der Wirtschaftsplanung zu etablieren begann, vollzogen sich staatliches und wirtschaftliches Handeln, soweit es sich der Rechtsform bediente, weitgehend in der Nutzung überkommener rechtlicher Regelungen. Die unmittelbare politische Ausübung dieser Funktion ist also nicht identisch mit rechtsfreiem Handeln der Staatsmacht, sie bedeutet vielmehr eine Instrumentalisierung von Recht für ganz anders geartete gesellschaftliche Zusammenhänge.[45] Für alle Leitungsapparate in gleicher Weise verbindlich waren die Prinzipien des „demokratischen Zentralismus" und der „Einzelleitung" durch einen mit der vollen Autorität der Partei ausgestatteten Leiter, der letztlich nur ihr gegenüber rechenschaftspflichtig war.

Es zeigte sich jedoch, daß diese Prinzipien für die Ausgestaltung konkreter Beziehungen zwischen Organisationen und des Verhältnisses dieser Organisationen zu den Mitgliedern der Gesellschaft und den Adressaten ihres Handelns nicht ausreichten. Die Partei hat sich lange gesträubt, ein System rechtlicher Normen zu schaffen, in dem sich gesellschaftliches und staatliches Handeln zu bewegen hat, weil sie mit Recht um ihre eigenen Gestaltungsspielräume fürchtete. Sie setzte auf die Einheit des gesellschaftlich-staatlichen Leitungsprozesses, die nur „politisch", durch die Ausgestaltung ihrer eigenen Führungsrolle, nicht „rechtlich" zu sichern war. (Aus diesem Grunde wurde in der DDR auch die Ausarbeitung eines sozialistischen Verwaltungsrechts lange Zeit abgelehnt.)[46] Gleichwohl konnte die Partei nicht umhin, die ausschließlich politische Verwendung der Rechtsform, wie sie in der

Rechtsdefinition der Stalinzeit ihren Ausdruck fand, zu überwinden und Aspekte zweckrationalen positivistischen Rechts zur formalen Regelung gesellschaftlicher Prozesse zu übernehmen. Dem *Stalin*schen System wohnten Aspekte eines „Maßnahmestaates" (*Ernst Fraenkel*) inne, der das „Politische" nicht als „eine Gewalt unter anderen Gewalten", sondern als „zum mindesten potentiell das gesamte öffentliche und private Leben" umfassendes verstand und sich deswegen nicht auf rechtliche Regeln und Begrenzungen einlassen konnte.[47] Dem entsprach eine pure Instrumentalisierung (nicht die Abwesenheit) des Rechts für die politisch-strategischen und taktischen Ziele der Partei, d.h. die faktische Leugnung der eigenständigen Bedeutung rechtsförmiger Verfahren,[48] die aber spätestens seit dem Ende der 50er Jahre einer Tendenz zunehmender Gestaltung der Gesellschaft mittels rechtlicher Regelungen Platz machte. Das heißt nicht, daß der politische Anspruch an das Recht aufgegeben worden wäre. Die Rechtsentwicklung verbleibt auch weiterhin in enger Abhängigkeit von der politischen Dezision der Partei — und dies nicht nur im Bereich der „Staatssicherheit". Der Verrechtlichungsprozeß begünstigt aber die Ausarbeitung von Verfahrensweisen, die bei künftigen politischen, ökonomischen und organisatorischen Entscheidungen nicht mehr übergangen werden können, sondern diese selbst in erheblichem Maße beeinflussen.

In einer Analyse der Auslegungstheorie und -praxis im Zivil- und Arbeitsrecht der DDR weist *Heide M. Pfarr* auf diesen Zusammenhang hin und kennzeichnet die gegenwärtige Praxis in der DDR als Versuch, „Rechtsnihilismus" und „positivistische Tendenzen", Mißachtung der Rechtsform und eine am Gesetzespositivismus orientierte Rechtsauffassung so in Übereinstimmung zu bringen, daß davon aber nicht die „Parteilichkeit des Rechts" in Frage gestellt werde, nach der das Recht in Ausgestaltung und Anwendung „jeweils Ausdruck, Bedingung und Hebel der bewußten Durchsetzung der Gesetzmäßigkeiten" sei.[49]

Das Verhältnis von Recht und Politik ist ein sich gegenseitig bedingendes, in dem das Recht Kontinuität im politisch-gesellschaftlichen Bereich begünstigt und Diskontinuitäten aus diesem auf das Recht zurückwirken und unmittelbare Auswirkungen auf die rechtsetzende Tätigkeit des Staates haben. Die Entwicklung nach 1963 war — wie in anderen gesellschaftlichen Bereichen auch — dadurch gekennzeichnet, daß zuerst die durch das NÖS direkt aufgeworfenen Probleme einer rechtlichen Normierung unterzogen wurden. An die Stelle dieser aktuellen Aufgaben tritt in der DDR seit dem VIII. Parteitag der SED 1971 verstärkt der Versuch, die traditionell bestehenden und neu geschaffenen Regelungen im Gesamt der Gesellschaft zu verorten und zugleich eine — in der Phase des NÖS unterbliebene — rechtliche Neufassung staatlichen Handelns in die Wege zu leiten. Dabei bleibt die Instrumentalisierung der Rechtsform für die gesellschaftspolitischen Ziele der Partei erhalten. Die Normen „sozialistischen Rechts" setzen aber zugleich den formalen Rahmen, innerhalb dessen Organisationen und Institutionen handeln können, unterwerfen die Beteiligung der Mitglieder der Gesellschaft an Planungs- und Leitungsprozessen rechtsförmigen Verfahren und werden darüber hinaus auch außerhalb institutioneller Bindungen zum einheitlichen Maßstab für das Verhalten der Menschen.

Geblieben ist die instrumentelle Anschauung des Rechts. Dennoch tritt das Recht aus seiner „dienenden" Rolle in dem Maße heraus, in dem es weiter ausdifferenziert wird und zusätzliche Bereiche der Gesellschaft rechtsförmigen Verfahren unterworfen werden. Die Organisation und Leitung der Gesellschaft ist gegenwärtig nur noch denkbar als rechtsförmiges Verfahren; die sich immer komplizierter gestaltenden Leitungsprozesse bedürfen der rechtlichen Regelung, der gesellschaftsorganisierenden Funktion des Rechts.[50] Die durch Verwissenschaftlichung verstärkte „Professionalisierung" von Leitung — Ergebnis vor allem der ökonomischen Reformen der Jahre nach 1963 — findet ihre rechtliche Absicherung in der Kodifikation besonderer Verfahren für die Ausübung von Leitungsfunktionen und für die Beziehungen der Leitungsapparate zu den von ihnen Geleiteten. Die Verrechtlichung bietet zugleich eine, spezifisch gewendete Voraussetzung für die einheitliche, an „allgemeinen" Kriterien orientierte Kontrolle sowohl seitens der Partei als auch besonderer gesellschaftlicher Kontrollinstanzen.

Die Rechtsnormen legen das Verhalten der Subjekte und Objekte des Leitungsprozesses, wenn auch in generalisierter Form, verbindlich fest; sie werden so zu einem Instrument für „die *bewußte Gestaltung* der Gesellschaft mittels der *Festlegung von Rechten und Pflichten* für das Kollektiv und den einzelnen in staatlich festgelegten *Normen*". Dennoch darf aber die Partei den Spielraum für politische Dezision nicht so weit einschränken, daß gesellschaftliche Fragen nur noch über das Recht regelbar sind. Die Rechtsnormen sollen zwar „stets Ausdruck gesellschaftlicher

Erfordernisse sein, aber nicht alle gesellschaftlichen Erfordernisse können die Gestalt von Rechtsnormen annehmen".[51]

Die Einheit von politischer Dezision und Rechtsnorm ist gedacht über die Definition des „Wesens des Rechts" als „durch das Wesen des Staates" bestimmtes, das sich wiederum „durch die Klasse und deren materielle Lebensgrundlage" bestimmen lasse; sie erscheint herstellbar, wenn die Parteibeschlüsse und damit die Einsicht in die Wege der gesellschaftlichen Entwicklung Grundlage politischen und rechtlichen Handelns werden. Im Programm der SED von 1963 wird dieser Zusammenhang formuliert:

> „Unser sozialistisches Recht bringt den Willen des werktätigen Volkes unter Führung der Arbeiterklasse zum Ausdruck. Es entspringt den objektiven Gesetzmäßigkeiten der gesellschaftlichen Entwicklung und ist auf ihre Durchsetzung gerichtet. Unser Recht hat die Aufgaben dieser Entwicklung und die staatlichen Grundregeln des sozialistischen Zusammenlebens der Menschen zum Hauptinhalt."[52]

Trotz der Bindung des Rechts an den Bereich politischer Dezision erweitert es zugleich den Bereich der Rechtssicherheit, und zwar durchaus im Sinne bürgerlicher Rechtsauffassung. Staatliches Handeln wird berechenbarer, sowohl für die einzelnen Organisationsteile bzw. Positionsinhaber als auch für den einzelnen. Das „Prinzip der Gesetzlichkeit" soll nicht nur den Bereich der Rechtspflege umfassen, sondern sich auf „alle Seiten des gesellschaftlichen Lebens" erstrecken. *Oskar Negt* sieht neben der Erhöhung der Rechtssicherheit noch eine zweite Funktion der Verrechtlichungstendenz: eine Kontrollfunktion.

> „Da die Entwicklung zur kollektiven Selbstverwaltung der Produzenten . . außerhalb des Betrachtungskreises der staatlich-bürokratischen Regelungstechniker liegt, andererseits die traditionellen direkten Kontrollmechanismen aufgrund der gestiegenen Bedürfnisansprüche der Massen, auch ihrer politischen Ansprüche, und des reichhaltigen Warenangebots nicht mehr bruchlos funktionieren, liegt es nahe, die objektiv freigesetzten privaten Autonomiebereiche der Menschen auf differenzierte und indirekte Weise, zum Beispiel durch Rechtsverhältnisse, zu kontrollieren und zu begrenzen. Hier liegt einer der Gründe für die Verrechtlichungstendenz in den sozialistischen Transformationsgesellschaften."[53]

Da das Recht im wesentlichen an der Sicherung des Bestehenden orientiert ist, modifiziert es zwar tendenziell den internen gesellschaftlichen Funktionszusammenhang, stellt ihn aber nicht prinzipiell in Frage. Es schreibt vielmehr die Merkmale bestehender Organisations- und Leitungsstrukturen fest und belegt damit jeden Versuch, alternative Formen gesellschaftlicher Kooperation durchzusetzen, mit dem Verdikt der Rechtswidrigkeit, sobald er sich nicht der vorgegebenen Instanzen und Verfahrensweisen bedient. Der Prozeß der Verrechtlichung kann insofern als Indiz für die Verlangsamung und den schließlichen Stillstand des Transformationsprozesses gelten. Auch die Beteiligung der Bürger, von den leninistischen Parteien von Anfang an nur als Unterstützung vorformulierter Zielsetzungen begriffen, wird den Bedingungen und Normen des „sozialistischen Rechts" unterworfen, das auch außerhalb institutioneller Bindungen immer mehr zum einheitlichen Maßstab für das Verhalten der Menschen wird.

Das Recht gewinnt eine alle Bereiche der Gesellschaft präformierende Funktion. Herrschaftssicherung, Organisation gesellschaftlicher Prozesse und Interessenvermittlung, Absicherung der einmal installierten gesellschaftlichen Verkehrsformen, Normierung der ökonomischen und anderen gesellschaftlichen Beziehungen und gesellschaftliche Konformität werden mittels der Rechtsform hergestellt.

Diese intendierte Funktion des Rechts wird in ihr Gegenteil verkehrt, wenn die Resultate rechtsförmiger Verfahren als „das Ergebnis schöpferischen Handelns der Werktätigen" dargestellt werden, „die unter Führung der Arbeiterklasse und ihrer marxistisch-leninistischen Partei sich rechtlicher Instrumente bedienen, um ihre Aktivitäten zu organisieren und zu sichern". Die Rechtsnormen bestimmen Umfang, Form und Inhalt gesellschaftlicher Partizipation. Da die „vom Recht geforderten Verhaltensweisen, mit deren Hilfe gesellschaftliche Prozesse organisiert, geschützt, reguliert, fixiert und gesichert werden", offenbar nicht oder nur vermittelt und vielfach gebrochen das Ergebnis dieser Prozesse selbst, sondern normative Setzungen sind, soll das Recht zugleich als „Instrument der sozialistisch-kommunistischen Erziehung" fungieren.[54] „Das beobachtbare Auseinanderfallen von gewünschtem und realem Sozialverhalten — bei gleichzeitigem Verzicht auf bestimmte Methoden politisch-sozialer Disziplinierung der Stalinschen Zeit" — führte zur „Kodifizierung von Handlungsmaximen und sozialen Wertvorstellungen", die nicht aus dem durch die Hierarchisierung und Mangel an Partizipationsmöglichkeiten gekennzeichneten Arbeits- und Lebenszusammenhang zu gewinnen sind. Durch die „Verinnerlichung von Wertvorstellungen" soll vielmehr „den sich aus der täglichen Lebens- und Arbeitspraxis ergebenden Verhaltensformen" entgegengewirkt und politisch gewollte und gewünschte Verhaltensweisen herausgebildet werden.[55]

Obwohl im wesentlichen mit Material aus und über die DDR belegt, sind die vorstehend geschilderten Konflikt- und Problemlagen typisch für alle hochindustrialisierten Systeme sowjetsozialistischen Typs. Dabei wird durchaus nicht verkannt, daß es gilt, die spezifischen nationalen und historischen Besonderheiten der einzelnen Staaten einzubeziehen, wenn es um eine vertiefte *empirische Analyse* dieser Erscheinungen geht, die für die verschiedenen Länder bislang nur in Ansätzen vorliegt. Eine vergleichende Studie steht noch aus.

Schlußbetrachtung

Die Analyse der bisherigen Konzepte der Kommunismus- und DDR-Forschung hat gezeigt, daß ihre Fragen und Problemstellungen in einem Maße von „Zeitströmungen" beeinflußt worden sind, das es oft schwer macht, ihre Vor- und Nachteile vorurteilslos gegeneinander abzuwägen. Der Totalitarismusansatz war ein adäquates wissenschaftliches Instrumentarium des „Kalten Krieges", zumal er, seiner antifaschistischen und demokratietheoretischen Komponente zunehmend beraubt, Totalitarismus als Kampfbegriff nach innen und außen fest etablierte. Der Modernisierungs- und Industriegesellschaftsansatz verallgemeinert theoretisch die Hoffnungen auf die — ausschließlich positiv vorgestellten — Wirkungen einer entfesselten Wissenschaft und Technik. Die kritisch-marxistische Auseinandersetzung mit den sozialistischen Staaten schließlich unternimmt den Versuch, die Diskreditierung „des" Sozialismus durch den „realen" Sozialismus zu überwinden um die Voraussetzungen für eine Reform der osteuropäischen Staaten, aber auch für eine sozialistische Entwicklung der eigenen bürgerlich-kapitalistischen Gesellschaft zu schaffen.

Wenn die Einschätzung des Verfassers richtig ist, daß es gegenwärtig weniger an großen theoretischen Entwürfen als an operationalisierbaren Konzepten für die Lösung der vielfältigen und widersprüchlichen Teilprobleme unseres gesellschaftlichen und politischen Systems fehlt, die es gesamtgesellschaftlich zu vermitteln gilt, dann kann die Beschäftigung mit den politischen, ökonomischen, sozialen und kulturellen Problemen sowjetsozialistischer Systeme eine neue, für die eigene Gesellschaft wichtige und bisher vernachlässigte Funktion erlangen: An die Stelle der „großen Entwürfe" sollte ein theoretisch fundiertes, sich seiner normativen Voraussetzungen bewußtes und empirisch abgesichertes sich Einlassen auf die politisch-gesellschaftlichen Konflikt- und Problemlagen treten, mit denen diese Systeme zu tun haben und die den unseren oft recht ähnlich sind, so ähnlich, daß wir es uns nicht leisten können, die systemspezifischen Lösungswege, die dort eingeschlagen werden, einfach zu ignorieren. Dies bedeutet nicht, daß die Vorstellung vertreten wird, diese Lösungswege könnten ohne weiteres „Modellcharakter" haben; nur sind die entscheidenden Fragen unseres Zeitalters nicht mehr „innersystemar" zu lösen — ob es sich um die Folgen ungezügelten Wachstums, die Entwicklung der wissenschaftlich-technischen Zivilisation oder die Bedrohung der menschlichen Existenz durch eine immer forciertere Aufrüstung handelt.

Wenn die Kommunismus- und DDR-Forschung dazu einen — notwendigerweise bescheidenen — Anteil leisten will, darf sie keinesfalls die eigenen Wertvorstellung hintanstellen oder ignorieren und „systemneutralen", in ihrer Konsequenz technokratischen und antidemokratischen Lösungen das Wort reden. Doch ist die bisher kaum durchbrochene Instrumentalisierung ihrer jeweiligen Konzepte für je unterschiedliche politische Zwecke zu kritisieren. Dies hat zu einer Ignoranz gegenüber anderen wissenschaftlichen und politischen Positionen geführt, die die Fragwürdigkeit der eigenen Paradigmen ebensowenig beachtete, wie sie geeignet war, eine kritische und selbstkritische Diskussion zwischen den verschiedenen „Schulen" und Ansätzen in Gang zu setzen. Der hier unternommene Versuch, Überlegungen zu einer politischen Soziologie des „realen Sozialismus" anzustellen, diente nicht zuletzt auch dazu, sich die Erkenntnisse und Ergebnisse der einzelnen Konzepte und Ansätze zu sichern, ohne sich auf deren Absolutheitsansprüche einzulassen.

Das Manko der bisherigen analytischen Konzepte ist nicht, daß ihnen bestimmte Wertvorstellungen zugrundeliegen, sondern daß diese entweder geleugnet oder für sakrosankt erklärt, vor allem aber nur zu oft einer kritischen Überprüfung entzogen werden. Von der Richtigkeit der eigenen Kategorien und Begriffe überzeugt, macht man sich nur selten die Mühe, zu fragen, ob diese überhaupt für die Analyse eines Gesellschaftssystems taugen, das nach ganz anderen Regeln und Gesetzmäßigkeiten funktioniert als das eigene, gleichwohl aber mit ähnlichen Problemen zu tun hat. Hier offenbart sich das ganze Dilemma einer politischen Wissenschaft, die nur in Ausnahmefällen bereit ist, die eigenen nicht-wissenschaftlichen und wissenschaftlichen Vor-Urteile und Urteile immer erneut in Frage zu stellen und gegebenenfalls über Bord zu werfen. Nur zu oft steht das Gesamturteil über die Systeme sowjetischen Typs bereits vorher fest, die Analyse dient nur noch seiner Bestätigung. Nur zu oft auch haben sich die Kommunismus- und DDR-Forscher — nicht selten ungewollt oder ohne daß es ihnen bewußt war — den von verschiedenen politischen und ideolodischen Positionen aus vorgetragenen fatalen Forderungen nach Parteilichkeit gebeugt.

Freilich: Die Analytiker der sozialistischen Systeme leben nicht in einem Freiraum und es wäre unrealistisch, ihnen eine „wertneutrale" und/oder „unparteiische" Beschäftigung mit diesen Systemen abzuverlangen, schließlich sind sie in die Konflikte einbezogen und von ihren Ergebnissen betroffen, die das Verhältnis von Ost und West noch immer prägen. Die Resultate ihrer Arbeit werden immer diese Auseinandersetzung widerspiegeln. Was man aber von ihnen erwarten kann ist, daß sie in ihrem Bereich den diesem Buch vorangestellten Ausspruch von *Robert Musil* endlich widerlegen; den Anspruch aufgeben, im Besitz der „Wahrheit" zu sein und die prinzipielle Kritikfähigkeit von Wissenschaft — und das heißt auch und gerade Kritik an der eigenen Position — zur Leitlinie ihres Handelns machen.

Anmerkungen

Anmerkungen Kap. I/1 — Historischer Kontext

1 Röpke, 1957, S. 3 f.
2 Abendroth, 1972, S. 51 f.
3 Aus DDR-Sicht vgl. Teller, 1979, 1977.
4 Reinhard Kühnl: Zur politischen Funktion der Totalitarismustheorie in der BRD, in: Greiffenhagen/Kühnl/Müller, 1972, S. 13 f.
5 Vgl. Abendroth, 1972, S. 139 ff.
6 Pross, 1979.
7 Hofmann, 1970, S. 313 f.
8 Zur Vorgeschichte des Antikommunismus vgl. Eugen Kogon: Die Funktion des Antikommunismus in der Bundesrepublik Deutschland, in: Anatomie des Antikommunismus, 1970, S. 190 ff.
9 Ebd. S. 197 f.
10 Vgl. Herrmann, 1976.
11 Hofmann, 1970, S. 133 f.
12 Bruno Seidel/Siegfried Jenker: Totalitarismus als Problem der politikwissenschaftlichen Theorie der Herrschaftsformen und der politischen Ideengeschichte, in: Wege der Totalitarismusforschung, 1968, S. 23.
13 Salter, 1961, S. 89 ff.
14 Dönhoff, 1963, S. 96.
15 Jaspers, 1958, S. 173.
16 Dönhoff, 1963, S. 103.
17 Dahrendorf, 1966, S. 469.
18 Oskar Negt: Gesellschaftsbild und Geschichtsbewußtsein der wirtschaftlichen und militärischen Führungsschichten. Zur Ideologie der autoritären Leistungsgesellschaft, in: Der CDU-Staat, 1969, Bd. 2, S. 359 ff.
19 Wolfgang Mommsen: ,,Wir sind wieder wer". Wandlungen im politischen Selbstverständnis der Deutschen, in: Stichworte zur ,,Geistigen Situation der Zeit", 1979, Bd. 1, S. 202 f.; im folgenden beziehen sich die Seitenangaben im Text auf die jeweils letzte Fußnote.
20 Karl Dietrich Bracher: Terrorismus und Totalitarismus, in: Der Weg der Gewalt, 1978, S. 201.
21 Klaus von Beyme: Der Neo-Korporatismus und die Politik des begrenzten Pluralismus in der Bundesrepublik, in: Stichworte zur geistigen Situation, 1979, Bd. 1, S. 255.
22 Ebd. S. 261.
23 Huntington, 1968, S. 336; Zur Problematik des Verhältnisses von kommunistischer Bewegung und Nationalismus, vgl. Demaitre, 1969.
24 Gasteyger, 1977 a, S. 14.
25 Vgl. hierzu ders. 1973; Materialien zum Bericht zur Lage der Nation, 1974.
26 Diese Formulierung stammt von Anton Ackermann, 1946.

27 Vgl. Plessner, 1974.
28 Hartmut Zimmermann, 1979, S. 14; vgl. ferner Hans Mommsen, 1979.
29 Grebing, 1978, S. 485.
30 Vgl. Arbeiterinitiative 1945, 1976; Staritz, 1976.
31 Eine besondere Rolle spielte für die SED die Revolution von 1918. Vgl. dazu mehrere Artikel aus der Feder von Grotewohl, Pieck, Ulbricht u. a. zu den „Lehren" und den „Fehlern" der Novemberrevolution von 1918 in der theoretischen Zeitschrift der SED „Einheit" Nr. 10, 1948; ferner die Entschließung des Parteivorstandes der SED: Die Novemberrevolution und ihre Lehre für die deutsche Arbeiterbewegung, in: Dokumente der Sozialistischen Einheitspartei Deutschland, Bd. II, Berlin (DDR) 1950, S. 100 ff.
32 Protokoll der Verhandlungen des IV. Parteitages der Sozialistischen Einheitspartei Deutschlands, 15. bis 21. Januar 1963, Berlin (DDR) 1963, Bd. IV, S. 331.
33 Vgl. Carrère d'Encausse, 1980; Salter, 1961, S. 203 ff; vgl. ferner Gasteyger, 1977b, S. 87; Hoebink, 1978.
34 Bender, 1969, S. 231 f.; ders., 1964.
35 Der Tagesspiegel, Nr. 10257 vom 24. Juni 1979, S. 2.
36 Hartmut Zimmermann, 1979, S. 10.
37 Max Frisch: Wir hoffen, in: Der SPD-Staat, 1977, S. 16.

Anmerkungen Kap. I/2 — Totalitarismus

1 Vgl. Jänicke 1971, S. 20 ff.; Schlangen, 1976, S. 11 ff.; Schapiro, 1972, S. 13 ff.
2 Vgl. Hartmut Zimmermann, 1961, S. 196; Jens Petersen: Die Entstehung des Totalitarismusbegriffs in Italien, in: Totalitarismus, 1978, S. 110.
3 Carl Schmitt, 1933; Forsthoff, 1933.
4 Vgl. Ernst Jünger: Die totale Mobilmachung, in: Krieg und Krieger, 1930.
5 Carl Schmitt, 1933; vgl. ferner Fijalkowski, 1958, S. 86; Jänicke, 1971, S. 36 ff.
6 Nitti, 1926, S. 69.
7 Vgl. Symposium on the Totalitarian State, 1940; Carlton J. H. Hayes: Der Totalitarismus als etwas Neues in der Geschichte der westlichen Kultur, in: Wege der Totalitarismusforschung, 1968, S. 94 ff.
8 Borkenau, 1940, S. 11.
9 Vgl. Sigmund Neumann, 1965.
10 Vgl. Friedrich, 1942.
11 Max G. Lange, 1964, S. 188.
12 Das politische Klima des McCarthyismus zeigt sich besonders deutlich in den Verhören des „Ausschusses zur Untersuchung unamerikanischer Aktivitäten". Vgl. Sind oder waren Sie Mitglied?, 1979; ferner Anatomie des Antikommunismus, 1970, S. 19 f.
13 New York 1951.
14 Vgl. Totalitarianism. Proceedings, 1954.
15 Jänicke, 1971, S. 91.
16 Max G. Lange, 1964, S. 188 f.

17 Vgl. Anmerkung 1; ferner Wege der Totalitarismusforschung.

18 Vgl. Fraenkel, 1974.

19 Vgl. Franz Neumann, 1977.

20 Ders., 1967, S. 234 f.

21 Sigmund Neumann, 1965, S. 3.

22 Arendt, 1955; Das 13. Kap. des Buches ist abgedruckt in: Wege der Totalitarismusforschung, 1968, S. 133 ff.

23 Vgl. Tucker, 1961 b, S. 379.

24 Vgl. Freyer, 1955; Gehlen, 1956; ders.: Zur Problematik einer Soziologischen Handlungslehre, in: Soziologie und Leben, 1952.

25 Vgl. Carl Joachim Friedrich: Der einzigartige Charakter der totalitären Gesellschaft, in: Wege der Totalitarismusforschung, 1968, S. 179 ff.

26 Cambridge, Mass. 1956; eine 2. rev. engl. Aufl. erschien 1965; Dt.: Totalitäre Diktatur, 1957. Eine ausführliche Darstellung und Kritik der Position Friedrichs gibt Jänicke, 1971, S. 126 ff.

27 Friedrich, 1957, S. 17.

28 Vgl. die dt. Übersetzung der 2. engl. Aufl.: Carl Joachim Friedrich / Zbigniew Brzezinski: Die allgemeinen Merkmale der totalitären Diktatur, in: Wege der Totalitarismusforschung, 1968, S. 601.

29 Friedrich, 1966, S. 46.

30 Friedrich, 1957, S. 53.

31 Vgl. ebd.; Friedrich / Brzezinski, in: Wege der Totalitarismusforschung.

32 Friedrich, 1966, S. 50 f.

33 Vgl. Friedrich, 1963, S. 522; ders., 1968.

34 Vgl. Aron, 1970.

35 Ebd. S. 205 f.

36 Vgl. Boris Meissner: Der soziale Strukturwandel im bolschewistischen Rußland, in: Sowjetgesellschaft, 1966, S. 114; Richard Löwenthal: Development Versus Utopia in Communist Policy, in: Change in Communist Systems, 1970, S. 109 ff.

37 Abgedruckt in: Wege der Totalitarismusforschung, 1968, S. 197 ff.

38 Vgl. Olaf Cless: Zur Kritik der bürgerlichen DDR-Forschung in ihren gesellschaftstheoretischen Grundlagen, in: Beiträge zur Sozialismusanalyse I, 1978, S. 9 ff.; ders., 1978.

39 Arcadius R. L. Gurland: Einleitung zu Max G. Lange, 1954, S. IX f.

40 Vgl. Otto Stammer: Aspekte der Totalitarismusforschung, in: Wege der Totalitarismusforschung, 1968, S. 414 ff.

41 Schlangen, 1976, S. 64 ff.

42 Martin Drath: Totalitarismus in der Volksdemokratie, in: Richert, 1963, S. XVI f.; der Text ist abgedruckt in: Wege der Totalitarismusforschung, 1968.

43 Robert Tucker: Auf dem Weg zu einer politikwissenschaftlichen vergleichenden Betrachtung der ,,Massenbewegungsregime" in: Wege der Totalitarismusforschung, 1968, S. 382 ff.

44 Drath, in: Richert 1963, S. XXX.

45 Drath, in: Wege der Totalitarismusforschung, S. 357.

46 Max Gustav Lange / Ernst Richert / Otto Stammer: Das Problem der ,,Neuen Intelligenz" in der sowjetischen Besatzungszone. Ein Beitrag zur politischen Soziologie der kommunistischen Herrschaftsordnung, in: Veritas, 1954, S. 195.

47 Stammer, Vorwort zu Max G. Lange, 1955, S. IX f.
48 Ebd., S. 36 ff.
49 Vgl. Max G. Lange, 1954; 1955; Richert, 1963; 1958; Schultz, 1956; Stern, 1957.
50 Vgl. Stammer, in: Wege der Totalitarismusforschung, S. 436.
51 Vgl. Gerhard Schulz: Der Begriff des Totalitarismus und der Nationalsozialismus, in: Wege der Totalitarismusforschung, 1968, S. 439; Bracher/ Sauer/Schulz, 1960.
52 Vgl. hierzu Adam, 1975.
53 Hartmut Zimmermann, 1961, S. 198; vgl. ferner Künzli, 1961; Johann Baptist Müller: Kommunismus und Nationalsozialismus. Ein sozio-ökonomischer Vergleich, in: Greiffenhagen/Kühnl/Müller, 1972, S. 61 ff.
54 Hartmut Zimmermann, 1961, S. 198.
55 Peter Christian Ludz: Offene Fragen in der Totalitarismusforschung, in: Wege der Totalitarismusforschung, 1968, S. 466 f.
56 Ders.: Entwurf einer soziologischen Theorie totalitär verfaßter Gesellschaft, in: Studien und Materialien, 1964, S. 18; auch abgedruckt in: Wege der Totalitarismusforschung, 1968, S. 532 ff.
57 Ders., 1970, S. 14.
58 Ders., Entwurf, S. 20 f.
59 Vgl. Cless, 1978, S. 113.
60 Hartmut Zimmermann, 1961, S. 193.
61 Vgl. Peter Christian Ludz: Die soziologische Analyse der DDR-Gesellschaft, in: Wissenschaft und Gesellschaft, 1971, S. 11 ff.
62 Hartmut Zimmermann, 1961, S. 199.
63 Bracher, 1976, S. 17.
64 Ders.: Voraussetzungen des nationalsozialistischen Aufstiegs, in: Bracher/ Sauer/Schulz, 1960, S. 10 f.
65 Ders., 1976, S. 38.
66 Vgl. hierzu auch die Beiträge auf der Tagung „Totalitarismus — Faschismus". Eine wissenschaftlich-politische Kontroverse, die 1978 am Münchner Institut für Zeitgeschichte durchgeführt wurde. Bracher, 1978; Kocka, 1978.
67 Karl Dietrich Bracher: Terrorismus und Totalitarismus, in: Der Weg in die Gewalt, 1978, S. 201 ff.
68 Roman Herzog: Die geistige Befestigung des freiheitlichen Rechtsstaates, in: ebd., S. 217 ff.
69 Vgl. Winkler, 1979.
70 Vgl. Totalitarismus, 1978; hier sind die Aufsätze von Uwe Dietrich Adam, Walter Schlangen, Peter Graf Kielmansegg, Karl Dietrich Bracher u.a. abgedruckt.
71 Kielmansegg, 1974, S. 322.
72 Vgl. Jänicke, 1971, S. 216 ff.
73 Kielmansegg, 1974, S. 324.
74 Vgl. Der Spiegel, 34. Jg. (1980), Nr. 50, S. 142 ff.
75 Gerd Meyer, 1979, S. 202 f.
76 Borcherding, 1965, S. 99 ff.

Anmerkungen Kap. I/3 — Industriegesellschaft

1 Vgl. hierzu die Zeitschriften: Osteuropa, Deutschland Archiv und DDR-Report.
2 Vgl. die Zeitschriften: Newsletter on Comparative Studies of Communism, Studies in Comparative Communism, Survey; ferner allg. Comparative Politicial Studies.
3 Vgl. u. a. Communist Studies and the Social Sciences, 1969; Communist Systems in Comparative Perspective, 1974; On Comparing East European Political Systems, 1971; More on Comparing Communist Political Systems, 1971; Tökés, 1975.
4 Vgl. die Übersicht von Croan, 1976; ferner: Baylis, 1974; Childs, 1969; Dornberg, 1969; Hanhardt, Jr., 1968; Krisch, 1974; McCauley, 1974; Smith, 1969.
5 Croan, 1976, S. 12.
6 Vgl. Kautsky, 1973.
7 Vgl. Political Development in Eastern Europe, 1977; Communist Studies and the Social Sciences, 1969; eine der wenigen Ausnahmen ist das Buch von Beyme, 1965.
8 Vgl. Moore, 1960.
9 Vgl. Brzezinski, 1960.
10 Vgl. Tucker, 1961a; Apter, 1965, S. 397.
11 Inkeles, 1966b, S. 180; vgl. auch Bishop, 1972.
12 Vgl. Tarschys, 1979.
13 Vgl. Huntington, 1971; ferner: Godwin, 1973.
14 Vgl. Beyme, 1972, S. 102 ff.; einen Überblick geben: Strasser/Randall, 1979; Wiswede/Kutsch, 1978.
15 Vgl. Walt W. Rostow: Die Phase des Take-off, in: Theorien des sozialen Wandels, 1969, S. 286 ff.
16 Vgl. Parsons, 1951, S. 481.
17 Vgl. Nemetzade, 1976, S. 250 f.
18 Wolfgang Zapf, Einleitung zu: Theorien des sozialen Wandels, 1969, S. 13.
19 Das Fischer-Lexikon Soziologie (Hrsg. René König), Frankfurt a. M., 1958, S. 270.
20 Vgl. Martin Jänicke: Die Analyse des politischen Systems aus der Krisenperspektive, in: Politische Systemkrisen, 1973, S. 14 ff.
21 Vgl. Walter G. Hoffmann: Wachstumsnotwendige Wandlungen in der Sozialstruktur der Entwicklungsländer, in: Entwicklungsländer 1968, S. 83 ff.; Sydney M. Greenfield: Stokes, Bonds, and Peasant Canes in Barbados, in: Explorations in Social Change, 1964, S. 619 f.
22 Vgl. dazu die Beiträge von Parsons, Eisenstadt, Homans, Dahrendorf, Lockwood u. a. in: Theorien des sozialen Wandels, 1969.
23 Gerd Meyer, 1979, S. 208 ff.
24 Frederic J. Fleron, Jr.: Introduction. Soviet Area Studies and the Social Sciences: Some Methodological Problems in Communist Studies, in: Communist Studies and the Social Sciences, 1969, S. 19 ff.
25 Vgl. Zivilisation am Scheideweg, 1971; zur Entwicklung in der DDR: Hartmut Zimmermann, 1976.
26 Inkeles, 1968, S. 15 f.

27 Rudolf L. Tökés: Dissident: The Politics for Change in the USSR, in: Soviet Politics and Society in the 1970's, 1974, S. 7.

28 Vgl. Gilberg, 1975; Matejko, 1974.

29 Ludz, Entwurf einer soziologischen Theorie totalitär verfaßter Gesellschaft, in: Studien und Materialien, 1964, S. 547.

30 Ludz, 1970, S. 28 f.

31 Lenski, 1978, S. 364.

32 Vgl. Montias, 1972, S. 415.

33 Vgl. Riegel, 1976, S. 1.

34 Grundlagen der marxistisch-leninistischen Philosophie, 1960, S. 613; vgl. auch: Frederick C. Barghorn: Soviet Russia: Orthodoxy and Adaptiveness, in: Political Culture and Political Development, 1965, S. 450 ff.

35 Vgl. Löwenthal, 1974/75, S. 3 ff.

36 Karl W. Deutsch, 1961, S. 104 ff.

37 Vgl. Werner, 1975, S. 128 ff.

38 Apter, 1965, S. 67.

39 Vgl. hierzu: Pasquino, 1970, S. 314 f.

40 Bendix, 1964, S. 1.

41 Dieter Nohlen / Franz Nuscheler: Entwicklungstheorien und Entwicklungsbegriff, in: Handbuch der Dritten Welt, 1974, Bd. I, S. 18 f.

42 Apter, 1965, S. 397.

43 Vgl. Lucian W. Pye: Political Culture and Political Development, in: Political Culture and Political Development, 1965, S. 3 ff.

44 Vgl. Bendix, 1964; Building States and Nations, 1973; Theorien des sozialen Wandels, 1969, S. 211 ff. Zur möglichen Anwendung dieses Ansatzes in der DDR-Forschung vgl. Ludz, 1973.

45 Gabriel A. Almond: Politische Systeme und politischer Wandel, in: Theorien des sozialen Wandels, 1969, S. 212.

46 Vgl. auch die Kritik von A. L. Kroeber und C. Kluckhon: A Critical Review of Concepts and Definitions, zit. nach: A. G. Meyer, 1972, S. 355 f.

47 Almond, Politische Systeme, in: Theorien des sozialen Wandels, 1969, S. 217.

48 Political Culture and Political Development, 1965, S. 12 ff.

49 Vgl. die Kritik bei A. G. Meyer, 1972, S. 354 ff.

50 Almond, Politische Systeme, S. 221.

51 Vgl. Lucian W. Pye: Identity and the Political Culture, in: Crisis and Sequences, 1971, S. 124 f.

52 Huntington, 1968, S. 334 f.

53 Vgl. hierzu: Vernon V. Aspaturian: Marxism and the Meanings of Modernization, in: The Politics of Modernization in Eastern Europe, 1974, S. 16 ff.

54 Samuel P. Huntington: Politische Entwicklung und politischer Verfall, in: Politische Systemkrisen, 1973, S. 267 ff.

55 Vgl. Brzezinski/Huntington 1966.

56 John H. Kautsky: Communism and the Comparative Study of Development, in: Communist Studies and the Social Sciences, 1969, S. 199 f.; (auch abgedruckt in: The Soviet Political System, 1970.)

57 Vgl. hierzu: David E. Albright: The Soviet Model: A Development Alternative for the Third World, in: Soviet Politics and Society in the 1970's, 1974, S. 299 ff.

58 Vgl. hierzu auch: Charles Gati: Hungary: The Dynamics of Revolutionary Transformation, in: The Politics of Modernization in Eastern Europe, 1974, S. 51 ff.; ferner: Gilberg, 1975.

59 Vgl. Kautsky, in: Communist Studies and Social Sciences, 1969, S. 188 ff.; ferner: A. G. Meyer, 1965.

60 1970; vgl. auch die Besprechung von Kautsky, 1973.

61 Chalmers Johnson: Comparing Communist Nations, in: Change in Communist Systems, 1970, S. 3.

62 Vgl. Nove, 1964.

63 Soviet Policy-Making, 1967, S. VII.

64 Vgl. hierzu: Glaeßner, 1977, S. 22 ff.

65 Johnson, Comparing Communist Nations, S. 12.

66 Löwenthal, 1964.

67 Vgl. hierzu: Chirot, 1977, S. 227 ff.

68 Vgl. H. Gordon Skilling: Group Conflict and Political Change, in: Change in Communist Systems, 1970, S. 215; John Michael Montias: Types of Communist Economic Systems, in: ebd., S. 117, R. V. Burks: Technology and Political Change in Eastern Europe, in: ebd., S. 265.

69 Burks, ebd.; Montias, S. 117; Azreal, S. 135 f.; Meyer, S. 314; Rustow, S. 347.

70 Richard Löwenthal: Development versus Utopia in Communist Policy, in: ebd., S. 109.

71 Vgl. Bühl, 1970, S. 86 ff.; Tibi, 1979, S. 108 ff.

72 Vgl. Kenneth Jowitt: Inclusion and Mobilization in European Leninist Regimes, in: Political Development in Eastern Europe, 1977, S. 93 ff.

73 Frederic J. Fleron, Jr.: Toward a Reconceptualization of Political Change in the Soviet Union: The Political Leadership System, in: Communist Studies and the Social Sciences, 1969, S. 229; vgl. auch: Paul M. Johnson: Modernization as an Explanation of Political Change in East European States, in: Political Development in Eastern Europe, 1977, S. 30 ff.

74 Fleron, Toward a Reconceptualization, S. 230 ff.; ferner: William Taubmann: The Change to Change in Communist Systems: Modernization, Postmodernization, and Soviet Politics, in: Soviet Politics and Society in the 1970's, 1974, S. 382 f.

75 Vgl. hierzu: Jerry F. Hough, 1977, S. 19 ff.; ferner die dort angegebene Literatur.

76 ebd., S. 34.

77 Vgl. Taubmann, The Change to Change, S. 384 f.

78 Vgl. Aspaturian, in: The Politics of Modernization in Eastern Europe, 1974, S. 4.

79 Vgl. hierzu die Einführung von Archie Brown in: Political Culture and Political Change in Communist States, 1977, S. 1 ff.

80 Vgl. Gabriel A. Almond: Comparative Political Systems, in: Political Behavior, 1956, S. 34 ff.; vgl. hierzu ferner: Sidney and Beatrice Webb, 1944.

81 Vgl. Political Culture and Political Development, 1965; Rosenbaum, 1975; Sozialismus and Tradition, 1977.

82 Pye, Introduction zu: Political Culture and Political Development, 1965, S. 7.
83 Beyme, 1972, S. 191 f.
84 Vgl. Rosenbaum, 1975, S. 4.
85 David W. Paul: Political Culture and the Soviet Purpose, in: Change and Adaption, 1976, S. 9.
86 Zum Stand der Forschung über „Politische Kultur" in der Bundesrepublik vgl. Schissler, 1978; Stichworte, 1979, Bd. 2.
87 A. G. Meyer, 1972, S. 349.
88 Vgl. ebd., S. 353.
89 Political Culture and Political Development, 1965, S. 15; vgl. ferner: Nettl, 1967, S. 78 ff.
90 Vgl. Almond, in: Theorien des sozialen Wandels, 1969.
91 Vgl. A. G. Meyer, 1972, S. 354.
92 Vgl. Eisenstadt, 1966.
93 A. G. Meyer, 1972, S. 354.
94 Vgl. Tichomirow, 1978, S. 1122.
95 Vgl. A. G. Meyer, 1972, S. 358.
96 Vgl. Tucker, 1973.
97 A. G. Meyer, 1972, S. 358.
98 Ebd., S. 361; vgl. hierzu auch: Galia Golan: Elemente russischer Tradition im Sowjetsozialismus, in: Sozialismus und Tradition, 1977, S. 22 ff.
99 Vgl. Casale, 1971.
100 A. G. Meyer, 1972, S. 363.
101 Vgl. ders. 1965, S. 50 ff.
102 Vgl. die Einleitung von Archie Brown in: Political Culture and Political Change in Communist States, 1977, S. 16 ff.
103 Stephen White: The USSR: Patterns of Autocracy and Industrialism, in: ebd., S. 39.
104 Vgl. ders., 1978.
105 Vgl. White, in: Political Culture and Political Change in Communist States, S. 44 und 56; ders., 1978, S. 88 und 168.
106 Vgl. Beyme, 1972, S. 204 f.
107 Vgl. Brown, Einleitung zu: Political culture and Political Change in Communist States, 1977, S. 10 ff.
108 Vgl. Beyme, 1975, S. 285 ff.
109 Vgl. Brown, Einleitung, S. 10 ff.
110 Vgl. ebd.
111 Vgl. Sidney Verba: Germany: The Remaking of Political Culture, in: Political Culture and Political Development, 1965, S. 130 ff.; zur Kritik dieses Ansatzes vgl. Brown, Einleitung, S. 12 f.
112 Vgl. Schissler, 1978, S. 160 ff.
113 Vgl. Bell, 1979 und 1971 a; ferner: Post-Industrial Society, 1977; Probleme der nachindustriellen Gesellschaft, 1976.
114 Vgl. Bell, 1960.
115 Vgl. Lane, 1976, S. 57 ff.
116 Vgl. Max Weber, 1979 und 1972.
117 Ders., 1921, S. 151.
118 Vgl. Freyer, 1970; ders./Filipec/Bossle, o. J.; Gehlen, 1957; ferner die Kritik von Grebing, 1973, S. 45 ff.; Ullrich, 1979, S. 26 ff.

119 Vgl. Aron, 1964 und 1970.
120 Vgl. Rostow, 1967 und 1971.
121 Vgl. hierzu: Rose, 1971, S. 107.
122 Vgl. Meißner, 1969, S. 54.
123 Vgl. Technischer Fortschritt und die industrielle Gesellschaft, 1972; Zivilisation am Scheideweg, 1971.
124 Kaiser, 1973, S. 160 f.
125 Bell, 1979, S. 11 f.
126 Ebd., S. 79; vgl. hierzu auch Brzezinski/Huntington, 1966, S. 23 f.; Lane, 1979 und 1976; G. Meyer, 1979, S. 208 ff.
127 Bell, 1979, S. 79.
128 Vgl. Schelsky, 1961.
129 Vgl. Bon/Burnier, 1974; Burnham, 1949; Konrád/Szelényi, 1978.
130 Marcuse, 1970, S. 17 ff.
131 Vgl. Lane, 1976, S. 52 ff.
132 Vgl. u. a. Ludz, 1970, Kap. 1.
133 Vgl. Dankwart A. Rustow: Communism and Change, in: Change in Communist Systems, 1970, S. 353.
134 Ludz, 1970, S. 21.
135 G. Meyer, 1979, S. 237 f.
136 Vgl. H. Gordon Skilling: Gruppenkonstellation in der sowjetischen Politik, abgedruckt in: Pressure Groups in der Sowjetunion, 1974, S. 27 ff.; vgl. ferner: Castles, 1969.
137 Als Beispiele für eine solche Sichtweise vgl. u. a. Löwenthal, 1960; Conquest, 1960; Rigby, 1962; eine Gegenüberstellung der Anschauungen bei Rigby/Churchward, 1962.
138 H. Gordon Skilling: Interessengruppen und Politik im Kommunismus: Einführung, in: Pressure Groups in der Sowjetunion, 1974, S. 16 f.
139 Ludz, 1970, S. 31 ff.
140 G. Meyer, 1979, S. 238.
141 Vgl. Korbonski, 1971.
142 Vgl. Balla, 1972.
143 A. G. Meyer, 1965, S. 206 und 209.
144 Vgl. Lane, 1976, S. 70.
145 Einen Überblick geben: Peter Christian Ludz: Konvergenz, Konvergenztheorie, in: Sowjetsystem und demokratische Gesellschaft, 1969, Bd. III, S. 890 ff.; Beyme, 1972, S. 286 ff.; aus der DDR: Rose, 1970 und 1971; Meißner, 1969.
146 Brzezinski/Huntington, 1966, S. 450.
147 Ludz, 1970, S. 22 f.
148 Beyme, 1972, S. 287; vgl. auch: Sorokin, 1944.
149 Vgl. Aron, 1964, S. 69 ff. und 256 ff.
150 Vgl. Rostow, 1967; ferner: Meißner, 1969, S. 25 ff.
151 Vgl. Rose, 1971, S. 207 f.
152 Tinbergen, 1963, S. 11 f.; vgl. ders., 1965.
153 Vgl. Galbraith, 1968.
154 Marcuse, 1964, S. 89; ferner ders., 1978, S. 5.
155 Brzezinski/Huntington, 1966, S. 452 und 458.
156 Vgl. Ludz, Konvergenz, Konvergenztheorie, in: Sowjetsystem, 1969, S. 900.

Anmerkungen Kap. I/4 — Marxistische Kritik

1 Vgl. Batalow, 1975; Krause, 1977.
2 Vgl. Rosa Luxemburg: Organisationsfragen der russichen Sozialdemokratie, in: Luxemburg 1974/75, Bd. 1, 2, S. 422 ff; dies., Zur russischen Revolution, ebd., Bd. 4, S. 332 ff.
3 Vgl. Arbeiterdemokratie oder Parteidiktatur, 1967; Die Linke gegen die Parteiherrschaft, 1970; Steuermann (d. i. Otto Rühle), 1931.
4 Vgl. Trotzki, 1968.
5 Vgl. Der Anarchismus, 1972.
6 Vgl. Bauer, 1921.
7 Vgl. Maurice Dobb: Die Diskussion in den zwanziger Jahren über den Aufbau des Sozialismus, in: Probleme des Sozialismus, 1973, S. 282 ff.
8 Vgl. Marcuse, 1970 und 1974.
9 Vgl. Notwendigkeit des Sozialismus, 1971; Rossanda, 1975.
10 Vgl. Carillio, 1977; Claudin, 1978; Elleinstein, 1977; Garaudy, 1972.
11 Vgl. Die Neue Linke in Ungarn, 1974/76; Individuum und Praxis, 1975.
12 Vgl. Brus, 1971, 1972, 1975; Oskar Lange, o. J.
13 Vgl. Revolutionäre Praxis, 1969; ferner die Zeitschrift „Praxis" (Zagreb).
14 Vgl. Bahro, 1977.
15 Vgl. Lübbe, 1975.
16 Vgl. Damus, 1973, S. 33.
17 Vgl. Freier/Lieber, 1972; Lindner, 1971; Philipp Neumann, 1973; Schenk, 1975.
18 Vgl. Mandel, 1974 und 1972; ders.: Zehn Thesen zur sozialökonomischen Gesetzmäßigkeit der Übergangsgesellschaft zwischen Kapitalismus und Sozialismus, in: Probleme des Sozialismus, 1973, S. 15 ff.
19 Vgl. Bettelheim, 1970; Cliff, 1975.
20 Vgl. Bahro, 1977; Dutschke, 1974; Wittfogel, 1962.
21 Vgl. Jugoslawien denkt anders, 1971; Marković, 1971; Stojanović, 1972.
22 Vgl. Bust-Bartels/Stamatis, 1975; Foerderreuther, 1976; Probleme des Sozialismus, 1973; Übergangsgesellschaften, 1974.
23 Vgl. Klimov/Ugrjumov, 1979.
24 Vgl. Krise des Marxismus?, 1979.
25 Svetozar Stojanović: Der etatistische Mythos vom realen Sozialismus, in: Jugoslawien denkt anders, 1971, S. 163.
26 Vgl. Antworten auf Bahros Herausforderung, 1978; ferner die Diskussion in der Zeitschrift „Prokla", 8. Jg. (1978), Heft 31.
27 Vgl. Zurückforderung der Zukunft, 1979.
28 Vgl. Wittfogel, 1962, S. 80 ff.
29 Ebd., S. 545; vgl. ferner: die sowjetische Kritik an Wittfogel: Andrianow, 1978; Ukrainzow, 1978; vgl. ferner: Lichtheim, 1973.
30 Dutschke, 1974, S. 175.
31 Ebd., S. 327; vgl. ferner: Yvonne Hermann, 1975.
32 Bahro, 1977, S. 80.
33 Dutschke, S. 332.
34 Wittfogel, S. 482.
35 Vgl. Sohn-Rethel, 1972.
36 Vgl. Masi, 1970; Die Polemik über die Generallinie der kommunistischen Bewegung, 1971.

37 Vgl. dazu: Foerderreuther, 1976, S. 37 ff; G. Meyer, 1979, S. 62 ff.
38 Bettelheim, 1970, S. 69; vgl. ferner: Zur Kritik der Sowjetökonomie, 1969.
39 Bettelheim, 1970, S. 69 f.
40 Bettelheim, 1975, S. 21.
41 Walter Lindner: Klassenkampf in der Übergangsperiode, in: Probleme des Sozialismus, 1973, S. 191; vgl. auch: Philipp Neumann, 1973.
42 Vgl. u. a. die Kritik an Bettelheim von Foerderreuther, 1976, S. 66 ff; Mandel, in: Probleme des Sozialismus, 1973, S. 15 ff; Werner Olle: Zur Problematik der mao-strukturellen Theorie des Staatskapitalismus, in: Übergangsgesellschaft, 1974, S. 17 ff; K. S. Karol: Was müssen wir tun, wie und mit wem, um wirklich etwas zu ändern?, in: Zurückforderung der Zukunft, 1979, S. 143 ff; Ursula Schmiederer: Politische Ökonomie im Kapitalismus und im „realen Sozialismus", in: ebd., S. 165 ff.
43 Cliff, 1975, S. 276.
44 Mandel, in: Probleme des Sozialismus, 1973, S. 21.
45 Mandel, 1974, S. 42.
46 Mandel, 1972, S. 37.
47 Mandel, in: Probleme des Sozialismus, S. 21 f.
48 Ähnlich: Cliff, 1975, S. 115 ff.; vgl. die Kritik bei G. Meyer, 1979, S. 99.
49 Mandel, 1974, S. 37.
50 Stojanović, Der etatistische Mythos, in: Jugoslawien denkt anders, 1971, S. 164; zu Stojanović vgl. Flechtheim, 1978, S. 193 ff.
51 Stojanović, Der etatistische Mythos, S. 166 f.; ders., Kritik, 1972, S. 36 ff.
52 Vgl. Stojanović, Der etatistische Mythos, S. 168; ders., Kritik, S. 38.
53 Ders., Der etatistische Mythos, S. 168.
54 Vgl. Marković, 1971, S. 144.
55 Stojanović, Der etatistische Mythos, S. 177.
56 Ders., Kritik, S. 34.
57 Ders., Der etatistische Mythos, S. 172.
58 Vgl. hierzu: Neugebauer, 1978.
59 Stojanović, Kritik, S. 38.
60 So die DDR-Theorie in der zweiten Hälfte der 60er Jahre. Vgl. Politische Ökonomie und ihre Anwendung in der DDR, 1969.
61 Vgl. Karl Marx: Kritik des Gothaer Programms, in: MEW Bd. 19, S. 20 ff.; W. I. Lenin: Staat und Revolution, in: Werke, Bd. 25, S. 478 ff.
62 Vgl. Jahn, 1974, S. 84 ff.
63 Vgl. Foerderreuther, 1976, S. 13 f.
64 Peter Hennicke: Probleme einer kategorialen Bestimmung der Übergangsgesellschaften, in: Probleme des Sozialismus, 1973, S. 111.
65 Ebd., S. 70.
66 Vgl. Fußnote 17.
67 Charles Bettelheim: Über die Natur der sowjetischen Gesellschaft, in: Zurückforderung der Zukunft, 1979, S. 105.
68 Rossanda, 1972, S. 30.
69 Dies., 1975, S. 63.
70 Mandel, in: Probleme des Sozialismus, 1973, S. 16.
71 Schenk, 1975, S. 26 f.
72 G. Meyer, 1979, S. 98.
73 Damus, 1973, S. 50 f.; vgl. auch: Altvater, 1969 b; Dietz, 1976.
74 Damus, 1974 a, S. 99.

75 Vgl. dies., 1974b und 1978.
76 Ulrich Heidt/Elisabeth Mangeng: Parteivergesellschaftung. Über den Zusammenhang von Transformationsprozeß und nachrevolutionären Gesellschaftsstrukturen in den nachkapitalistischen Ländern sowjetischen Typs, in: Übergangsgesellschaft, 1974, S.104; vgl. ferner: Fernando Claudin: Eurokommunismus und „antagonistische Gesellschaften neuen Typs", in: Zurückforderung der Zukunft, 1979, S. 219 ff.
77 Jazek Kurón/Karol Modzelewski: Handlungsstrategie wider den Monopolsozialismus, in: Sozialistischer Pluralismus, 1973, S.183.
78 P. W. Schulze, 1977, S. 23.
79 G. Meyer, 1977, S. 135.
80 Andras Hegedüs: Bürokratisches Verhältnis und Sozialismus. Über die historischen Voraussetzungen des Kampfes gegen die Bürokratie, in: Die Neue Linke in Ungarn I, 1974, S. 75.
81 Vgl. Djilas, 1957.
82 Hegedüs, 1966, S.139.
83 Vgl. hierzu: Erbe, 1981.
84 Hegedüs, 1966, S.144 f.
85 Bahro, 1977, S. 216 f.
86 Vgl. hierzu: Heller, 1978, S. 251 ff.
87 Vgl. Konrád/Szelényi, 1978.
88 Vgl. hierzu: Jiři Kosta: Betriebliche Selbstverwaltung und sozialistische Planwirtschaft, in: Systemwandel und Demokratisierung, 1975, S.181.
89 Hegedüs, Bürokratisches Verhältnis, in: Die Neue Linke in Ungarn I, 1974, S. 75.
90 Vgl. G. Meyer, 1977, S.135.
91 Hegedüs, Bürokratisches Verhältnis, S. 75.
92 Vgl. Djilas, 1957.
93 Hegedüs, Bürokratisches Verhältnis, S. 74.
94 Tordai, 1968, S.146.

Anmerkungen Kap. I/5 — Zwischenresümee

1 Mastny, 1979, S. 60.
2 Ähnlich argumentiert auch Paul Johnson in seinem Beitrag in: Political Development in Eastern Europe, 1976, S. 37.
3 Mastny, S. 63.
4 Siegfried Thielbeer: Ostforscher lassen sich nicht „finnlandisieren". Der zweite Kongreß für Sowjet- und Osteuropa-Studien in Garmisch, in: Frankfurter Allgemeine Zeitung, Nr. 239 vom 14.10.1980, S. 6.
5 Vgl. Rose, 1970 und 1971; ferner Ideenkämpfe, 1980, S.148 ff.
6 Ludz, 1979, S.147 f.
7 Vgl. Riegel, 1976, S. 55 ff; Nohlen/Nuscheler, Entwicklungstheorien, in: Handbuch der Dritten Welt, Bd. 1, 1974, S.19 ff.
8 Vgl. hierzu: John H. Kautsky: Communism and the Comparative Study of Development, in: Communist Studies and the Social Sciences, 1969, S.198; ähnlich H. Gordon Skilling: Soviet and Communist Politics: A Comparative Approach, in: ebd., S. 37 ff.

9 Paul Hollander: Observations on Bureaucracy, Totalitarianism and the Comparative Study of Communism, in: ebd., S. 220.
10 Anstelle umfangreicher Literaturangaben vgl.: Allgemeine Krise des Kapitalismus, 1976.
11 Vgl. Staruschenko, 1980; ferner die kritische Auseinandersetzung mit diesen Positionen bei Abbas Ali, 1975, und Riegel, 1976.
12 Ästhetik heute, 1978, S. 161.
13 Vgl. Levy, 1978; Castoriadis, 1980.

Anmerkungen Kap. II/1 — Länderstudien

1 Vgl. Gutachten über den Stand der DDR-Forschung, 1978.
2 Vgl. Communist Studies and the Social Sciences, 1969; On Comparing East European Political Systems, 1971 (mit Beiträgen von Jan F. Triska, Gabriel A. Almond u. a.); More on Comparing Communist Political Systems, 1971 (mit Beiträgen von Frederic C. Barghoorn und Charles A. Powell); Tökés, 1975.
3 Vgl. Ludz, 1973 und 1977, S. 34 ff.
4 Rudolf L. Tökés: Introduction, in: Soviet Politics and Society in the 1970's, 1974, S. XXIII.
5 Gati, 1975, S. 7 f.; dazu ferner Pye, 1975; Ward, 1974.
6 Vgl. Materialien zum Bericht zur Lage der Nation 1971, 1972, 1974.
7 Vgl. Beyme, 1975, Jänicke 1980.
8 Vgl. die Einführung von Werner, 1975.
9 Vgl. Eidlin, 1980, S. 134 ff.
10 Vgl. Beyme, 1975.
11 Wissenschaft und Gesellschaft in der DDR, S. 14.
12 Vgl. Ludz, 1973, S. 490 f.
13 Vgl. Ludz, 1979, S. 150.
14 Wolf Dieter Narr: Kommentar aus der Sicht des Politikwissenschaftlers, in: Soziale Indikatoren I, 1974, S. 162.
15 Beyme, 1975, S. 38.
16 Schissler, 1979, S. 139.
17 Zur Entwicklung der Soziologie in den sozialistischen Ländern vgl. Kiss, 1971; Gouldner, 1974, S. 529 ff.; Soziologie und Marxismus, 1972. Zum Stand der Soziologie in der UdSSR vgl. Simirenko, 1973.
18 Wolfgang Mommsen, 1974, S. 208 f.
19 Hans-Ulrich Wehler: Soziologie und Geschichte aus der Sicht des Sozialhistorikers, in: Soziologie und Sozialgeschichte, 1972, S. 62; zu diesem Problem ferner: Geschichte und Soziologie, 1972.
20 Zu den Auswirkungen vgl. Kuczynski, 1978, S. 174 ff.
21 Vgl. Gouldner, 1974, S. 530.
22 Kuczynski, 1978, S. 179.
23 Abgedruckt in ebd., S. 244 ff.
24 Als einer der ersten hat sich Peter Bollhagen (1966) ausführlich mit diesem Problem beschäftigt.
25 Vgl. Marxistische Gesellschaftsdialektik, 1977, S. 181 ff.

26 Wörterbuch der marxistisch-leninistischen Soziologie, 1977, S. 243 f.; ferner Bollhagen, 1966, S. 22.

27 Dialektischer und historischer Materialismus, 1974, S. 316.

28 Vgl. die Einleitung von René König zu dem von ihm herausgegebenen Fischer-Lexikon „Soziologie", das in der ersten Auflage 1958 erschien.

29 Zimmermann, 1976, S. 312 ff.

30 Vgl. dazu Ludz, 1970, S. 312 ff.

31 Vgl. dazu Glaeßner, 1977, S. 155 ff.

32 Kurella, 1968, S. 4.

33 Hager, 1971, S. 1214 und 1207.

34 Wissenschaftlicher Kommunismus, 1974, S. 9.

35 Vgl. Die Gesetzmäßigkeit der sozialen Entwicklung, 1975, S. 180 ff.; ferner: Grundlagen der marxistisch-leninistischen Soziologie, 1977, S. 15.

36 Ossipow, 1978, S. 177.

37 Momdshan, 1978, S. 163 f.

38 Dialektischer und historischer Materialismus, 1974, S. 388 ff.

39 Stiehler, 1972, S. 13; vgl. ferner: G. J. Glesermann: Probleme des sozialen Determinismus, in: Die Gesetzmäßigkeit der sozialen Entwicklung, 1975, S. 8 ff.

40 Vgl. Stiehler, S. 75 ff; ferner: Bartsch/Crüger/Zak, 1976, S. 87 ff.

41 Jürgen Kocka: Zur jüngeren marxistischen Sozialgeschichte. Eine kritische Analyse unter besonderer Berücksichtigung sozialgeschichtlicher Ansätze in der DDR, in: Soziologie und Sozialgeschichte, 1973, S. 492.

42 Marxistisch-leninistisches Geschichtsbild, 1975, S. 72 und 74.

Anmerkungen Kap. II/2 — Konstitutionsbedingungen

1 Nick, 1977, S. 56 f.

2 Anläßlich Ritsos, 1979; daß Umweltprobleme eine wachsende Bedeutung auch für die sozialistischen Länder haben, zeigt eine erste umfangreiche Monographie zu diesem Thema: Umweltgestaltung, 1979.

3 Politische Ökonomie des Kapitalismus und des Sozialismus, 1974, S. 482.

4 Vgl. dazu: Campbell, 1974.

5 Schapko, 1970, S. 182.

6 Vgl. Stalin, 1958.

7 Stalin, 1972, S. 24; zum Stellenwert der Äußerungen Stalins vgl. Kolakowski, 1964, S. 7 ff.

8 Kleines politisches Wörterbuch, Berlin (DDR), 1978, S. 693.

9 Söder, 1977, S. 64.

10 Jaroslawski, 1978, S. 316 f.

11 Lenin, Die nächsten Aufgaben der Sowjetmacht, in: Werke, Bd. 27, S. 247.

12 Ein neues Dokument W. I. Lenins, „Die nächsten Aufgaben der Sowjetmacht" (Kapitel aus dem ursprünglichen Entwurf des Artikels), in: Neues Deutschland Nr. 274 vom 5.10.1962, S. 4.

13 Vgl. die Rede Ulbrichts auf einer Bezirksdelegiertenkonferenz der SED in Leipzig, in: ebd., S. 3.

14 Söder, 1977, S. 65.

15 Vgl. Leenen, 1977.

16 Beyme, 1973, S. 354.
17 Vgl. Hofmann, 1970, S. 126; ferner: Stojanović, 1972, S. 143 ff.
18 Beyme, 1975, S. 321 f.
19 Richert, 1975, S. 29 f.
20 Kurella, 1970, S. 255 f.
21 Andras Hegedüs/Maria Markus: Die Humanisierung der Arbeit, in: Die Neue Linke in Ungarn I, 1974, S. 90.
22 Beyme, 1975, S. 32.
23 Wörterbuch der marxistisch-leninistischen Soziologie, Berlin (DDR), 1977, S. 239.
24 Max Weber, 1972, S. 28 f.
25 Kleines politisches Wörterbuch, S. 62; Hervorhebung von mir.
26 Ebd.
27 Wörterbuch der marxistisch-leninistischen Soziologie, S. 241.
28 Wissenschaftlicher Kommunismus, 1974, S. 73 ff.
29 Jürgen Fijalkowski: Herrschaft, in: Evangelisches Staatslexikon, 2. Aufl. Stuttgart 1975, S. 966; zur Diskussion des Machtbegriffs in der DDR vgl. Zur Geschichte der marxistisch-leninistischen Philosophie in der DDR, 1979, S. 562 ff.
30 Andras Hegedüs: Bürokratische Verhältnisse und Sozialismus, in: Die Neue Linke in Ungarn I, 1974, S. 73.
31 Hofmann, 1970, S. 13 ff.
32 Sohn-Rethel, 1972, S. 214.
33 Feser, 1978, S. 168.
34 Marković, 1971, S. 148.
35 Vgl. dazu: Konrád/Szelényi, 1978; Glaeßner/Rudolph, 1978.
36 Marković, 1971, S. 146.

Anmerkungen Kap. II/3 — Problemlagen

1 Vgl. Brus, 1975, S. 114 ff.
2 Vgl. A. G. Meyer, 1965, S. 21 ff.; ferner: Pollock, 1971, S. 29 ff.
3 Zum Konzept der „gesellschaftlichen Arbeit" vgl. Habermas, 1976, S. 145 ff.
4 Vgl. hierzu: Heidt/Mangeng, Parteivergesellschaftung, in: Übergangsgesellschaft, 1974, S. 90; ferner: Hegedüs/Markus, Die Humanisierung der Arbeit, in: Die Neue Linke in Ungarn I, 1974, S. 89 ff.
5 Lenin: Ein Schritt vorwärts, zwei Schritte zurück (Die Krise unserer Partei), in: Werke, Bd. 7, S. 395.
6 Beyme, 1975, S. 321.
7 Vgl. Glaeßner, 1977, S. 101 ff.
8 Vgl. Bahro, 1977, S. 297 ff.
9 Brus, 1975, S. 131.
10 Hegedüs, Bürokratische Verhältnisse und Sozialismus, in: Die Neue Linke in Ungarn I, 1974, S. 7.
11 Vgl. dazu: Glaeßner/Rudolph, 1978.
12 Wissenschaftlicher Kommunismus, 1974, S. 426.
13 Stalin, 1971, S. 150 ff.

14 Vgl. Kaganowitsch, 1925.
15 Wörterbuch zum sozialistischen Staat, Berlin (DDR), 1974, S. 299.
16 Marxistisch-leninistische allgemeine Theorie des Staates und des Rechts, 1974, S. 177.
17 Richert, 1963, S. XXXVIII.
18 Vgl. hierzu: Balla, 1972, S. 173 ff. und 267.
19 Vgl. Neugebauer, 1978, S. 190 ff.
20 Wissenschaftlicher Kommunismus, 1974, S. 444.
21 Vgl. Max Weber, 1972, S. 650 ff.
22 Vgl. A. G. Meyer, 1965, S. 210 ff.
23 Simon, 1958, S. 9.
24 Neugebauer, 1978, S. 208.
25 Vgl. Lenin: Was tun? Brennende Fragen unserer Bewegung, in: Werke, Bd. 5, S. 410 ff. und 511 ff.
26 A. G. Meyer, 1965, S. 49 f.
27 Vgl. Almonds Einführung zu: The Politics of Developing Areas, 1960, S. 19 ff.; ferner: Glaeßner, 1977, S. 155 ff.; Neugebauer, 1978, S. 87 ff.
28 Vgl. hierzu auch: Petras, 1978.
29 Vgl. A. G. Meyer, 1965, S. 225 ff.
30 Vgl. Ludz, 1970, S. 77 ff.
31 Bahro, 1977, S. 254.
32 Glaeßner/Rudolph, 1978, S. 35 f.; ferner: Rudolph, 1979.
33 Bell, 1979, S. 84.
34 Vgl. Habermas, 1970, S. 50.
35 Beyme, 1975, S. 324 f.
36 Vgl. Zivilisation am Scheideweg, 1971.
37 Vgl. Hofmann, 1956, S. 163; Schwarz, 1953, S. 207 ff.
38 Vgl. den Bericht des ZK an den VI. Parteitag der SED, Protokoll des VI. Parteitages der SED, Bd. IV, Berlin (DDR), 1963, S. 220.
39 Fred Oelßner: Die Rolle der Staatsmacht beim Aufbau des Sozialismus, in: Probleme der politischen Ökonomie, 1959, S. 21 f.
40 Vgl. dazu: Ludz, 1970, S. 71 ff.
41 Kurt Braunreuther/Hannsgünter Meyer: Zu konzeptionellen Fragen einer marxistischen soziologischen Organisationstheorie. Eine Studie unter besonderer Berücksichtigung von System, Information und Entscheidung, in: Probleme der politischen Ökonomie, 1967, S. 139.
42 Vgl. Beyme, 1975, S. 319 ff.
43 Luhmann, 1964, S. 249.
44 Wolfgang Mommsen, 1974, S. 204 ff.
45 Eine andere Einschätzung gibt Wolf Rosenbaum: Die Funktion von Staat und Recht in der Übergangsgesellschaft, in: Probleme des Sozialismus, 1973, S. 57.
46 Vgl. Glaeßner, 1977, S. 163 ff.
47 Fraenkel, 1974, S. 21.
48 Vgl. dazu: A. G. Meyer, 1965, S. 301 ff.
49 Pfarr, 1972, S. 26 und S. 28.
50 Mollnau, 1967, S. 715 ff.; ferner: Oskar Negt: 10 Thesen zur marxistischen Rechtstheorie, in: Probleme der marxistischen Rechtstheorie, 1975, S. 10 ff.
51 Mit dem Recht leiten, 1974, S. 14.

52 Programm der Sozialistischen Einheitspartei Deutschlands, in: Protokoll des VI. Parteitages, Bd. IV, S. 371.

53 Negt, 10 Thesen, S. 28.

54 Marxistisch-leninistische Staats- und Rechtstheorie, 1975, S. 366.

55 Hartmut Zimmermann, 1976, S. 26.

Bibliographie

Abendroth, Wolfgang: Antagonistische Gesellschaft und politische Demokratie. Aufsätze zur politischen Soziologie, Neuwied/Berlin 1972.

Abbas Ali, Adnan: Kritischer Vergleich kapitalistischer und sozialistischer Entwicklungsstrategien für die Dritte Welt, Diss., Darmstadt 1975.

Adam, Uwe Dietrich: Anmerkungen zu methodologischen Fragen in den Sozialwissenschaften: Das Beispiel Faschismus und Totalitarismus, in: Politische Vierteljahresschrift, 16. Jg. (1975), Nr. 1, S. 55 ff.

Ästhetik heute, Berlin (DDR) 1978.

Almond, Gabriel A.: Comparative Politics, A Developmental Approach, Boston, 8. ed. 1966.

ders.: Toward a Comparative Politics of Eastern Europe, in: Studies in Comparative Communism, 4. Jg. (1971), Nr. 2, S. 71 ff.

Altvater, Elmar: Gesellschaftliche Produktion und ökonomische Rationalität. Externe Effekte und zentrale Planung im Wirtschaftssystem des Sozialismus, Frankfurt a.M./Wien 1969 a.

ders.: Rationalisierung und Demokratisierung. Zu einigen Problemen der neuen ökonomischen Systeme im Sozialismus, in: Das Argument, 8. Jg. (1969b), Nr. 39, S. 265 ff.

Der Anarchismus (Hrsg. Erwin Oberländer), Freiburg 1970.

Anatomie des Antikommunismus, Freiburg 1970.

Andrianow, Boris: Die Konzeption der ,,Hydraulik-Gesellschaft", in: Gesellschaftswissenschaften (Moskau), Nr. 1 (13) 1978, S. 218 ff.

Andrle, Vladimir: Managerial Power in the Soviet Union, Farnborough/Lexington, Mass. 1976.

Antworten auf Rudolf Bahros Herausforderung des ,,realen Sozialismus" (Hrsg. Ulf Wolter), Berlin 1978.

Anweiler, Oskar: 25 Jahre Osteuropaforschung — Wissenschaft und Zeitgeschichte, in: Osteuropa, 27. Jg. (1977), Nr. 3, S. 185 ff.

Apter, David E.: The Politics of Modernization, Chicago/London 1965.

Arbeiterdemokratie oder Parteidiktatur (Hrsg. Frits Kool und Erwin Oberländer), Olten 1967.

Arbeiterinitiative 1945: Antifaschistische Ausschüsse und Reorganisation der Arbeiterbewegung in Deutschland (Hrsg. Lutz Niethammer, Ulrich Borsdorf und Peter Brandt), Wuppertal 1976.

Arendt, Hannah: The Origins of Totalitarianism, New York 1951; dt. Elemente und Ursprünge totaler Herrschaft, Frankfurt a.M. 1955.

dies.: Macht und Gewalt, München 1970.

Aron, Raymond: Démocratie et Totalitarism, Paris 1965; dt. Demokratie und Totalitarismus, Hamburg 1970.

ders.: Die industrielle Gesellschaft, Frankfurt a.M. 1964.

ders.: Ideology and Totalitarianism, in: Survey, 23. Jg. (1977/78), Nr. 3, S. 81 ff.

Bahro, Rudolf: Die Alternative. Zur Kritik des real existierenden Sozialismus, Köln/Frankfurt a.M. 1977.

Balla, Bálint: Kaderverwaltung. Versuch einer Idealtypisierung der ,,Bürokratie" sowjetisch-volksdemokratischen Typs, Stuttgart 1972.

Bartsch, Gerhard/Herbert Crüger/Christian Zak: Geschichte als gesetzmäßiger Prozeß, Berlin (DDR) 1976.

Batalow, E. J.: Philosophie der Rebellion. Kritik der Ideologie des Linksradikalismus, Berlin (DDR) 1975.

Bauer, Otto: Der neue Kurs in Sowjetrußland, Wien 1921.

Baylis, Thomas A.: Participation Without Conflict: Social Democracy in the German Democratic Republic, in: East Central Europa, 3. Jg. (1976), Nr. 1, S. 30 ff.

Political Behavior. A Reader in Theory and Research (Ed. Heinz Eulau, Samuel J. Eldersveld and Morris Janowitz), Glencoe, Ill. 1956.

Beiträge zur Sozialismusanalyse (Hrsg. Peter Brokmeier und Rainer Rilling), Köln 1978/1979, 2 Bde.

Bell, Daniel: Die nachindustrielle Gesellschaft, Reinbek b. Hamburg 1979.

ders.: The End of Ideology. On the Exhaustion of Political Ideas in the Fifties, Glencoe, Ill. 1960.

ders.: The Postindustrial Society: The Evolution of an Idea, in: Survey, 17. Jg. (1971), Nr. 2 (79), S. 102 ff.

Bender, Peter: The Special Case of East Germany, in: Studies in Comparative Communism, 2. Jg. (1969), Nr. 2, S. 231 ff.

ders.: Offensive Entspannung. Möglichkeit für Deutschland, Köln/Berlin 1964.

Bendix, Reinhard: Herrschaft und Industriearbeit. Untersuchungen über Liberalismus und Autokratie in der Geschichte der Industrialisierung, Frankfurt a.M. 1960.

ders.: Nation-Building an Citizenship. Studies of Our Changing Social Order, New York/London/Sydney 1964.

Berton, Peter: A New Phase in the Development of Comparative Communist Studies, in: Studies in Comparative Communism, 6. Jg. (1973), Nr. 1–2, S. 3 ff.

Bettelheim, Charles: Ökonomischer Kalkül und Eigentumsformen. Zur Theorie der Übergangsgesellschaft, Berlin 1970.

ders.: Die Klassenkämpfe in der UdSSR, Bd. 1, 1917–1923, Berlin 1975.

Beyme, Klaus von: Methodenprobleme der vergleichenden Analyse sozialistischer Systeme, in: Politische Vierteljahresschrift, 14. Jg. (1973), Nr. 3, S. 343 ff.

ders.: Ökonomie und Politik im Sozialismus. Ein Vergleich der Entwicklung in den sozialistischen Ländern, München/Zürich 1975.

ders.: Die politischen Theorien der Gegenwart. Eine Einführung, München 1972; (veränderte Neuaufl. 1980).

ders.: Sozialismus oder Wohlfahrtsstaat? Sozialpolitik und Sozialstruktur der Sowjetunion im Systemvergleich, München 1977.

Bishop, William John: Leadership Change in Eastern Europe and the Soviet Union: A Comparative Study of the Relationship Between Industrialization and Changing Patterns of Political Leadership, Diss., Evanston, Ill. 1972.

Bollhagen, Peter: Soziologie und Geschichte, Berlin (DDR) 1966.

Bon, Frédéric/Michel-Antoine Burnier: Die neuen Intellektuellen, Wien 1974.
Borcherding, Karl: Wege und Ziele politischer Bildung in Deutschland. Eine Materialsammlung zur Entwicklung der politischen Bildung in den Schulen 1871–1965, München 1965.
Borkenau, Franz: The Totalitarian Enemy, London 1940.
Bracher, Karl Dietrich: Zeitgeschichtliche Kontroversen um Faschismus, Totalitarismus, Demokratie, München 1976.
ders.: Schlüsselwörter in der Geschichte. Mit einer Betrachtung zum Totalitarismusproblem, Düsseldorf 1978 a.
ders.: Streit um Worte – Streit um Werte. Über den kontroversen Gebrauch der Begriffe Faschismus und Totalitarismus, in: Frankfurter Allgemeine Zeitung Nr. 272 vom 7.12.1978 b, S. 23.
ders./Wolfgang Sauer/Gerhard Schulz: Die nationalsozialistische Machtergreifung. Studien zur Errichtung des totalitären Herrschaftssystems in Deutschland 1933/34, 2. Aufl., Köln/Opladen 1960.
Brunner, Georg (unter Mitarbeit von Hannes Kaschkat): Wandel und Verharrung in den politischen Systemen des sowjetischen Hegemonialbereichs, in: Zeitschrift für Politik, 24. Jg. (1977), Nr. 4, S. 363 ff.
Brus, Wlodzimierz: Funktionsprobleme der sozialistischen Wirtschaft, Frankfurt a.M. 1971.
ders.: Sozialisierung und politisches System, Frankfurt a.M. 1975.
ders.: Wirtschaftsplanung. Ein Konzept der politischen Ökonomie, Frankfurt a.M. 1972.
Brzezinski, Zbigniew: Der Sowjetblock. Einheit und Konflikt, Köln/Berlin 1962.
ders./Samuel P. Huntington: Politische Macht USA/UdSSR. Ein Vergleich, Köln/Berlin 1966.
Bühl, Walter: Evolution und Revolution. Kritik der symmetrischen Soziologie, München 1970.
Burnham, James: Die Revolution der Manager, Wien 1949.
Campbell, Robert: Soviet-Type Economics. Performance and Evolution, London/Basingstoke 1974.
Carillio, Santiago: „Eurokommunismus" und Staat, Hamburg/Berlin 1977.
Carrère d'Encausse, Hélène: Risse im Roten Imperium. Das Nationalitätsproblem in der SU, München 1980.
Casale, Frank: Subculture, Ideology and Protest: The Nature of Mass Support for the Italian Communist Party, Diss., University of Michigan 1971.
Castles, Francis G.: Interest Articulation: A Totalitarian Paradox, in: Survey, Nr. 73, 1969, S. 116 ff.
Castoriadis, Cornelius: Sozialismus oder Barbarei. Analysen und Aufrufe zur kulturrevolutionären Veränderung, Berlin 1980.
Der CDU-Staat. Analysen zur Verfassungswirklichkeit in der Bundesrepublik (Hrsg. Gert Schäfer und Carl Nedelmann), Frankfurt a.M. 1969, 2 Bde.
Change and Adaptation in Soviet and Eastern European Politics (Ed. Jane P. Shapiro and Peter J. Potichnyi), New York/Washington/London 1976.
Change in Communist Systems (Ed. Chalmers Johnson), Stanford, Cal. 1970.
Childs, David: East Germany. New York/Washington 1969.

Chirot, Daniel: Social Change in the Twentieth Century, New York /
u. a. 1977.

Claudin, Fernando: Zukunft und Kritik des Eurokommunismus, Berlin
1978.

Cless, Olaf: Sozialismusforschung in der BRD. Das herrschende DDR-Bild
und seine Dogmen, Köln 1978.

Cliff, Tony: Staatskapitalismus in Rußland. Eine marxistische Analyse,
Frankfurt a. M. 1975.

On Comparing East European Political Systems, in: Studies in Comparative
Communism, 4. Jg. (1971), Nr. 2, S. 30 ff.

More on Comparing Communist Political Systems, in: Studies in Comparative
Communism, 4. Jg. (1971), Nr. 3—4, S. 42 ff.

Comparative Communism. The Soviet, Chinese and Yugoslav Models (Ed.
Gary K. Bertsch and Thomas W. Ganschow), San Francisco 1976.

Conquest, Robert: The Struggle Goes on, in: Problems of Communism,
9. Jg. (1960), Nr. 4, S. 7 ff.

Coser, Lewis A.: Theorie sozialer Konflikte, Neuwied / Berlin 1965.

Crisis and Sequences in Political Development, Princeton, N. J. 1971.

Croan, Melvin: The Soviet Model and its Prospects, in: Problems of Communism, 24. Jg. (1975), Nr. 6, S. 48 ff.

ders.: The Study of the GDR in the USA, in: East Central Europe, 3. Jg.
(1976), Nr. 1, S. 1 ff.

Political Culture and Political Change in Communist States (Ed. Archie
Brown and Jack Gray), London / Basingstoke 1977.

Political Culture and Political Development (Ed. Lucian D. Pye and Sidney
Verba), Princeton, N. J. 1965.

Curtis, Michael: Totalitarianism, New Brunswick, N. J. 1979.

Dahrendorf, Ralf: Gesellschaft und Demokratie in Deutschland, München
1966.

Damus, Renate: Ist die Arbeit im Sozialismus Lohnarbeit? Zum Charakter
der Arbeit in den nachkapitalistischen Gesellschaften Osteuropas, in:
Kursbuch, Nr. 38, 1974 a.

dies.: Entscheidungsstrukturen und Funktionsprobleme der DDR-Wirt-
schaft, Frankfurt a. M. 1973.

dies.: Zur Reproduktion von Herrschaft in den nachkapitalistischen Gesellschaften, in: Probleme des Klassenkampfes, 6. Jg. (1976), Nr. 22, S. 149 ff.

dies.: Der reale Sozialismus als Herrschaftssystem am Beispiel der DDR.
Kritik der nachkapitalistischen Gesellschaft, Lahn-Gießen 1978.

dies.: Vergesellschaftung oder Bürokratisierung durch Planung in den nachkapitalistischen Gesellschaften, in: Leviathan, 2. Jg. (1974 b), Nr. 2, S. 179 ff.

Demaitre, Edmund: The Origins of National Communism, in: Studies in
Comparative Communism, 2. Jg. (1969), Nr. 2, S. 1 ff.

Deutsch, Karl W.: Soziale Mobilisierung und politische Entwicklung, in:
Politische Vierteljahresschrift, 2. Jg. (1961), Nr. 2, S. 104 ff.

Political Development in Eastern Europe (Ed. Jan F. Triska and Paul M.
Cocks), New York / London 1977.

Dietz, Raimund: Sowjetökonomie: Warenwirtschaft oder Sachverwaltung.
Ein Beitrag zur Begründung einer alternativen Theorie des Sozialismus.
Studie zur Werttheorie, Achberg 1976.

Djilas, Milovan: Die neue Klasse. Eine Analyse des kommunistischen Systems,
München 1958.

Dönhoff, Marion Gräfin: Die Bundesrepublik in der Ära Adenauer. Kritik und Perspektiven, Reinbek b. Hamburg 1963.

Dornberg, John: Deutschlands andere Hälfte. Profil und Charakter der DDR. Wien/u.a. 1969.

Dutschke, Rudi: Versuch, Lenin auf die Füße zu stellen. Über den halbasiatischen und den westeuropäischen Weg zum Sozialismus. Lenin, Lukács und die Dritte Internationale, Berlin 1974.

The Dynamics of Soviet Politics (Ed. Paul Cocks, Robert V. Daniels, Nancy Whittier Heer), Cambridge, Mass./London 1976.

Eastern Europe in the 1970's (Ed. Sylvia Sinanian, Istvan Deak and Peter C. Ludz), New York/Washington/London 1972.

Eidlin, Fred H.: Soviet Studies and "Scientific" Political Science, in: Studies in Comparative Communism, 12. Jg. (1979), Nr. 2–3, S. 133 ff.

Eisenstadt, Shmuel: Modernization: Protest and Change, Englewood Cliffs 1966.

ders.: Tradition, Wandel und Modernität, Neuwied 1979.

Elleinstein, Jean: Geschichte des ,,Stalinismus", Berlin 1977.

Entwicklungsländer (Hrsg. Bruno Fritsch), Köln/Berlin 1968.

Erbe, Günter: Annäherung von Arbeiterklasse und Intelligenz? Veränderung der Arbeitsinhalte und des Ausbildungsniveaus seit Ende der fünfziger Jahre unter dem Aspekt der Annäherung von Arbeiterklasse und Intelligenz, in: Deutschland-Archiv, 12. Jg. (1979), Sonderheft, S. 103 ff.

ders.: Arbeiterklasse und Intelligenz in der DDR. Annäherung von Produktionsarbeiterschaft und technischer Intelligenz im Industriebetrieb? Opladen 1981.

Explorations in Social Change (Ed. Georg K. Zollschan and Walter Hirch), London 1964.

Fehér, Ferenc/Agnes Heller: Diktatur über die Bedürfnisse. Sozialistische Kritik osteuropäischer Gesellschaftsformationen, Hamburg 1980.

Feser, Hans-Dieter: Theorie des bürokratisch-technokratischen Sozialismus, Jahrbuch für Sozialwissenschaft, Bd. 29, H. 2, 1978, S. 164 ff.

Fijalkowski, Jürgen: Die Wendung zum Führerstaat. Die ideologischen Komponenten in der politischen Philosophie Carl Schmitts, Köln/Opladen 1958.

Flechtheim, Ossip K.: Von Marx bis Kolakowski. Sozialismus oder Untergang in der Barbarei? Köln/Frankfurt a.M. 1978.

Foerderreuther, Hans Utz: Zur These vom objektiven Entwicklungscharakter des Sozialismus. Warenproduktion, Planmäßigkeit und objektive ökonomische Gesetze des Sozialismus, in: Mehrwert, Beiträge zur Kritik der politischen Ökonomie, Nr. 11, 1976, S. 1 ff.

Forsthoff, Ernst: Der totale Staat, Hamburg 1933.

Technischer Fortschritt und die industrielle Gesellschaft (Radovan Richta und Kollektiv), Frankfurt a.M. 1972.

Fraenkel, Ernst: Der Doppelstaat, Frankfurt a.M./Köln 1974.

Freier, Udo/Paul Lieber: Politische Ökonomie des Sozialismus in der DDR, Frankfurt a.M. 1972.

Freyer, Hans: Gedanken zur Industriegesellschaft, Mainz 1970.

ders.: Theorie des gegenwärtigen Zeitalters, Stuttgart 1955.

ders./Jindrich Filipec/Lothar Bossle: Die Industriegesellschaft in Ost und West. Konvergenzen und Divergenzen, Mainz o. J.

Friedgut, Theodore: Political Participation in the USSR, Princeton, N.J. 1979.

Friedrich, Carl Joachim: The New Belief in the Common Man, Boston 1942.

ders. (unter Mitarbeit von Zbigniew K. Brzezinski): Totalitäre Diktatur, Stuttgart 1957.

ders.: Man and His Government. An Empirical Theory of Politics, New York 1963.

ders.: Totalitarianism: Recent Trends, in: Problems of Communism, 17. Jg. (1968), Nr. 3, S. 32 ff.

ders.: Das Wesen totalitärer Herrschaft, in: Der Politologe, 7. Jg. (1966), Nr. 20, S. 43 ff.

ders./Zbigniew K. Brzezinski: Totalitarian Dictatorship and Autocracy, Cambridge, Mass, 1956 (2. rev. Aufl. 1965).

ders./Michael Curtiz/Benjamin R. Barber: Totalitarianism in Perspective: Three Views, New York/Washington/London 1969.

Galbraith, John Kenneth: Die moderne Industriegesellschaft, München/Zürich 1968.

Garaudy, Roger: Die große Wende des Sozialismus, München 1972.

Gasteyger, Curt: Die Rolle der DDR im sozialistischen Lager, in: Frankfurter Rundschau, Nr. 64 vom 17.3.1977, S.14.

ders.: Die beiden deutschen Staaten in der Weltpolitik, München 1976.

Gati, Charles: Area Studies and International Relations: Introductory Remarks, in: Studies in Comparative Communism, 8. Jg. (1975), Nr. 1–2, S. 1 ff.

Gehlen, Arnold: Die Seele im technischen Zeitalter. Sozialpsychologische Probleme in der industriellen Gesellschaft, Reinbek b. Hamburg 1957.

ders.: Urmensch und Spätkultur. Philosophische Ergebnisse und Aussagen, Bonn 1956.

Geschichte und Soziologie (Hrsg. Hans-Ulrich Wehler), Köln 1972.

Marxistisch-leninistisches Geschichtsbild und Weltanschauung der Arbeiterklasse, Berlin (DDR) 1975.

Marxistische Gesellschaftsdialektik oder „Systemtheorie der Gesellschaft"?, Berlin (DDR) 1977.

Die Gesetzmäßigkeit der sozialen Entwicklung. Ausgewählte Beiträge, Berlin (DDR) 1975.

Gilberg, Trond: Modernization in Rumania Since World War II, New York/ u.a. 1975.

Glaeßner, Gert-Joachim: Herrschaft durch Kader. Leitung der Gesellschaft und Kaderpolitik in der DDR am Beispiel des Staatsapparates, Opladen 1977.

ders./Irmhild Rudolph: Macht durch Wissen. Zum Zusammenhang von Bildungspolitik, Bildungssystem und Kaderqualifizierung in der DDR. Eine politisch-soziologische Untersuchung, Opladen 1978.

Godwin, Paul H. B.: Communist Systems and Modernization: Sources of Political Crisis, in: Studies in Comparative Communism, 6. Jg. (1973), Nr. 1–2, S. 107 ff.

Görgmaier, Dietmar: Die Konvergenztheorie – Kritik und Versuch einer Neubelebung, in: Osteuropa, 24. Jg. (1974), Nr. 2, S. 83 ff.

Gollwitzer, Helmut: Sowjetkritik und Antikommunismus, in: Das Argument, 21. Jg. (1979), Nr. 113, S. 82 ff.

Gouldner, Alvin W.: Die westliche Soziologie in der Krise, Reinbek b. Hamburg 1974, 2 Bde.

Gransow, Volker: Konzeptionelle Wandlungen der Kommunismusforschung. Vom Totalitarismus zur Immanenz, Frankfurt a. M./New York 1980.

Grebing, Helga: Antifaschismus und Arbeiterbewegung, in: Internationale wissenschaftliche Korrespondenz zur Geschichte der deutschen Arbeiterbewegung, 14. Jg. (1978), Nr. 4, S. 480 ff.

dies.: Linksradikalismus gleich Rechtsradikalismus. Eine falsche Gleichung, 2. Aufl., Stuttgart/u.a. 1973.

Greiffenhagen, Martin/Reinhard Kühnl/Johann Baptist Müller: Totalitarismus. Zur Problematik eines politischen Begriffs, München 1972.

Grundlagen der marxistischen Philosophie. Lehrbuch, Berlin (DDR) 1960.

Grundlagen der marxistisch-leninistischen Soziologie (Hrsg. Georg Aßmann und Rudhard Stollberg), Berlin (DDR) 1977.

Gutachten über den Stand der DDR-Forschung und der vergleichenden Deutschlandforschung (Hrsg. Bundesministerium für innerdeutsche Beziehungen) Bonn 1978, Verf. Man., 2 Bde.

Habermas, Jürgen: Zur Rekonstruktion des historischen Materialismus, Frankfurt a. M. 1976.

ders.: Technik und Wissenschaft als „Ideologie", Frankfurt a.M. 1970.

Hager, Kurt: Die entwickelte sozialistische Gesellschaft. Aufgaben der Gesellschaftswissenschaften nach dem VIII. Parteitag der SED, in: Einheit, 26. Jg. (1971), Nr. 11, S. 1203 ff.

Handbuch der Dritten Welt. Bd. I Theorien und Indikatoren der Unterentwicklung und Entwicklung (Hrsg. Dieter Nohlen und Franz Nuscheler), Hamburg 1974.

Hanhard Jr., Arthur M.: The German Democratic Republic, Baltimore 1968.

Harman, Chris: Bureaucracy and Revolution in Eastern Europe, London 1974.

Hegedüs, András: Das Strukturmodell der sozialistischen Gesellschaft und die soziale Schichtung, in: Soziale Welt, Nr. 2, 1966, S. 139 ff.

Heller, Agnes: Das Alltagsleben. Versuch einer Erklärung der individuellen Reproduktion, Frankfurt a.M. 1978.

Hennig, Eike: Zur Theorie der Totalitarismustheorien, in: Neue politische Literatur, 21. Jg. (1976), Nr. 1, S. 1 ff.

Hermann, Detlef: „Verunsicherte" DDR-Forschung, in: Deutschland-Archiv, 9. Jg. (1976), Nr. 1, S. 27 ff.

Hermann, Yvonne: Demokratie und Selbstbestimmung im Konzept der russischen Oktoberrevolution, Gaiganz b. Erlangen 1975.

Hildebrand, Klaus: Stufen der Totalitarismus-Forschung, in: Politische Vierteljahresschrift, 9. Jg. (1968), Nr. 3, S. 397 ff.

Hoebink, Hein: Westdeutsche Wiedervereinigungspolitik 1949–1961, Meisenheim am Glan 1978.

Hofmann, Werner: Die Arbeitsverfassung in der Sowjetunion, Berlin 1956.

ders.: Stalinismus und Antikommunismus. Zur Soziologie des Ost-West-Konflikts, Frankfurt a.M. 1970.

Hough, Jerry F.: The Soviet Union and Social Science Theory, Cambridge, Mass./London 1977.

Huntington, Samuel P.: The Change to Change: Modernization, Development, and Politics, in: Comparative Politics, 3. Jg. (1971), Nr. 3, S. 283 ff.

ders.: Political Order in Changing Societies, New Haven/London 1968 (7. Aufl. 1972).

Ideenkämpfe in Afrika, Asien, Lateinamerika, Berlin (DDR) 1980.

Individuum und Praxis. Positionen der „Budapester Schule", Frankfurt a.M. 1975.

Soziale Indikatoren. Bd. I Konzepte und Forschungsansätze (Hrsg. Wolfgang Zapf), Frankfurt a.M./New York 1974.

Inkeles, Alex: Social Change in Soviet Russia, Cambridge, Mass. 1968.

ders.: Models and Issues in the Analysis of Soviet Society, in: Survey, Nr. 60, 1966a, S. 3 ff.

ders.: Soziologie und Sowjetforschung, in: Moderne Welt, 7. Jg. (1966b), Nr. 2, S. 180 ff.

Jänicke, Martin: Totalitäre Herrschaft. Anatomie eines politischen Begriffes, Berlin 1971.

Jahn, Egbert: Kommunismus — und was dann? Zur Bürokratisierung und Militarisierung des Systems der Nationalstaaten, Reinbek b. Hamburg 1974.

Jaroslawski, Jan: Soziologie der Kommunistischen Partei, Frankfurt a.M./ New York 1978.

Jaspers, Karl: Die Atombombe und die Zukunft der Menschen. Politisches Bewußtsein in unserer Zeit, München 1958.

Jugoslawien denkt anders. Marxismus und Kritik des etatistischen Sozialismus (Hrsg. Rudi Supek und Branko Bošnjak), Wien/Frankfurt a.M./ Zürich 1971.

Kaganowitsch, L. M.: Der organisatorische Aufbau der RKP, Hamburg 1925.

Kaiser, Hans: Vom „Totalitarismus"- zum „Mobilisierungs"-Modell, in: Neue politische Literatur, 28. Jg. (1973), Nr. 2, S. 141 ff.

Kautsky, John: Communism and the Politics of Development, New York 1968.

ders.: Comparative Communism Versus Comparative Politics, in: Studies in Comparative Communism, 6. Jg. (1973), Nr. 1—2, S. 135 ff.

Kielmansegg, Peter Graf: Krise der Totalitarismustheorie? in: Zeitschrift für Politik, 21. Jg. (1974), Nr. 4, S. 311 ff.

Kiss, Garbor: Marxismus als Soziologie. Theorie und Empirie in den Sozialwissenschaften der DDR, UdSSR, Polens, der CSSR, Ungarns, Bulgariens und Rumänien, Reinbek b. Hamburg 1971.

Kocka, Jürgen: Gegen einen Begriffskrieg. Was leisten die Formeln „Faschismus" und „Totalitarismus"? Vom Abstand zwischen Begriff und historischer Realität. Ein Diskussionsbeitrag, in: Frankfurter Allgemeine Zeitung, Nr. 281 vom 18.12.1978, S. 21.

Kolakowski, Leszek: Der Mensch ohne Alternative. Von der Möglichkeit und Unmöglichkeit Marxist zu sein, München 1964.

Wissenschaftlicher Kommunismus. Lehrbuch für das marxistisch-leninistische Grundlagenstudium, Berlin (DDR) 1974.

Konrád, György/Iván Szelényi: Die Intelligenz auf dem Weg zur Klassenmacht, Frankfurt a.M. 1978.

Korbonski, Andrzej: Bureaucracy and Interest Groups in Communist Societies: The Case of Czechoslovakia, in: Studies in Comparative Communism, 4. Jg. (1971), Nr. 1, S. 57 ff.

Krause, Günter: Das Elend der „Linken". Zur Kritik der politischen Ökonomie des Linksrevisionismus, Berlin (DDR) 1977.

Krisch, Henry: Nation Building and Regime Stability in the GDR, in: East
Central Europe, 3.Jg. (1976), Nr. 1, S. 15 ff.

ders.: German Politics Under Soviet Occupation, New York/London 1974.

ders.: Politics in the German Democratic Republic, in: Studies in Comparative Communism, 9.Jg. (1976), Nr. 4, S. 389 ff.

Die Krise des Antisowjetismus, Berlin (DDR) 1979.

Allgemeine Krise des Kapitalismus. Triebkräfte und Erscheinungsform in
der Gegenwart, Berlin (DDR) 1976.

Krise des Marxismus? in: Probleme des Klassenkampfes, 9.Jg. (1979), Nr. 36,
S. 1 ff.

Zur Kritik der Sowjetökonomie. Eine Diskussion marxistischer Ökonomen
des Westens über die Wirtschaftsreform (Hrsg. Peter Strotmann), Berlin
1969.

Kuczynski, Jürgen: Gegenwartsprobleme — Briefe und Vorträge. Studien
zu einer Geschichte der Gesellschaftswissenschaften, Bd. 10, Berlin (DDR)
1978.

Künzli, Arnold: Rot ist nicht Braun. Wider die schreckliche Identifikation
von Bolschewismus und Nationalsozialismus, in: Gewerkschaftliche Monatshefte, 12.Jg (1961), Nr. 4, S. 207 ff.

Kurella, Alfred: Das Eigene und das Fremde. Neue Beiträge zum sozialistischen Humanismus, 2. erw. Aufl., Berlin/Weimar 1970.

Lane, David: The Socialist Industrial State. Towards a Political Sociology
of State Socialism, London 1976.

Lange, Max Gustav: Totalitäre Erziehung. Das Erziehungssystem in der
Sowjetzone Deutschlands, Frankfurt a.M. 1954.

ders.: Politische Soziologie. Eine Einführung, Berlin/Frankfurt a.M. 1964.

ders.: Wissenschaft im totalitären Staat. Die Wissenschaft der Sowjetischen
Besatzungszone auf dem Weg zum „Stalinismus", Stuttgart/Düsseldorf
1955.

Lange, Oskar: Politische Ökonomie, Frankfurt a.M./Wien o.J., 2 Bde.

Leenen, Wolf Rainer: Zur Frage der Wachstumsorientierung der marxistisch-leninistischen Sozialpolitik in der DDR, Berlin 1977.

Lenin, W. I.: Die nächsten Aufgaben der Sowjetmacht, in: Werke, Bd. 27

ders.: Ein Schritt vorwärts, zwei Schritte zurück (Die Krise unserer Partei),
in: Werke, Bd. 7.

ders.: Staat und Revolution, in: Werke, Bd. 25

ders.: Was tun? Brennende Fragen unserer Bewegung, in: Werke, Bd. 5.

Lenski, Gerhard: Marxist Experiments in Destratification: An Appraisal,
in: Social Forces, 57.Jg. (1978), Nr. 2, S. 364 ff.

Levy, Bernard-Henry: Die Barbarei mit menschlichem Gesicht, Reinbek
b. Hamburg 1978.

Lichtheim, George: Das Konzept der Ideologie, Frankfurt a.M. 1973.

Lindner, Walter: Aufbau des Sozialismus oder kapitalistische Restauration?
Zur Analyse der Wirtschaftsreform in der DDR und der CSSR, Erlangen
1971.

Die Linke gegen die Parteiherrschaft (Hrsg. Frits Kool), Olten 1970.

Löwenthal, Richard: Development Versus Utopia in Communist Policy,
in: Survey, 19.Jg. (1974/75), Nr. 15, S. 3 ff.

ders.: Political Legitimacy and Cultural Change in West and East, in: Social Research, 46. Jg. (1979), Nr. 3, S. 401 ff.

ders.: The Nature of Krushchev's Power, in: Problems of Communism, 9. Jg. (1960), Nr. 4, S. 1 ff.

ders.: On „Established" Communist Party Regimes, in: Studies in Comparative Communism, 7. Jg. (1974), Nr. 4, S. 355 ff.

ders.: World Communism: The Desintegration of a Secular Faith, New York 1964.

Ludz, Peter Christian: Comparative Analysis of Divided Germany: Some Problems and Findings in Theory and Methodology, in: Studies in Comparative Communism, 12. Jg. (1979), Nr. 2–3, S. 144 ff.

ders.: Deutschlands doppelte Zukunft. Bundesrepublik und DDR in der Welt von morgen. Ein politischer Essay, München 1974.

ders.: DDR-Forschung und vergleichende Deutschlandforschung in den USA, in: Deutschland Archiv, 3. Jg. (1970a), Nr. 2, S. 133 ff.

ders.: Die DDR zwischen Ost und West. Politische Analysen 1961 bis 1976, München 1977.

ders.: Parteielite im Wandel. Funktionsaufbau, Sozialstruktur und Ideologie der SED-Führung. Eine empirisch-systematische Untersuchung, 3. Aufl., Köln/Opladen 1970.

ders.: Die Zukunft der DDR-Forschung, in: Deutschland Archiv, 6. Jg. (1973), Nr. 5, S. 488 ff.

Lübbe, Peter: Der staatlich etablierte Sozialismus. Zur Kritik des staatsmonopolistischen Sozialismus, Hamburg 1975.

Luhmann, Niklas: Funktionen und Folgen formaler Organisation, Berlin 1964.

Luxemburg, Rosa: Organisationsfragen der russischen Sozialdemokratie, in: Gesammelte Werke, Bd. 1, 2. Halbband, Berlin (DDR) 1974, S. 422 ff.

dies.: Zur russischen Revolution, in: Gesammelte Werke, Bd. 4, Berlin (DDR) 1974, S. 332 ff.

Mandel, Ernest: Über die Bürokratie, 3. verb. Aufl. (Die Internationale, Sondernummer 2), Hamburg 1974.

ders.: Die Widersprüchlichkeit der „Theorie des Staatskapitalismus", in: Permanente Revolution, Nr. 3, 1972, S. 11 ff.

Marcuse, Herbert: Die Gesellschaftslehre des sowjetischen Marxismus, Darmstadt/Neuwied 1964.

ders.: Der eindimensionale Mensch. Studien zur Ideologie der fortgeschrittenen Industriegesellschaft, Neuwied/Berlin 1970.

ders.: Protosozialismus und Spätkapitalismus. Versuch einer revolutionstheoretischen Synthese von Bahros Ansatz, in: Kritik, Zeitschrift für sozialistische Diskussion, 6. Jg. (1978), Nr. 19, S. 5 ff.

Marković, Mihailo: Dialektik der Praxis, Frankfurt a. M. 1971.

Masi, Eduardo: Der Marxismus von Mao und die europäische Linke, Berlin 1970.

Mastny, Vojtech: East European Studies at a Crossroad, in: Problems of Communism, 28. Jg. (1979), Nr. 3, S. 60 ff.

Matejko, Alexander: Social Change and Stratification in Eastern Europe. An Interpretive Analysis of Poland and Her Neighbors, New York/u.a. 1974.

Dialektischer und historischer Materialismus. Lehrbuch für das marxistisch-leninistische Grundlagenstudium, Berlin (DDR) 1974.

McCauley, Martin: Marxism-leninism in the German Democratic Republic. The Socialist Unity Party SED, London/Basingstoke 1979.

Meinhardt, Rolf: „Deutsche Ostkunde". Ein Beitrag zur Pädagogik des kalten Krieges 1945–1968, Oldenburg 1978.

Meißner, Herbert: Konvergenztheorie und Realität, Berlin (DDR) 1969.

Merleau-Ponty, Maurice: Humanismus und Terror, Frankfurt a.M. 1976.

Meyer, Alfred G.: Communism, New York 1967.

ders.: Communist Revolutions and Cultural Change, in: Studies in Comparative Communism, 5. Jg. (1972), Nr. 4, S. 345 ff.

ders.: The Soviet Political System. An Interpretation, New York 1965.

Meyer, Gerd: Bürokratischer Sozialismus. Eine Analyse des sowjetischen Herrschaftssystems, Stuttgart 1977.

ders.: Sozialistische Systeme. Theorie und Strukturanalyse. Ein Studienbuch, Opladen 1979.

Sind oder waren Sie Mitglied? Verhörprotokolle über unamerikanische Aktivitäten 1947–1956 (Hrsg. Hartmut Keil), Reinbek b. Hamburg 1979.

Mollnau, Karl. A.: Theoretische Probleme der gesellschaftsorganisierenden Funktion des sozialistischen Rechts. Diskussionsbeitrag zum sozialistischen Recht in der Subjekt-Objekt-Dialektik, in: Staat und Recht, 16. Jg. (1967), Nr. 5, S. 715 ff.

Momdshan, Hatschik: Historischer Prozeß und soziologische Erkenntnis, in: Gesellschaftswissenschaften, Nr. 3 (15) 1978, S. 163 ff.

Mommsen, Hans: Zum Problem des deutschen Nationalbewußtseins, in: Der Monat, 31. Jg. (1979), Nr. 2, S. 75 ff.

Mommsen, Wolfgang: Max Weber. Gesellschaft, Politik und Geschichte, Frankfurt a.M. 1974.

Montias, J. M.: Modernization in Communist Countries: Some Questions of Methodology, in: Studies in Comparative Communism, 5. Jg. (1972), Nr. 4, S. 413 ff.

Moore, Barrington: Terror and Progress: USSR. Some Sources of Change and Stability in the Soviet Dictatorship, Cambridge, Mass. 1960.

Nemetzade, Kamal: Konsensus, Konflikt und Krise. Anmerkungen zu einigen Problemen der Theorie des sozialen Wandels, in: Kölner Zeitschrift für Soziologie und Sozialpsychologie, 28. Jg. (1976), Nr. 2, S. 239 ff.

Nettl, John Peter: Political Mobilization. A Sociological Analysis of Methods and Concepts, London 1967.

Die Neue Linke in Ungarn, 2 Bde., Berlin 1974/1976.

Neugebauer, Gero: Partei und Staatsapparat in der DDR. Aspekte der Instrumentalisierung des Staatsapparates durch die SED, Opladen 1978.

Neumann, Franz Leopold: Behemoth. Struktur und Praxis des Nationalsozialismus 1933–1944, Köln/Frankfurt a.M. 1977.

ders.: Demokratischer und autoritärer Staat. Studien zur politischen Theorie, Frankfurt a.M./Wien 1967.

Neumann, Philipp: Zurück zum Profit. Zur Entwicklung des Revisionismus in der DDR, Berlin 1973.

Neumann, Sigmund: Permanent Revolution. Totalitarianism in the Age of International Civil War, London/Dunmow 1965.

Nick, Harry: Sozialismus und Wirtschaftswachstum, Berlin (DDR) 1977.

Nitti, Francesco: Bolschewismus, Faschismus und Demokratie, München 1926.

Notwendigkeit des Kommunismus. Die Plattform von ,,Il Manifesto", Berlin 1971.

Nove, Alec: Economic Rationality and Soviet Politics, New York 1964.

Ossipow, Gennadi: Soziologie und Entwicklung der Gesellschaft, in: Gesellschaftswissenschaften, Nr. 3 (15) 1978, S. 177 ff.

Parsons, Talcott: The Social System, Glencoe, Ill. 1951.

Pasquino, Gianfranco: The Politics of Modernization. An Appraisal of David Apter's Contributions, in: Comparative Political Studies, 3. Jg. (1970), Nr. 3, S. 297 ff.

Petras, James: Socialist Revolutions and their Class Components, in: New Left Review, Nr. 3, 1978, S. 37 ff.

Pfarr, Heide M.: Auslegungstheorie und Auslegungspraxis im Zivil- und Arbeitsrecht der DDR, Berlin 1972.

Plessner, Helmuth: Die verspätete Nation. Über die politische Verführbarkeit bürgerlichen Geistes, Frankfurt a. M. 1974.

Sozialistischer Pluralismus. Texte zur Theorie und Praxis sozialistischer Gesellschaften (Hrsg. Udo Bermbach und Franz Nuscheler), Hamburg 1973.

Die Polemik über die Generallinie der internationalen kommunistischen Bewegung, Berlin 1971.

Soviet Policy-Making. Studies of Communism in Transition (Ed. Peter H. Juviler and Henry W. Morton), London 1967.

Political Science and Area Studies: Rivals of Partners? (Ed. Lucian W. Pye), Bloomington 1975.

The Politics of Developing Areas (Ed. Gabriel A. Almond and James S. Coleman), Princeton, N. J. 1960.

The Politics of Modernization in Eastern Europe. Testing the Soviet Model (Ed. Charles Gati), New York / u. a. 1974.

Soviet Politics and Society in the 1970's. (Ed. Henry W. Morton and Rudolf L. Tökés), New York / London 1974.

Politische Ökonomie und ihre Anwendung in der DDR, Berlin (DDR) 1969.

Politische Ökonomie des Kapitalismus und des Sozialismus. Lehrbuch für das marxistisch-leninistische Grundlagenstudium, Berlin (DDR) 1974.

Pollock, Friedrich: Die planwirtschaftlichen Versuche in der Sowjetunion 1917–1927, Frankfurt a. M. 1971.

Post-Industrial Society. Proceedings of an International Symposium held in Uppsala from 22 to 25 March 1977 (Ed. Bo Gustafsson), London 1979.

Revolutionäre Praxis. Jugoslawischer Marxismus der Gegenwart (Hrsg. Gajo Petrović), Freiburg 1969.

Pressure Groups in der Sowjetunion. (Hrsg. H. Gordon Skilling und Franklyn Griffiths), Wien 1974.

Probleme der politischen Ökonomie, Berlin (DDR) 1959.

Probleme der politischen Ökonomie, Berlin (DDR) 1967.

Probleme der postindustriellen Gesellschaft. (Hrsg. Lucian Kern), Köln 1976.

Probleme der marxistischen Rechtstheorie (Hrsg. Hubert Rottleuthner), Frankfurt a. M. 1975.

Probleme des Sozialismus und der Übergangsgesellschaften (Hrsg. Peter Hennicke), Frankfurt a.M. 1973.

Pross, Harry: Um Grundkonflikte herumgemogelt, in: Süddeutsche Zeitung Nr. 231 vom 6./7.10.1979.

Mit dem Recht leiten — Aktuelle Fragen der Durchsetzung des sozialistischen Rechts in Betrieben und Kombinaten, Berlin (DDR) 1974.

The Behavioral Revolution and Communist Studies. Applications of Behaviorally Oriented Political Research on the Soviet Union and Eastern Europe (Ed. Roger E. Kanet), New York/London 1971.

Richert, Ernst: Die neue Gesellschaft in Ost und West. Analyse einer lautlosen Revolution, Gütersloh 1966.

ders.: Macht ohne Mandat. Der Staatsapparat in der Sowjetischen Besatzungszone Deutschlands, 2. erw. Aufl. Köln/Opladen 1963.

ders.: Revolutionäre und evolutionäre Tendenzen im DDR-Gesellschaftsprozeß. Ein Versuch über den Befund und sein Selbstverständnis, in: Deutschland Archiv, 8. Jg. (1975), Sonderheft, S. 19 ff.

ders. (in Zusammenarbeit mit Carola Stern und Peter Dietrich): Agitation und Propaganda. Das Problem der publizistischen Massenführung in der Sowjetzone, Berlin/Frankfurt a.M. 1958.

Riegel, Klaus-Georg: Politische Soziologie unterindustrialisierter Gesellschaften: Entwicklungsländer, Wiesbaden 1976.

Rigby, T. Harry: Political and Administrative Aspects of the Scientific and Technical Revolution in the USSR, Canberra 1976.

ders.: How Strong Is the Leader?, in: Problems of Communism, 11. Jg. (1962), Nr. 5, S. 1 ff.

ders./L. G. Churchward: Policy-Making in the USSR 1953—1961. Two Views, Melbourne 1962.

Anläßlich Ritsos. Ein Briefwechsel zwischen Günter Kunert und Wilhelm Girnus, in: Sinn und Form, 31. Jg. (1979), Nr. 4, S. 850 ff.

Röpke, Wilhelm: Freie Welt und Totalitarismus, Bremen 1957.

Rose, Günter: ,,Industriegesellschaft" und Konvergenztheorie. Genesis Strukturen Funktionen, Berlin (DDR) 1971.

ders.: Konvergenz der Systeme. Legende und Wirklichkeit, Köln 1970.

Rosenbaum, Walter A.: Political Culture, London 1975.

Rossanda, Rossana: Über die Dialektik von Kontinuität und Bruch. Zur Kritik revolutionärer Erfahrungen — Italien, Frankreich, Sowjetunion, Polen, China, Chile, Frankfurt a.M. 1975.

dies.: Die sozialistischen Länder: Ein Dilemma der westeuropäischen Linken, in: Kursbuch, Nr. 30, 1972, S. 1 ff.

Rostow, Walt Whitman: Stadien wirtschaftlichen Wachstums. Eine Alternative zur marxistischen Entwicklungstheorie, 3. Aufl., Göttingen 1967.

Rudolph, Irmbild: Kader — Intelligenz — Elite. Zu einigen herrschaftssoziologischen Aspekten der Sozialstruktur in der DDR, in: Deutschland Archiv, 12. Jg. (1979). Sonderheft, S. 123 ff.

Salter, Ernest J.: Deutschland und der Sowjetkommunismus. Die Bewährung der Freiheit, München 1961.

Schapiro, Leonard: The Concept of Totalitarianism, in: Survey, 15. Jg. (1969), Nr. 73, S. 93 ff.

ders.: Totalitarianism, London 1972.

Schapko, W. M.: Begründung der Prinzipien staatlicher Leitung durch W. I. Lenin, Berlin (DDR) 1970.

Schelsky, Helmut: Der Mensch in der wissenschaftlichen Zivilisation, Köln/ Opladen 1961.

Schenk, Peter: Politische, ökonomische und ideologische Kategorien der Übergangsgesellschaft und ihr Charakter in der Gesellschaftsformation der DDR, Gaiganz-Erlangen 1975.

Schissler, Jakob: Zu einigen Problemen der politischen Kultur der Bundesrepublik Deutschland, in: Zeitschrift für Politik, 25. Jg. (1978), Nr. 2, S. 154 ff.

ders.: Probleme des Sozialismus. Kritik an zwei politologischen Neuerscheinungen Klaus von Beymes, in: Geschichte und Gesellschaft, 5. Jg. (1979), Nr. 1, S. 137 ff.

Schlangen, Walter: Der Totalitarismus-Begriff. Grundzüge seiner Entstehung, Wandlung und Kritik, in: Aus Politik und Zeitgeschichte, Nr. 44, 1970.

ders.: Die Totalitarismus-Theorie. Entwicklung und Probleme, Stuttgart 1976.

Schmitt, Carl: Die Diktatur. Von den Anfängen des modernen Souveränitätsgedankens bis zum proletarischen Klassenkampf, München/Leipzig 1928.

ders.: Staat, Bewegung, Volk. Die Dreigliederung der politischen Einheit, Hamburg 1933.

Schultz, Joachim: Der Funktionär in der Einheitspartei. Kaderpolitik und Bürokratisierung in der SED, Stuttgart/Düsseldorf 1956.

Schulze, Peter W.: Herrschaft und Klassen in der Sowjetgesellschaft. Die historischen Bedingungen des Stalinismus, Frankfurt a. M./New York 1977.

Schwarz, Salomon M.: Arbeiterklasse und Arbeitspolitik in der Sowjetunion, Hamburg 1953.

Schweigler, Gebhard: Nationalbewußtsein in der BRD und der DDR, Düsseldorf 1973.

Simirenko, Alex: Soviet and American Sociology in the Seventies, in: Studies in Comparative Communism, 6. Jg. (1973), Nr. 1—2, S. 27 ff.

Simon, Herbert A.: Administrative Behavior. A Study of Decision-Making Processes in Administrative Organization, 2. Aufl., New York 1958.

Smith, Jean Edward: Germany Beyond the Wall: People, Politics..., Boston/ Toronto 1969.

American and Soviet Soviety. A Reader in Comparative Sociology and Perspectives (Ed. Paul Hollander), Englewoood Cliffs, N. J. 1969.

Söder, Günter: Ökonomie — Politik — Wirtschaftspolitik. Weltanschaulichphilosophische Aspekte des Verhältnisses von Politik und Wirtschaft im Sozialismus, Berlin (DDR) 1977.

Sohn-Rethel, Alfred: Geistige und körperliche Arbeit. Zur Theorie der gesellschaftlichen Synthesis, 2. rev. Aufl., Frankfurt a. M. 1972.

Sorokin, Pitirim A.: Russia and the United States, New York 1944.

Sowjetgesellschaft im Wandel (Hrsg. Boris Meissner), Stuttgart 1966.

Sowjetsystem und demokratische Gesellschaft. Eine vergleichende Enzyklopädie, 6 Bde., 1 Erg. Bd., Freiburg/Basel/Wien 1966—1972.

Sozialismus und Tradition (Hrsg. Samuel N. Eisenstadt und Yael Azmon), Tübingen 1977.

Soziologie und Marxismus in der Deutschen Demokratischen Republik (Hrsg. Peter Christian Ludz), 2 Bde., Berlin/Neuwied 1972.

Soziologie und Sozialgeschichte, Aspekte und Probleme (Hrsg. Peter Christian Ludz), Kölner Zeitschrift für Soziologie und Sozialpsychologie, Sonderheft 16/1972.

Der SPD-Staat (Hrsg. Frank Grube und Gerhard Richter), München 1977.

Stadtentwicklungen in kapitalistischen und sozialistischen Ländern (Hrsg. Jürgen Friedrichs), Reinbek b. Hamburg 1978.

Stalin, Josef: Fragen des Leninismus, Berlin 1971.

ders.: Ökonomische Probleme des Sozialismus in der UdSSR, 7. Aufl., Berlin (DDR) 1958.

ders.: Marxismus und Fragen der Sprachwissenschaft und N. Marr über die Entstehung der Sprache, München 1972.

Stalinism: Essays in Historical Interpretation (Hrsg. Robert C. Tucker), New York 1977.

Marxistische Stalinismus-Kritik. Dialog zwischen Guiseppe Boffa (P.C.I.) und Gilles Martinet (PS), Hamburg 1978.

Staritz, Dietrich: Sozialismus in einem halben Land. Zur Programmatik und Politik der KPD/SED in der Phase der antifaschistisch-demokratischen Umwälzung in der DDR, Berlin 1976.

Staruschenko, Gleb Borissowitsch: Sozialistische Orientierung in den Entwicklungsländern, Berlin (DDR) 1980.

Starr, Richard F.: Die kommunistischen Regierungssysteme in Osteuropa, Stuttgart 1977.

Starrels, John M./Anita M. Mallinckrodt: Politics in the German Democratic Republic, New York/Washington/London 1975.

Building States and Nations (Ed. Shmuel Noah Eisenstadt and Stein Rokkan), 2 Bde., Beverly Hills/London 1973.

Stern, Carola: Portrait einer bolschewistischen Partei. Entwicklung, Funktion und Situation der SED, Köln 1957.

Stichworte zur „Geistigen Situation der Zeit" (Hrsg. Jürgen Habermas), Frankfurt a.M. 1979, 2 Bde.

Stiehler, Gottfried: Geschichte und Verantwortung. Zur Frage der Alternativen in der gesellschaftlichen Entwicklung, Berlin (DDR) 1972.

Stojanović, Svetozar: Kritik und Zukunft des Sozialismus, Frankfurt a.M. 1972.

Strasser, Hermann/Susan C. Randall: Einführung in die Theorien sozialen Wandels, Neuwied 1979.

Studien und Materialien zur Soziologie der DDR (Hrsg. Peter Christian Ludz), Kölner Zeitschrift für Soziologie und Sozialpsychologie, Sonderheft 8/1964.

Communist Studies and the Social Sciences: Essays on Methodology and Empirical Theory (Ed. Frederic J. Fleron, Jr.), Chicago 1969.

Symposium on the Totalitarian State, Philadelphia 1940.

The Soviet Political System. A Book of Readings (Ed. Richard Cornell), Englewood Cliffs, N.J. 1970.

Politische Systemkrisen (Hrsg. Martin Jänicke), Köln 1973.

Communist Systems in Comparative Perspective (Ed. Lenard J. Cohen and Jane P. Shapiro), City Garden/New York 1974.

Systemwandel und Demokratisierung. Festschrift für Ossip K. Flechtheim (Hrsg. Christian Fenner und Bernhard Blanke), Frankfurt a.M./Köln 1975.

Talmon, Jacob Leib: Die Ursprünge der totalitären Demokratie, Köln/Opladen 1961.

Tarschys, Daniel: The Soviet Political Agenda. Problems and Priorities 1950–1970, London/Basingstoke 1979.

Taubmann, William: Political Power: USA/USSR. Ten Years Later – Comparative Foreign Policy, in: Studies in Comparative Communism, 8. Jg. (1975), Nr. 1–2, S. 192 ff.

Technology and Communist Culture. The Socio-cultural Impact of Technology Under Socialism (Ed. Frederich J. Fleron, Jr.), New York/London 1977.

Teller, Hans: Institutionen des kalten Krieges gegen die DDR. Zur Geschichte des „Bundesministeriums für gesamtdeutsche Fragen" 1949–1965, in: Zeitschrift für Geschichtswissenschaft, 25. Jg. (1977), Nr. 8, S. 893 ff.

ders.: Der kalte Krieg gegen die DDR. Von seinen Anfängen bis 1961, Berlin (DDR) 1979.

Marxistisch-leninistische allgemeine Theorie des Staates und des Rechts, Bd. 1 Grundlegende Institute und Begriffe, Berlin (DDR) 1974.

Theorien des sozialen Wandels (Hrsg. Wolfgang Zapf), Köln/Berlin 1969.

Theory and Politics. Theorie und Politik. Festschrift zum 70. Geburtstag für Carl Joachim Friedrich (Hrsg. Klaus von Beyme), Haag 1971.

Tibi, Bassam: Internationale Politik und Entwicklungsländerforschung. Materialien zu einer ideologiekritischen Entwicklungssoziologie, Frankfurt a.M. 1979.

ders.: Theorien der Konvergenz kapitalistischer und sozialistischer Industriegesellschaften, in: Das Argument, 10. Jg. (1969), Nr. 50, S. 125 ff.

Tichomirow, J. A.: Die politische Kultur in der Gesellschaft des reifen Sozialismus, in: Sowjetwissenschaft, Gesellschaftswissenschaftliche Beiträge, 31. Jg. (1978), Nr. 1, S. 1121 ff.

Tinbergen, Jan: Kommt es zu einer Annäherung zwischen den kommunistischen und den freiheitlichen Wirtschaftsordnungen?, in: Hamburger Jahrbuch für Wirtschafts- und Gesellschaftspolitik, 8. Jg. (1963), S. 11 ff.

ders.: Convergence of Economic Systems in East and West, Rotterdam 1965.

Tökés, Rudolf L.: Comparative Communism: The Exclusive Target, in: Studies in Comparative Communism, 8. Jg. (1975), Nr. 3, S. 211 ff.

Tordai, Zádor: Aspekte des Kampfes gegen die Bürokratie im Sozialismus, in: Praxis, 4. Jg. (1968), Nr. 1–2, S. 144 ff.

Totalitarianism. Proceedings of a Conference Held at the American Academy of Arts and Sciences, March 1953 (Ed. Carl J. Friedrich), Cambridge, Mass. 1954.

Totalitarismus. Ein Studien-Reader zur Herrschaftsanalyse moderner Diktaturen (Hrsg. Manfred Funke), Düsseldorf 1978.

Trotzki, Leo: Die verratene Revolution, Frankfurt a.M. 1968.

Tucker, Robert C.: Culture, Political Culture and Communist Society, in: Political Science Quarterly, 88. Jg. (1973), Nr. 2, S. 173 ff.

ders.: Towards a Comparative Politics of Movement Regimes, in: American Political Science Review, Nr. 2, 1961a, S. 281 ff.

ders.: The Question of Totalitarianism, in: Slavic Review, 20. Jg. (1961b), Nr. 3, S. 379 ff.

ders.: Communist Revolutions, National Culture, and the Divided Nations, in: Studies in Comparative Communism, 7. Jg. (1974), Nr. 3, S. 235 ff.

Übergänge zum Sozialismus, Kursbuch Nr. 23, 1971.

Übergangsgesellschaft: Herrschaftsreform und Praxis am Beispiel der Sowjetunion (Hrsg. Peter W. Schulze), Frankfurt a.M. 1974.

Ukrainzow, Boris: Der Marxismus-Leninismus und die Methoden der Gesellschaftswissenschaften, in: Gesellschaftswissenschaften (Moskau), Nr. 3 (15) 1978, S.100 ff.

Ullrich, Otto: Technik und Herrschaft. Vom Hand-Werk zur verdinglichten Blockstruktur industrieller Produktion, Frankfurt a.M. 1979.

Umweltgestaltung und Ökonomie der Naturressourcen, Berlin (DDR) 1979.

Veritas Justitia Libertas. Festschrift zur 200-Jahr-Feier der Columbia University New York, Berlin 1954.

Ward, Robert E.: Culture and the Comparative Study of Politics, or the Constipated Dialectic, in: American Political Science Review, 66. Jg. (1974), Nr. 1, S.190 ff.

Webb, Sidney/Beatrice Webb: Soviet Communism: A New Civilization, 3. Aufl. London/New York/Toronto 1944.

Weber, Max: Die protestantische Ethik. Eine Aufsatzsammlung (Hrsg. Johannes Winckelmann), 5. überarb. Aufl., Gütersloh 1979, 2 Bde.

ders.: Wirtschaft und Gesellschaft. Grundriß der verstehenden Soziologie, 5. rev. Aufl., Tübingen 1972.

ders.: Gesammelte politische Schriften, München 1921.

Der Weg in die Gewalt. Geistige und gesellschaftliche Ursachen des Terrorismus und seine Folgen (Hrsg. Heiner Geißler), München/Wien 1978.

Wege der Totalitarismusforschung (Hrsg. Bruno Seidel und Siegfried Jenkner), Darmstadt 1968.

Werner, Rudolf: Soziale Indikatoren und politische Planung. Einführung in Anwendungen der Makrosoziologie, Reinbek b. Hamburg 1975.

Whetten, Lawrence L.: Current Research in Comparative Communism: An Analysis and Bibliographic Guide to the Soviet System, New York 1976.

White, Stephen: Continuity and Change in Soviet Political Culture. An Emigre Study, in: Comparative Political Studies, 2. Jg. (1978), Nr. 3, S. 381 ff.

ders.: Political Culture and Soviet Politics, London/Basingstoke 1979.

Winkler, Heinrich August: Die Mär vom Sozi Hitler. Worauf Strauß und Stoiber spekulieren und was sie verdrängen, in: Die Zeit, Nr. 45 vom 2.11.1979, S. 10 f.

Wissenschaft und Gesellschaft in der DDR, München 1971.

Wiswede, Günter/Thomas Kutsch: Sozialer Wandel. Zur Erklärungskraft neuerer Entwicklungs- und Modernisierungstheorien, Darmstadt 1978.

Wittfogel, Karl A.: Die orientalische Despotie. Eine vergleichende Untersuchung totaler Macht, Köln/Berlin 1962.

Zimmermann, Hartmut: Zu einigen innenpolitischen Aspekten der DDR-Forschung, in: Deutschland-Archiv, 6. Jg (1973), Nr. 7, S. 713 ff.

ders.: Politische Aspekte in der Herausbildung, dem Wandel und der Verwendung des Konzepts „Wissenschaftlich-technische Revolution" in der DDR, in: Deutschland-Archiv, 9. Jg. (1976), Sonderheft, S. 17 ff.

ders.: 30 Jahre DDR — Über den Umgang mit der „offenen deutschen Frage". Gibt es eine Renaissance des Nationalismus unter linken Vorzeichen?, Friedrich-Ebert-Stiftung, Berliner Dialog 6. Forum am 15. Juni 1979, verf. Man.

ders.: Probleme der Analyse bolschewistischer Gesellschaftssysteme. Ein Diskussionsbeitrag zur Frage der Anwendbarkeit des Totalitarismusbegriffs, in: Gewerkschaftliche Monatshefte, 12. Jg. (1961), Nr. 4, S. 193 ff.

Zivilisation am Scheideweg (Richta Report). Soziale und menschliche Zusammenhänge der wissenschaftlich-technischen Revolution, Freiburg 1971.

Zurückforderung der Zukunft. Macht und Opposition in den nachrevolutionären Gesellschaften, Frankfurt a. M. 1979.

Personenregister

Georg Assmann u.a. (Hrsg.)

Wörterbuch der marxistisch-leninistischen Soziologie

2., überarbeitete und erweiterte Auflage 1978. 12 X 19 cm. 758 S.
Folieneinband

Das „Wörterbuch der marxistisch-leninistischen Soziologie" wurde von Soziologen und Gesellschaftswissenschaftlern der DDR in der Absicht geschrieben, einen Überblick über die wichtigsten Probleme und Methoden der Soziologie zu geben, und vor allem die Grundlagen und Hauptaspekte einer selbständigen, im Gegensatz zur „bürgerlichen" Soziologie stehenden, marxistisch-leninistischen Soziologie darzustellen. Insofern spiegelt das Wörterbuch in seinen über 230 Artikeln das Selbstverständnis und den aktuellen Stand der Soziologien in der DDR und indirekt auch der anderen sozialistischen Länder, deren soziologische Forschung es einbezieht. Theorien, Methoden und Ansätze der „bürgerlichen" Soziologie werden sowohl referiert als auch aus der Sicht der marxistisch-leninistischen Soziologie beurteilt.

Gert-Joachim Glaeßner

Herrschaft durch Kader

1977. 384 S. 15,5 X 22,6 cm (Schriften des Zentralinstituts für sozialwissenschaftliche Forschung der FU Berlin, Bd. 28).
Folieneinband

Die Kaderpolitik ist eines der wichtigsten Herrschaftsinstrumente der regierenden kommunistischen Parteien. Diese Arbeit untersucht vor dem Hintergrund der historischen Entwicklung in der Sowjetunion die seit 1945 entwickelten Vorstellungen der SED über die Leitung der Gesellschaft, die Funktionen des Staates und die Aufgaben des Führungspersonals: der Kader. Kontinuität und Wandel der Kaderpolitik der SED werden anhand bislang nicht aufgearbeiteten Materials analysiert.

Gert-Joachim Glaeßner/Irmhild Rudolph

Macht durch Wissen

Zum Zusammenhang von Bildungspolitik, Bildungs-System und Kaderqualifizierung in der DDR
Eine politisch-soziologische Untersuchung

1978. 371 S. 15,5 X 22,6 cm (Schriften des Zentralinstituts für sozialwissenschaftliche Forschung der FU Berlin, Bd. 30).
Folieneinband

Am Beispiel der universitären Ausbildung und der Weiterbildung des Führungspersonals der Wirtschaft wird herausgearbeitet, daß wichtige bildungspolitische und -planerische Entscheidungen ebenso wie die Struktur und Funktion des Bildungssystems der DDR an den Qualifikationsanforderungen eines hierarchisch aufgebauten politischen und gesellschaftlichen Systems und an den Bedingungen der Kaderpolitik der SED orientiert sind. Diesem Sachverhalt wird der Anspruch der Bildungspolitik gegenübergestellt, Chancengleichheit zu sichern und die umfassende Bildung aller DDR-Bürger zu verwirklichen.

Westdeutscher Verlag